für das, was ich Ihnen sag

keine Homosexuellen, ke

t mancher einfach stehen auf einer Al-

da er sieht, erkennt, als Kind schon.

lle danebenging, und wie leicht und

lachte wie fröhlich mit ihnen, spielte

lachten ihn aus, er konnte nicht

t in der Lage, einen Ringkampf

rgängen fand sich niemand, der mit

Mensch, dann wird das unvermeidbar

, ohne daß er es vielleicht selbst be-

Leben beherrschen wird, ja, gestoßen

ch, es zu wiederholen. Es neu, es be-

r werden, innerlich, will ein Kind.

Jürgen Bartsch am 22. 6. 1966 vor dem Amtsgericht in Mettmann.

Paul Moor

Jürgen Bartsch: Opfer und Täter

Das Selbstbildnis
eines Kindermörders
in Briefen

Rowohlt

1. Auflage April 1991

Umschlag- und Einbandgestaltung Angela Dobrick. Foto dpa
Satz aus der Sabon von LibroSatz, Kriftel
Druck und Bindung Clausen & Bosse, Leck
Printed in Germany
ISBN 3 498 04288 2

IN MEMORIAM

Klaus Jung
1954–1962

Peter Fuchs
1952–1965

Ulrich Kahlweiss
1953–1965

Manfred Grassmann
1954–1966

*

Jürgen Bartsch
1946–1976

Inhalt

Das Leben lehrt uns, weniger mit uns
Und andern strenge sein; du lernst es auch.

– Goethe: Iphigenie auf Tauris

Ich verachte Niemanden, am wenigsten wegen seines Verstandes oder seiner Bildung, weil es in Niemands Gewalt liegt, kein Dummkopf oder kein Verbrecher zu werden, – weil wir durch gleiche Umstände wohl Alle gleich würden, und weil die Umstände außer uns liegen.

– Georg Büchner an seine Familie

Ich bin mit der Zeit immer ehrlicher geworden, bis ich zum Schluß ganz ehrlich war . . . ich bin stolz (!) darauf, schon lange nicht mehr gelogen zu haben.

– Jürgen Bartsch an Paul Moor

I
Vorwort

> Mensch bin ich, nichts Menschliches
> ist mir, glaub' ich, fremd.
> Terenz: Heauton timorumenos

Im Juni 1966 lebte ich schon siebzehn Jahre in Europa, fünfzehn Jahre in Deutschland und zehn Jahre (als Korrespondent der amerikanischen Zeitschriften *Time* und *Life* und als Mitarbeiter von CBS, dem Radiosender Columbia Broadcasting System) in Berlin. Sieben Tage in der Woche las ich frühmorgens einen ganzen Stapel von Zeitungen aus Ost und West. Im Juni 1966 erschienen auf Seite eins fast jeder Zeitung in der Bundesrepublik und West-Berlin besonders ausführliche Berichte über die Verhaftung eines neunzehnjährigen Metzgergesellen namens Jürgen Bartsch in Langenberg bei Essen.

Am Dienstag, dem 21. Juni, hatte ihn die Langenberger Polizei verhaftet. Bis dahin hatten seine Mitmenschen wenig Notiz von Jürgen Bartsch genommen; in der Siedlung «Glaube und Tat», wo er und seine Eltern wohnten, war er nie aufgefallen, weil er – wie seine Eltern – einen langen Arbeitstag und wenig Freizeit hatte. Buchstäblich über Nacht wurde Jürgen Bartsch nun als «der Kirmesmörder» einer der bekanntesten Menschen der Bundesrepublik. Zum Beispiel berichtete die *Frankfurter Allgemeine Zeitung*:

«Der neunzehnjährige Metzgergehilfe Jürgen Bartsch aus Langenberg hat gestanden, in den Jahren von 1962 bis 1966 vier schulpflichtige Jungen mißbraucht und ermordet zu haben. Gegenüber dem ersten gab sich Bartsch am 31. März 1962 auf dem Kirmesplatz in Essen-Huttrop als Detektiv aus. Er versprach dem Jungen einen Auftrag, den er bezahlen wollte. In einem Stollen erschlug er das Kind mit einer Schreckschußpistole, die er später fortwarf. Die Leiche verscharrte er im Stollen. Erst am 5. August 1965 will der ‹Kirmesmörder› sein nächstes Opfer gefunden haben. Bartsch berichtete, er habe den Jungen mit nach Langenberg genommen. Unweit vom Stollen hielt er an und fesselte den Jungen, ehe er ihn schließlich im Stollen erwürgte. Die Leiche verscharrte er erst am 14. August 1965 mit dem leblosen Körper seines nächsten Opfers. Dieses Kind wurde von Bartsch ebenfalls im Lieferwagen vom Kirmesplatz zu dem Stollen transportiert, hier dann mit Steinbrocken erschlagen. Einen vierten Jungen erwürgte Bartsch in dem Stollen. Seine Leiche verscharrte er nur oberflächlich und bedeckte sie mit Steinen und Holzbalken. Obenauf legte er die Kleider seines Opfers.»

Ich weiß nicht mehr, wie viele solche Berichte über Jürgen Bartsch ich an jenem Dienstag in meinen Zeitungen las. Je mehr ich las, desto unfaßbarer wurde mir der Fall psychologisch. Da wurde in allen Blättern über ein anständiges, fleißiges Ehepaar berichtet, in dessen Haus das arme Waisenkind Jürgen das große Glück gehabt hatte, ein Zuhause zu finden, wo ihn seine biederen katholischen Adoptiveltern mit Stofftieren, Plattenspieler, Fotoapparat usw. in jeder denkbaren Weise verwöhnten. Schon die Berichterstattung dieses ersten Tages machte mir klar: Da stimmte etwas nicht.

Etwa neun Monate früher, im September 1965, hatte ich eine Psychoanalyse abgeschlossen. Eine solche Therapie geht niemals schnell, aber in meinem Fall hatte sie ungewöhnlich lange gedauert. Ich hatte sie 1946 im Alter von zweiundzwanzig Jahren in New York begonnen, mußte sie aber nach anderthalb Jahren aus finanziellen Gründen abbrechen. Erst neun Jahre später, in Berlin, konnte ich sie bei einem angesehenen, schon älteren Analytiker fortsetzen – einige Jahre, bis Dr. Boehm starb. Um die Analyse abschließen zu können, mußte ich mir meinen dritten Analytiker suchen. In diesen langen «Lehrjahren auf der Couch» (Tilmann Moser) habe ich nicht nur über mich, sondern über meine Mitmenschen, über alle Menschen einiges gelernt.

Ich wußte nur zu gut, was es bedeutete, ein todunglückliches, emotional mißbrauchtes, mit elf Jahren sexuell verführtes und mißhandeltes Kind zu sein, und ich wußte auch, welche Narben, welche nie ganz verheilenden Wunden solche Erlebnisse im späteren Leben werden konnten. Meine eigenen Kindheitserlebnisse hatten mich, im Gegensatz zu Jürgen Bartsch, nicht einmal in die Nähe von Mord geführt, aber mir war allzu vertraut, was es hieß, das Kind einer unglücklichen Ehe zu sein – einer Ehe, die nie hätte zustande kommen sollen, zwischen einem primitiven, brutalen, tyrannischen, verachtungsvollen Vater und einer prüden, höchstwahrscheinlich frigiden, hysterisch religiösen Mutter. Ich sah in mir zwar keinen Vorgänger des zwanghaften Kindermörders Jürgen Bartsch, aber ich sah mich doch als einen Menschen, der unter noch ungünstigeren Umständen ein solcher Verbrecher hätte werden können. Goethe wird der Satz zugeschrieben: «Ich habe nie von einem Verbrechen gehört, das ich nicht hätte begehen können.»

Ich hatte während meiner zwei Jahre in Paris, den fünf Jahren in München und dann den zehn Jahren in Berlin immer wieder feststellen können, daß die alten, aber immer noch beliebten und häufig zitierten Mutmaßungen über Nationalcharakter, «Erbmasse» usw. in Fällen wie dem meinen – und in dem von Jürgen Bartsch – einfach nicht stimmten. Sigmund Freud zitierte gern den heiligen Augustinus: *«Inter urinas et faeces nascimur»* – und zwar wir alle, egal wer, egal wo. Aus meinen Jahren auf der Couch wußte ich, daß das untadelige Bild der Familie Bartsch, das meine Kollegen da in den Zeitungen, im Rundfunk, im Fernsehen malten, einfach nicht stimmen *konnte*. Und noch etwas: Während jeder Analyse lernt man eine Menge über das Wesen der Homosexualität – eine Grundkomponente in *jedem* Menschen. Also mußten mich die zahlreichen Andeutungen in den Presseberichten, daß nur ein Homosexueller die Taten von Jürgen Bartsch hatte begehen können, daß der Ursprung, die Ursache seiner Verbrechen in seiner Homosexualität zu suchen sei, sofort alarmieren, weil ich wußte, daß auch das nicht stimmte.

Für Hellhörige allerdings gab es von Anfang an schwache Zwischentöne, die die klischeehafte Harmonie der Berichterstattung störten. Zum Beispiel: die Adoptivmutter habe ihren Sohn bis zum Tage seiner Verhaftung selber gebadet – da war der vierfache sadistische Kindermörder Jürgen Bartsch neunzehn Jahre, fünf Monate und fünfzehn Tage alt. Dieses Detail ließ mich einen allerersten Einblick nehmen in den Abgrund des katastrophalen Familienlebens hinter der Fassade des hübschen kleinen Zweifamilienhauses im Finkenweg der Langenberger Siedlung mit dem harmonischen Namen «Glaube und Tat». In einer Familie, wo so etwas geschehen kann, wird ohne Zweifel mit der psychischen Hygiene eine ganze Menge nicht in Ordnung sein.

Ich wußte damals wenig über die Psychologie des Mordes – so gut wie gar nichts –, aber ich wußte doch genug von der menschlichen Natur, um zu wissen, daß Mörder keine glücklichen Menschen sein können. Aus der Psychoanalyse wußte ich auch, daß das Mörderische in jedem von uns Sterblichen nur schlummert und daß viele Mörder – vielleicht die meisten – ganz andere Menschen töten als diejenigen, die sie eigentlich tot sehen wollen. Ich fragte mich damals, was für eine Kindheit hatte Jürgen Bartsch zu solchen bestialischen Taten führen, ja sogar zwingen können. In meiner Unerfahrenheit hatte ich damals noch nie von einem Mörder gehört, dem das Töten sexuelle Befriedigung verschafft. Was hätte Jürgen Bartsch denn gegen die vier unglücklichen Kinder überhaupt haben können, die er in so unbeschreiblich grausamer Weise schlachtete? Und wenn er gegen seine Opfer nichts haben konnte, wen wollte er dann eigentlich tot sehen?

Einen Prozeß gegen Jürgen Bartsch, las ich damals, sollte es in etwa einem Jahr, wahrscheinlich in Wuppertal, geben. Meine Arbeit für Time-Life International beschränkte sich normalerweise auf Berlin und den Ostblock, auch hatte ich noch nie in meinem Leben Gelegenheit gehabt, über ein Strafverfahren zu berichten; aber ich dachte mir, den Termin für diesen Prozeß sollte ich im Auge behalten. Es erschienen noch einige Zeitungsberichte über den «Kirmesmörder», dann las man monatelang nichts mehr über Jürgen Bartsch. Beruflich hatte ich in und um Berlin viel zu tun, und ich hatte Bartsch fast vergessen, als die Berichterstattung über die Eröffnung seines Prozesses am 30. November 1967 in Wuppertal plötzlich explodierte. Was ich da las, bestätigte und konturierte mein intuitives Bild von der psychologisch tiefkranken Familie Bartsch in Langenberg. Einen ganzen Mittwoch hatte der «dezent angezogene», «liebenswürdige», «nett aussehende», «sympathische» junge Mörder da im Wuppertaler Gerichtssaal mit dem Mikrophon in der Hand gestanden und angefangen, seine eigene Geschichte in allen Einzelheiten endlich bloßzulegen. Die sensationellen Berichte darüber waren lang, aber für mich war klar, daß sie trotzdem nur an der Oberfläche bleiben mußten. Dieser Prozeß erforderte ja wesentlich mehr als nur die übliche journalistische Sachkenntnis.

Im Bonner Hauptbüro von Time & Life arbeiteten mehrere Kollegen, die für das Bundesgebiet verantwortlich waren, aber nach reiflicherer Überlegung habe ich doch den dortigen Chef Hermann Nickel angerufen und mich angestrengt, ihn davon zu überzeugen, daß der Prozeß in Wuppertal eine psychologische und soziologische Fundgrube werden würde und daß er diesen Auftrag mir zuteilen solle. Er erklärte mir, die wöchentliche Nachrichtenkonferenz habe gerade am Vortag in New York stattgefunden; wir müßten nun also die sechs Tage bis zur nächsten Redaktionskonferenz abwarten.

Das Gericht in Wuppertal tagte in Sachen Bartsch nur montags, mittwochs und freitags und hatte an einem Mittwoch angefangen. Ich mußte also nicht einen, sondern zwei Tage warten, ehe die Berichte über den zweiten Prozeßtag erschienen. Sie waren vielleicht noch ausführlicher als die ersten; je mehr der Angeklagte erzählte, desto ungeheuerlicher und unglaublicher wurde seine Geschichte. Ich habe Hermann Nickel noch einmal angerufen und gesagt, dieser Stoff sei einfach zu wertvoll, um auf eine Entscheidung aus New York zu warten. Ich hatte schon die Aussagen von zwei unersetzlichen Tagen versäumt; um nicht noch mehr zu verpassen, würde ich auch ohne Auftrag nach Wuppertal fahren. So geschah es, daß ich – als einziger Ausländer, soviel ich merkte – dem Prozeß in Wuppertal vom dritten Verhandlungstag an beiwohnte und mir darüber umfassende Notizen machte.

Fast alle Sitzungen des Prozesses fanden unter Ausschluß der Öffentlichkeit statt; bei einer Sitzung mußten auch wir Presseleute, auf Antrag des Angeklagten, den Saal verlassen. Am Tage meiner Ankunft in Wuppertal hatte ich mich dem Gerichtsvorsitzenden Dr. Walter Wülfing persönlich vorstellen müssen, um meine Zulassung zum Prozeß zu bekommen. Ziemlich bald lernte ich auch den Verteidiger Heinz Möller und seinen Referendar Hartwig Kolbe kennen. Ein Ortskundiger erzählte mir, Gerhard Bartsch, Jürgens Vater, sei mit den Problemen seines Sohnes zu Rechtsanwalt Möller gegangen, weil der ihn in irgendeiner kleinen Verkehrsangelegenheit schon einmal vertreten hatte. Nicht nur Heinz Möller – ein kluger, gutherziger, gewissenhafter, sympathischer Anwalt, Familienvater mit vier Kindern, absolut ohne jegliche Erfahrung in solchen Alpträumen wie dem Fall Bartsch – war durch diesen Prozeß überfordert. Ich glaube, ich war der erste, der ihm vorschlug, als zusätzlichen Gutachter einen Psychoanalytiker beizuziehen. Er stellte zwar einen entsprechenden Antrag (es handelte sich um den damals bekanntesten Analytiker in Deutschland, Alexander Mitscherlich), aber das Gericht lehnte diesen – wie so viele Anträge der Verteidigung – schroff ab.

Irgendwann im Laufe des Prozesses wurde ich plötzlich, völlig ohne Vorwarnung, selber zum Teilnehmer. Heinz Möller hatte eine einschlägige wissenschaftliche Arbeit in englischer Sprache gefunden und versuchte sie, mit hörbarer Mühe, vorzulesen. Mit einer dramatischen Handbewegung rief der Vorsitzende: «Halt! Wir haben ja einen Amerikaner unter uns. Bitte, Mister Moor!» Ein anderer Richter erinnerte den Vorsitzenden daran, daß ich zunächst als Gerichtsdolmetscher vereidigt werden müßte. Ehe ich wirklich wußte, was los war, stand ich da unten neben Heinz Möller, und jeder Anwesende – auch der Angeklagte, natürlich – musterte den Exoten. So kam es, daß Jürgen Bartsch, als ich ihm einige Wochen später meinen ersten Brief schickte, wenigstens einen visuellen Eindruck von mir hatte.

Am 15. Dezember 1967 ging der Prozeß nach zwei dramatischen Wochen zu Ende. Kurz zuvor hatte ich Heinz Möller gebeten, seinem Mandanten zu sagen, ich sei daran interessiert, ein ganzes Buch über ihn und diesen Prozeß zu schreiben. Als ich das Gericht um die Genehmigung ersuchte, den verurteilten Jürgen Bartsch zu interviewen, hat der Gerichtsvorsitzende Dr. Wülfing abgelehnt.

Meine eigenen Briefe an Jürgen Bartsch habe ich leider nicht aufgehoben – damals hatte ich nicht daran gedacht, daß das Interesse für den «Fall Bartsch» bis zum heutigen Tage andauern würde –, aber der erste Brief, den ich von ihm erhielt, trägt das Datum 23. Januar 1968 und fängt an: «Lieber Herr Moor! Zuerst einmal den allerherzlichsten Dank für Ihre liebe Karte vom 9. 1. 68 und auch für das Weihnachtstelegramm vom 24. 12. 67, daß [sic]* mir sehr viel Freude gemacht hat.» Damals konnte ich nicht ahnen, was aus diesem Briefwechsel werden würde und was für eine Verantwortung ich mir da ungewollt aufgebürdet hatte.

Irgendwann im Laufe von Monaten wurde mir klar, daß diese Verantwortung wesentlich gewichtiger war als ursprünglich angenommen. Am klarsten wurde diese Entdeckung im Frühling 1968 in New York beim Dinner mit meinem ersten Analytiker und dessen Frau, auch einer Analytikerin. Am Schluß eines längeren Gesprächs über den Fall Jürgen Bartsch und über meinen Briefwechsel mit ihm blickte mich mein Gastgeber lange an, ehe er schließlich sagte: «Vielleicht bist du dir noch nicht darüber im klaren, aber *de facto* bist du der Therapeut dieses jungen Mannes geworden.»

Betonen möchte ich, daß ich mir niemals angemaßt habe, Jürgen Bartsch zu «behandeln», psychoanalytisch oder sonstwie; aber eine von mir naiverweise nicht vorausgesehene psychoana-

* Zusätze in eckigen Klammern stammen von Paul Moor.

lytische Entwicklung ist trotzdem nicht lange ausgeblieben: das, was Freud die Übertragung nannte. In der Übertragungssituation erlebt der Analysand eine unendlich breite Skala von Emotionen, die zwischen Haß und Liebe pendeln. Mehr als einmal seit 1968 bekam ich mehr oder minder deutlich vermittelt, ich hätte mich wohl in Jürgen «verliebt». Daß ich ihn geliebt habe, verneine ich nicht: Er war immerhin mein Spiegelbild, in dem ich sah, wie ich unter Umständen sehr leicht selber hätte werden können. Als ein solches Alter ego liebte ich Jürgen und hatte unendlich Mitleid mit ihm. Lieben konnte ich ihn, ja. Aber verlieben in ihn? Nein.

Es gibt viele körperliche Krankheiten mit schrecklichen, ekelerregenden Symptomen, aber gewissenhafte Ärzte und Krankenschwestern überwinden ihre spontane und verständliche Abscheu, um solchen Patienten zu helfen. Bei psychisch Kranken gibt es manchmal genauso schreckliche und ekelerregende Symptome – zum Beispiel Kindesmord; aber um solch einem Menschen helfen zu können, muß man die wissenschaftliche Grundhaltung beibehalten, dann kann man zwischen Tat und Täter differenzieren und seine Abscheu gegen die Tat überwinden, um den Täter wirklich zu verstehen und – vielleicht – ihm zu helfen.

Die Korrespondenz zwischen Jürgen Bartsch und mir dauerte insgesamt etwas mehr als neun Jahre. Seinen letzten Brief an mich hat er am 21. April 1976 geschrieben; eine Woche später, neunundzwanzig Jahre alt, ist er an Herzversagen gestorben.

Der Revisionsprozeß gegen ihn ging am 6. April 1971 in Düsseldorf zu Ende. Einige Monate vorher hatte das *ZEITmagazin* die ersten Auszüge aus Briefen von Jürgen Bartsch an mich veröffentlicht. Bis dahin hatte er schon fast tausend nachhakende, heikle, psychoanalytisch orientierte Fragen von mir ausführlich beantwortet; auf dem Papier hatte ich ihn besser – sogar intimer – kennengelernt als manchen persönlichen Freund.

Bald nach dem Revisionsurteil habe ich ein Manuskript mit dem Titel *Das Selbstporträt des Jürgen Bartsch* geschrieben. Als das Taschenbuch erschien, hatte ich insgesamt nur drei halbe

Stunden mit Jürgen verbringen dürfen, und zwar in Gegenwart eines Justizbeamten.

Nach dem Urteil lief die Korrespondenz selbstverständlich weiter. Solange Jürgen Bartsch im Düsseldorfer Untersuchungsgefängnis saß, wurde er einmal in der Woche von einer mutigen Ärztin, Margret Suhr-Effing, psychotherapeutisch behandelt. Sie und ihr Mann (auch Arzt) und ich haben uns kennengelernt und spontan einen freundschaftlichen Kontakt zueinander gefunden. Bald danach hat Jürgen Frau Suhr und mich von unserer beruflichen Schweigepflicht entbunden, damit wir enger zusammenarbeiten konnten. Irgendwann damals hat ihr Jürgen gesagt, sie sollte mir ausrichten, daß ich für ihn der wichtigste Mensch geworden sei und sie der zweitwichtigste.

Ein erfahrener Analytiker hätte wahrscheinlich mit dieser Entwicklung gerechnet, während ich damals mit Überraschung reagierte. Mir wurde klar, daß dies kein einfacher Austausch von freundlichen Briefen mehr war, sondern eine äußerst ernst zu nehmende persönliche Verantwortung, die im Leben eines so kranken Menschen eine entscheidende Bedeutung bekommen konnte. Jürgen Bartsch ist 1946, ich bin 1924 geboren; seine Briefe bezeugen, daß er mich nicht nur als Freund, sondern auch als Vaterfigur betrachtete. Es dürfte keinen überraschen, wenn ich ihn hier nicht Bartsch oder Jürgen Bartsch, sondern Jürgen nenne.

Am 15. November 1972 – fast sechseinhalb Jahre nach seiner Verhaftung und neunzehn Monate nach dem endgültigen Urteil – kam er als Patient in die geschlossene Abteilung des Landeskrankenhauses in dem kleinen westfälischen Nest Eickelborn, zwischen Soest und Lippstadt, wo er endlich offiziell, nach dem Buchstaben des Gesetzes, richtig behandelt werden durfte. Seine Briefe an mich dokumentieren, wie seine verzweifelten Wünsche nach Behandlung dort scheiterten, scheitern mußten.

Ich habe leider nie ein Tagebuch geführt, aber viele Male habe ich Jürgen in Eickelborn besucht. Der Direktor des Krankenhauses, Dr. Schneller, kannte mein Taschenbuch, hatte eine positive Meinung darüber und behandelte mich in der Frage der Besuche wie einen Familienangehörigen. Ich wohnte weiterhin in Berlin, aber jedesmal, wenn ich Gelegenheit hatte, mit dem Wagen in die Bundesrepublik zu fahren, versuchte ich es einzurichten, den Nachmittag und den Vormittag des nächsten Tages mit Jürgen zu verbringen und dazwischen in Soest oder Lippstadt zu übernachten. Das habe ich mehrmals gemacht. Es strengte mich unbeschreiblich an, schien aber für ihn besonders wichtig zu sein. Dadurch habe ich ihn natürlich viel gründlicher kennengelernt als zu dem Zeitpunkt, da ich das Taschenbuchmanuskript schrieb.

Es gibt einen weiteren Grund, jetzt dieses große Buch über Jürgen Bartsch zu schreiben. Abgesehen von einem kurzen Artikel über den ersten Prozeß in *Time*, ist mein erster Bericht über diesen Fall – «Jürgen Bartsch – Mörder ohne Grund?» – in der Zeitschrift *Der Monat* erschienen. Von Anfang an habe ich versucht, Jürgen Bartsch aus der Perspektive der Psychoanalyse einigermaßen verständlich zu machen, aber damals verfügte ich hauptsächlich über meine eigenen Erfahrungen als Analysand. Der erste Bericht im *Monat*, dann die im *ZEITmagazin* veröffentlichten Briefauszüge, dann das Taschenbuch brachten mich in immer engeren Kontakt mit psychologischen, psychiatrischen und psychoanalytischen Kapazitäten in Deutschland und im Ausland, die sich für diesen fast einmaligen Fall interessierten. So kam es, daß ich in Berlin vom Institut für Psychotherapie und, ein Jahr später, vom Berliner Psychoanalytischen Institut zur «informatorischen» Ausbildung angenommen wurde. Am ersten Institut studierte ich ein Jahr, am zweiten sechs, bis ich 1981 Europa, nach zweiunddreißig Jahren, verließ. «Informatorische Ausbildung» bedeutete Zugang zu allen theoretischen Seminaren, nicht aber zu den technischen oder klinischen. Schon bei meiner Antragstellung hatte ich freiwillig eine Art Eid unterschrieben, daß ich mich nie Psychoanalytiker nennen oder Patienten mit psychoanalytischen Methoden zu behandeln versuchen würde. Dank dieser theoretischen Ausbildung fühle ich mich heute wesentlich besser qualifiziert, über Jürgen Bartsch zu schreiben, als ich es früher war.

Während meiner Arbeit an dem vorliegenden Buch schrieb mir Hermann Gieselbusch, seit meiner 1974 erschienenen Euthanasie-Studie mein Freund und Lektor beim Rowohlt Verlag: «Bartsch ist ein Jahrhundertfall; Deine Korrespondenz mit ihm ist eine Singularität, die für alle Zeiten in einer unanfechtbaren Form auch für wissenschaftliche Zwecke aufbereitet werden muß. Ich denke nicht an die sehr strengen Kriterien der philologischen Textkritik. Aber gerade weil Jürgen Bartsch ein sehr origineller, auch schriftstellerisch begabter Mensch war, der eine manchmal eigentümliche, selbstgeschaffene Rechtschreibung kreiert hat, bin ich dafür, die Abweichungen von der durch den Duden geregelten Umgangssprache wohl bis in die Einzelheiten beizubehalten. Gerade für Interpretationen auf dem Boden der Psychoanalyse sind ja sogenannte ‹Fehlleistungen› oftmals von abgründiger Bedeutsamkeit und dürfen keinesfalls um der formalen Korrektheit willen verfälscht werden ...

«... ich möchte, daß Du wahrnimmst, wie hoch ich dieses kommende Bartsch-Buch in meiner Vorstellung rangieren lasse. Ich sehe darin ein klassisches Werk wie etwa die *Denkwürdigkeiten eines Nervenkranken* von Schreber junior [worüber Sigmund Freud eine seiner bekanntesten Arbeiten schrieb]. Dein Bartsch-Buch wird eben auch in hundert Jahren noch ein Standardwerk sein. Unter diesem Aspekt können Autor und Verlag nur die allerstrengsten Maßstäbe an ihre gemeinsame Arbeit an diesem Buch legen.»

Es gibt verhältnismäßig wenige Fehlleistungen in den Briefen und so gut wie keine von tieferer psychologischer Bedeutung; die letzteren habe ich hier selbstverständlich beibehalten. In meinen Computer habe ich sämtliche Briefe ungekürzt und ungeändert eingespeichert; ein vollständiger Satz Disketten – einschließlich der dreiundzwanzig Kapitel eines «Büchleins», das Jürgen Bartsch in den letzten Monaten vor seinem Tode schrieb – steht zukünftigen Forschern im Berliner Psychoanalytischen Institut, in der Abteilung für Sexualwissenschaft des Klinikums der Universität Frankfurt am Main und im Hamburger Institut für Sexualforschung zur Verfügung. Viel faszinierendes, wissenschaftlich sehr wichtiges Material, das ich im vorliegenden Buch aus Platzmangel nicht ausbreiten konnte, findet sich in meinem 1972 erschienenen Taschenbuch «Das Selbstporträt des Jürgen Bartsch».

Durch meine Beschäftigung mit Jürgen bin ich um einige neue Freunde reicher geworden. Dazu gehörte von Anfang an der hervorragende Psychoanalytiker Tobias Brocher. Margret Suhr-Effing, die Ärztin, die Jürgen wöchentlich in seiner Gefängniszelle neun Monate lang psychotherapeutisch behandelte, habe ich wegen ihres Mutes besonders bewundert. Mit dem Ärzte-Ehepaar Suhr verband mich, solange die beiden lebten, eine enge Freundschaft; heute fehlen sie mir sehr. Bei dem bald nach dem Revisionsprozeß nach Berlin umgezogenen Ehepaar Rasch habe ich an mehreren Abenden Gastfreundschaft genießen dürfen; unsere Gespräche konzentrierten sich auf die verschiedensten Aspekte von Jürgens Persönlichkeit. Herr Rasch hat mir bei der Vorbereitung meines Taschenbuchs wie kein anderer geholfen. Dietrich Wilke, den ich als jungen Sozialarbeiter des Jugendamts während des ersten Prozesses kennengelernt und beim Revisionsverfahren wiedergesehen habe, ist bis heute ein hilfreicher und zuverlässiger Freund geblieben. Christiane Detje vom Rowohlt Verlag hat mir mehrmals mit Recherchen in Deutschland geholfen, die für mich aus San Francisco, wo ich seit 1982 wohne, unmöglich gewesen wären. Und Hermann Gieselbusch kann ich für seine Unterstützung, seinen Beistand und für seine unentbehrliche Hilfe kaum genug danken; nach seiner redaktionellen Bearbeitung lesen sich meine Texte sogar so, als ob ich tatsächlich anständiges Deutsch schreiben könnte.

Zur Vorbereitung dieses Buches habe ich sämtliche Briefe, Postkarten und sonstige Schriftzeugnisse von Jürgen Bartsch – es sind Hunderte – mit meinem Computer buchstabengetreu erfaßt und alle Dokumente chronologisch geordnet. Komplett hätte die

Textmenge ein doppelt so umfangreiches Buch ergeben. Also habe ich eine Auswahl treffen müssen und manche Briefe nur auszugsweise wiedergeben können. Bedenkt man, wie bildungsfern Jürgen aufgewachsen ist, so wird man über seine Begabung für differenzierten sprachlichen Ausdruck nur staunen. Sogar seine Orthographie und Interpunktion waren beachtlich sicher. Die wenigen, psychologisch belanglosen Kleinigkeiten wie die Verwechslung von «das» und «daß» oder von «bez. W.» mit «bzw.» habe ich in den meisten Fällen stillschweigend korrigiert, weil sie den Leser eventuell irritieren und vom Inhalt des Geschriebenen ablenken könnten. Denn wie leicht sind wir alle geneigt, von bloß formalen Patzern auf gewichtige innere Mängel des Schreibenden zu schließen.

Aus unzähligen Mosaiksteinchen entsteht hier ein in der ganzen Weltliteratur einmaliges Selbstbildnis eines jungen Menschen, dem (in den prägnanten Worten von Gerhard Mauz) «überlebenden, verzweifelten Opfer von vier Kindern, die ihm zum Opfer fielen».

2
Untermalung zu einem Selbstbildnis

Das im Kern unzerstört erhaltene Städtchen Langenberg liegt in der Nähe von Essen. In diesem Industrierevier nimmt sich Langenberg – im Deilbachtal, umgeben von Wiesen, Weiden, Bach und Wald – idyllisch aus: eine heile Welt. Auf der Heeger Straße kann man an einem alten Luftschutzbunker vorbeigehen, ohne es überhaupt zu merken: Vor Jahren hat man den Eingang zum Stollen betoniert. Heute weiß nur der Kenner, daß vier der scheußlichsten, grausamsten Morde der Kriminalgeschichte zwischen 1962 und 1966 in diesem Bunker begangen worden sind. Nicht weit von hier steht an der Heeger Straße ein Schild: «Zehn Minuten Fußweg zur Gaststätte Haus Senderblick». An dieser Stelle mündet ein steiler Fußweg, den Jürgen Bartsch nachts immer nehmen mußte, wenn er aus seinem Elternhaus oben am Hang hinunter zum Tatort schlich.

Die Langenberger Polizei hat Jürgen Bartsch am 21. Juni 1966 verhaftet. Am 29. November 1967 fing sein erster Prozeß in Wuppertal an; fünf Tage später, am 4. Dezember, kam ich hinzu. Um die Zeitlücke von anderthalb Jahren zwischen seiner Verhaftung und seinem ersten Brief an mich zu füllen, habe ich aus verschiedenen Quellen Material gesammelt, das unmittelbar mit Jürgen Bartsch zu tun hat.

Am linken und unteren Rande einer vergilbten Fotokopie seiner Geburtsurkunde (Nr. 882, vom 8. November 1946) sieht man eine Menge Hinzugekritzeltes, mitunter den Namen Bartsch; hier ging es offensichtlich um seine Adoption. Da liest man:

> Die Elisabeth Anna Sadrozinski geborene Liedtke
> wohnhaft in Essen, bei ihrem Ehemann
> Ehefrau des Bergmanns Friedrich Sadrozinski
> wohnhaft in Essen, Katernberger Straße 315

hat am 6. November 1946 um 9 Uhr 50 Minuten
zu Essen, in den Städtischen Krankenanstalten
einen Knaben geboren. Das Kind hat die Vornamen erhalten:
Karl Heinz.
Der Standesbeamte
In Vertretung: [Unterschrift unleserlich]
Eheschließung der Eltern am 8. 5. 1943 in Essen
Standesamt Essen-Stoppenberg Nr. 140/1943

Buchstäblich schon im Augenblick seiner Geburt befand sich Jürgen Bartsch in einem pathologischen Milieu: Er wurde sofort nach der Entbindung von seiner tuberkulösen Mutter, die wenige Wochen später starb, getrennt. Eine Ersatzmutter für das Baby gab es nicht. In Essen, noch 1971 im Dienst auf der Wöchnerinnenstation, fand ich Schwester Anni, die das Kleinkind noch deutlich in Erinnerung hatte:

«Es war so ungewöhnlich, Kinder mehr als zwei Monate im Krankenhaus zu behalten. Jürgen blieb aber elf Monate bei uns.» Seit Sigmund Freud, und besonders seit René A. Spitz, weiß die moderne Psychologie, daß das erste Jahr im Leben eines Menschen für seine Entwicklung mit Abstand das allerwichtigste ist: Mütterliche Wärme und körperlicher Kontakt haben einen unersetzlichen Wert für die spätere Entwicklung des Kleinkindes. Am 21. Juli 1969 schrieb mir Jürgen im Alter von zweiundzwanzig Jahren: «Wenn ich Krankenhaus-Luft rieche, wird mir sofort schlecht, und ich muß mich hinlegen. Vielleicht hat das ein wenig zu tun damit, daß ich über ein Jahr ‹von Anfang an› im Krankenhaus gelebt habe.»

Aber schon in der Krankenhauskrippe begann die ökonomische und soziale Einstellung der späteren Adoptiveltern das Leben des Babys zu bestimmen. Schwester Anni erzählte mir: «Frau Bartsch hat extra bezahlt, damit er hier bei uns bleiben konnte. Sie und ihr Mann wollten ihn adoptieren, aber die Behörden zögerten, weil sie Bedenken über die Herkunft des Kindes hatten. Wie er war auch seine Mutter außerehelich geboren. Sie hatte auch eine Zeitlang bei der Fürsorgeerziehung verbracht. Man wußte nicht genau, wer der Vater war. Normalerweise schickten wir elternlose Kinder nach einer gewissen Zeit auf eine andere Station, aber Frau Bartsch wollte das nicht zulassen. Auf der anderen Station gab es ja alle möglichen Kinder, auch von asozialen Eltern.»

«Ich erinnere mich noch heute, was das Kind für strahlende Augen hatte! Er lächelte sehr früh, verfolgte, hob das Köpfchen, alles sehr, sehr früh. Einmal entdeckte er, daß die Schwester kommen würde, wenn er auf einen Knopf drückte, und das machte ihm großen Spaß. Er hatte damals keine Eßschwierigkeiten. Er war ein völlig normales, gediegenes, ansprechbares Kind.»

Andererseits aber tauchten pathologisch frühe Entwicklungen auf. Die Schwestern auf der Station mußten Ausnahmemethoden erfinden, da ein so großes Kind auf der Entbindungsstation eine Ausnahme bildete. Zu meinem Erstaunen hörte ich, daß die Schwestern das Baby schon mit weniger als elf Monaten «sauber» gekriegt hatten. Schwester Anni fand mein Erstaunen offensichtlich merkwürdig. «Vergessen Sie nicht, wie das damals war, nur ein Jahr nach einem verlorenen Krieg. Es gab überhaupt keinen Schichtwechsel für uns.» Meine Frage, wie sie und ihre Kolleginnen das geschafft hätten, beantwortete Schwester Anni ein bißchen ungeduldig: «Wir haben ihn einfach auf das Töpfchen gesetzt. Das fing mit sechs oder sieben Monaten an. Wir hatten Kinder hier im Krankenhaus, die schon mit elf Monaten laufen konnten, und auch die waren schon fast ‹sauber›.» Unter den gegebenen Umständen wird man nicht von einer deutschen Krankenschwester jener Generation, nicht einmal von einer so gutherzigen Frau wie Schwester Anni, aufgeklärte Kindererziehungsmethoden erwarten dürfen: Die Nazis hatten ja solche angeblich verweichlichenden Methoden aus Deutschland verbannt.

Es besteht kein Zweifel, daß die Eheleute Bartsch sich damals nach einem Kind sehnten, besonders Gerhard Bartsch. Als er kurz nach dem Kriege Dänemark besuchte, brachte er von dort ein Paar kleine Lackschuhe mit, obwohl kein Kind unterwegs war.

Kurz nach der Entbindung der Kriegerwitwe Sadrozinski mußte die spätere Adoptivmutter Gertrud Bartsch in dieselbe Klinik, wo eine «Totaloperation» alle Wünsche nach eigenen Kindern zunichte machte. Sie und ihr Mann lernten in dieser traurigen Zeit den kleinen blonden Jürgen (damals noch Karl-Heinz) kennen. Das Baby befand sich in einer Phase, über die René A. Spitz ausführlich geschrieben hat; solche verlassenen Kinder «entwikkeln sich zuerst rascher und sind kontaktfähiger als andere, bis sie dann, wenn die dauernde mütterliche Zuwendung fehlt und die Notreserven des Kleinkindes erschöpft sind, zurückfallen hinter diejenigen, die sich in der mütterlichen Wärme Zeit lassen konnten mit der Entfaltung ihrer Bildungsfähigkeiten.»

Nach elf langen Monaten dieser pathogenen Existenz – fast das ganze, nie kompensierbare erste Jahr – kam das Kind, jetzt Jürgen genannt, zu den Adoptiveltern Bartsch. Jedem, der Frau Bartsch näher kennt, fällt sie als «Putzteufel» auf. Kurz nach der Verpflanzung aus dem Krankenhaus in sein neues Zuhause wurde das anomal früh auf «sauber» dressierte Baby rückfällig, und das erfüllte Frau Bartsch mit Ekel.

Bekannte der Familie Bartsch sahen damals, daß das Baby immer wieder Blutergüsse aufwies. Frau Bartsch hatte jedesmal eine neue Erklärung für die häßlichen dunklen Flecken, aber ihre Erklärungen wirkten wenig überzeugend. Mindestens einmal während jener Zeit hat der bedrückte Vater Gerhard Bartsch einem Freund bekannt, daß er eine Scheidung erwäge: «Sie schlägt das Kind so, ich ertrage es einfach nicht mehr.» Ein anderes Mal, als er sich eilig verabschiedete, entschuldigte sich Herr Bartsch mit der Begründung: «Ich muß nach Hause, sonst schlägt sie mir das Kind tot.»

In Anne-Eva Braunecks Buch *Allgemeine Kriminologie* liest man: «Aller Wahrscheinlichkeit nach war der Junge schon in seiner Bindungsfähigkeit beeinträchtigt, als er mit elf Monaten zum erstenmal die Gelegenheit zu einer stabilen menschlichen

Beziehung bekam; allermindestens mußte dieser letzte Wechsel ihn verstören. Zur Entwicklung seiner Bindungsfähigkeit hätte es darum einer außerordentlich warmherzigen und großzügigen Mutter bedurft, statt einer so eingeengten Frau wie Frau Bartsch, die nicht mehr jung war, nie eigene Kinder gehabt hatte, sich für kinderlieb hielt, weil sie sich in einen Engel verliebt hatte, und einen schweren Schock erlitt, als er sich als kleines Menschentier mit einem lebhaft tätigen Unterleib entpuppte. Dies Erlebnis war für Frau Bartsch vermutlich eine wirkliche Bedrohung.»

Aus der Perspektive des Psychoanalytikers schreibt Franz Alexander: «Das erste Verbrechen, das alle Menschen ausnahmslos begehen, ist die Übertretung der Reinlichkeitsgebote. Und unter dieser Herrschaft der Kriminaljustiz der Kinderstube lernt der Mensch die Repressalien der Umwelt gegen seine ursprünglichen Triebregungen zum ersten Male kennen. Mit Recht spricht Ferenczi von der *Sphinktermoral* als dem Anfang und der Grundlage jeglicher Moral. Für gewisse unzugängliche Kriminelle, die in einer trotzigen Ablehnung der Sozietät verharren, könnte das Vorbild ein auf seinem Töpfchen thronendes Baby sein, das allen Beeinflussungen einen unzugänglichen Widerstand entgegensetzt und triumphierend sich in dieser souveränen Situation dem Erwachsenen überlegen fühlt. In dem Augenblick, wo das Kind zum ersten Male die Hemmungstätigkeit seines Sphinkters selbständig vornimmt, hat es den ersten entscheidenden Schritt zur Anpassung an die Umwelt getan. Es hat in einem Teil seiner Persönlichkeit eine Hemmungsinstanz aufgerichtet, die von dem übrigen Teil seiner Persönlichkeit verlangt, was bisher die Außenwelt von ihm verlangt hat ... Auch Störungen dieses Anpassungsvorganges können die Grundlage für Störungen in der echten sozialen Anpassung werden, da diese Reinlichkeitsdressur für spätere Triebeinschränkungen vorbildlich wird.»

«Die von Freud, Jones und Abraham beschriebenen analen Charakterzüge enthalten in ihren Übertreibungen einen großen Teil der dissozialen und kriminellen Eigenschaften. Der Ausdauer und Beharrlichkeit, diesen Sublimierungsergebnissen des infantilen analen Trotzes entspricht in ihren asozialen Übertreibungen die starrsinnige Verbohrtheit mancher Rechtsbrecher. Der Eigensinn des analen Charakters steigert sich bei den meisten Kriminellen zu selbstherrlichem, unzugänglichem Trotz gegenüber der gesamten Menschheit.»

Schon in Jürgens ersten Briefen an seinen Verteidiger Heinz Möller findet man einen ganzen Schwall bedeutungsvollen Materials. Möller erzählte mir einmal, es sei ihm – dem Vater von vier Kindern – nicht leichtgefallen, einen solchen Mandanten zu verteidigen («Die Entscheidung hat mich auch manche Träne gekostet»), aber mit der Zeit entwickelte sich zwischen ihm und Jürgen eine ungezwungene, starke Bindung. Jürgen mochte ihn und betrachtete ihn als zuverlässigen Freund. Zu Beginn des Prozesses haben es einige Reporter als Verteidigungstaktik gemeldet, daß Möller seinen Mandanten mit dem Vornamen ansprach und ihn duzte. In der Tat war es ein authentisches Zeichen der Unreife des Neunzehnjährigen, daß er innerhalb der ersten Minuten seinen Anwalt gebeten hatte, ihn zu duzen. Am 2. Juli 1967 hat er in einem Brief an Möller erwähnt, daß sogar der Staatsanwalt Körner ihn duzte. In Möller fand Jürgen endlich, nach so vielen Jahren, einen sympathischen Freund, dem er alles, ohne Vorbehalt, erzählen konnte.

Am 14. September 1966 erhielt Heinz Möller den ersten Brief von Jürgen. Er schrieb äußerst sorgfältig, in einer auffallend «korrekten» Schuljungenhandschrift, wesentlich größer als in den späteren Briefen an mich, und die vielen Ausrufezeichen verkünden seinen inneren Zustand.

Schon in diesem ersten Brief kommen mehrere wichtige Themen zum Vorschein, die man aber zum damaligen Zeitpunkt, da sie von einem geständigen vierfachen Kindermörder kamen, äußerst skeptisch betrachtete. Ohne die Tatsachen zu kennen, haben ihn viele Zeitungsleser als «undankbares Kind» abgetan. Das wichtigste Thema aber findet man in der Behauptung, die

Jürgen noch oft wiederholen wird, daß seine Eltern – egal, wie sie ihn behandelten, egal, was sie ihm antaten – ihn trotzdem liebten. Schon in den ersten Sätzen des allerersten Briefes sagt er, wie sehr seine Eltern ihn lieben, obwohl sie das «nicht zeigen können».

Viele neurotische Kinder können sich buchstäblich nicht vorstellen, daß ihre Eltern sie nicht lieben, denn ein Kind kann nicht begreifen, daß in materiellen Aufmerksamkeiten, und seien sie noch so üppig, nicht Liebe zum Ausdruck kommt, sondern oftmals gerade der Mangel an Liebe in der Gestalt von Schuldgefühlen. Fast jedes Kind, auch das mißhandelte, findet es schier unmöglich, die Tatsache anzuerkennen, daß seine Eltern es nicht lieben. Die bloße Möglichkeit erschreckt so tief, daß Kinder sie energisch ablehnen, weil sie einfach nicht wahr sein darf. Für ein Kind ist das ja das Furchtbarste, was es auf der Welt geben kann, und in jeder Lebenslage, auch in der schlimmsten, muß das Kind, um zu überleben, mit halbwegs plausiblen Erklärungen sich vom Gegenteil überzeugen, um diese schrecklichste und unerträglichste aller Wahrheiten abzuwehren.

Wuppertal, Sept. 1966

Lieber Herr Möller!
Da ich nun Ihre Adresse habe, kann ich mich endlich einmal dazu aufraffen, Ihnen zu schreiben!

Wie ich es mir dachte (wir sprachen auch schon andeutungsweise darüber), sagten meine Eltern, sie hätten alles für mich getan. Dies gilt allerdings nur für die materielle Seite, das muß ich sagen, wenn ich ganz ehrlich sein will! Das soll nun wiederum nicht heißen, daß meine Eltern mich nicht geliebt hätten. Denn dann wäre ihre jetzige Haltung vollkommen unsinnig. Nur eines ist eine unumgängliche Tatsache:

«Es ist mir nicht bewiesen, bzw. gezeigt worden».

Nun weiß ich sehr gut, daß Sympathie, wenn sie übermäßig zur Schau getragen wird, sehr affig, ja peinlich wirkt. Doch wäre das «zuviel» trotzdem das kleinere Übel gewesen! Das «zuwenig», oder «überhaupt nicht», ist viel schlimmer! Ich muß es Ihnen einmal ganz deutlich sagen: Ein Filmapparat, ein Radio, Plattenspieler, viele Bücher, kostspielige Geschenke zum Geburtstag oder zu Weihnachten, Fahrrad usw., sind allein noch keine Liebe! Das Gefühl einer Zuneigung, das man für jemand empfindet, kann man nicht allein auf derartige «Zuwendungen» abwälzen. Das soll kein Undank sein, sondern nur eine nüchterne Feststellung! Liebe will erkannt sein.

Sie will ausgedrückt sein in ein paar guten, lieben Worten und Gesten. Diese einzigen, wirklichen Beweise habe ich bei meiner Mutter nur äußerst selten und von meinem Vater, ich muß es leider sagen, gar nicht, erhalten. Wir alle wissen es: Ein Kind braucht Liebe! Einem Kind nutzt keine Liebe, die tief im verborgenen blüht und manchmal recht seltsame Blüten treibt. Nein, sie muß für das Kind vor allem spürbar sein. Schon als kleiner Junge wußte ich um diese Dinge, und das Fehlen des wirklichen Geborgenseins hat mir immer sehr weh getan. Sie wissen, daß ich mich größtenteils zu Hause aufhalten mußte! Was aber erwartete mich dort? Krach zwischen meinen Eltern. Wenn es mal zwei Tage ohne abging, war das schon viel! Krach, weil ich angeblich zu viel fernsah! Aus diesem Grunde habe ich in den letzten Monaten kaum noch ferngesehen. Krach, wenn mein Vater mich im Laden vor Kunden wieder mal «den Dösigen» genannt hatte, und ich mich aus verständlichen Gründen dagegen auflehnte. Krach, wenn ich eine Viertelstunde zu spät nach Hause kam. Krach, wenn ich mal in's Kino wollte! Dazu kam natürlich mein Unbehagen, daß meine Mutter mich in meinem Alter noch badete, und u. a. nicht zuließ, daß ich mir ein Wäschestück zum Anziehen oder ein paar Schuhe selbst zurechtlegte. Daraus folgte dann ein Krach mit meinem Vater, der behauptete, ich könne mich in meinem Alter noch nicht allein anziehen.

Dazu kam, daß wir nie Besuch hatten. Warum? Mein Vater konnte sich nie beherrschen, und mußte seine Frau und mich jedesmal vor dem Besuch regelrecht «mies» machen! Ist sowas schon dagewesen? Aber es war so. Die Folge: Meine Mutter und ich verzichteten auf Besuche, außerdem kam sowieso keiner mehr! Eine Familie ganz ohne gesellschaftliche oder freundschaftliche Verbindungen! Und der Sohn fast immer gezwungen, mit den äußerst schlechtgelaunten Eltern zusammenzusein, also quasi in einem Gefängnis! Können Sie sich etwas Einsameres vorstellen? Und praktisch jeden Sonntag mußte ich mit nach meiner Oma fahren! Der Sonntagsnachmittag in Werden spielte sich in der Regel so ab: Vater (liest mürrisch Zeitung), Mutter (redet ununterbrochen auf die Oma ein, und zum Unglück noch jeden Sonntag dasselbe), Jürgen (sitzt in einer Ecke und kämpft manchmal mit den Tränen der Verzweiflung). Ich habe meine Oma immer sehr gern gehabt, das wissen Sie ja, aber was zuviel ist, ist zuviel. Über das Biertrinken und das Ausgehen, falls man das in meinem Fall nicht allenfalls mit «Luftschnappen» bezeichnen muß, haben wir ja schon gesprochen. Mit wem ich zusammensein dürfte, wenn ich mal draußen war, wurde mir von meiner Mutter vordiktiert. Mindestens die Hälfte aller Jungen und Mädchen waren «kein Umgang für mich». Mein herzliches Verhältnis zu allen Angestellten wurde mir vorgeworfen. Zum Beispiel konnte mein Vater nicht verstehen, daß ich nicht den «gebührenden Abstand wahrte». Solche Äußerungen konnten mich wirklich auf die Palme bringen. So z. B. auch, daß er behauptete, die Kinder der Putzfrau «fräßen sich bei ihm durch». Von dem, was die beiden Kinder aßen, ist er gewiß nicht ärmer geworden! Sie sehen, manchmal grenzten die Redensarten, die ich zu hören bekam, hart an Gehässigkeit. Und für dergleichen war ich absolut nicht zu haben. Was mir dann natürlich auch prompt wieder Krach einbrachte!

Wie Sie sich denken können, kann in einem solchen Betriebs- u. Familienklima keine Häuslichkeit, Geborgenheit oder gar ein Zusammengehörigkeitsgefühl aufkommen. Auch kein, was wichtig ist, Vertrauen!!!

Und sollte wieder mal jemand kommen und behaupten: «Der hat ja

alles
gehabt!» . . . . ,
So täte man gut daran, mich festzuhalten!!!

Ihr sehr ergebener
«Junger Rechtsfreund»
Jürgen Bartsch

*

13. 9. 66

. . . In meinen Briefen an meine Eltern habe ich, so gut ich es konnte, und soweit, wie es eben noch einem normalen Menschen zumutbar ist, «ausgepackt». Über die Beweggründe, verstehen Sie? Lassen Sie sich die Briefe doch ruhig einmal zeigen. Ich habe in ihnen auch, so weit ich es vermag, meine innere Einstellung zu allem Geschehenen erklärt. Klar genug, wie ich glaube.

«Seine Tränen kommen zu spät», schrieb *Der Mittag*; nur weiß der elende Schmierfink nichts von all den Tränen, die ich schon vorher vor Reue und Verzweiflung geweint hatte. Sie hätten sie sehen sollen, als sie mit bald hundert Mann vor mir standen und riefen: «Blaß geworden, Junge!» «Jetzt aber schön die Handschellen hoch!» «Aber nicht doch, Junge, nicht so ein Gesicht, lächeln, lächeln!» So gut ich die Empörung in der Allgemeinheit verstehen konnte und kann, so wenig vermag ich diese Menschen zu verstehen. Wenn auch ich als letzter das Recht habe, jemanden zu kritisieren, so sind doch Leute, die mit Entsetzen Scherz treiben, für mich keine Menschen, sondern Hyänen.

Du lieber Gott, es tat und tut mir doch so leid! Ich darf gar nicht zu viel an die armen Würmer denken, das ist nicht gut. Warum denn? Warum? Hatte mich meine Veranlagung so richtig in ihren Fängen, war eben alles aus, da gab es kein Entgegenstellen oder gar einen eigenen Willen! Und weil ich Kinder eigentlich immer so gern hatte, bin ich natürlich mit der Zeit seelisch vollkommen kaputt gegangen. Zum Schluß durfte mich doch bald keiner mehr ansprechen, dann ging ich schon in die Luft. «Reaktion» nennt man das wohl. Ich hatte eben, grob gesagt, keine Gewalt über diesen verdammten Trieb, der auch nicht nur einer war, sondern aus mehreren bestand. Und manches gibt es da noch, das ich beim besten Willen nur einem Arzt sagen kann und werde!

Und nun habe ich also mein «Päckchen», das ich mein Leben lang zu tragen habe. Wie lange aber, so frage ich, hält das ein Mensch aus, der trotz allem sein Herz und sein Gewissen nicht verloren hat?

*

Eine einmalige, nämlich eine gute Rolle in Jürgens Leben spielte die Schwester seines Adoptivvaters, seine Tante Maria-Theresia, die er Tante Marthea nannte. Sie war es, die sich von einer befreundeten Ärztin ein kleines Aufklärungsbuch empfehlen ließ, das Buch kaufte und es ihrer Schwägerin für Jürgen schenkte, als er in die Pubertät kam.

Ich darf diese bewunderungswürdige, herzensgute Frau immer noch nicht beim Namen nennen: Ihrer Tochter ist es lieber, ihre Verwandtschaft mit dem Kindesmörder zu verheimlichen. Diese Tante hat den Mut aufgebracht, im zweiten Prozeß gegen Jürgen als wichtige, von der Familie Bartsch als die einzige Zeugin auszusagen. Das hat sie auch einiges gekostet. Im August 1988 schrieb sie mir:

«Von meinem Bruder und seiner Frau bin ich nicht im ‹Bilde›, wie man so genau sagt. Wie meine Schwägerin erzählt, bin ich eine ‹schlimme› Frau, die Jürgen nur aushorchte, um es weiter zu erzählen. Aber ich lebe auch so gut und in meinem Frieden. Man muß eben auch Gutmütigkeit ‹bezahlen›. Sie wissen, wie ich zu Jürgen stand. Bei Ihnen brauche ich mich nicht reinzuwaschen.»

Im Oktober 1966 schrieb Jürgen an seine geliebte Tante Marthea:

«Ja, oft war ich bei Euch! Und sehr gern. Ihr konntet es gar nicht merken, denn da war nichts, was meinen Trieb angeregt hätte.

Nur ein paarmal war es schwer für mich, als der kleine H. da war. Und ich war damals sehr froh, daß ich nie mit ihm allein war. Auf ihn sprach mein Trieb nämlich ziemlich an. Das ändert nichts an der Tatsache, daß ich ihn sehr gern hatte. Ich habe überhaupt Kinder eigentlich sehr gern! Klingt das absurd? Auf den ersten Blick sicher. Doch natürliche Kinderliebe ist eine Sache und Triebhaftigkeit eine andere. Nicht jeder wird es mir glauben, vielleicht niemand außer Dir und meinen Eltern, aber ich denke sehr viel an die Kinder und auch an die Eltern der Kinder. Ich habe das Gefühl, daß das meine verdammte Pflicht und Schuldigkeit ist. Gewiß, ändern kann man nun nichts mehr! Doch wenn einem die Lebenden nie verzeihen können, vielleicht können es die Toten.

So viele Leute haben mich gefragt, was ich denn nun denke, was werden soll. Ich habe darauf nichts gesagt. Ich habe einen solchen Haß auf mich selbst entwickelt, daß ich diese Frage gar nicht stelle. Ich finde, ich habe es nicht verdient, daß nochmal irgendwann etwas ‹aus mir werden› sollte.

‹Du bist doch noch so jung!›, sagen sie.

Ja, um Himmels willen waren die Kleinen denn nicht erst recht jung? Es klingt so hoffnungslos, wie ich bin: Ich erwarte vom Leben nichts mehr!

O ja, einen Wunsch habe ich doch, einen großen sogar! Einmal noch möchte ich etwas für Kinder tun! Ob es jemals erfüllt wird? Entschuldige bitte, aber ich kann jetzt nicht mehr, ich muß schleunigst etwas rauchen und lesen.»

*

Am 4. November 1966 an Heinz Möller:

Es war eben so, daß ich innerlich vollkommen gespalten war und es heute noch bin. Mein eigentliches Wesen und meine «Krankheit» waren wirklich zwei ganz verschiedene Dinge. Ich konnte mich selbst nicht verstehen und wußte doch genau, daß es bis zum bitteren Ende weitergehen würde, daß es niemals ein Zurück von meinem Trieb geben würde. Genau wußte ich, daß es eines Tages keine Rettung mehr geben würde, kein Pardon. Abgesehen davon, daß man bei uns zu Hause (traurig, aber wahr!) sowieso nie feiern konnte, konnte ich auch in mir selbst nicht das geringste feierliche Gefühl entdecken. Sicher, woher auch noch? Weihnachten war es immer besonders schlimm, ich dachte an andere Dinge, nicht nur Weihnachten. An Dinge, die mir niemals aus dem Sinne gehen werden. An das Haus in der Herwarthstraße, das ich sogar aufgesucht hatte, ich weiß bis heute nicht warum. Ich suchte auch, bis ich den Namen «Jung» an einer Klingel fand. Dann sah ich an dem Haus hoch und sah den Vater aus dem Fenster schauen. Woher ich das wußte? Darauf gibt es eine einfache und klare Antwort: Man konnte es sehen! Ich dachte an das Haus in Gelsenkirchen, das Elternhaus von Peter Fuchs. Es war das Haus, in dem bis zum 21. 6., bis zum Tage meiner Festnahme, keine Tür je abgeschlossen wurde! Das war der arme Junge, den ich auf dem Rückweg aus den Ferien aufgriff. Ohne Umschweife: ich sah sofort, daß der Kleine sich in Essen verlaufen hatte und nicht wußte, wohin er sich wenden sollte. Ich nutzte das sofort aus. Der Junge hatte seit morgens nichts gegessen, und ich sehe noch heute sein vor Glück strahlendes Gesicht vor mir, als ich ihm meine Hilfe anbot.

Das hätte mich doch um Himmels willen rühren müssen? Das sage ich mir heute und das sagte ich mir damals! Doch in dem Stadium konnte mich nichts mehr halten, nichts mehr erbarmen. Man konnte mich dann (und das ist mein Ernst) nur noch mit einem Raubtier vergleichen, das sein Opfer schon in den Fängen hat. Solch ein Raubtier stirbt eher, als es seine Beute freigibt. Auch ich wäre in der Zeit eher gestorben, als auch nur einen Schritt zurück zu tun! Etwas ganz anderes war es, wenn ich hinterher daran dachte, ja dann war ich mir bewußt, was ich war, und nannte mich auch so. Doch wehe, wenn ich dann wieder durch die Straße fuhr und Jungen sah. Dann war es aus mit der Reue, mit dem Schmerz, ja mit dem Mitleid und dem Weinen. Es war furchtbares Weinen, denn es war sinnlos. Denn es konnte weder den Kindern noch mir helfen. Ja, es war sinnlos, doch es tat weher, viel weher als normales Weinen, denn ich war mir der grausamen Tatsache gewiß, daß ein Teil der Tränen im voraus gegossen wurde. Ja, so war es wirklich. Und ich mußte mich zwingen, nicht daran zu denken, daß der Vater des Peter Fuchs für die Rückkehr seines Jungen den langersehnten Fußball und auch Fußballschuhe gekauft hatte. Doch wer ein Gewissen und ein Herz hat, solange er normal denken kann, der kann sich dem nicht verschließen!

Ja, ich sah den kleinen Ulrich im Auto neben mir sitzen, und ich hörte ihn sagen, «Nein, ich will kein Geld von Ihnen haben, bestimmt nicht, Sie haben doch auf der Kirmes schon so viel für mich ausgegeben!» Und das Furchtbarste: die letzte Minute des kleinen elfjährigen Manfred. Wie er die Augen noch einmal aufschlägt und mich fragt, ja *mich* fragt, ohne Haß, ohne Schmerz und ohne Angst, und ich lese in diesen Augen und finde das darin, das ich nie, niemals begreifen werde: Verzeihung, ja sogar Mitleid mit mir! Und das bestätigt seine schwache Frage: «Kommst du jetzt hinter Gitter?» Dann ist es aus.

Ich weiß nur noch, daß ich mich auf die Steine geworfen habe und geheult wie ein Schloßhund. Wie lange? Genau weiß ich das nicht. Weinen Sie jetzt? Ich auch. Wissen Sie, wenn ich nicht von meinem Trieb beherrscht bin (was ja immer auch hier nicht aufgehört hat), ertappe ich mich immer dabei, daß ich mir sehnlichst wünsche, mit den Kindern sprechen zu können, sie um Verzeihung zu bitten. Doch das habe ich mir für ewig selbst verdorben. Und das peinigt mich von Tag zu Tag und das wird nie aufhören. Ich würde so gern den einzigen Jungen, der noch lebt, nicht um Gnade, sondern um Verzeihung bitten. Doch auch das muß ich mir versagen. Du lieber Himmel, wie würde es ausgelegt werden!

*

22. 11. 1966

Das Endergebnis (der eigene unterdrückte Wille) rührt nicht daher, daß der betreffende Mensch sich «gehen gelassen» hat, sondern einfach daher, daß es etwas gab, das stärker war! Also gibt es scheinbar doch mehr Dinge zwischen Himmel und Erde, als unsere Schulweisheit sich träumen läßt. Woher ich dies alles so genau weiß? Man darf es mir glauben, aus trauriger Erfahrung! Und noch etwas kann ich Ihnen guten Gewissens versichern: Niemals habe ich mich «gehen lassen», nicht einmal! Denn ich bin immer gegangen worden!

Nutzt mir der Wille gar nichts? «Das sei ferne», um es einmal mit Paulus zu sagen: Der Wille kann in diesen Fällen, den scheinbar aussichtslosen Situationen, noch viel vollbringen! Nur: In solch schweren Fällen muß dieser gute Wille mit ärztlicher Hilfe gekoppelt werden, denn er alleine schafft's nicht. Nicht, wenn die Seuche solchen Umfang angenommen hat!

Heilung wäre vonnöten, denn ich bin krank, krank und nochmals krank!!!

Das mußte gesagt werden, verstehen Sie, denn ich glaube, man darf eine richtige, ja sogar teuflische Krankheit nicht allein mit Willensschwäche abtun.

Am guten Willen fehlt's mir doch wirklich nicht.

Die Ärzte sind für mich die letzte Hoffnung. Doch hat das noch gute Weile, wenn überhaupt, denn wir dürfen nicht vergessen, daß diese für mich wirklich lebenswichtige Entscheidung von anderen Leuten abhängen wird.

Schauen Sie mal, ich will wirklich nichts beschönigen; doch habe ich mit Erschrecken in den letzten Jahren immer wieder festgestellt, wie gefährlich einfach es sich viele Leute machen, über diese Verbrechen sich eine Meinung zu schaffen. Doch noch eine Frage wird ewig offen bleiben, daran ändert alle Schuld nichts: Warum muß es überhaupt Menschen geben, die so sind? Sind damit meist geboren? Lieber Gott, was haben sie vor ihrer Geburt verbrochen?

*

13. 12. 1966

Ich habe nicht die Absicht, in diesem Brief «irgend jemandem» Vorwürfe zu machen. Sollten doch welche auftauchen, so ergeben sie sich allein aus den Tatsachen.

Warum die Angst, von der ich schrieb? Nicht so sehr vor der Beichte, als vor den anderen Kindern. Sie wissen ja nicht, daß ich der Prügelknabe der ersten Klasse war, was sie alles mit mir angestellt haben. Wehren? Tun Sie das mal, wenn Sie der Kleinste in der Klasse sind! Ich konnte vor Angst in der Schule nicht singen und auch nicht turnen! Ein paar Gründe dafür: Klassenkameraden, die außerhalb der Schulzeit nicht gesehen werden, werden nicht anerkannt, nach der Parole: «Der hat's wohl nicht nötig!» Ob er aber nicht will oder nicht kann, darin machen die Kinder keinen Unterschied. Ich konnte nicht. Paar Tage nachmittags bei meinem Lehrer Herrn Hünnemeier, paar Tage in Werden bei meiner Oma auf dem Boden geschlafen, restliche Tage nachmittags in Katernberg im Laden. Endergebnis: überall und nirgends zu Hause, keine Kameraden, keine Freunde, weil man niemanden kennt. Das sind die Hauptgründe, doch kommt noch etwas Wichtiges hinzu: bis zum Schulanfang eingesperrt fast ausschließlich in dem alten Gefängnis unter Tage, mit den vergitterten Fenstern und mit Kunstlicht. Drei Meter hohe Mauer, alles da. Man darf nur an der Hand der Oma raus, mit keinem anderen kleinen Kind spielen. Sechs Jahre nicht. Man könnte sich ja dreckig machen, «und außerdem ist der und der nichts für dich!» Bleibt man also ergeben darin, aber drin ist man nur im Wege und wird von einer Ecke in die andere gestoßen, kriegt Schläge, wenn man sie nicht verdient hat, und keine, wenn man sie verdient hat. Die Eltern haben keine Zeit. Vor dem Vater hat man Angst, weil er sofort schreit, und die Mutter war damals schon hysterisch. Vor allem aber: Kein Kontakt zu Gleichaltrigen, weil, wie gesagt, verboten! Wie also sich einordnen? Die Schüchternheit austreiben, was mir beim Spiel geschehen kann? Nach sechs Jahren ist es zu spät!

Dann Internate. Zwei Jahre keine Mädchen gesehen. In der

Küche von Aulhausen arbeiteten Mädchen, die haben wir nie gesehen! Dauernde Predigten: «Wenn wir zwei dabei erwischen, dann fliegen sie!» Es waren damit allerdings nun Jungen gemeint! Aber kann es etwas Schwereres geben, als das nicht zu tun, was die Lehrer verbieten? Na also! Sie erreichten also genau das Gegenteil von dem, was sie wollten.

Doch zurück zu den «Frauen»: Einmal gab in der Turnhalle eine Artistengruppe ein Gastspiel. Da waren Mädchen in leichter Kleidung bei. Der Priester, der neben mir saß, bekam einen roten Kopf, sagte «Jesus, Maria!» und hielt sich das Gebetsbuch vors Gesicht. Das wirkte auf uns Kinder damals natürlich anders als heute. Und bei manchen grub es sich ein. Nun ja, wenn man mal eine Methode zur Züchtung von Homosexualität sucht, werde ich Aulhausen vorschlagen. Sicher, sie wollten das Beste. Doch manchmal erreicht man das Gegenteil.

Es soll niemand sagen, daß ich mich nicht um Freunde bemüht hätte. Ich sehnte mich mit ganzem Herzen danach und konnte nie jemanden finden. Hatte ich mal jemanden, wurde ich nur ausgenutzt. Ich suchte immer Liebe, Wärme, und fand sie nicht. Zu Hause? Sicher, Sie brauchen mir nicht zu sagen, wie sehr mich meine Eltern liebten und lieben. Aber, und das müßten Sie auch wissen, ich merkte nichts davon, zu spüren war da nichts. Also suchte ich diese Wärme, diese Geborgenheit darin, wenigstens einen Freund zu finden. Und suchte vergebens.

Sicher, auch ich habe später, als es gar nicht klappen wollte, viel falsch gemacht. Hatte ich mal kurz jemanden, beanspruchte ich ihn ganz für mich. Aber woher? Weil ich mich mit der Kraft der Verzweiflung an diesen einen klammerte, denn kein anderer Klassenkamerad wollte etwas mit mir zu tun haben. Zum Schluß kam, unausbleiblich, die Resignation: «Dich will ja niemand haben!» Und, es ist zwar nicht bewußt, doch halte ich es für möglich, daß sich die Liebe, die aufrichtige Zuneigung, die ich immer, mein ganzes Leben lang, für Schulkameraden empfand, innerlich, und von mir nicht direkt bemerkt, in das genaue Gegenteil verwandelte. Ersparen Sie mir das Wort!

Also nicht nur sexuell? Nein, vielleicht nicht nur. So kann es gewesen sein, so vermute ich es nach vielem Nachdenken. Ja, ich habe sie sehr geliebt, die Kinder, die damals meine Kameraden waren. Und ich liebe auch heute noch Kinder sehr. Denn das, das Furchtbare, was geschehen ist, und das können Sie mir glauben, das kam nicht von meiner Seele. Nein, aus der Seele nicht! Denn sie ist nicht mit mir groß geworden. Sie ist hübsch klein geblieben.

Die Mimose, dies empfindliche Ding, welkt, wenn keine Sonne sie bescheint, denn schließlich ist sie ja eine Mimose. Kann sie etwas dafür? Eine solche Blume konnte in meinem Elternhaus nicht wachsen.

Und es nagt und nagt immer weiter an dieser kleinen Seele, die nie größer wird, weil die Liebe, die in ihr wohnte, niemals diejenigen erreichen konnte, denen sie, ach so lange schon, galt. Und wird diese Liebe nie, niemals Nahrung finden, so wird sie sterben, so muß sie sterben. Und dann stirbt auch die kleine Seele, die von Schmerzen verkümmerte Seele, weil die große und doch zärtliche Liebe, die in ihr wohnte, nie, niemals diejenigen erreichen konnte, denen sie galt.

Den Freunden, die es nicht gab;
Den Kameraden, die es nicht gab;
Den Kindern!

Gewiß, die vier Kinder sind tot, daran kann auch die kleine Seele nichts ändern. Sie würde es ja so gerne tun, zumal sie genau weiß, daß das Furchtbare nicht ihr Werk war. Denn sie war immer nur voll Liebe, voll zärtlicher, unerwiderter Liebe. Sie hat einen aussichtslosen Kampf gekämpft, von Anfang an. Sie hat nie aufgegeben, obwohl sie dazu Grund genug gehabt hätte. Und sie wird nie aufgeben, das Teuflische, nämlich die Krankheit, die in mir sitzt, zu bekämpfen. Doch wenn ihr dabei nicht ein ganz klein bißchen wenigstens unter die Arme gegriffen wird, steht sie auf verlorenen Posten. Doch aufgeben, nein, das wird sie nicht und das kann sie nicht, da sie ja nur aus dieser Liebe besteht. Doch hat sie ihren Kampf nicht schon verloren? Denn dann ist sie zum Tode verurteilt, und niemand kann ihr mehr helfen.

Bitte, bitte, kann ihr denn wirklich niemand helfen?

*

Januar 1967

Ich war nicht in allem ein Feigling, und ein solcher wäre ich gewesen, hätte ich mein Leid irgend jemanden merken lassen. Mag sein, daß das falsch war, doch so dachte ich jedenfalls. Denn jeder Junge hat ja seinen Stolz, das wissen Sie sicher. Nein, ich habe nicht jedesmal geheult, wenn ich Prügel bezog, das fand ich «memmenhaft», und so war ich wenigstens in einem Punkt tapfer, nämlich, meinen Kummer niemand merken zu lassen. Aber jetzt mal ganz im Ernst, zu wem hätte ich denn gehen, wem mein Herz ausschütten sollen? Meinen Eltern? So gern wir sie haben, müssen wir doch mit Schrecken feststellen, daß sie in dieser Richtung nie, aber auch noch nie, auch nur ein Tausendstelgramm Sinn entwikkeln konnten. Konnten sage ich, nicht haben, daran sehen Sie bitte meinen guten Willen! Und, was auch kein Vorwurf ist, sondern eine einfache Tatsache: Ich bin der ernsten Überzeugung, ja, habe es am eigenen Leib erfahren, daß meine Eltern niemals mit Kindern umgehen konnten.

Woher ich das so genau weiß? Weil ich meine Tante [Marthea] kenne, weil ich weiß, wie gut es gehen kann, wenn ein Mensch versteht, ein Kind zu führen, nicht nur zu rügen und zu schlagen und dann bei jeder Gelegenheit noch zu jammern, daß man doch noch «viel zu gut» sei und noch viel zu viel durchgehen ließe. Und noch etwas allen Ernstes: Ein Kind braucht kein Kino und keinen Plattenspieler, aber es braucht etwas Liebe und Verständnis. Und allein Verständnis, so leid es mir tut, war nie, niemals da.

«An anderen geht die gleiche Kindheit, wie ich sie hatte», schreiben Sie, «spurlos vorüber.» Dem kann ich nicht zustimmen. Erstens glaube ich nicht, daß noch irgend jemand «genau so» wie ich aufgewachsen ist, das halte ich für schier unmöglich, wenn ich alles zusammennehme. Und zweitens brauchen wir (ich bitte jetzt schon um Verzeihung) uns nur meinen Vater anzusehen. Ich habe ihn sehr gern, bestimmt, doch gerade darum hat mir manches so weh getan, schon als Kind. Was ist das für ein Mann, der zwar «hart im Leben steht», gut, aber fast kein gutes Wort hat für sein Kind und auch für sonst keinen Menschen? Man kann keinen Besuch einladen, weil er ewig über Frau und Kind herzieht, man kann nirgendwo mit ihm hingehen, weil er immer sooo ein Gesicht macht und jede heitere Stimmung der anderen ihm auf den Magen zu schlagen scheint? Der mit Vorliebe an Geburts- und Feiertagen Streit beginnt? Der am Heiligabend alles verdirbt und die Geschenke nicht anschaut und noch nicht einmal auspackt, die sein Kind ihm gekauft hat? Dafür gibt es für mich keine Erklärung, und das kann nicht allein Schuld von seiner Mutter sein. Das ist nicht normal, und ich bin der Ansicht, daß seine Jugend auch an ihm nicht spurlos vorüber gegangen ist!

*

28. 3. 1967

In Köln hat mich ein, sogar zwei Gutachter [Dr. Paul Bresser und Prof. Werner Scheid] untersucht. Wir haben uns persönlich sehr gut verstanden (auch heute noch!), doch der Gutachter, der meistens bei mir war, sagte in Köln schon zu mir, daß er noch gar nicht recht wisse, wie mir dann zu helfen sei. Bald danach wurde eine elektrische Hirnstrommessung vorgenommen, mit dem Ergebnis «organisch völlig normal». [Gutachter im zweiten Prozeß sollten das später bestreiten.] Am letzten Tag meines Aufenthaltes in Köln fragte ich den Gutachter, was er von einer Kastration halte. «Gar nichts!» sagte er, «und zwar darum, weil die Beweggründe, die Sie zu den Taten getrieben haben, sozusagen einzig sind.» (Zur Erläuterung: Trieb ist noch lange nicht gleich Trieb!) Dann fragte er mich, was ich vom Jugendgefängnis halten würde. Ich wußte es noch nicht. «In einer Anstalt kann ich mir Sie nicht vorstellen», sagte er und meinte außerdem, daß ich da so gehalten würde, daß ich dann nur vollkommen eingehen würde.

Nun, da hatte ich es erst einmal. Dann, nachts, kam mir (wie ich dachte) die Erleuchtung, daß ich es nur im Jugendgefängnis schaffen könnte, einen neuen Anfang zu machen. Denn, so dachte ich in meiner Dummheit: «Um das Übel auszumerzen, muß man mit dem Übel leben!» Denn im Jugendgefängnis sind die meisten Jungen Menschen zwischen vierzehn und achtzehn Jahre alt. Natürlich wäre das ein gewisses Risiko, aber letzten Endes werden die Leute fürs Aufpassen bezahlt. Außerdem gibt es dort für nachts auch nur Einzelzellen. Ich dachte, mit der Zeit und mit den Jahren mußt du es schaffen, wirst es auch vielleicht. Und wenn der Anfang auch sehr schwer wäre, so dachte ich (da die Veranlagung sich todsicher bemerkbar machen würde), so glaubte ich doch daran, eventuell durch Liebe den unbewußten Haß zu überwinden. (Sicher, heute ist er nicht mehr unbewußt, doch hat er sich in Form des Triebes festgefressen.) So dumm dachte ich: Ich wollte dort helfen, wo ich könnte, ich glaube, es hätte mir sogar Freude gemacht, da das Helfen dort leichter ist als draußen, denn im Gefängnis sind die Menschen dankbarer als draußen. Und Gelegenheiten, da ist an solchem Ort wirklich kein Mangel. Ich habe meinen ganzen Mut zusammengenommen und dem Herrn Dr. das alles geschrieben. Und bekam auch Antwort: «Ihren Wunsch nach menschlicher Hilfe kann ich nur zu gut verstehen. Ich weiß nur nicht, wie ich diesem Wunsch gerecht werden soll!»

Der Rest ist wohl nun nur noch Schweigen.

*

Etwa Mitte Juli 1967 – aus der Geborgenheit des Gefängnisses und vielleicht zum erstenmal in seinem Leben – hat es Jürgen, wenn auch nur schriftlich, gewagt, seinen Eltern Vorwürfe zu machen.

Ihr hättet mich nie von den anderen Kindern absperren dürfen, so bin ich in der Schule nur ein feiger Hund gewesen. Ihr hättet mich nie zu diesen Sadisten im Schwarzrock schicken dürfen, und nachdem ich ausgerissen war, weil der Pater mich mißbraucht hatte, hättet ihr mich nie wieder ins Heim zurückbringen dürfen. Aber das wußtet ihr ja nicht. Mami hätte das Aufklärungsbuch, das ich von Tante Marthea kriegen sollte, nicht in den Ofen werfen dürfen, als ich elf oder zwölf war. Warum habt ihr in zwanzig Jahren nicht ein einziges Mal mit mir gespielt? Aber vielleicht hätte all das anderen Eltern auch passieren können. Für euch war ich wenigstens ein Wunschkind. Wenn ich davon auch zwanzig Jahre nichts gemerkt habe, sondern erst heute, wo es verdammt spät ist.

*

Die «Presseinformationsunterlagen für die Hauptverhandlung in der Strafsache ./. Bartsch» vom 27. November 1967 zeigte sich optimistisch: Der Prozeß sollte ursprünglich an dem genannten Tage beginnen, und für die sechste Sitzung, am 2. Dezember, hieß es «eventuell Urteil». Tatsächlich aber konnte der Prozeß erst am 29. November anfangen, und erst nach neun langen Sitzungen, die meist schon um 8.30 Uhr anfingen, kam es am 15. Dezember zum Urteilsspruch.

3
Der erste Prozeß

> Dr. Bresser stellte die Fragen und ich hatte zu antworten. So blieb, gerade in Sachen «Elternhaus», vieles ungesagt, das zwar niemals nach «draußen» dringen dürfte aus persönlichen Gründen, das aber, um des besseren Verstehens wegen, vertraulich gesagt hätte werden müssen!
>
> – Jürgen Bartsch, Mai 1970

Zur Zeit der ersten Gerichtsverhandlung gegen Jürgen Bartsch las man überall in der Presse von dem «Prozeß des Jahrhunderts». Da muß man staunen über die Kürze des deutschen Gedächtnisses. Zwischen 1918 und 1924 tötete Fritz Haarmann, der «Werwolf von Hannover», aus sexuell-sadistischen Motiven mindestens vierundzwanzig junge Männer; er verging sich an ihnen, zerstückelte sie und verkaufte ihr Fleisch an Gastwirtschaften. Man schätzte die tatsächliche Zahl seiner Opfer auf mindestens einhundertzehn. Haarmann starb am 15. April 1925 unter dem Fallbeil.

Aber nicht nur über die Kürze des deutschen Gedächtnisses muß man staunen. Ab 1956 verbrachte ich ein Vierteljahrhundert in Berlin. 1957 entdeckte man im Bundesstaat Wisconsin in meiner Heimat eine Mordserie, die die von Jürgen Bartsch in den Schatten stellt, aber ich kann mich nicht erinnern, jemals ein Wort darüber gelesen oder gehört zu haben, bis ich meine Recherchen für dieses Buch anstellte. Es handelte sich um den einundfünfzig Jahre alten Farmer Ed Gein, der in der Nähe des Dörfchens Plainfield (647 Einwohner) im Waushara County von Wisconsin wohnte. Die unglaublich scheußliche Geschichte dieses schwerkranken Mannes findet man in zwei Büchern (von Levin und Fox und von Gollmar), die ich im Literaturverzeichnis aufführe.

Mindestens 931 Erwürgte zählten zu den Opfern eines gewissen Buhram – so wurde beim Prozeß gegen ihn festgestellt – zwischen 1790 und 1840 im Oudh-Gebiet Indiens (im heutigen Bundesstaat Uttar Pradesh). Als Mordwaffe benutzte er ein einfaches gelb-weißes Tuch. Buhram gehörte dem Thugee-Kult («Raubmordloge») an, und man hat damals geschätzt, daß Mitglieder dieses Kults zwischen 1550 und 1853, als die britische Besatzungsmacht ihn verbot, mindestens zwei Millionen Inder erwürgten.

Männer haben übrigens kein Patent auf Massenmord. Im Verfahren gegen die Amerikanerin Jane Toppan, eine Krankenschwester in Lowell im Bundesstaat Massachusetts, hat das Gericht im Jahre 1902 festgestellt, daß sie mindestens einunddreißig Menschen vergiftete. Von ihr stammt die bemerkenswerte Aussage: «Dies ist mein Ehrgeiz: mehr Menschen, mehr hilflose Menschen getötet zu haben, als jeder andere Mensch je getötet hat.» Gerichtsmedizinische Untersuchungen bestätigten die von ihr eingestandene Vergiftung der einunddreißig Opfer, aber nach der *Encyclopedia of American Crime* reichten Schätzungen der tatsächlichen Zahl ihrer Opfer bis zu vierhundert; nach allgemeiner Meinung waren es etwa einhundert. Jane Toppan starb 1938, einundachtzig Jahre alt, in der staatlichen Heilanstalt Taunton in Massachusetts.

Den Mord-Rekord der Jane Toppan muß man aber als bescheiden einschätzen, vergleicht man ihn mit den etwa sechshundertfünfzig der ungarischen Gräfin Elisabeth Báthory, die von 1560 bis 1614 lebte. Sie tötete junge Mädchen aus dem Bauernvolk und badete dann in ihrem Blut, anscheinend in der Überzeugung, daß das Baden in Jungfrauenblut das Altern verhindere. Bedienstete suchten ihr die Opfer und brachten sie aufs Schloß, wo die Gräfin sie manchmal zunächst mit Zangen, Rasiermessern, glühenden Feuerhaken und anderen Geräten quälte. Einige zwang sie dazu, Menschenfleisch zu essen, mal das von anderen, mal das eigene. Zeitgenössische Berichte behaupten, sie habe auch Lust darin gefunden, ihre Opfer zu beißen und ihr Blut zu trinken. Erst als die Gräfin anfing, auch adlige Jungfrauen zu töten, geriet sie in ernsthafte Schwierigkeiten. Verhaftet, abgeurteilt, auf ihr Schloß verbannt, starb sie dort dreieinhalb Jahre später eines natürlichen Todes.

Zwischen 1929 und 1930 erstach in Düsseldorf Peter Kürten dreizehn Männer, Frauen und Kinder; am 2. Juli 1931 starb er unter dem Fallbeil in Köln. Während des Dritten Reiches schläferte der reisende Uhrmacher Adolf Seefeld, «Onkel Tick-Tack», zwölf Knaben mit einem tödlichen Gift ein und verging sich an ihnen; er wurde am 24. Mai 1936 hingerichtet. Die Polizei vermutete, daß er zwischen 1895 und 1935 mehr als hundert Knaben ermordete. In den Jahren 1946/47 tötete der damals dreiundzwanzigjährige Rudolf Pleil, der sich «Der Totmacher» nannte, in der Nähe von Gängen nach eigenem Geständnis und auf grausamste Weise sechsundzwanzig Frauen; er bekam «lebenslänglich» und erhängte sich am 16. Februar 1958, «unglücklich über diesen unseligen Trieb», in der Haft in Celle. Und 1960 wurde Heinrich Pommerenke, der vier Morde, sieben Mordversuche und siebzig Sexualüberfälle und Notzuchtverbrechen beging, zu lebenslänglich Zuchthaus verurteilt. Wer spricht heute in Deutschland noch von ihnen?

Warum spricht man aber heute in Deutschland, immer noch, von Jürgen Bartsch?

*

> Non privatim solum, sed publice furimus. Homicidia compescimus et singulas caedes; quid bella et occisarum gentium gloriosum scelus?
>
> – Seneca: Ad Lucilium XCV

Während des ersten Prozesses verbrachte Heinz Möller den Montag, Mittwoch und Freitag in der Jugendkammer des Wuppertaler Landgerichts und die übrigen zwei Arbeitstage der Woche in einem großen, improvisierten Verhandlungsraum des Polizeipräsidiums.

Der eine Prozeß dienstags und donnerstags versuchte die

Schuld oder Unschuld von mehreren ehemaligen Polizeibeamten festzustellen (einige waren noch im Dienst), die auf Befehl der Wehrmacht sechsundzwanzig Jahre früher – am 27. Juni 1941 – etwa neunhundert bis zweitausend Juden in die Synagoge von Białystok getrieben und lebend verbrannt sowie weitere Hunderte in den Parkanlagen der Stadt erschossen hatten. Dieser Prozeß, der so gut wie keine Zuhörer anzog, fand in den Zeitungen eine bemerkenswert dürftige Berichterstattung. Zum Beispiel fehlte jegliche Erwähnung, daß der damalige Leiter der Wuppertaler Staatsanwaltschaft wegen seines Verhaltens als Staatsanwalt beim deutschen Sondergericht im besetzten Prag unter der Nummer «A 38-37» immer noch auf der tschechoslowakischen Kriegsverbrecherliste stand.

In dem anderen Prozeß verteidigte Heinz Möller den einundzwanzigjährigen Jürgen Bartsch, der trotz zahlreicher vorangegangener Versuche die relativ geringe Anzahl von vier Morden begangen und in kleinsten Einzelheiten auch eingestanden hatte. Zu diesen Sitzungen strömte das Publikum jeden Tag in Scharen; manche standen lange vor der Sonne auf, um pünktlich zum Prozeßbeginn um halb neun aus der weiteren Umgebung in der Stadt zu sein, und die Presse berichtete über den Prozeß mit beispielloser Ausführlichkeit. Die Zeitungen erhielten zahllose Briefe, in denen die Wiedereinführung der Todesstrafe gefordert wurde; in anderen wurden für Bartsch Behandlungen vorgeschlagen, die an schierem Sadismus kaum der makabren Phantasie nachstanden, die Bartsch bei seinen Verbrechen an den Tag legte.

Jürgen Bartsch hatte zwischen 1962 und 1966 vier Knaben ermordet und schätzte, daß er mehr als hundert weitere erfolglose Versuche unternahm. Jeder Mord zeigte kleinere Abweichungen, aber die Hauptprozedur blieb die gleiche: Nachdem er einen Knaben in einen leeren ehemaligen Luftschutzbunker an der Heeger Straße in Langenberg gelockt hatte, machte er ihn durch Schläge gefügig, fesselte ihn mit Schinkenschnur, manipulierte seine Genitalien, während er selber manchmal masturbierte, tötete das Kind durch Erwürgen oder Erschlagen, schnitt den Leib auf, leerte Bauch- und Brusthöhle vollständig und begrub die Überreste. Die verschiedenen Varianten umfaßten die Zerstückelung der Leiche, Abtrennung der Gliedmaßen, Enthauptung, Kastration, Ausstechung der Augen, Herausschneiden von Fleischstücken aus Gesäß und Schenkeln (an denen er roch) und den vergeblichen Versuch analen Geschlechtsverkehrs.

Später hat Jürgen das präzisiert: «Beim dritten Fall, habe ich im ersten Prozeß gesagt, es stimmte, daß ich neben dem toten Kind onaniert hätte, aber mit Vorbehalt habe ich das alles gesagt. Schon damals wußte ich das nicht mehr so richtig. Ich habe die Hose nur runtergelassen. Nur einmal, im Fall Frese, habe ich mich selbst ganz ausgezogen.»

In seiner eigenen, außerordentlich detaillierten Schilderung während der Voruntersuchung und in der Hauptverhandlung betonte Jürgen, daß er den Höhepunkt der geschlechtlichen Erregung nicht bei seiner Masturbation erreichte, sondern beim Schneiden des Fleisches, das ihn zu einer Art Dauerorgasmus brachte. Bei seinem vierten, letzten Mord gelang ihm schließlich, was ihm von jeher als höchstes Ziel vorgeschwebt hatte: Er band sein Opfer an einen Pfahl und schlachtete den schreienden zwölfjährigen Manfred Grassmann, ohne ihn vorher getötet zu haben.

Der italienische Mediziner Cesare Lombroso stellte 1876 als erster die Theorie des «geborenen» Verbrechers auf, aber die späteren Erkenntnisse der Psychologie und vor allem der Psychoanalyse haben sich weit von Lombroso entfernt. Die Soziologen versetzen den Ursprung der kriminellen Persönlichkeit in deren Umwelt, die Psychologen, Psychiater und Psychoanalytiker suchen die Ursachen in den Beziehungen innerhalb der Familie. Wenn man nicht an der antiquierten genetischen Theorie festhält, muß man mit der Tatsache beginnen, daß Jürgen Bartsch in dieses Tal der Tränen nicht als der psychopathische Mörder kam, zu dem seine Erlebnisse und seine Umwelt ihn machten. Er ist in keinem Elendsviertel aufgewachsen, und er war kein Schlüsselkind. Man muß daher zuerst einen Blick in das Heim der Familie Bartsch in Langenberg werfen, wie das Zusammenleben dort von den drei Personen mit seiner verwirrenden Mischung von Intimität und Verschlossenheit individuell empfunden wurde.

Die erste von zahlreichen interessanten sprachlichen Formulierungen in beiden Bartsch-Prozessen war am Morgen des Eröffnungstages im ersten Prozeß zu hören, bald nachdem Jürgen Bartsch aufgestanden war und das Mikrophon in die Hand genommen hatte, um seine Geschichte zu erzählen: «Meine Eltern hatten immer ein klein wenig weniger als zu wenig Zeit für mich», sagte er. Er behauptete, seine Mutter sei immer ein «Bremsklotz» gewesen, wenn er ein bißchen Vergnügen haben wollte. Noch für den Neunzehnjährigen setzte die Mutter eine genaue Sperrstunde und geriet außer sich, wenn er auch nur fünf Minuten später nach Hause kam.

In einem Schlüsselsatz sagte er: «Ich kann mir nicht vorstellen, daß man bessere Eltern haben könnte» – dann fügte er hinzu: «aber Liebe habe ich von ihnen nicht bekommen.»

In der ersten Schule war Jürgen der Kleinste und wurde darum viel gehänselt. In der Adoleszenz kam er in die drakonisch strenge katholische Knabenschule in Marienhausen bei Bingen – ein Barockgebäude, halb Kloster, halb Herrenhaus. Die weitläufige feudale Anlage umfaßte auch einen Park und ein Freibad. Hier in diesem Don-Bosco-Heim gab es für Jürgen Bartsch und seine Mitschüler, so haben sie selber berichtet, obligatorische Morgen- und Abendmessen, striktes Schweigen («Silentium!») während der Mahlzeiten und häufige, manchmal willkürliche körperliche Züchtigungen. Jürgen hat dazu später geäußert: «Im ersten Prozeß hat der Vorsitzende meinem Vater gesagt: ‹Herr Bartsch, wie ist das gewesen, da im Heim in Marienhausen soll so viel geschlagen worden sein, da soll es so brutal gewesen sein.› Mein Vater hat geantwortet, wörtlich: ‹Na, schließlich ist er ja nicht totgeschlagen worden.› Das war eine deutliche Antwort.»

Als Dreizehnjähriger erkrankte Jürgen während eines Zeltlagers und bekam so hohes Fieber, daß einer der begleitenden Priester ihn auf sein Zimmer ins Gasthaus brachte und ihn in das zweite Bett legte. Als Jürgens Schüttelfrost nicht nachließ, nahm ihn der Priester in sein eigenes Bett, wo er «mich in die Arme schloß wie ein Vater oder eine Mutter». Nach weitergehenden Handlungen gefragt, sagte Jürgen mit merklichem Energieaufwand: «Regelrecht passiert ist nichts.» In der Liste der neununddreißig Zeugen, die während des Wuppertaler Prozesses aufgerufen werden sollten, fehlte der Name dieses Priesters. Erst in Jürgens Briefen an mich nach dem ersten Prozeß und später im Revisionsverfahren hat er mehr – viel mehr – von diesem Priester erzählt.

Kurz nach seinem achten Geburtstag hatte Jürgen sein erstes homosexuelles Erlebnis, als ein fast doppelt so alter Vetter von ihm verlangte, sich auf die Couch zu legen und die Hose zu öffnen als Belohnung für die Benutzung seiner Kopfhörer. Dieser Vetter – mittlerweile verheiratet und im Ruhrgebiet als katholischer Kindererzieher tätig – wurde in beiden Prozessen als Zeuge nicht vorgeladen.

Sigmund Freud hat Grundlegendes zur psychoanalytischen Deutung des Sadismus in wenigstens fünfzehn seiner Arbeiten geschrieben, am ausführlichsten in den Schriften «Drei Abhandlungen zur Sexualtheorie», «Über die allgemeine Erniedrigung des Liebeslebens», «Das Tabu der Virginität», «Jenseits des Lustprinzips», «Das ökonomische Problem des Masochismus» und «Das Unbehagen in der Kultur». Man findet eine neuere, ungewöhnlich klare Deutung des Sadismus in dem meisterhaften Werk *The Psychoanalytic Theory of Neurosis* von Otto Fenichel: «Wenn sexuelle Lust durch Angst beeinträchtigt wird, dann ist es verständlich, daß eine Identifizierung mit dem Aggressor Erleichterung bringen kann. Wenn ein Mensch die Möglichkeit hat, anderen das anzutun, wovon er fürchtet, andere könnten es ihm selbst antun, dann braucht er nicht mehr Angst zu haben. Demnach kann alles, was dazu beiträgt, seine Macht und sein Prestige zu vergrößern, zur Beruhigung seiner Ängste dienen. Was er selbst erleiden könnte, tut er aktiv, den Angriff vorwegnehmend, den anderen. Es gibt sadistische Handlungen, bei welchen das Opfer ernsthaft verletzt oder gar getötet wird. In solchen Fällen ist der Gedanke ausschlaggebend, daß eine passiv zu erleidende schreckliche Erfahrung vermieden wird durch das aktive Verüben eines Verbrechens und daß eine besondere Einheit mit dem Opfer hergestellt wird.»

Spezifisch über Jürgen Bartsch schrieb der Psychoanalytiker Tobias Brocher: «Der Täter sucht eigentlich in seinem Opfer gleichsam ein Abbild seiner selbst als Kind, das er dann so verderben und zerstören will, wie er selbst auch als Kind zerstört wurde. Dies ist der unbewußte Racheinhalt, den Bartsch in seinem ersten Prozeß als ‹unheimlichen Trieb› bezeichnete, ohne ihn tatsächlich zu kennen. Die verbliebene, unbewußte Kinderangst vor der phantasierten Kastration läßt ihn jüngere Knaben in Angst und Wehrlosigkeit versetzen, um sie dann zu quälen, zu kastrieren und zu töten.»

Die nackte, unbedingte Macht – so omnipotent und unwiderstehlich wie die vom Kinde empfundene Macht seiner Eltern – spielt beim Sadisten eine fast so wichtige Rolle wie das Quälen, das Verhängen von Schmerzen; Jürgen nannte es sogar ein «sexuelles Machterlebnis». Wichtig ist auch die Manipulation des Opfers in eine Zwangslage hinein, wo es sein eigenes Peinigen tatsächlich erbitten muß, in der verzweifelten Hoffnung, sich das größere Übel – das Schrecklichste von allem – zu ersparen. Über den kleinen Nachbarssohn Axel O., ein frühes Opfer, das Jürgen leben ließ, schrieb er mir: «Ich schrie wieder ihn an, ‹So wie Du jetzt bist, legst Du dich jetzt auf meinem Schoß, mit dem Po nach oben! Mit den Beinen darfst Du strampeln, wenn es weh tut, aber Arme und alles andere müssen ganz still sein! Ich schlage Dir nämlich jetzt dann dreizehn Schläge auf den Hintern und einer immer fester als der andere. Wenn Du nicht willst, bring ich dich um (das ‹umbringen› war damals noch eine leere Drohung, zumindest war ich selbst davon überzeugt)! Willst Du?»

In seinem 1945 veröffentlichten Buch schrieb Otto Fenichel: «Bisher ist noch kein Triebmörder analysiert worden, aber wenn man an Fälle denkt, in denen Phantasien dieser Art entscheidend waren, und auch an Erlebnisse mit weniger ausgeprägten Sadisten, dann darf man annehmen, daß das Über-Ich in solchen Fällen eine komplizierende Rolle spielt. Die sadistische Handlung bedeutet nicht nur ‹Ich töte, um nicht getötet zu werden›, sondern auch ‹Ich strafe, um nicht bestraft zu werden›, oder aber ‹Ich erzwinge Verzeihung durch Gewalt›. Menschen, die narzißtische Zufuhr benötigen, neigen, wenn sie so frustriert sind, zu intensiv sadistischen Reaktionen. Unter gewissen Umständen kann so eine Neigung wachsen, bis sie in einer Tat kulminiert, die eine Angst – ‹Wenn ich etwas Sexuelles tue, muß ich bestraft werden› – durch Herstellung von Angst verdrängt: ‹Ich quäle dich, bis du durch die Intensität deines Leidens gezwungen bist, mir zu verzeihen, mich von dem Schuldgefühl zu befreien, das meine Lust blockiert, und so durch und in deiner Verzeihung mir sexuelle Befriedigung zu verschaffen.› Der Sadist, der Unabhängigkeit vortäuscht, verrät also eine tiefe Abhängigkeit von seinem Opfer. Durch Zwang versucht er, die Liebe seines Opfers zu gewinnen; die Liebe, die er sucht, ist eine primitive und hat die Bedeutung einer ‹narzißtischen Zufuhr›. Das Modell dieser Art von Sadismus ist der preußische König Friedrich Wilhelm [I., der Soldatenkönig], der seine Untertanen zu verprügeln pflegte und dabei brüllte: ‹Du sollst mich nicht fürchten, du sollst mich lieben!›»

Professor Eberhard Schorsch, Direktor des Hamburger Instituts für Sexualforschung, hat 1982 geschrieben: «Sehr global läßt sich sagen, daß die Dynamik des Sadismus mit sehr frühen Störungen in der Persönlichkeitsentwicklung, vor allem in der Verselbständigung und Autonomiegewinnung, zusammenhängt. Instabilität der eigenen Identität, Unsicherheiten, Ängste und unentschärfte destruktive Impulse sind Reste solcher frühen Störungen. Die Sexualisierung von Destruktivität ist einer der möglichen Abwehrmechanismen zur Entlastung von dieser Dynamik. Die Verbreitung der Affinität zu sadistischen Reaktionen und Brutalitäten läßt keinen anderen Schluß zu als den, daß die primäre Sozialisation in der bestehenden Familienstruktur ein riskanter, kritischer und häufig nicht gelingender Prozeß ist.

Deshalb müssen wir mit einem latenten Potential von Destruktivität in der Gesellschaft leben. Eine archaische Destruktivität gehört, wie die Psychoanalyse meint, zur ursprünglichen Ausstattung des Menschen. Entscheidend für das Schicksal dieser Destruktivität sind vor allem die ersten beiden Lebensjahre: von dem Ausmaß, in dem die Mutter sich mit intensiver Bezogenheit und Empathie dem Kind zur Verfügung stellt und das Kind diese Zuwendung wahrnehmen und sich zunutze machen kann, hängt ab, ob und inwieweit die ursprüngliche Destruktivität entschärft und in soziale Antriebe umgeformt werden kann. Wenn diese Umformungsprozesse, die sich nur in Beziehungen vollziehen, häufig nicht gelingen, dann drängt es sich auf, hier Zusammenhänge zu sehen mit dem Selbstverständnis, der Identität, der gesellschaftlichen Rolle der Frau – mit Problemen ihrer eigenen Autonomie, der Rolle des Kindes für ihre Identität, mit Schwierigkeiten, Kinder in die Autonomie zu entlassen . . . Mehr als eine vage Hypothese läßt sich hieraus zunächst nicht ableiten – eine Hypothese, die einer gründlichen Untersuchung wert wäre. Das latente Potential an Destruktivität ließe sich so plausibler erklären als durch die Annahmen von Reich und Horkheimer, die die Affinität zu Sadismus und Faschismus als Folge einer für deutsche Verhältnisse typischen patriarchalisch-autoritären Familienstruktur und eines sadistischen Vaterbilds mit einem Erziehungsstil zum Untertan angesehen haben. Die Entwicklung seit dem 2. Weltkrieg mit der weltweiten Eskalierung von sozialem Sadismus hat gezeigt, daß sich diese Probleme nicht nationalisieren und nicht regional eingrenzen lassen.

«Der Zusammenhang zwischen der sadomasochistischen Perversion und der Brutalisierung des gesellschaftlichen Lebens ist zwar kompliziert, aber vorhanden.»

Nach Beendigung der Schulzeit wußte Jürgen nicht, was er werden sollte, so daß sein Vater, der ihm schon als Neunjährigem zum Karneval eine eigens geschneiderte Fleischerschürze umgehängt hatte, für ihn die Entscheidung traf: «Dann wirst du eben Metzger.» Er ließ jedoch die Möglichkeit offen, daß Jürgen später anderen Sinnes werden würde; er sprach sogar davon, daß er studieren könnte. Der Vierzehnjährige kam nach Essen zu einem Kollegen seines Vaters, dem Metzgermeister van Loon, wo er Kost und Logis, aber keinen Pfennig Geld erhielt. Über sein Verhältnis zu Herrn van Loon bemerkte Jürgen: «Er hat mich immer gepiesackt», und fügte mit der aufschlußreichsten Fehlleistung des ganzen ersten Prozesses hinzu: «Er nannte mich so» – er stotterte – «Mutterschürz – äh – daß ich am Muttersöhnchenzipfel hing.» Diese Äußerung wird klar, wenn man die Bedeutung des Wortes «Zipfel» gleich «Knabenpenis» kennt.

Vom Leben in seinem Elternhaus erzählte Jürgen: «Es gab kaum einen Tag ohne Anschreierei, meistens wegen Geld. Meine Mutter wollte schon einmal fortlaufen. Einmal dachte sie an Scheidung und hat sogar einen Rechtsanwalt aufgesucht.» Die Beziehung zwischen seinen Eltern faßte er in dem ausdrucksvollen Satz zusammen: «Sie sind so nebeneinander durch die Zeiten gelaufen.»

Als der Richter fragte, welcher Elternteil dominierte, antwortete Jürgen: «Das Übergewicht hat meine Mutter. Mein Vater hat mal auf dem Bett gesessen und geheult. Meine Mutter hat auch manchmal mit Sachen geschmissen. Sie ist sehr, sehr sauber, sehr etepetete. Ich durfte nicht selber aussuchen, was ich jeden Tag tragen wollte. Sie holte die Kleider heraus und gab sie mir. Mein Vater hat mir mehrmals gesagt: ‹Du kannst dich nicht mal allein anziehen.› Meine Mutter hat mich bis zum Schluß ganz gebadet.» Man beachte das *ganz*. «Das Baden ging mir auf die Nerven mit der Zeit.»

Jürgens Feierabend bestand darin, daß er gebadet wurde, die Kleider im Schlafzimmer seiner Eltern wechselte (er hatte in seinem darüber gelegenen Zimmer weder Schrank noch Waschgelegenheit) und sich dann bis zur gewohnten frühen Schlafenszeit zum Fernsehen zwischen sie ins Ehebett legte. Seine späteren nächtlichen Exkursionen konnte er nur bewerkstelligen, indem er aus dem Kellerfenster schlüpfte und Kleider anzog, die er in einer Betonröhre in der Nähe versteckt hielt.

Jürgen beschrieb seinen Vater abwechselnd als «ein Arbeitstier» und einen «Feldwebeltyp». Er fand ihn «sehr laut». «Wenn wir Verwandte besuchten, machte er mich in ihrer Gegenwart herunter. Ich hatte zu keinem meiner Eltern Vertrauen.» Jürgen sagte ferner aus, daß er mit seinem Vater nur ein einziges Mal eine kurze Unterhaltung über sexuelle Angelegenheiten gehabt habe – und zu dieser Zeit war sein Gefühlsleben schon weit krankhafter, als sein Vater oder jemand anders hätte ahnen oder verstehen können. Im Juni 1961, als Jürgen vierzehn war, lockte er einen jüngeren Nachbarssohn in seine Höhle, verprügelte ihn, riß ihm die Kleider vom Leibe und zwang ihn zu sexuellem Spiel. Der Junge erzählte es seinem Vater, der nicht nur Jürgens Eltern zur Rede stellte, sondern auch zur Polizei ging. Jürgen leugnete alles, gestand jedoch später seinem Vater die Wahrheit. Die Polizeibeamten von Langenberg (damals 38 500 Einwohner) legten den Fall als Kinderunfug zu den Akten, während Herr Bartsch das Problem dadurch erledigte, daß er seinem Sohn sagte, es gäbe Ärzte, die man aufsuchen könnte – «aber ich hatte Angst. Mein Vater und ich paßten nicht gut zueinander.»

Mit dreizehn Jahren stieß Jürgen Bartsch zufällig auf seine Adoptionspapiere und erfuhr zum erstenmal die Wahrheit über seine Herkunft. Wie ein Zeuge berichtete, kam Jürgen zu ihm und sagte, er habe entdeckt, daß er «nicht der Sohn vom Alten» sei – ohne seine Mutter zu erwähnen. Er ging mit seinem verwirrenden neuen Wissen auch zu einer älteren Bekannten, die ihn davon zu überzeugen versuchte, daß das nichts ausmache. Im Verlaufe des ersten Prozesses war von einem Gespräch des Knaben mit seinen Adoptiveltern über dieses Thema nie die Rede; man erfuhr nicht einmal, ob ein solches je stattgefunden hatte.

Als der pubertäre Jürgen schließlich seine Hemmungen so weit überwunden hatte, sich den allerersten Sexualpartner seines Lebens zu suchen, war sein Trieb bereits auf Kinder gerichtet. Den Anfang machte Axel O., zehn Jahre alt, dem er auf seinem Zimmer in die Lederhose griff, womit es anscheinend sein Bewenden hatte: «Es war doch noch nicht so ernst.»

In seinem Buch *The Psychoanalytic Theory of Neurosis* schreibt Otto Fenichel über Pädophilie: «Kinder sind schwach und bleiben zugänglich, wenn andere Objekte durch Angst ausgeschlossen sind. (Freud sagte, Pädophilie sei die Perversion von ‹schwachen und impotenten› Menschen.) Aber eine Liebe für Kinder basiert meistens auf einer narzißtischen Objektwahl. Unbewußt sind die Patienten in sich selber als Kinder narzißtisch verliebt; sie behandeln ihre Kinder-Objekte entweder in derselben Weise, wie sie gerne behandelt worden wären, oder in der genau entgegengesetzten Weise.»

Nach dem kleinen Axel O. war es F., den Jürgen in den Bunker lockte. Der Trieb zu schneiden beherrschte schon Jürgens einsame Masturbationsphantasien; er hatte sich Rasierklingen «für fünfzig Pfennig aus dem Automat» besorgt. Während des Kampfes in der Höhle rief Jürgen: «Ich werde dich doch mit der Rasierklinge zerkleinern!» Bei der Verhandlung erklärte er: «Meine Hemmungen waren noch groß.» Das Kind F. entkam und hielt den Mund, von Jürgens Drohungen eingeschüchtert. (Daß F. den Mund hielt, mindestens bis zur Zeit des ersten Prozesses, etwa sieben Jahre später, spricht Bände über sein Vertrauensverhältnis zu seinen eigenen Eltern.)

Der nächste war der Junge, dessen Vater Beck zur Polizei ging. Weil Jürgen keine Aussichten mehr hatte, sich in der Siedlung «Glaube und Tat», wo die Familie Bartsch wohnte, Kinder zu suchen, begann er, in der weiteren Umgebung Umschau zu halten. An einem Sommermorgen des Jahres 1961, als er vierzehn war, traf er den sechseinhalbjährigen H. Er schickte ihn mit fünfzehn Pfennig in die Drogerie, um eine Kerze für den Höhlenbesuch zu kaufen. «Eine Taschenlampe wäre zu grell gewesen, zu nüchtern. Eine Kerze gibt ein rundes, warmes Licht. Das Licht ist romantischer – es ist schwer, die richtigen Worte zu finden. Eheleute haben bei gewissen Handlungen so etwas.»

Durch den heutigen Wuppertaler Rechtsanwalt Hartwig Kolbe, damals Referendar bei Heinz Möller, ließ ich Jürgen bitten, sich über den prägnanten letzten Satz etwas näher auszulassen; er behauptete, er habe dieses Wissen aus einem Illustriertenartikel. Er spielte in der Hauptverhandlung noch ein zweites Mal auf Kerzenlicht und Eheleute an. Seine Eltern sagten, er habe «fast von Anfang an» sein eigenes Zimmer gehabt, aber das bedeutete, wie ich nach genaueren beharrlichen Fragen herausbrachte, daß er die ersten fünf bis sechs Jahre im Zimmer seiner Eltern schlief. Jürgen Bartsch konnte sich nicht besinnen, die «Urszene» gesehen oder gehört zu haben, doch unter den gegebenen Umständen ist es wahrscheinlich, daß sein Bewußtes solche Erinnerungen verdrängt hatte – wenn der Verkehr des Ehepaars Bartsch zu der Zeit nicht schon aufgehört hatte.

Nachdem Jürgen und der kleine sechseinhalbjährige H. die Höhle betreten hatten, bedrohte Jürgen das Kind, ging jedoch nicht weiter: Seine Pulse hämmerten, die Knie zitterten, er fühlte sich «flau», wie er berichtete, und H. konnte sich in Sicherheit bringen. Auch er hat dieses Erlebnis seinen Eltern anscheinend nicht anvertraut.

Die Begegnung mit T., seinem nächsten Opfer, fand im Walde statt, aber T. erwies sich als überraschend kräftig, und Jürgen mußte von seinem Vorhaben ablassen. Als T.s Mutter von dem Zwischenfall hörte und sich beschwerte, beschwor Frau Bartsch die Dame, den Vorfall zu verschweigen – «Wir haben schon Sorgen genug mit ihm» –, und schenkte T. zwanzig Mark von Jürgens Taschengeld.

Sein erster Partner in einem vollendeten Geschlechtsakt, bis zum Samenerguß, war angeblich Detlef Düren, ein gleichaltriger Angestellter in der Fleischerei Bartsch. In diesem Fall mußte sich Jürgen die Zustimmung seines Partners erkaufen. Detlef erlaubte Jürgen, ihn bis zur Klimax zu masturbieren, drohte jedoch danach, es Jürgens Vater zu melden, so daß Jürgen ihm Geld gab. Das war der Anfang einer regelmäßigen, zweimal in der Woche erfolgenden Bezahlung. Es gehörten dazu auch Teilstrangulierungen durch Jürgen, und als der Richter Jürgen fragte, ob ihn das Würgen besonders gereizt habe, antwortete er: «Es war mir nicht unangenehm.» Jürgen vertraute nach einer gewissen Zeit Detlef an, daß er gern ähnliches mit einem Jungen zwischen acht und dreizehn tun würde, er sei jedoch zu schüchtern, selber einen anzusprechen. Er bot Detlef dreihundert Mark, wenn er ihm dabei helfen würde. Detlef begleitete Jürgen sechs- oder siebenmal auf solchen Streifzügen, doch ihre vereinten Bemühungen blieben ohne Erfolg.

Als seine Probleme immer bedrängender wurden, unternahm Jürgen heroische, aber völlig falsche Anstrengungen, seinen Geschlechtstrieb auf das heterosexuelle Gebiet zu lenken. Er zwang sich, Prostituierte in Essen aufzusuchen, was von seinem Standpunkt aus die gleiche Selbstüberwindung erforderte, die ein heterosexueller Mensch für einen unerwünschten gleichgeschlechtlichen Akt aufbringen müßte. Er bestellte bei einem Freund, der zeichnen konnte, Zeichnungen von nackten Mädchen, wobei er betonte, daß ihre weiblichen Reize besonders deutlich sein müßten und er alles sehen wollte; die Bilder hatten keine Wirkung auf ihn. Er beschloß, sich auf ein Nachbarmädchen zu konzentrieren, das ihm etwas besser gefiel als andere, in der Hoffnung, mit dem Mädchen ins Bett zu gehen und damit seine Probleme zu lösen, aber daraus wurde auch nichts. Wie früher hatte er während all dieser krampfhaften Aktivitäten niemanden, an den er sich wenden konnte, um Hilfe oder auch nur Verständnis oder Mitleid zu erlangen.

Nicht aus Mangel an Willenskraft blieben Jürgen Bartschs Probleme unbewältigt. Als der Richter auf die zehn bis zwölf Besuche bei Essener Nutten anspielte und sarkastisch meinte, Bartsch habe sich an solchen Abenden doch zweifellos amüsiert, antwortete dieser mit einiger Heftigkeit: «Ich möchte, Herr Landgerichtsdirektor, schon sagen, das hatte mit Amüsieren nichts zu tun!»

Zur Zeit seines ersten Mordes fand Jürgen Bartsch zum zweitenmal in seinem Leben einen Freund: Viktor. Wie Jürgen wohnte er in der Siedlung «Glaube und Tat», und nach einer Anfangsperiode «wahrer Freundschaft» (was in Jürgens Vokabular «ohne sexuellen Beiklang» hieß) nahm Viktor gleichfalls für sexuelle Gefälligkeiten Geld von ihm. Nicht einmal in diesem Verhältnis, das beträchtlich weiter ging als das mit Detlef, kam es zu Küssen. In Jürgens ganzem Dasein bis zur Zeit des ersten Prozesses hatte es kein einziges sexuelles Erlebnis mit einem Zeichen der Zärtlichkeit gegeben.

Am 18. Juni lockte Jürgen Bartsch den vierzehnjährigen Peter Frese in den Bunker, schlug und fesselte ihn und ließ ihn zurück, um pünktlich nach Hause zu gehen zu «dieser blöden, schweren Suppe, die ich immer essen mußte», damit seine Mutter ihn nicht schalt. Peter Frese wußte aber aus Filmen, was er zu tun hatte: Bei einer brennenden Kerze allein gelassen, sengte er seine Fesseln durch und flüchtete. Als Jürgen später am Abend wiederkam, um ihn abzuschlachten, und ihn nicht mehr vorfand, war seine erste Reaktion Enttäuschung: «Na . . . so 'ne halbe Sache!» Obwohl er wissen mußte, daß Freses Flucht unvermeidlich zu seiner Verhaftung führen würde, machte sich Jürgen Bartsch nur drei Tage später – einen Tag bevor die Polizei zu den Bartschs kam – nach Mülheim auf, um sich ein neues Kind zu suchen. Dem Gerichtsvorsitzenden, der sich über soviel Kaltblütigkeit wunderte, antwortete Jürgen in einem Ton, der erkennen ließ, daß er nicht anders hatte handeln können und daß man solchen unwiderstehlichen Trieb doch verstehen müsse: «Ich war ja noch vollkommen unbefriedigt!»

Als der Vorsitzende Jürgen einmal fragte, ob er jemals Grauen vor sich selber empfunden habe, erwiderte er nach einem langen Seufzer mit verzweifelter Stimme: «Herr Vorsitzender, das setzt voraus, ich könnte regulieren – jetzt kannst du, jetzt kannst du nicht. Aber ich konnte das nicht regulieren.» Unzählige Jungen und Mädchen in jedem Land der Welt, alle Opfer eines Mangels an Aufklärung über die Harmlosigkeit der Masturbation, nehmen es sich immer und immer wieder vor, nie mehr zu onanieren – und werden so gut wie ausnahmslos, schuldbeladen und sich schämend, rückfällig. Jürgen Bartschs Unfähigkeit, nicht mehr zu töten, entspricht der Unfähigkeit solcher Jugendlichen, nicht mehr zu masturbieren. In beiden Fällen geht es um die buchstäblich unwiderstehliche Versuchung des höchsten sexuellen Genusses: den Orgasmus.

So unregulierbar Jürgen seinem Trieb preisgegeben war, so intakt blieb selbst mitten im schlimmsten Tumult seine sonstige Kontrolliertheit und Selbstregulierung, zum Beispiel bei der pünktlichen Zeiteinteilung. Bei einer nächtlichen Rückkehr zu einem gefesselten Kind im Bunker nahm Jürgen einen kleinen Reisewecker mit: Seine Mutter hatte ihm verboten, seine Armbanduhr außer sonntags zu tragen. An einem anderen Abend, nachdem er einen Mord begangen hatte und die Höhle gegen acht Uhr verließ, traf er seinen Vater im Familienauto. Herr Bartsch hatte sich auf die Suche nach seinem Sohn begeben, weil Jürgen nicht pünktlich nach Hause gekommen war, obwohl es immer noch verhältnismäßig früh war.

Als Gerhard Bartsch, Jürgens Adoptivvater, den Zeugenstand betrat, sagte ihm der Richter, daß «jeder der hier Anwesenden» ihn als «einen anständigen, biederen Metzgermeister» betrachte. (Mehrmals im Laufe des Prozesses sprach der Vorsitzende Dr. Wülfing, als wenn er irgendwie automatisch im Namen des Volkes spräche.) Jürgens Vater bagatellisierte die Berichte über häusliche Streitigkeiten. Sein Arbeitstag, sagte er, beginne um sechs und ende vierzehn Stunden später. Wenn er von seinem Verhältnis zu Jürgen sprach, gebrauchte er Wörter wie «zugetan», aber niemals solche wie «Liebe». Den Namen «Jürgen» benutzte er fast nie; sein Sohn hieß für ihn immer «der Junge». (Als Jürgen von seinen vier Opfern, und auch von anderen Kindern, sprach, sagte er fast nie einen Namen, sondern nur «das Kind» – bestimmt kein Zufall.)

Darüber, daß er «den Jungen» der Obhut der Großmutter und danach einer Reihe von Dienstmädchen überlassen habe, meinte der Vater, sein Sohn «hat's nie so tragisch genommen», und damit war das Thema für den Vorsitzenden erledigt. Gerhard Bartsch räumte jedoch ein, *den* Fehler hätten er und seine Frau gemacht, dem Rat des seinerzeitigen Krankenhausarztes zu folgen und Jürgen zu verbieten, mit anderen Kindern zu spielen, damit er nichts von seiner Adoption erführe. (Gerichtlich festgestellt wurde allerdings nie, daß ein Arzt jemals einen so unwahrscheinlichen Rat erteilt hatte; es gab auch Widersprüche in den Erklärungen für diese strenge, pathogene Isolierung. Frau Bartsch nannte als Grund den starken Straßenverkehr – aber die Goethestraße in Essen-Holsterhausen, wo die Familie Bartsch damals wohnte, hatte praktisch keinen Durchfahrtsverkehr.)

Als Jürgen seinem Vater sagte, die Versetzung vom Rheinbacher Kinderheim ins Marienhauser Internat sei für ihn gewesen, als käme er aus dem Kinderheim zum Militär, «hab ich ihm geantwortet, ob er es da oder in der Armee lernte, das wäre egal». Gerhard Bartsch erklärte nicht, was er mit «es» meinte, und der Vorsitzende schien das für so selbstverständlich zu halten, daß er keine präzisierende Frage danach stellte. Herr Bartsch wußte von Anfang an, daß Jürgen nie «ein hundertprozentiger Metzger» werden würde. Als der Vorsitzende ihn fragte, ob Jürgen je mit ihm darüber gesprochen habe, antwortete Gerhard Bartsch: «Er hatte nicht den Mut, mir so etwas zu sagen.»

Es kam nie zu vertrauensvollen Gesprächen zwischen Vater und Sohn, nicht einmal während der halben Stunde am Morgen, wenn sie sechsmal in der Woche gemeinsam im Auto zur Arbeit fuhren. In einem Ton und in einer Art, als müsse jedermann die Triftigkeit seiner Erklärung einsehen, sagte der Vater: «Wissen Sie, Herr Vorsitzender, diese halbe Stunde früh morgens war für mich die einzige Zeit am ganzen Morgen, wo ich Radio hören konnte.»

Er hatte interessante Dinge über die Periode zu berichten, in der Jürgen erst für seinen Kollegen van Loon und dann für ihn selber arbeitete: «Da gibt's dieses Gesetz, das einem Meister verbietet, die Lehrlinge wirklich ordentlich ranzunehmen. Vierzig Stunden in der Woche darf man sie heute nur noch arbeiten lassen. Ich sehe das für verkehrt an. Wenn es um sechs in der Früh losgeht, dann haben sie mittags um drei schon Schluß. Was macht so ein Junge von drei bis neun Uhr abends? Das kann nicht gut sein. Erst legen sie sich hin und schlafen, und dann sind sie abends um sieben oder acht, wenn wir müde sind, hellwach und kommen auf dumme Gedanken. Und dann darf man ihnen noch nicht einmal eine ordentliche Tracht Prügel verpassen. Ich hatte Angst, daß mir der Junge bei dem Kollegen verkommen würde, weil er da so viel Zeit hatte. Ich konnte ihn viel besser in die Mangel nehmen. Sechzig Stunden in der Woche, das ist nicht zu scharf für einen Sechzehnjährigen. Da war ich ruhiger, das konnte ich mit dem Jungen machen. Er war ja kein Fremder, sondern mein Sohn.» Jürgen Bartsch selber sah den Wechsel anders an: «Bei meinem Vater hab ich es in jeder Hinsicht schlechter gehabt. Da hab ich überhaupt keine Freizeit mehr gehabt.»

Die vielen Zeugen, die Gerhard Bartschs erster Vernehmung folgten, hatten kaum ein abfälliges Wort über Jürgen zu sagen. Der Leiter des «Magischen Zirkels», einer Essener Vereinigung von Amateurzauberern, der Jürgen angehört hatte (noch im Gefängnis trug er stolz das «MZ»-Abzeichen an seinem Revers), sprach im Sinne der meisten Zeugen, wenn er Jürgen als «ungezwungen, höflich, nett, anständig und korrekt», aber auch «nervös, zerfahren und vergeßlich» bezeichnete.

Der Fleischer van Loon, für den Jürgen in Essen-Altenessen gearbeitet hatte, sagte aus, Jürgen durfte immer, wenn seine Mutter einen Nachmittag mit ihm in Essen verbrachte, so viel Kuchen und Süßigkeiten essen, daß er am nächsten Tag Bauchschmerzen hatte. «Seine Mutter verwöhnte ihn. Was er haben wollte, bekam er.» Als der Vorsitzende fragte, ob Jürgen den Wunsch gehabt habe, Fleischer zu werden, erklärte sein früherer Dienstherr kategorisch: «Er mußte eben einer werden.» Seines Vaters wegen? «Ja!»

Jürgens Vater sagte, als er zum erstenmal vernommen wurde, er habe immer gehofft, daß im späteren Leben, wenn Jürgen, den er in seiner Kindheit als «Kronprinzen» betrachtet hatte, mit ihm im Geschäft zusammenarbeitete, «unser Verhältnis sich bessern würde», ohne zu sagen, wie diese Entwicklung zustande kommen sollte. Gerhard Bartsch erklärte: «Ich mache niemandem Vorwürfe, vielleicht nur mir selbst.» (Was meinte er mit «vielleicht»?)

Dann rief er in einer plötzlichen Aufwallung: «War diese Sache in ihm von Geburt an, oder haben wir etwas Falsches gemacht?» Die Antwort des Vorsitzenden war eine der erstaunlichsten Äußerungen eines erstaunlichen Prozesses: «Herr Bartsch, ich bin überzeugt, Sie und Ihre Frau haben absolut keinen Grund für Selbstvorwürfe.»

Drei Psychiater aus Nordrhein-Westfalen haben Jürgen Bartsch im ersten Prozeß begutachtet. Im allgemeinen kann man ihre Gutachten als vernichtend für Jürgen bezeichnen; fast brachten sie selber eine Anklage vor, statt diese dem Staatsanwalt vorzubehalten. Die Sachverständigen betonten, jede Prognose über eine chirurgische oder hormonelle Entmannung müsse ungewiß bleiben; man habe Beispiele, wo Rückfälle eingetreten seien, und schließlich gebe es für einen Fall wie den vorliegenden kein «Präzedens».

Ein Sachverständiger führte an, Jürgen sei schon mit fünfzehn Monaten «sauber» gewesen, worauf dieser mit merkwürdiger Begeisterung sagte: «Das wird meine Mutter in mich eingeprügelt haben. Sie hat mir manchen Kleiderbügel über den Rücken kaputtgeschlagen.» Die Richter haben diese beiden Spuren nicht verfolgt, die Sachverständigen auch nicht. Ein so kleines Kind, einen Krabbler, «sauber»zuprügeln, gelingt nur drakonischer Herzlosigkeit: mit modernen, psychologisch aufgeklärten Methoden der Erziehung wird ein Kind erst mit drei bis dreieinhalb Jahren völlig «sauber». Die Wahrheit über dieses Kapitel kam erst beim zweiten Prozeß – siebenundzwanzig Monate später – ans Licht.

Ein Gutachter, Privatdozent Dr. Dr. (mittlerweile Professor) Paul Bresser, stellte Bartsch eine Prognose, die er «ziemlich pessimistisch» nannte. «Seine Potenz ist kaum zu steuern. Eine psychologische Umerziehung würde Jahre oder Jahrzehnte der Therapie bedeuten, mit aller Kraft des Arztes, und auch dann könnte man nicht optimistisch sein. Man hofft zu helfen; aber wenn bei einem so jungen Menschen eine derart extreme Situation vorliegt, ist jeder Beistand schwierig.» Er würde gern einen Weg finden, Bartsch zu helfen, sehe jedoch keinen: «Zu diesem Zeitpunkt ist so eine Möglichkeit noch nicht gegeben.» Seine ablehnende Meinung über die Psychoanalyse hatte er schon früher verkündet: «Wenn man hier die Psychoanalyse heranläßt, wird jeder exkulpiert!»

Zwei gescheite junge Sozialarbeiter von der Jugendgerichtshilfe des Jugendamtes, Gerald John und Dietrich Wilke, hatten einen Bericht ausgearbeitet, den Herr John verlas. Offensichtlich war es ihnen gelungen, in tiefere Schichten des Familienlebens der Bartschs einzudringen als die drei Professoren. «Die Mutter ist dem Vater nur äußerlich untertan», führten sie aus. «Es waren ständig starke Spannungen.» Jürgen hatte seinen Vater «laut und bullig» genannt; als er sechs war, wollte seine Mutter einmal davonlaufen. Meistens stritten sie über Geld und Verwandte. Eine Zeitlang bedeutete eine Verkäuferin im Geschäft mehr für Jürgen, als ihm jemals seine Eltern bedeutet hatten. Als von den häuslichen Streitigkeiten die Rede war, sagte sein Vater, soweit Jürgen keine Prügel bekam, könne man kaum von einem Krach im Hause sprechen.

Jürgen hatte jede Erinnerung an seine kurze Zeit im Kindergarten St. Ludgerus in Essen-Rüttenscheid verdrängt; solche Verdrängung beruht natürlich auf Traumatisierung. Eine Lehrerin aus dem Rheinbacher Kinderheim erzählte, sie habe Jürgen einmal im Garten gesehen und gefragt, warum er allein sei; er antwortete wehmütig: «Ich gehe hier so gern allein.» Als er wieder einmal traurig war, nahm ihn dieselbe Lehrerin auf den Schoß, und als die anderen Kinder über den großen Jungen auf dem Schoß grinsten, sagte er: «Die haben gut lachen, sie wissen nicht, was es ist, nicht nach Hause zu Mutti zu können.»

Die beiden jungen Sozialarbeiter vom Jugendamt wiesen darauf hin, daß Jürgen bald, nachdem er durch Zufall von seiner Adoption erfahren hatte, versuchte, sich Freundschaft zu erkaufen. Sein Vater ließ ihn von 6.30 bis 20 Uhr arbeiten. Die beiden Jugendpfleger schlossen ihren imponierenden Bericht mit etwas mehr Optimismus als die drei Ärzte: «Eine kleine Hoffnung bleibt immer noch», sagten sie, und empfahlen, Jürgen Bartsch einzusperren, um die Gesellschaft zu schützen, aber ihn «von einem Arzt beziehungsweise einer Mannschaft von Ärzten» behandeln zu lassen.

Erkundigungen bei anderen Personen, die der Familie nahestanden, fügten dem Mosaik weitere Steinchen hinzu. Ich erfuhr, daß Frau Bartsch trotz ihres mütterlichen Äußeren wenig oder keine menschliche Wärme ausstrahlte und daß es zwischen den Eltern keine sichtbare Zärtlichkeit gab. Wer die Familie nur oberflächlich kannte, fand Frau Bartsch «weich, gefügig, untergeordnet», und nach außen bestimmte nicht sie, sondern Herr Bartsch. Dies gehört jedoch zu dem Bild, das die Soziologen «Deckungsverhalten» nennen – eine Fassade, die die wirklichen Zustände in der Familie verdeckt. Jürgen wurde oft körperlich gezüchtigt, meist wegen Kleinigkeiten und fast immer von seiner Mutter, das hing ganz von ihrer jeweiligen Laune ab. Die Ausdrücke, die Frau Bartsch gebrauchte, als sie ihre erste Begegnung mit Jürgen beschrieb («das Goldkind», «das goldige Kerlchen» usw.), zeigen, daß sie ihn äußerlich reizend fand, offenbaren aber wenig innere Beziehung zwischen ihr und dem Adoptivkind.

Kurz nach Jürgen Bartschs Verhaftung stellte ihn einer der Sozialarbeiter vom Jugendamt auf die sogenannte Wunschprobe (nach Alfred Adler): Jürgen sollte die drei ersten Wünsche nennen, die er haben würde, wenn er noch in seinen alten Verhältnissen lebte. Er sagte sofort, er wünsche sich, seine innere Veranlagung sei «normal». Und nach einem kurzen Zögern sagte er, er wünsche sich mehr Kontakt und Freunde. Der dritte Wunsch: «Daß ich zu Hause bleiben könnte, und daß die Eltern keine Spannungen und kein Geschäft haben sollten, und daß ich mehr spielen könnte.» Zur Zeit dieser Äußerung war Jürgen Bartsch schon fast zwanzig Jahre alt.

Die Befragung der drei Psychiater durch die Verteidigung warf einige Streiflichter nicht nur auf Jürgen, sondern auch auf die Sachverständigen selbst. In Erwiderung auf Jürgens Behauptung, er habe an Kontaktlosigkeit gelitten, führte einer von ihnen seinen «Kontakt» mit dem Gefängnispfarrer an, mit dem Verteidiger Heinz Möller und mit den Untersuchungsärzten, ohne auf die qualvollen Jahre vor seiner Festnahme überhaupt einzugehen. Einer der beiden Hauptsachverständigen, Prof. Dr. Hans Ludwig Lauber, sprach von dem Düsseldorfer Triebmörder Peter Kürten und sagte, wenn Kürten an den Wohnungen seiner toten Opfer vorbeigekommen sei, habe er einen Orgasmus «erlitten». Der andere, Bresser, gebrauchte wiederholt die Ausdrücke «depravierte Persönlichkeit» und «widernatürlicher Trieb», die dem Wortschatz des empörten Moralisten entstammen und nicht dem Vokabular des objektiven Wissenschaftlers. Da Lauber beharrlich Sadismus vom Geschlechtstrieb trennen wollte, wurde er von der Verteidigung gefragt, ob dieser Standpunkt nicht umstritten sei; daraufhin räumte er ein, die Frage sei «offen». (Bis zum zweiten Prozeß hatte Lauber seine Meinung um hundertachtzig Grad gedreht.) Derselbe behauptete später, was für Experten man noch heranziehen würde und woher auch immer sie kämen, über den Fall Jürgen Bartsch sei nicht mehr in Erfahrung zu bringen, als sie – die drei Ärzte aus Nordrhein-Westfalen – bereits festgestellt hätten.

Hans Ludwig Lauber schloß sein Gutachten mit einem Satz, der mich immer noch, fast ein Vierteljahrhundert danach, in Staunen versetzt: «Er wollte alles haben, darum muß ihm alles genommen werden»!

Als Tilmann Moser (damals Ausbildungskandidat am Frankfurter Sigmund-Freud-Institut, heute Psychoanalytiker in Freiburg) in der *Frankfurter Allgemeinen Zeitung* den drei Gutachtern «provinzielle Überheblichkeit» nachsagte, schien der Vorsitzende selber deren Entrüstung zu teilen.

Erst ganz am Ende des Prozesses, von einer eifrigen Journalistin überredet, entschloß sich Frau Bartsch, aus der Deckung ihres ärztlichen Attests («Gallenleiden») hervorzukommen und in den

Zeugenstand zu treten. Zuerst sprach ihr der Vorsitzende sein tiefstes Mitgefühl aus; obwohl Jürgen nicht ihr «eigen Fleisch und Blut» sei, habe sie ihm viele Jahre ihres Lebens gewidmet, um einen guten Menschen aus ihm zu machen, und sei ihm «mit aller Liebe» begegnet. Woher der Vorsitzende diese Kenntnisse hatte, verriet er nicht.

Frau Bartsch gab zu, daß Jürgen, «als er arbeiten mußte, vielleicht ein bißchen zu kurz gekommen» sei, und sagte, als ein Mädchen, das sich um Jürgen gekümmert hatte, den Dienst verließ, hätten beide, das Mädchen und Jürgen, geweint. Aus einer anderen Stelle der Zeugenaussage ging hervor, daß Jürgen keine Tränen vergoß, wenn er ins Internat ging oder ein anderes Ereignis eine Trennung zwischen ihm und seinen Eltern bewirkte.

Der Vorsitzende fragte, ob sie sich Vorwürfe mache, weil sie der Fleischerei mehr Aufmerksamkeit gewidmet habe als der Erziehung ihres Sohnes. Frau Bartsch zögerte keine Sekunde, ehe sie ausrief: «Nein! Gar keine! Das Geschäft war ja meine Existenz! Es geht ja Tausenden von Familien so!» Worauf der Vorsitzende verständnisvoll hinzufügte: «Tausenden? Millionen!»

Was Jürgens zwei Heimaufenthalte betraf, so hatte er nie zu seinen Eltern gesagt, er sei gern dort – «aber wir hatten diesen Eindruck». Auf wiederholte Fragen des Richters, ob Jürgen gelegentlich seiner Mutter gegenüber Zuneigung gezeigt habe, antwortete Frau Bartsch nie mit einem einfachen oder spontanen «Ja», sondern mit «Natürlich!» oder «Warum nicht?» – und einem kleinen, aber spürbaren Anflug von Ärger, daß jemand die Kühnheit besaß, so etwas zu fragen.

Als Jürgen aus der Schule fortlief, sah seine Mutter darin kein Alarmzeichen, daß vielleicht die Umgebung nicht stimmte, sondern war bloß «furchtbar enttäuscht»: «Ich konnte nicht glauben, er würde überhaupt so etwas machen.» War Jürgen gern Metzger geworden? Die erstaunliche Antwort seiner Mutter: «Das weiß ich nicht.» Dann fuhr sie fort: «Ich selber fand ihn zu sensibel für diesen Beruf.» Infolge des langen Arbeitstages im Geschäft war die einzige Mahlzeit, die die drei Familienmitglieder gemeinsam einnahmen, öfters nur das Sonntagmittagessen.

Frau Bartsch hatte die frühe Sperrstunde für Jürgen angeordnet, weil er «in meinen Augen überhaupt nicht erwachsen war. Wenn er von der Arbeit nach Hause kam, mußte er sich melden, damit ich wußte, es war nichts passiert.» Ihren einundzwanzigjährigen Sohn beschrieb sie als «immer noch ein großes Blag».

Und was sei, fragte der Vorsitzende mit geringschätzigem Lächeln, mit all diesen Geschichten, sie habe Jürgen noch bis zu seiner Verhaftung gebadet? Frau Bartsch tat diese Geschichten als «lächerlich» ab. «Ich habe beim Baden nie etwas empfunden» – worauf der Richter nicht im mindesten angespielt hatte. «Ich habe nie erlebt, daß ein Junge in diesem Alter» – neunzehn – «sich wirklich sauber kriegte. Ich hab ihm den Kopf und den Rücken gewaschen, aber nicht die Geschlechtsteile.» Der Richter sagte, er hoffe, ihre Erklärung schließe dieses spezielle Kapitel ab, und Frau Bartsch erwiderte eifrig: «Hoffentlich, hoffentlich.» Der Richter beugte sich vor und bemerkte spontan: «Es ist gut, daß Sie heute hergekommen sind.» Und wieder maßte er sich an, für uns alle zu sprechen: «Ihre Persönlichkeit macht auf uns einen ausgezeichneten Eindruck.»

Sie leugnete, gewußt zu haben, daß ihr Mann jemals auf dem Bett gesessen und geweint hätte. Und wie war es mit den Wutausbrüchen zwischen ihr und ihrem Mann? «Kann ich nichts sagen.» Nach einer Sekunde fügte sie lediglich hinzu: «Es war nie Weltbewegendes.» Hat sie Jürgen, als er für den Kollegen in Essen arbeitete, an den Nachmittagen, die sie mit ihm verbrachte, mit Süßigkeiten vollgestopft? «Unsinn!» Aber er hat sich mit ihr gut unterhalten? «Ja!» antwortete sie emphatisch, «natürlich!»

Der Vorsitzende fragte sie nach dem Muttertag 1966, als Jürgen sein viertes Opfer, Manfred Grassmann, ermordete. War sie ärgerlich gewesen, als Jürgen erst um neun Uhr abends nach Hause kam? «Ja! Sehr! Er war ja nicht pünktlich.» Jahre später hat Peter Frese, das einzige überlebende Opfer von Jürgen Bartsch, noch immer mit Erstaunen erzählt: «Das Schärfste war, er fragte mich plötzlich, wie spät es war!» Die Aussage von Frau Bartsch beendete die Beweisaufnahme.

Oberstaatsanwalt Fritz Klein, einundsechzig Jahre alt und Vater von zwei Kindern, forderte das Gericht auf, Jürgen Bartsch als Erwachsenen zu betrachten und ihn zu lebenslänglichem Zuchthaus zu verurteilen. Man saß da und konnte es kaum glauben, als er erklärte: «Das Elternhaus kann nicht besser gedacht werden. Welche nachteiligen Einflüsse sollten von einem solchen Vater ausgehen? Die Mutter hat ihn möglicherweise etwas verzogen, aber ihn mit Liebe und Güte großgezogen. Die von dem Vertreter der Jugendgerichtshilfe hier vorgetragenen Ansichten teile ich nicht.»

Natürlich hat das Gericht Jürgen Bartsch als voll zurechnungsfähigen Erwachsenen betrachtet und ihn zu lebenslänglichem Zuchthaus verurteilt; er hat sogar nicht nur einmal, sondern fünfmal «lebenslänglich» bekommen. Sein Freund Viktor erhielt nach dem alten § 175 wegen Sittlichkeitsvergehens und gewerblicher Unzucht eine Haftstrafe von zehn Monaten; er verließ das Ruhrgebiet und zog nach Bayern. Detlef Düren wurde auch 1967 wegen Verstoßes gegen den § 175 und gewerbsmäßiger Unzucht verurteilt.

In seiner atemberaubenden Urteilsbegründung sagte der Vorsitzende, Landgerichtsdirektor Dr. Walter Wülfing, neunundfünfzig Jahre alt und Vater von zwei Kindern: «Den Eltern ist vorgeworfen worden, daß sie sich besser hätten um ihn kümmern müssen. Das sind reine Spekulationen. Es sind anständige Handwerker-Eheleute, die im tiefsten Elend dem Angeklagten noch Zuneigung entgegenbringen. Da hat es sich nicht nur um die Adoption eines ‹Kronprinzen› gehandelt. Die Dinge, die das Jugendamt hier entwickelt hat, kann die Kammer nicht als richtig ansehen.» Punkt – aus.

Während des Prozesses verlautete, Jürgen Bartsch habe ganz am Anfang in der Untersuchungshaft Selbstmord begehen wollen durch Zerschneiden der Pulsadern mit einer Scherbe, die er aus der Zellentoilette herausbrechen wollte. Obwohl die Wächter seine Zelle alle zehn Minuten kontrollierten, gelang es ihm in den Zwischenzeiten, einige Selbstmordbriefe langsam und mühselig mit einer Schraube in die Wand zu ritzen. Man könnte über diese Briefe allein eine ziemlich umfangreiche Analyse schreiben. Ich gebe sie hier in der Reihenfolge, wie Jürgen sie schrieb (wie er mir in seinem Brief vom 1. Mai 1968 mitteilte). Den ersten Brief richtete er an sein fünftes Opfer, Peter Frese:

Ernst Peter Freese [sic]!
Verzeih mir bitte, wenn ich es wage, Dich um Verzeihung zu bitten! Du wusstest am 18. Juni nicht, ob Du Deine Eltern je wiedersehen würdest! Ich hätte meine Eltern auch so gerne noch einmal gesehen! Doch ich weiss, daß ich kein Recht dazu habe! Glaub mir, ich weiss genau, was ich Dir und den 4 Kindern angetan habe.

Und ich weiss genau, wie Du gelitten hast! Ich erfuhr, dass Du die 16 000 DM [Belohnung] bekommen hast. Meine ehrliche Meinung ist, dass Du sie verdient hast. Trotzdem solltest Du die 1000 DM zurückgeben, und evtl. noch etwas dazu tun, die GRASSMANNS sind arm und haben selber kein Geld! Ich weiss, wo sie wohnen, da wohnen keine reichen Leute!

Kannst Du mir verzeihen Peter? Ich wünsche es mir doch so sehr auch wenn ich es nicht mehr hören kann! Ich kann Dich verstehen, wenn Du sagst: Es war zu schlimm, ich kann nicht. Aber glaub mir, Peter, es würde mir sehr, sehr viel bedeuten!

Ich hatte Dich nämlich damals schon allen Ernstes sehr lieb gewonnen. Die Tatsache, daß ich Dich trotzdem getötet hätte, mag ein Beweis sein, wie stark meine Neigung mich selbst in der Gewalt hatte!

Etwas rechts neben diesen Zeilen (zwei Pfeile deuten dorthin):

Und nochmals!: Peter, Bitte, verzeih!

Am weitesten nach links, vom Zellenfenster gesehen:

Liebe Eltern (Der Kinder)
Ich habe Euch das genommen, was Euch auf Erden am Liebsten war. Es ist bestimmt von mir nicht zu verantworten, wenn ich Euch bitte: Verzeiht!

Ich habe doch so bereut! Tröstet es Euch nicht etwas, wenn ich sage, daß ich nicht imstande war die letzten Weihnachten oder sonst ein Fest zu feiern! Mit Recht, natürlich! Und trotzdem hast Du weitergemacht? Ja und ich hätte nie aufhören können Aber wahrscheinlich hätten meine Nerven nicht mehr lange mitgemacht!

Habt bitte ein wenig Verstehen und Verzeihen für mich! Bitte! Bitte

Noch eins!:

In meinem ganzen Leben war ich nie auch nur eine Sekunde ungetrübt froh oder glücklich! Weil ich immer wußte wie ich war und selbst nie dagegen ankam!

Rechts neben dem Schreiben an Peter Frese:

Liebe Eltern (meine)
Nehmt es bitte nicht so schwer und macht ja keine Dummheiten. Das bin ich nämlich nicht wert!

Zwanzig Jahre eures Lebens habe ich Euch gestohlen. Ihr habt keine Freude (ich infolge meiner Veranlagung allerdings auch nicht) an mir gehabt!

Glaubt mir, niemand bereut mehr als ich, doch sehe ich keinen Ausweg mehr, da diese «Krankheit» sich auch hier nicht bessert. Wie gern hätte ich Euch noch einmal gesehen, doch ich bin am Ende! Ich kann nicht mehr! Verzeiht auch Ihr mir bitte, wenn Ihr könnt, und erfüllt mir meinen letzten Wunsch! Ich möchte in der Höhle begraben werden, ich will es nicht besser haben als es die armen Kinder hatten.

Glaubt es oder glaubt es nicht:

Ich hatte sie alle gern, ich habe es jedesmal bereut und doch getan!

Ich habe mich gewehrt, aber
«Es war stärker»!
Wer mir verzeihen kann, tue es.
Ich selbst kann mir nicht verzeihen!
Nie!!!

Viele Grüße Jürgen

Am weitesten nach rechts, an einige Gefängnisbeamte:

H. Hinrichs
Herr Fritsch
Herr Mätzler.
Ihr wart alle sehr nett zu mir!

Wäre ich nicht «SO» gewesen, wäre ich eines Tages bei Euch gelandet!

Und glaubt mir!:
ein schlechter Beamter wäre ich bestimmt nicht gewesen

Über die Zellentür, an seinen Verteidiger:

Herr Möller!
Wie in meinem ganzen Leben, so war ich auch hier zu schwach! Ich wäre aber sehr unglücklich, wenn ich ihnen nicht für alles gedankt hätte, was sie für mich getan haben alles, was ich ihnen sagte, stimmt!

Vielen Dank!

J. B.

Unter dem Brief an seine eigenen Eltern, in ein Kästchen gesetzt:

Die Wärter hier u auch in Werden sind alle immer sehr nett gewesen!

Diese Briefe enthalten viel Material zum Nachdenken. Der zweite Brief beginnt mit der bemerkenswerten Zeile «Liebe Eltern (Der Kinder)», aus der mit Wahrscheinlichkeit zu schließen ist, daß Jürgens Unbewußtes den Brief an seine eigenen Eltern richtete, so daß die Zufügung «(Der Kinder)» als nachträgliche Richtigstellung einer schriftlichen Fehlleistung anzusehen wäre. Die erste Zeile des Briefes enthüllt noch mehr: «Ich habe Euch» – nicht «Ihnen» – «das genommen, was Euch auf Erden am liebsten war.» Wenn jeder Selbstmord, wie wir heute wissen, unbewußt gewissermaßen ein verkappter Mord an einem oder mehreren anderen Menschen ist, bis zu welchem Grade waren umgekehrt Jürgen Bartschs Morde verkappte, projizierte Selbstmorde, gerichtet gegen seine eigenen Eltern, die ihn «mit Güte und Liebe» großgezogen hatten?

Was für «Dummheiten» hätten seine Eltern eigentlich möglicherweise machen können? Woran kann er denn gedacht haben? Und wie mag er auf eine derartige Idee gekommen sein?

Meine Erlebnisse in Wuppertal, die Begegnung mit den beiden Spielarten von Gewalttätigkeit und Sadismus, wie sie im Białystok-Prozeß und im Fall Bartsch in Erscheinung traten, veranlaßten mich, nochmals das Buch *Father Land* – Vater-Land – von Dr. med. Bertram Schaffner zu lesen. Als das Buch 1949 in New York erschien, war es besonders in Deutschland umstritten wegen angeblicher Ressentiments und als Nebenerscheinung der von den siegreichen Alliierten angeordneten «reëducation», aber auch deutsche Psychoanalytiker betrachten es noch heute als gültig. Der Autor, ein in Amerika geborener Psychiater, hat 1946 eine umfassende Untersuchung über die autoritäre Familienstruktur in Deutschland unter Berücksichtigung der Kindererziehung durchgeführt. Viele Abschnitte passen genau zum Fall Bartsch, zum Beispiel: «Der Vater muß für die Ernährung, Kleidung und Erziehung seiner Kinder sorgen; wenn er diese Aufgabe erfüllt, bezeichnet ihn die Gesellschaft» (wie der Vorsitzende in Wuppertal) «als einen ‹guten Vater›» – ohne Rücksicht auf seine sonstigen

Charaktereigenschaften, ob es leicht oder schwer ist, mit ihm zu leben. «Es ist nicht nötig, daß er persönlich einen engen Kontakt mit den Mitgliedern der Familie hat oder daß sie zueinander Vertrauen haben.»

Von der deutschen Mutter in diesem Schema schreibt Schaffner: «Die Mutter, deren eheliche Beziehungen ihr häufig nicht mehr als materielle Sicherheit, verbunden mit einem Leben dienstbarer Routine, bieten, ist geneigt, den größeren Teil ihrer Zuneigung und ihrer Gefühle den Kindern zuzuwenden . . . Der väterliche Einfluß ist auf Autorität gegründet, der mütterliche auf die Liebe, mit der sie die Beziehung zu ihren Kindern erfüllen kann.» Fußnote: «Diese Situation ist für das männliche Kind ein fruchtbarer Boden für latente oder offene Homosexualität.»

Schaffner stellte fest, daß das typische Kind in Deutschland «nur in wenigen Fällen, wenn überhaupt» die wahre Bedeutung der Freiheit kennt. Das Erziehungssystem hemmt die Entfaltung seiner Phantasie; man bringt ihm einfach nicht bei, sich als Individuum zu äußern. Dadurch wird das Kind eines großen Teils seiner Initiative beraubt. Schaffner hätte die Familie Bartsch meinen können, als er schrieb: «Man bestimmt, wann es aus der Schule nach Hause kommen soll, wie lange es mit anderen Kindern auf der Straße spielen, welchen anderen Kindern es sich anschließen darf und welchen nicht, und die Abende verbringt es unter der Aufsicht seiner Eltern . . . Man lehrt die Kinder, daß es nicht gut ist, wenn sie zuviel Freiheit haben, weil ihnen das Urteil fehlt, sie vernünftig zu gebrauchen . . . Den Kindern wird die Freiheit nicht nur vorenthalten, sondern auch als nicht wünschenswert hingestellt.»

Der bestürzende Aspekt von Schaffners Buch in Verbindung mit dem Fall Bartsch besteht darin, daß er überzeugend nachweist, wie dieses Autoritätsschema es der Mehrheit des deutschen Volkes verhältnismäßig leicht machte, die politische Autorität Adolf Hitlers und des Dritten Reichs nicht nur hinzunehmen, sondern sich ihr auch so lange und so furchtbare Jahre hindurch anzupassen. Schaffner meinte damals, es würde von allen Aufgaben nach dem Zweiten Weltkrieg die schwierigste sein, die deutschen Familienverhältnisse zu ändern, besonders da deutsche Väter jeden Eingriff in ihre Autorität ablehnen, während deutsche Mütter fürchten, den Zorn ihrer Männer zu erregen, und traditionsgemäß konservativ sind. Im Jahre 1949 schrieb Schaffner: «Es ist vorstellbar, daß in zwei, drei oder vier Generationen auf Grund von äußeren Einflüssen eine Veränderung der Grundpersönlichkeit der Deutschen stattfinden wird, aber wer die verbohrten und restaurativen Seiten des deutschen Charakters kennt ..., den dünken die Chancen für solch ein glückliches Gelingen nicht sehr groß.»

Das Urteil in der ersten Instanz des Prozesses gegen Jürgen Bartsch schien nur einen Teil der Öffentlichkeit befriedigt zu haben. Als der Vorsitzende es verkündete, applaudierten die Zuhörer im Gerichtssaal – vom Richter weder unterbrochen noch zurechtgewiesen – und äußerten lautstark ihre eigenen Meinungen, wie mit solchen Anomalien der Gesellschaft zu verfahren sei: Man solle Bartsch aufs Schafott schleifen und vierteilen, man solle ihn laufenlassen, aber für vogelfrei erklären, und so weiter. Unter den Rufen im Gerichtssaal hörte man «Aufhängen!» «Totschlagen!» «Wo bleibt die Todesstrafe?» «Wollt ihr dieses Schwein sein Leben lang ernähren?»

In der ernst zu nehmenden Presse erschienen weniger emotionale Reaktionen. Im *Spiegel* schrieb Gerhard Mauz: «Das Zuchthaus ist die Vergeltung, die Rache. Da wird er dann hocken, seinen Phantasien ausgeliefert, und er wird immer scheußlichere Erfindungen seines verirrten Vorstellungsvermögens onanierend durchspielen. Wer Rache will, wird das für billig halten. Doch werden wir leiden müssen, solange wir leiden lassen ... Behandlung sollte ihm zuteil werden. Und lernen können sollte die Wissenschaft an ihm. Dafür lassen jedoch unsere Gesetze keine Tür. Sichernde und zugleich therapierende Verwahrung haben wir nicht. So werden wir dann weiter leiden müssen, an Tätern, die gesund sind nach einem Begriff, der die Behandlung des Verbrechers ausschließt; an einem Begriff von Gesundheit, der die echte Prävention unmöglich macht.» Bernd Naumann, der in der *Frankfurter Allgemeinen Zeitung* über den Prozeß glänzend berichtet hatte, sagte in einem Kommentar für den Deutschlandfunk: «So entschieden bejahend aber auch ihre Aussage über die strafrechtliche Verantwortlichkeit Bartschs und seine psychische Gesundheit war, so sehr blieben [die Sachverständigen] eine einleuchtende Erklärung schuldig für die Gründe seiner abnormen Triebfixierung und seines fehlenden Steuerungswillens.»

Richard Kaufmann in *Christ und Welt*: «Es ist ein bemerkenswertes Faktum, daß weder Richter noch medizinische Gutachter der Frage, wie es zu diesem Drang gekommen ist, besondere Achtung schenkten – fast, als wollten sie die Gesellschaft, die sie vertreten, vor der Erkenntnis schützen, daß irgend etwas bei uns sehr faul ist. Denn dieser Bartsch ist ja nicht als ein fertiger Unhold in die idyllische Landschaft von Langenberg getreten . . .

Wie viele Kinder mit einer ähnlich fatalen Veranlagung geraten in gleiche Situationen, werden erst verdorben, um dann andere zu verderben? . . . Aufklärung des Falles Jürgen Bartsch bedeutet: Aufklärung von Situationen, die in unserer Gesellschaft vorhanden sind und immer wiederkehren, die latente Kriminelle erst zu wahren Kriminellen machen, die in anfälligen Naturen die – potentiell in uns allen schlummernde – Kriminalität erst virulent werden lassen. Das Zwielicht über dem Fall Bartsch wurde durch das Gericht nicht geklärt. Eher kann man sagen, daß alle froh waren, soviel wie möglich im Dunkeln zu lassen.»

Es gab damals in Deutschland einen einzigen Psychoanalytiker, der sich öffentlich für Jürgen Bartsch engagierte: Prof. Dr. med. Tobias Brocher, stellvertretender Direktor des Sigmund-Freud-Instituts in Frankfurt. Im Auftrag der *Frankfurter Rundschau* hatte er noch während des Prozesses einen ungewöhnlich aufschlußreichen Kommentar darüber geschrieben. Kurz nach dem Prozeß haben sich unsere Weihnachtsurlaubswege in Stuttgart gekreuzt; dort haben wir uns kennengelernt und den Verlauf des Prozesses einen ganzen Abend besprochen. Ein paar Tage später, am 27. Dezember 1967, hat mir Brocher aus Theresienhöhe geschrieben: «Das erste Kapitel im neuen Buch der Mitscherlichs gibt Ihnen gewiß auch noch Material. Ich fürchte, der allgemeine Widerstand gegen diese Zusammenhänge wird genau so groß sein, wie die Abwehr gegen die sexuelle Haßliebe von Bartsch zu seiner Adoptivmutter. Kennen Sie die Geschichte ‹Mutters Sinn für Humor› von Angus Wilson? Dies auf viel niedriger Ebene muß die Quelle von Bartschs Phantasien sein. Ich erinnere mich aus einigen Analysen an die unbewußte Motivation ‹chirurgischer› (anatomischer und gynäkologischer) Interessen. Wie sollte es anders sein? Die Problemblindheit und Ignoranz in Deutschland gegenüber unbewußten Motivationen hat gewiß recht, daß gerade dies den so unverständlichen, aus der Idealisierung lebenden *furor teutonicus* abdeckt. Um es mit Fontane zu sagen: ‹Das ist ein weites Feld!›

«Präzise sollten Sie in Ihrem Artikel fragen: Was geschieht mit Bartsch? Wer behandelt ihn und wer klärt nun, was da tatsächlich vor sich ging? Man wird doch nicht so naiv sein, in der Deskription der Tat und der Täterstruktur stehen zu bleiben. Dann wären wir über Lombroso noch nicht hinausgekommen . . .» Drei Jahre später, im Düsseldorfer Revisionsprozeß gegen Jürgen Bartsch, hat Brocher als erster Psychoanalytiker in einem wichtigen bundesdeutschen Kriminalverfahren begutachtet. Zu seinem ersten Brief an mich fügte er eine überraschend ausführliche Stellungnahme zum ersten Prozeß hinzu:

«1.) Gutachtersituation: Die klinischen Möglichkeiten der ausreichenden forensischen Begutachtung sind durch zwei Behauptungen eingeengt: a.) Ein anderer Gutachter hätte zu keinem anderen Ergebnis kommen können als die tätigen Sachverständigen. Das ist ein durchaus einseitiger, unbewiesener Anspruch auf eine alleingültige Aussage, obgleich wesentliche, entwicklungspsychologisch für die Beurteilung der strafrechtlichen Zurechnungsfähigkeit bedeutsame Tatsachen bekannt waren; b.) die weitere Behauptung, auch psychoanalytisch ausreichend vorgebildete Sachverständige würden an dem forensischen

Aspekt nichts ändern können, macht die Aussage der Sachverständigen zu einem Politikum, d. h., es erscheint so, als habe eine Prüfung der Zurechnungsfähigkeit mit genaueren Methoden aus kriminalpolitischen Überlegungen ausgeschlossen werden müssen. Damit gerät der Gesamtprozeß in die Nähe eines Urteils aus ‹gesundem Volksempfinden›, weil andere, faktisch außerordentlich berechtigte und zu prüfende Aspekte der Tat gar nicht erst zugelassen wurden.

«Das entspricht der Gesamtauffassung zeitgenössischer forensischer Psychiatrie, die dem Problembewußtsein der Allgemeinheit deshalb entspricht, weil grundsätzlich dynamische Zusammenhänge i. S. unbewußter Motivationen als forensisch irrelevant angesehen werden. Der Grund für diesen Immobilismus liegt in der allgemeinen Verleugnung der kollektiven Grausamkeit. (Siehe hierzu auch Alexander u. Margarete Mitscherlich: *Die Unfähigkeit zu trauern*; Piper, München, 1967.) Von diesem Aspekt ist Bartsch – unabhängig von den individuellen Problemen der spezifischen Täterstruktur – ein ‹Symptom›, das die verdrängten und bis heute verleugneten Erinnerungen an die Ermordung von unschuldigen Kindern und Erwachsenen in der ‹Endlösung› mobilisiert. Dieser Zusammenhang kann nicht akzeptiert werden. Daher wird allen Beteiligten bescheinigt, daß sie das Beste gewollt und nur Gutes getan haben. Dies entspricht dem allgemeinen Verhalten gegenüber der Erinnerung an Verbrechen, die geduldet wurden, weil damit falsche und pervertierte Ideale verknüpft waren. Die Beurteilung der psychologischen Situation des Täters ist von diesem Verleugnungsprozeß beeinflußt, weil die Grausamkeiten der Vergangenheit stets nur wenigen Tätern zugeschrieben werden, obgleich sie von der Allgemeinheit geduldet wurden. Dieses ‹Symptom› Bartsch ist als Einzeltäter beurteilt worden, ohne die realen Hintergründe der allgemeinen Grausamkeitstendenzen mitzuberücksichtigen.

«Im Gruppenbewußtsein überwiegt die Vergeltungsidee des Schuldstrafrechts, auch aus Rücksicht auf die Familien der Opfer und deren Gefühle. Die Psychopathologie von Bartsch ist aber nur aus dem sozialen (psychosozialen) Zusammenhang zu verstehen. Dabei wird offenbar immer wieder die Fähigkeit zu formalen Intelligenzleistungen als Kriterium der Schuldfähigkeit angesehen, während die tieferliegenden Strukturdefekte der viel früher entstandenen Ich-Spaltung übersehen werden. Im vorliegenden Fall sind sie m. E. aus Gründen unterbewertet worden, die von der allgemeinen Empörung über die Scheußlichkeit des Verbrechens mitbestimmt waren. Man muß jedoch – wenn nicht rein kriminalpolitische Motive als Leitgedanken dienen – gerade diese Tatsache zum Anlaß nehmen, sich zu fragen, ob die Art und Weise des Verbrechens nicht bereits eine soziale und psychische Gestörtheit erkennen läßt, die weit außerhalb des Bereiches des ‹Normalen› liegt. Andernfalls müßte man folgerichtig schließen, die ‹normale Allgemeinheit› sei jederzeit solcher Verbrechen fähig.

«2.) Ein unberücksichtigtes Problem ist die von Prof. Prokop mit Recht geforderte genetische Prüfung (Karyogramm) auf XYY-Chromosomen. Der Prozeß erweist jedoch die bisherige Begrenztheit des juristischen und des psychiatrischen Denkens, obgleich die geltende Strafprozeßordnung und das Strafrecht ausreichende Möglichkeiten bieten, solche Fragen in der Voruntersuchung zu prüfen. Das ist nicht geschehen und man fragt sich bei der Einmaligkeit des Falles, warum es unterblieb, so z. B. die genauere Prüfung der unbewußten Beziehung Bartschs zu seiner Adoptivmutter und deren merkwürdigen Bedürfnissen. Die genauere Untersuchung solcher Faktoren wird aber offenbar von einer breiten Öffentlichkeit mit unberechtigten Exkulpierungsversuchen gleichgesetzt. Verharrt man jedoch auf der in Deutschland noch sehr verbreiteten ‹Anlagetheorie›, dann ist die mangelhafte genetische Prüfung gar nicht verständlich. Die Lage der Sachverständigen zeigt eine bedauerliche Einseitigkeit, deren Gründe offen bleiben müssen.

«3.) Zu Rehabilitation: Die mangelhaften Möglichkeiten des Strafvollzuges, den psychischen Strukturgegebenheiten dieser Täterpersönlichkeit i. S. einer Resozialisierung gerecht werden zu können, offenbart ein weiteres Symptom des allgemeinen Immobilismus. Weder ein psychiatrisches Krankenhaus noch eine Strafvollzugsanstalt ist derzeit in der Lage, mit den vorhandenen Fachkräften eine Strukturänderung bei Bartsch zu erreichen. Obgleich seit Jahrzehnten immer wieder Täter dieser Art auftauchen, an denen im Extrem eine allgemein stets vorhandene Tendenz zum Sadismus erkennbar wird, ist weder hinsichtlich der Vorbeugung noch der sozialen Heilung irgend etwas Konkretes geschehen. Verbrechen wird vielmehr unverändert als ‹böse› verurteilt, ohne die Konditionierungen, die Auslöser und die Kriterien i. S. einer sozialen ‹Krankheit› genauer zu bestimmen, daß die indirekte (und direkte) Beteiligung der Gesellschaft durch ihre eigenen Wirkungen wahrgenommen und verändert werden könnte.

«Dieser Mangel an ‹sozialer Verteidigungsbereitschaft› könnte darauf deuten, daß ein weitgehend unbewußtes Bedürfnis besteht, die unterdrückten, allgemeinen Grausamkeitstendenzen von exemplarischen Tätern agiert zu sehen, um sie durch deren Verurteilung zu isolieren und weiterhin verleugnen zu können. Es handelt sich also nicht nur um das allgemeine Vollzugsproblem, da Strafe noch keinerlei psychische Strukturänderung bewirkt, sondern auch um die mögliche Wahrnehmung der grundsätzlichen Gefährlichkeit unterdrückter, d. h. nicht sozialisierter, verleugneter Triebregungen. Die Parallele zum Bartsch-Prozeß sind jährlich etwa neunzig Kinder, die von den eigenen Eltern in der BRD aus ‹erzieherischen Gründen› zu Tode geprügelt werden. Dazu gehören weitere zweitausend körperlich von ‹Erziehungsberechtigten› schwer mißhandelte Kinder, die ärztlicher Behandlung bedürfen. Hier von der ‹Einmaligkeit› des Sadismus bei Bartsch zu sprechen, bedeutet angesichts dieser Fakten Verleugnung der Realität. Die ‹Einmaligkeit› bezieht sich wesentlich auf den krankhaften, deutlich sexuell perversen Anteil der Tatausführung. Kindesmißhandlung ist jedoch grundsätzlich aus perversen, unbewußten Motivationen verursacht.

«Sowohl der Perspektive der Sachverständigen, wie auch den Zielvorstellungen des Schuldstrafrechtes und damit des Strafvollzuges (auch der psychiatrischen Intervenierung nach § 42b StGB) liegen überholte Vorstellungen von der Psychologie und Triebdynamik des Menschen zugrunde, mit denen weder eine Resozialisierung noch eine sinnvolle Vorbeugung oder Heilung der zugrundeliegenden Perversionsstruktur erreicht wird. Die allgemeine Ratlosigkeit, was nun eigentlich mit Bartsch geschehen solle, und die Forderung der Todesstrafe oder Lynchjustiz in breiten Kreisen der Allgemeinheit unterstreichen nur, daß die Denkweise des Taliongesetzes noch überwiegt. Damit ist nichts erreicht. Daß etwas erreicht werden kann, beweisen die skandinavischen Beispiele eines völlig veränderten Strafvollzuges.

«Es wäre wünschenswert, wenn die Allgemeinheit sich an diesem entsetzlichen Beispiel, für dessen Opfer und deren Eltern jedermann das tiefste Mitgefühl haben muß, besser darüber klar werden würde, welche Veränderungen in unserem Problembewußtsein erforderlich sind, um mit der Bereitschaft des Menschen zur Grausamkeit und Sadismus zu rechnen, statt dies durch Idealisierungen zu verleugnen. Hätte man Bartsch weniger als ‹höflichen, freundlichen, arbeitsamen Schüler› idealisiert, so wäre die Selbsttäuschung der Umgebung nicht den unschuldigen Opfern zum Verhängnis geworden. Mörder leben stets unter uns, bevor sie es werden. Die potentielle Bereitschaft des Menschen zum Mord als Relikt tief verdrängter und verleugneter Kindheitsphantasien wahrzunehmen und nicht zu verleugnen, sondern wachsam als eine gegebene, reale Triebtendenz unter bewußter Kontrolle zu halten, würde mehr vorbeugen als alle moralische Entrüstung und Schönfärberei unwahrer Idealisierungen.

«4.) Wer entscheidet nun darüber, was für die lebenslängliche Zuchthauszeit eines heute Einundzwanzigjährigen geschehen soll? Was bedeutet es, wenn Bartsch seine Identität als Mörder wirklich begreift in vielen Jahren? Wer ermöglicht ihm einen Zugang zu den ihm selbst noch heute unbewußten, tatsächlichen Motiven seines Handelns? Kein ausreichend vorgebildeter Psychiater in der übrigen Welt würde annehmen, die Bartsch selbst heute bewußten Gründe seiner Verbrechen seien die wirklichen inneren Motive. Wenn wir aber auf die Dauer solche Verbrechen verhüten wollen, werden wir uns genauer gerade um diese, dem Täter selbst weitgehend unbewußten wirklichen Motive und ihre Entstehung aus bestimmten Vorstrukturen kümmern müssen. Das wird unser bisheriges Bild des Menschen erheblich ändern und damit auch unsere Meinung über uns selbst. Diese Einsicht scheint so unangenehm für die Allgemeinheit zu sein, daß sie solange wie irgend möglich hinausgeschoben werden muß, weil sie an Vergangenes rührt, mit dem niemand jemals etwas zu tun gehabt haben will.»

Dazu Jürgen Bartsch selber: «Im ersten Prozeß hieß es: ‹Er entschied sich brüsk für das Böse.› Ach, Gott – ich meine, wenn man das so nennen will, soll man es tun. Dazu kann ich nicht viel sagen. Ich kann immer nur sagen, die Empfindung habe ich nicht gehabt. Ich habe das Gefühl, daß die Entscheidung nicht so hundertprozentig in meinem Kopf da noch lebte. So war das sicherlich nicht. Sie können sich das nicht vorstellen. In so einer Situation ist das, als ob Sie im wahrsten Sinne des Wortes körperlich nahe daran wären, in der Mitte durchzubrechen, als ob Sie zerreißen. So ein körperliches Gefühl ist das. Unwahrscheinlich . . .»

Über den Prozeß in Wuppertal berichtete für die *Frankfurter Allgemeine Zeitung* auch der damalige Ausbildungskandidat im Frankfurter Sigmund-Freud-Institut Tilmann Moser, heute Psychoanalytiker in Freiburg. In den *Frankfurter Heften* faßte er zusammen: «. . . hätten die Gutachter in sachlicher Tonart ihre dem Gericht so entgegenkommenden Befunde verlesen, man hätte noch resigniert glauben können, der gelenkte Zufall habe drei Wissenschaftler zusammengeführt, deren psychiatrische Überzeugungen und deren Vorstellungen von der Funktion des Strafrechts im 19. Jahrhundert gereift sind. Peinlich aber war die gezielte und sich empört gebende Stimmungsmache. Prof. Lauber eröffnete seine Diagnose der gesunden Bestie Bartsch mit den

Worten: ‹Tagelang herrschte in diesem Saal lähmendes Entsetzen. Wir wurden an den Abgrund des nicht mehr Faßbaren geführt. Doch nur Laienverstand kann denken: das ist doch nicht normal.› Er jedenfalls, als Fachmann, hielt es für normal. Nur eben: die Bestie hätte sich beherrschen sollen. Wir tun es doch schließlich alle.»

Einer der drei Richter in Wuppertal hieß Günter Zick; damals war er zweiunddreißig Jahre alt, verheiratet, Vater eines Kindes. Fünfzehn Jahre später in einer Stellungnahme fürs Zweite Deutsche Fernsehen sagte er rückblickend: «Möglicherweise stand am Anfang des Verfahrens die innere Entrüstung darüber, daß ein Mensch überhaupt in der Lage ist, derartige in der Kriminologie bisher noch nie geschilderten Taten zu begehen, im Vordergrund. Im Laufe des Prozesses mußte insbesondere nach dem Ablegen des Generalgeständnisses sich bei uns die Mitleidensfähigkeit mit dem Täter verstärken.»

In mehr als einer Beziehung gehört der Fall Jürgen Bartsch eher dem neunzehnten Jahrhundert als der zweiten Hälfte des zwanzigsten an. Die grundlegenden Veränderungen in der Struktur der deutschen Familie, die sich aufgeklärte Menschen, Deutsche wie Ausländer, in der kurzen guten alten Zeit der Besinnung nach der Niederringung der Hitlerdiktatur wünschten, sind nur in einem begrenzten Maße eingetreten. Jürgen Bartsch kam aus einem deutschen Milieu, so «gut», so «typisch», daß es einem fast wie eine Karikatur vorkommt, weil einzelne Aspekte der traditionellen Familienstruktur, die heute immer noch als Tugenden geschätzt werden, ins Extrem getrieben wurden – und die Grauenhaftigkeit der psychischen Wunden, die dieses Milieu ihm in seinen entscheidenden Jahren zufügte und für die niemand das Kind selber verantwortlich machen kann, zeigt ihr Ausmaß in der Grausamkeit, mit der er selber sich an seinen Opfern verging. Das traditionelle, nur zum Teil gewandelte deutsche Familiensystem nach autoritärem Schema, das die sadistischen Judenmörder von

Białystok hervorbrachte, brachte eine Generation später nach dem Krieg auch Jürgen Bartsch hervor, und diese Tradition setzt sich leider in vielen weniger aufgeklärten Familien noch heute fort.

Prope est ut libenter damnet, qui cito.
Prope est ut inique puniat, qui nimis.
– Seneca: De clementia

4
Einleitung zu den Briefen

Gewalt und Verbrechen stellen oft den Versuch dar, vor dem Wahnsinn zu fliehen; und es kann keinen Zweifel daran geben, daß bestimmte psychische Krankheiten eine Flucht sind vor dem Wunsch, Gewalt anzuwenden, oder vor der tatsächlichen Ausführung dieses Wunsches. Klingt es unglaublich, daß Selbstmorde manchmal begangen werden, damit einem Mord vorgebeugt wird? Es gibt keinen Zweifel. Es gibt ihn auch nicht an der Tatsache, daß manchmal ein Mord begangen wird, um einen Selbstmord zu verhindern. Dies ist, nach Auffassung des Täters, die Wahl des kleineren Übels. So seltsam es klingen mag, viele Mörder sind nicht im klaren darüber, wen sie töten – oder, um es anders auszudrücken, daß sie die Falschen töten. Gewiß, jemanden zu töten ist verwerflich genug, aber das Schlimmste daran ist: derjenige, der nach der Meinung des Mörders sterben sollte – und er hat dafür seine Gründe –, ist ein ganz anderer als der, den er tatsächlich angreift ... Wir wissen, daß die meisten Gewalttäter eine Kindheit hatten, die von einem brutalen Vater oder einer brutalen Mutter bestimmt war.

– Karl Menninger

Am Schluß des Wuppertaler Prozesses hat die Kammer mein Ersuchen um ein Interview mit Jürgen Bartsch abgelehnt. Der Vorsitzende erwähnte ein sensationsbesessenes Boulevardblatt, dessen Vertreterin auch einen Antrag gestellt hatte, und sagte, wenn er einen genehmigte, müßte er alle genehmigen, und das gehe einfach nicht. Ganz beiläufig fügte er einen Satz hinzu, der mein Leben ändern sollte: «Sie können aber an ihn schreiben – dem steht nichts im Wege.» So fing mein Briefwechsel mit Jürgen Bartsch an, der neun Jahre, bis zu seinem Tode, angedauert hat.

Seinen ersten Brief an mich schrieb Jürgen am 23. Januar 1967, den letzten am 21. April 1976, eine Woche vor seinem Tode; am 6. November desselben Jahres wäre er dreißig Jahre alt geworden. Schon in meinem ersten Brief habe ich ihn gebeten, möglichst frei und ungehemmt zu schreiben; ich habe ihm versichert, er könne mich mit nichts schockieren und wahrscheinlich nicht einmal überraschen. Insgesamt hat er mir etwa zweihundertfünfzig Briefe geschrieben. Häufig notierte er kein genaues Datum, sondern nur den Monat: Jeder Brief mußte ja durch die Zensur der Justiz, und er konnte nie wissen, wie viele Tage – oder Wochen – das in Anspruch nehmen würde.

Meine eigenen Schreiben an Jürgen – vielleicht noch umfangreicher als seine Antworten – habe ich hier auf einen minimalen Kommentar reduziert, damit möglichst unbeeinträchtigt die Hauptperson zu Wort kommt. Ich finde seine Antworten ausführlich genug; der hellhörige Leser wird kaum einen analytischen Kommentar dazu brauchen. Im ersten Brief habe ich alle seine orthographischen Fehler *(das/daß, bz.w./bzw.* usw.) absichtlich unkorrigiert gelassen, damit der Leser einen «Fingerabdruck» von seiner Schreibweise bekommt. Sonst habe ich lediglich die Briefe und Ausschnitte aus Briefen thematisch und chronologisch geordnet.

Ein paar Namen habe ich aus rechtlichen Gründen ändern müssen.

In seinem fünften Brief an mich, vom 1. Mai 1968, hat mich Jürgen gebeten, ihn zu duzen, und ungefähr zur Zeit des zweiten Prozesses begann er zögernd auf mein Angebot einzugehen, mich zu duzen.

Sehr viele Menschen haben mich gefragt, warum ich soviel Zeit und Energie neun Jahre lang einem vierfachen Kindermörder widme. Mein Motiv entstand schon während des ersten Prozesses aus meiner Besorgnis, daß eine rückständige und uninformierte Justiz keine andere Lösung für einen schwerkranken jungen Bürger finden konnte, als ihn zu bestrafen – Fortsetzung der Hexenprozesse in vergangenen Jahrhunderten, als die Frommen versuchten, aus den Leibern von kranken Menschen Teufel herauszumartern.

Den Briefwechsel habe ich auch geführt in der Hoffnung, dadurch möglicherweise dazu beizutragen, daß heutige Eltern, nicht nur in Deutschland, ihre Kinder ein bißchen verständnisvoller behandeln als frühere Generationen.

5
Briefe I

Ich halte mich für gänzlich unaggressiv, soweit es sich nicht um die Sexualität handelte.

– Jürgen Bartsch, Oktober 1969

An einen wirklich guten Traum kann ich mich überhaupt nicht entsinnen.

– Jürgen Bartsch, Juli 1969

[Als Jürgen zum erstenmal an mich schrieb, hatte er von Rechtsanwalt Möller irrtümlich vermittelt bekommen, ich sei «psychoanalytisch ausgebildet» und ein «Fachmann»; das habe ich natürlich richtiggestellt.]

Wuppertal, den 23. 1. 1968

Lieber Herr Moor!
Zuerst einmal den allerherzlichsten Dank für Ihre liebe Karte vom 9. 1. 68 und auch für das Weihnachtstelegramm vom 24. 12. 67, daß mir sehr viel Freude gemacht hat. Von Weihnachten und Silvester habe ich in diesem Jahr nicht viel verspürt. Und selbst wenn ich gewollt hätte, hätte ich um diese Zeit herum gar keinen Brief schreiben können, ich bin ja bis heute noch nicht richtig wieder beisammen. Warum? Ich will es Ihnen schildern, nicht etwa, um Mitgefühl zu erregen, sondern weil es für Sie evtl. ganz interessant ist, da Sie ja psychoanalytisch ausgebildet sind, wie Herr Möller mir sagte.

Mein gröster Fehler war es wohl, während der ganzen Zeit des Prozeßes alle Kräfte zusammenzunehmen, um unbedingt «durchhalten» zu können. Und es wurde mir dann ja auch immer wieder ein «unwahrscheinliches Durchstehvermögen» bescheinigt. Das stimmte aber nicht ganz. Es war nur der eiserne Wille, der mich alles so lange ertragen ließ. Darum entstand wohl auch das Bild vom gefühllosen, «eiskalten» Jürgen Bartsch, der in Wirklichkeit alle Mühe hatte, nicht doch umzufallen. Das ich das Ganze körperlich und seelisch nicht ohne Schaden überstanden hatte, merkte ich erst, wie das ja immer so ist, zu spät, nämlich am Abend des 15. 12. [das war der letzte Tag des Prozesses]. Ich hatte auf einmal das Gefühl, ich bekäme keine Luft mehr, und müßte ersticken. Als es gar nicht mehr auszuhalten war, bat ich um einen Arzt, was ich noch nie getan hatte. Es kam ein Sanitäter, Herr Schulz, mit dem ich mich sehr gut verstehe. Er stellte fest, daß ich stark erhöhten Pulsschlag hatte, wahrscheinlich durch die Angst, und war in der Nacht noch zweimal da. Jedoch die Atemnot blieb, obwohl es mir zu dumm war, deswegen in den nächsten Tagen schon wieder nach einem Arzt zu rufen.

Aber in der Nacht vor Heiligabend war es dann gar nicht mehr auszuhalten, ich bekam nur noch Luft, wenn ich saß oder stand, aber nicht mehr, wenn ich lag. Der Notarzt von W.-tal kam und gab mir eine starke Beruhigungsspritze, so daß ich in dieser Nacht wenigstens etwas schlafen konnte. Ich flehte ihn an, mir doch zu sagen, was es sei. Aber er gab mir keine Antwort. Man konnte ihm ansehen, daß es ihm schon schwer genug fiel, mir überhaupt zu helfen. Doch kann ich ihm böse sein? Als am Heiligabend mittags der Abteilungsbeamte sah, wie es um mich stand, war ich kaum in der Lage, zu sprechen. Herr Loose, so heißt er, besorgte ohne viele Worte ein paar «Librium forte», starke Beruhigungstabletten, fur Nerven u. Gehirn, welche ich seit dem Tag dreimal täglich bekomme. Sogar bekommen muß.

Vor etwa zwei Wochen bestellte mich der Arzt zu sich und ich sagte ihm, daß ich gar nicht so begeistert sei, immerzu Tabletten nehmen zu müssen. «Sie müssen sie aber noch eine zeitlang nehmen, weil Sie zur Zeit einen Nervenschaden haben. Das legt sich aber mit der Zeit wieder. Auf jeden Fall kommt so etwas schneller, als es verschwindet!», sagte der Arzt. Aber was ich denn nun eigentlich hätte, fragte ich; wir haben uns dann etwas darüber unterhalten und er erklärte mir: «Wahrscheinlich ist es ein psychisch, also nervlich bedingtes Herz-Asthma. Wir Ärzte nennen das eine Pseudo-Angina-pectoris. Pseudo, weil die Krankheit selbst zwar echt, also organisch ist, Herzkranzgefäßverengung usw., nur eben kein echter auslösender organischer Fehler vorhanden ist. Der Körper belügt sich also selbst, wie das meist mit nervlich bedingten Krankheiten ist. Das heißt aber nicht, daß man so etwas nicht ernst nehmen soll. Im Gegenteil.»

So, nun weiß ich wenigstens genau Bescheid, wenn es auch nichts nützt. Seit ich aber diese «Librium»-Tabletten bekomme, kann ich es wenigstens ‹aushalten›, wie man so sagt. Zwar läßt sich so etwas nicht ganz ausschalten, aber ich kann doch jetzt wieder Radio hören und lesen, dazu war ich, Weihnachten noch, kaum imstande. Sie sind ja ein Fachmann, Sie kennen ja die Symptome, die außerdem noch auftreten. Ich habe sie alle kennengelernt. Heute weiß ich, was Depressionen sind; wenn einen die normalsten Körperfunktionen bis aufs Blut reizen. Wenn man das Gefühl hat, die Zunge läge gleich einem Sack Zement im Mund, wenn die Augenlid-Nerven anfangen, zu zittern, so daß es nicht möglich ist, zu lesen und so weiter. Bis zu den «weißen Mäusen» und den Taranteln, die von der Decke hüpfen, ist es dann nicht mehr weit.

Heute ist es ja Gott sei Dank nicht mehr so schlimm, wie es war, nur die Herzbeklemmung, und dadurch die Luftnot, ist geblieben, aber da helfen die Tabletten viel. – – – –

Wenn mir jemand früher gesagt hätte, daß die Nerven einem Menschen so zu schaffen machen können, hätte ich es nicht geglaubt. Ach was, gelacht hätte ich. Man ändert seine Meinung meist erst, wenn man es am eigenen Leibe erfahren hat. – – – –

Aber wie alles zwei Seiten hat, so auch dieses. Nachdem Sie dies alles wissen, wird es Sie wahrscheinlich nicht wundern, wenn ich Ihnen schreibe, daß ich seit dem 15. 12. nicht das geringste von meinem Trieb gespürt habe. Aber das ist unter diesen Umständen wohl nicht so verwunderlich. Obwohl ich dafür bete, das es (mit dem Trieb) so bleibt. Ich habe wirklich große Angst, daß der Trieb sofort wieder da ist, wenn ich keine Beschwerden mehr habe.

Hoffen wir das Beste.

Nachdem ich soviel über mich selbst geschrieben habe: Es tut mir aufrichtig leid, daß Sie mich nicht besuchen dürften, ich hatte so halb damit gerechnet, daß Sie kommen dürften, weil ich Sie für sehr seriös halte und weiß, daß das Gericht keine andere Meinung hat. Aber es war natürlich schwierig, das werden Sie sicher verstehen. Aber ich hoffe, genau wie Sie, daß es doch noch klappen wird.

Und damit verbleibe ich bis zum nächsten mal mit vielen herzlichen Grüßen

Ihr
Jürgen Bartsch

*

[Hier schreibt Jürgen zum erstenmal über Diebstahl – bekanntermaßen häufiger Ersatz für entbehrte Liebe.]

Wuppertal, den 25. 2. 1968

Lieber Mr. Moor!

... Eben weil ich nicht mit Anderen spielen durfte, durfte ich auch nicht vor die Tür, nur einmal in der Woche kam meine Oma und ging mit mir spazieren, oft in dem Grugapark. Dort habe ich mich nur für die Tiere interessiert und für die kleinen Bummelzüge, die damals schon dort fuhren. Zu Hause war ich immer allein, erinnern kann ich mich nicht daran, daß meine Eltern je mit mir gespielt hätten, sie hatten auch keine Zeit. Meine Mutter war im Laden und mein Vater in der Wurstküche. Ich habe ihn kaum gesehen.

Außerdem habe ich als Kind, als Kleinkind schon, immer furchtbare Angst vor seiner polternden Art gehabt. Und was mir damals schon auffiel: Ich habe ihn kaum je lachen gesehen. Welches Kind möchte mit einem mürrischen Vater spielen? (Das soll kein Vorwurf gegen meinen Vater sein, denn heute weiß ich: niemand kann aus «seiner Haut».) Da habe ich eher schon mit dem Gesellen gespielt, den wir damals hatten und der so kinderlieb war. Und er konnte so schön singen. Jedesmal, wenn er sang: «Es hängt ein Pferdehalfter an der Wand, und das Zaumzeug liegt gleich nebenan . . .», dann kamen mir die Tränen.

Ich war etwa fünf, glaube ich, da war ich ein paarmal in einem Kindergarten. Dieser [Kindergarten St. Ludgerus] war in einem weit entfernten Stadtteil [Rüttenscheid], und ich hatte kein einziges der Kinder vorher gesehen. Ich war ein sehr schüchternes und sehr ängstliches Kind (wenn ich die Ursache dazu suchen sollte, würde oder müßte ich sie wohl im strengen Regiment meiner Mutter suchen, ich sage strengen, nicht etwa ungerechten, und nicht zuletzt im Einzelkinddasein) und fand darum nicht den geringsten Anschluß an die anderen, wie später auch in der Schule, wie fast in meinem ganzen Leben. Nur ein paarmal war ich da, dann sahen meine Eltern wohl ein, daß es keinen Sinn hatte. Noch etwas: In den Kindergärten oder auch in der Volksschule sind meist Arbeiterkinder. Zumindest der große Teil.

Meine Eltern waren nun und sind nun sehr gebildet, wenn ich mal so sagen darf. Wenn solche Leute nur ein Kind haben, versuchen sie sehr oft, ihr Kind schon von klein auf ebenso zu erziehen, also «standesgemäß», und gerade das halte ich für einen großen Fehler, zumal wenn dieses Kind zuerst auf die Volksschule soll. Denn ungewollt (zumal wenn das Kind nicht mit anderen zusammenkommt) färbt die Bildung weniger oder auch mehr ab, und in diesem Fall wird dann die Bildung und der gute Wille zum Drama. Denn wenn dieser Junge in die Schule kommt und sich gern Kameraden suchen möchte, findet er gar nichts dabei, von «Intelligenz», «hygienisch», «phänomenal» usw. zu sprechen, und merkt gar nicht, daß die anderen kein Wort verstehen. Und merkt gar nicht, wie schrecklich altklug er wirkt. Und merkt gar nicht, daß er bei allen anderen als Spinner und «Angeber» für immer unten durch ist. Es ist traurig, aber wahr: solch ein Junge ist ein kleiner, alter Mann und wird es im Leben sehr schwer haben, wenn nicht daran zerbrechen. Denn wenn er sich selbst die Diagnose stellen kann, ist es meist zu spät.

Ob meine Eltern damals irgendeine andere Lösungsmöglichkeit erwogen, als daß ich in ein Heim kam, weiß ich nicht, wenigstens glaube ich es nicht. Und ich sehe auch keine andere Möglichkeit. Eine Möglichkeit, rein theoretisch, wäre gewesen, daß meine Mutter sich nun voll meiner angenommen hätte. Aber entschuldigen Sie, daß ich lache – das war damals schon völlig unwahrscheinlich. Das ist sicherlich niemals in Betracht gezogen worden, und mir selber kommt das auch völlig unwahrscheinlich vor. So viele Gefühle hatte sie ja für mich gar nicht übrig, so übertrieben war das ja alles gar nicht. Meinen Eltern ging das Geschäft auf jeden Fall vor. Sie verdienten schon damals sehr gut.

Eine andere Möglichkeit wäre z. B. eine Erzieherin gewesen, aber das käme vielleicht darauf an, was vielleicht teurer wäre, das Heim oder eine Erzieherin. Ehe sie mich ins erste Heim schickten, haben mich meine Eltern nie ärztlich oder psychologisch untersuchen lassen. Jeden Tag gab es Streit zwischen meinen Eltern, jeden Tag haben sie sich angeschrien, und das wird auch heute nicht anders sein. Sie brüllten sich an, der Eine sagte: «Deine Erziehung!», und der Andere sagte: «Deine Erziehung!» Sie warfen sich gegenseitig vor, daß der Andere Schuld hätte an dem, was bei mir eingetreten war, obwohl sie mich beide nicht erzogen haben. Erziehen heißt, sich mit dem Kind beschäftigen, und das ist überhaupt nicht zutreffend gewesen. Das ist ja Blödsinn, was sie damals gesagt haben. Wenn ich heute zurückdenke, kommt mir manches eher amüsant vor, obwohl es natürlich in Wirklichkeit eher zum Weinen ist. Zum Beispiel: «Das hat er von dir!» oder «Wer weiß, ob er das nicht von dir hat!», und dabei wußten sie genau, daß ich nicht ihr leibliches Kind war. Deswegen waren solche Ausbrüche eher komisch.

[Jürgens spezieller Angstgegner aus seinen ersten vier Schuljahren, der «dicke Beckmann», später Gastwirt in Essen, erzählte in einem Telefongespräch mit mir über seine damalige Rolle in Jürgens Leben: «Er wurde immer ein bißchen jähzornig, da haben wir uns immer amüsiert, daß er so wild um sich trat und strampelte. Dann hat er auch gebissen. Geschlagen haben wir alle, aber er biß dann immer zu und strampelte. Er schmiß seine Butterbrote an einer Baustelle weg, das hat unser moralisches Empfinden immer etwas angegriffen, und da hat er wohl von einigen Senge gekriegt. Ich meine, damals war die Zeit noch gar nicht so rosig, ganze fertige Pakete schmiß er weg. Und dann, wenn einer ein Einzelgänger ist, hat man natürlich schon Spaß, ihn zu reizen, daß er dann richtig so schön wild wird. Das ist natürlich für alle eine Belustigung.»]

Ich habe meine Oma immer sehr geliebt. Leider ist sie im letzten Jahr schon verstorben, sie hat alles noch erfahren müssen. Sehr gern ging ich mit ihr spazieren und etwas später, als ich in der Schule war und jeden Tag woanders in der Gegend herumlaufen mußte, habe ich auch oft einen Tag in der Woche bei ihr in Essen-Werden geschlafen. Nur eins kann ich mir nicht verzeihen: als es in der Schule immer schlimmer wurde und ich bald jeden Tag von einem anderen verprügelt wurde, habe ich aus reiner Verzweiflung aus ihrem (Omas) Geldbeutel mehrmals eine Mark gestohlen, damit ich diese dem Stärksten in der Klasse geben konnte, er hat mich dann eine Zeitlang «beschützt». Oma hat es immer gewußt und nie etwas gesagt. Vielleicht ahnte sie, wofür.

Mit den Hausangestellten habe ich mich immer sehr gut vertragen. Mit einem der Mädchen sogar besser als mit meinen Eltern. Das finde ich unter den Umständen damals ganz natürlich. Als eines Tages das Mädchen heiraten sollte und gehen mußte, konnte ich es nicht fassen, nicht begreifen, nein, das durfte doch nicht sein. Ich lag im Kinderbett, als sie es mir sagte, wir weinten beide furchtbar, ich wollte sie einfach nicht gehen lassen, und es hätte am Ende nicht viel gefehlt, und sie wäre doch geblieben . . . das sind so Dinge, die man nicht vergißt.

Nun möchte ich Sie zum Schluß doch noch bitten, vielleicht Ihr Angebot wahrzumachen und mir in etwa zu schreiben, wie dieses Training [«PBX», ein Körperertüchtigungsprogramm der Königlichen Kanadischen Luftwaffe] vor sich geht, von dem Sie mir schrieben. Allein körperlich könnte ich es sehr gut gebrauchen, denn ich habe das Gefühl, ich werde «immer weniger». Vielen Dank im voraus. Ich freue mich schon sehr auf Ihren nächsten Brief und bleibe

mit den besten Grüßen Ihr
Jürgen Bartsch

*

[Beachtenswert ist das Wort «verständlicherweise» im folgenden Brief; daraus könnte man schließen, daß sich Jürgen eine andere Art Mutter als seine kaum vorstellen konnte. Bemerkenswert ist auch seine ausdrückliche Versicherung, daß sein Vater, egal, wie «laut» und «bullig» er sei, ihn als Kind nie geschlagen habe. Dieser Brief enthält die erste aufschlußreiche schriftliche Fehlleistung: er meint *Sie* und *Ihnen*, schreibt aber *sie* und *ihnen*. Er schrieb zwar an mich, aber sein Unbewußtes schien mit seinen Eltern beschäftigt gewesen zu sein: so gelesen, nehmen diese beiden Sätze eine ganz andere Bedeutung an. Seine Erwähnung des «einfachen Mittelstandes, der sich ja bekanntlich den Arbeitern haushoch überlegen fühlt», erinnert daran, daß seine Adoptiveltern anfangs extra dafür bezahlt hatten, daß der Neugeborene mit «allen möglichen» anderen Babys auf der Wöchnerinnenstation des Essener Krankenhauses nicht in Berührung kam.]

Wuppertal, den 18. März 1968

Lieber Mr. Moor!
. . . Es kommt, so glaube ich, darauf an, wie man das Wort «allein» versteht. Zumindest ich verstand es damals so: Meine Eltern waren in der Regel tagsüber für mich nie erreichbar. Natürlich rauschte mal ab und zu meine Mutter im Eilzugtempo an mir vorbei, aber sie war verständlicherweise für ein Kind nicht ansprechbar. Den Mund aufzumachen wagte ich kaum, denn ich stand überall im Weg und das, was man Geduld nennt, hat meine Mutter nie gezeigt.

Es ist oft passiert, daß ich Schläge bekam, aus dem einfachen Grund, weil ich sie etwas fragen oder bitten wollte und ihr dabei im Weg war. Von meinem Vater bin ich übrigens als Kind niemals geschlagen worden, heute weiß ich, daß er es gar nicht gekonnt hätte. Wer ein wenig Menschenkenntnis hat, hätte bei Gericht sofort merken können, daß der oberflächliche Eindruck, den meine Eltern machten, völlig «spiegelverkehrt» war. Mein Vater ist laut, weil er im Grunde sogar schüchtern ist, das merkt man am besten daran, daß er normalerweise sehr menschlich empfindet, es aber nicht zeigen kann, «er kann sich nicht erklären», so nennt man es wohl. Wie wenig von dieser äußerlichen «Härte» echt ist, habe ich voll und ganz erst bei der Verhandlung verstanden, darum habe ich auch so weinen müssen.

Auf der anderen Seite ist meine Mutter in Wirklichkeit vom Wesen her zwar sicher innerlich von Herzen gut, aber trotzdem stimmte der Eindruck, den sie vor Gericht machte, keinesfalls mit der Wirklichkeit überein, die ich erlebt hatte. Ich habe sie innerlich nie verstehen können. Ich weiß, wie sehr sie mich liebte und noch liebt, aber ein Kind, so dachte ich immer, muß das auch spüren.

Nur ein Beispiel (es ist keinesfalls ein Einzelfall, so etwas habe ich oft erlebt): Meine Mutter fand absolut nichts dabei, mich in einer Minute in den Arm zu nehmen und zu küssen, und in der nächsten Minute sah sie, daß ich aus Versehen die Schuhe anbehalten hatte, nahm einen Kleiderbügel aus dem Schrank und zerschlug ihn auf mir. In dieser Art etwa geschah oft etwas, und jedesmal zerbrach irgend etwas in mir. Diese Behandlung, diese Dinge habe ich nie vergessen können und werde es nicht können, hier stehe ich und kann nicht anders. Mancher würde sagen, ich sei undankbar, das stimmt wohl kaum, denn dies alles ist nicht mehr und nicht weniger als der Eindruck, der ehrliche Eindruck, den ich habe, und die Wahrheit sollte eigentlich besser sein als fromme Lügen.

Natürlich war, als ich «allein» in der Kellerwohnung in der Goethestrasse war, jemand, etwa ein Hausmädchen, da. Aber das wurde schon von meiner Mutter sehr mit Arbeit versorgt, so daß ich meist in meinem Zimmer saß und mit Stofftieren spielte oder Radio hörte.

Die polternde, laute Art meines Vaters zu definieren ist mir zwar heute möglich, ich tat oder versuchte es eben, aber was mich als Kind so erschreckt hat, ist wohl die Tatsache, daß er, soweit ich mich erinnern kann, infolgedessen niemals mit mir gespielt hat. Das war schon eine erschreckende Tatsache für mich. Wie sie [sic] sich mittlerweile an fünf Fingern abzählen können, hatte ich also meist nichts zu tun. Oft saß ich schon als Sechsjähriger unter dem Tisch im Wohnzimmer und sang die neuesten Schlager, die ich im Radio hörte. Mancher mag das lustig finden, ich selbst könnte heulen, wenn ich heute daran denke.

Meine ersten Erinnerungen? Ich weiß noch, daß ich in den ersten Jahren, etwa bis vier Jahre alt, in einem Kinderbett im großen Schlafzimmer geschlafen habe. Aber an etwaige Begebenheiten dabei (außer der mit dem Dienstmädchen) kann ich mich nicht erinnern. Die nächsten Erinnerungen habe ich an meine Oma und die schönen Spaziergänge, die sie mit mir machte (die Mutter meiner Mutter). Sie ist vor kurzem gestorben, und nun habe ich noch eine Oma, die Mutter meines Vaters. Mit ihr kann man auch ganz gut auskommen.

Übrigens: mit den Worten hygienisch usw. gab es keine Begebenheiten, zumindest weiß ich es nicht mehr. Und zu Ihrer Frage, wegen der «Bildung»: Wahrscheinlich stimmt das Wort Bildung nicht ganz mit dem überein, was ich ihnen [sic] sagen wollte. Meine Eltern haben keinerlei höhere Schule besucht, was ja oft als unerläßlich dazu angesehen wird. Ich meinte den Unterschied zwischen den (sogenannten) ganz einfachen Arbeiterfamilien, die ja in der Volksschule 90% ausmachen, und des einfachen Mittelstandes, der sich (da machten meine Eltern keine Ausnahme) ja bekanntlich den Arbeitern haushoch überlegen fühlt.

Tatsache aber ist nun einmal, daß der Mittelstand eine ganz andere Sprache spricht. Auf einen kurzen Nenner gebracht: ein Herr Moor und auch Herr Bartsch können sich zehnmal eher mit einem Professor unterhalten als ein Bergmann. Das ist zwar sehr vergröbert, aber im Prinzip, meine ich, stimmt es schon. Okay?

Dazu kam bei mir noch, daß mir ganz früh schon beigebracht wurde, mit wem ich in der Schule spielen durfte und mit wem nicht. Aus Prestigegründen sozusagen. Auch später im Geschäft war es nicht anders, als ich mich mit den Angestellten sehr gut vertrug, auch persönlich, hieß es oft: «Natürlich muß man seine Angestellten anständig behandeln, aber ich verstehe nicht, wie Du Dich mit denen auf eine Stufe stellen kannst!» Ich habe mich sehr über diesen Blödsinn geärgert und habe ihn gar nicht beachtet. Als das Mädchen wegging, war ich so ungefähr fünf Jahre alt.

Und zum Kindergarten, der so weit entfernt lag, haben meine Eltern mir damals keine Begründung genannt.

Und wenn ich schrieb: jeden Tag woanders, dann meinte ich, daß ich nach der Schule an einem Tag nach Essen-Katernberg zum Geschäft fahren mußte, am nächsten Tag nach Hause in die Wohnung gehen durfte, am nächsten und übernächsten Tag tagsüber bis abends beim Lehrer essen und etwas schlafen mußte und an einem Tage zu meiner Oma nach Werden ging und dort schlief.

*

[Nach Erhalt des zuletzt zitierten Briefes vom 18. März habe ich Herrn und Frau Bartsch zu Hause in der Siedlung «Glaube und Tat» besucht – es blieb das einzige Mal. Nach meiner ersten Veröffentlichung über den Prozeß hörte ich, daß ich dort nicht mehr willkommen war. Neben der Haustür, diskret kaschiert, hatte Herr Bartsch an der Mauer einen Automaten anbringen lassen, wo die Nachbarn Wurst usw. zu jeder Stunde kaufen konnten. Im Wohnzimmer fand ich alles genau so sauber und steril, wie Jürgen es immer wieder beschrieben hat. Ein winziges Detail ist mir in Erinnerung geblieben. Ich hatte in Zusammenhang mit Jürgen ein Buch empfohlen, und seine Eltern wollten den Titel aufschreiben. Die Suche nach einem Stück Papier dauerte auffallend lange; schließlich fanden sie etwas: einen Block von Rechnungsformularen aus dem Metzgereigeschäft.]

Wuppertal, den 16. 4. 68

Dear Mr. Moor!

. . . Was für ein Verhältnis ich zu demjenigen hatte, der von mir die Mark bekam? Das ist leicht zu sagen. Ein schlechtes wie zu allen anderen «Kameraden». Keine Freundschaft oder so, wir sprachen auch nicht viel miteinander, es sprach ja sowieso kaum einer mit mir. Hätte er die Mark nicht von mir bekommen, hätte er mich genauso vermöbelt wie die anderen. Sie müssen dabei wissen, daß ich damals der Kleinste in der Klasse war, und die Kleinsten haben von vornherein schon einen sehr schweren Stand.

Eben, «mancher liebt, kann aber seine Liebe nicht zeigen», so weit haben Sie mich ganz richtig verstanden. Mit dem Ausdruck «Ich kann mir keine besseren Eltern vorstellen» habe ich allerdings etwas ganz anderes gemeint, als man wohl glauben muß, wenn man es liest. Damit habe ich lediglich gemeint, daß ich niemand kenne, der umsichtiger, vorsichtiger usw. für das (wohlgemerkt: leibliche) Wohl seines Kindes gesorgt hat. Nur das meinte ich. Es liegt meinem Gefühl nach sogar etwas Tragik in solchen Dingen. Etwa so: wer innerlich aus dem Gleis geraten ist, sucht Zuflucht in reinen Äußerlichkeiten (Putzteufel meiner Mutter), und: wer seinem Kinde nicht zeigen kann, daß er es liebt, der sorgt dann, um es, unbewußt vielleicht, auszugleichen, in übertriebenem Maße für die materiellen Dinge, die das Kind betreffen. Selbst wenn es nur zum Spielen auf die Straße geht, wird es wie sonntags, bzw. wie ein Pfau herausgeputzt (Die Erwachsenen sagen «ach, ist der süß!», die anderen Kinder sagen: «mit so einem feinen Pinkel spielen wir nicht!»), und wenn es hinterher irgendwo einen Schmutzfleck hat, gibt es Gezeter u. Prügel.

Dabei war ich froh, wenn ich mal aus der Kellerwohnung herauskam. Die Fenster waren alle vergittert, eine drei Meter hohe Mauer war um das Haus herum, und nie, solange ich dort war, sind wir ohne künstliches Licht ausgekommen.

«Auf eine Stufe» habe ich mich mit allen Angestellten gestellt, weil ich es nämlich nicht verstehen konnte, warum diese Menschen so anders, sprich: schlechter als wir, sein sollten. Wenn ich sie fragte, was das eigentlich heißen solle, daß ich nicht «so privat mit ‹denen› sprechen sollte und mich überhaupt nur geschäftlich mit ihnen befassen sollte», dann ist mir eigentlich nur gesagt worden, daß man das eben nicht tue. Dieser neureich-snobistische Ausdruck «auf eine Stufe stellen» hat mich ganz besonders gefuchst.

Mit der Schule war es doch genauso. Mit Kindern, die meine Mutter nicht leiden konnte, durfte ich nicht spielen. Erst in der Goethestraße war es nicht so schlimm, aber später in der Siedlung hat sie es mir ziemlich genau vorgeschrieben.

Nun muß ich sagen, daß meine Mutter mir dort in dem letzten Schuljahr immer meist nur noch gesagt hat, ich solle mit Gleichaltrigen spielen. Da hat sie dann sicher auch recht gehabt. Nur war es reinweg nicht möglich! In meiner Klasse dort waren fast alle Jungen in meinem Alter nicht aus der Siedlung. Das war ganz blöd, denn die Kinder waren meist mindestens entweder drei Jahre jünger oder zwei Jahre älter als ich. Da habe ich immer nur mit den jüngeren gespielt. Mit gleichaltrigen ‹konnte› ich es sowieso nie sehr gut. Außerdem sprachen sie schon viel über Mädchen, und das Thema langweilte mich und «ödete» mich an. Ich habe also nicht allein deswegen mit den Jüngeren gespielt, um mich aufzuspielen; es blieb mir gar nicht viel anderes übrig.

Einmal, als ich etwa siebzehn Jahre alt war, habe ich mich mit einem Mädchen zusammengetan. Sie hieß Heide, und ich bin mit ihr gegangen, um sexuell völlig normal zu werden. Sie war vielleicht fünfzehn. Ich habe sie nicht einmal an die Brust gefaßt. Das ist das Blödsinnige, auf diese Idee bin ich überhaupt nicht gekommen. Ich habe sie geküßt, aber es war kein Petting.

Eines Tages habe ich mir gedacht: Ja, nun, vielleicht versuchst du mit ihr da irgendwie, wenn schon, denn schon. Auf einem Spaziergang, dachte ich, dann fragst du sie mal: «Hier, willst du oder willst du nicht? Wollen wir zusammen schlafen oder nicht?» Im Wald oder so. Ich habe es auch versucht. Ich habe sie gefragt, und – naja, das Übliche.

Das heißt, ich weiß nicht, ob das das Übliche ist. «Nein, was wird meine Mutti sagen!» und so fort. Ich habe dann recht schnell nachgegeben, denn dieses ganze Fragen, «Willst du mit mir schlafen?» – das war doch eher eine Pflichtübung, von der ich dachte, daß ich es eben machen mußte. Ich habe sie um Gottes willen niemals, nicht im entferntesten ausgezogen. Mir war immer völlig der Hals zu, die ganze Zeit. Es war nicht eklig, es hat mich nicht verabscheut [sic], aber es sagte mir nichts Besonderes. Was ein richtiger Kuß ist, das weiß ich wahrscheinlich bis heute nicht. Schade.

Im Vergleich zwischen einem Kinderkuß und einem Liebeskuß müßte man den Liebeskuß geübt haben, und, ja nun, besonders viel habe ich nicht geübt. Es ist natürlich vorgekommen, daß meine Mutter mir mal einen Kinderkuß gab. Das war eben immer bei den Gelegenheiten, wo es knapp vorher ein paar ins Gesicht gegeben hatte. Wenn meine Mutter – sehr selten – mal auf diese Art zärtlich geworden ist, dann war das eine Sache von höchstens einer Minute, und danach völlige Abkehr nicht zum Bösen hin, sondern zum Gleichgültigen.

Die ersten Kinder habe ich nur geschlagen, angefaßt und ausgezogen. Bis zum Gedanken allein, ein Kind umzubringen, ist ja ein ziemlich erheblicher Schritt, aber auch nur ein Gedanke. Ich könnte nicht sagen, daß es irgendeine Etappe gegeben hätte. Der Gedanke ist von einer Sekunde auf die andere da. So einen Übergang könnte ich da überhaupt nicht nennen. Einmal bin ich durch den Wald marschiert. Die Straße führte von unserer Siedlung in Richtung Nierendorf. Ich weiß nicht, ob das das erste Mal war, aber das ist die erste Erinnerung, die ich noch heute habe. Da dachte ich: «Ja, warum stellst du dich jetzt nicht einfach in den Wald und wartest, bis ein passender Junge da nun eben vorbeikommt, und dann schnappst du ihn und reißt ihn von der Straße weg und schleifst du ihn in den Wald rein und ziehst ihn aus und bringst ihn um? Warum machst du das eigentlich nicht?» Der Gedanke war: «Warum machst du es nicht?» – eigentlich einfach «Warum nicht?» Die Antwort auch: «Ja, warum nicht?»

So läppisch und lächerlich war es natürlich nicht. Sexuelle Erregung und so habe ich schon dabei gehabt, eine gewisse innere Erregung. Es war das Gefühl der Aufregung, so wie ich sie später hatte, wenn ich einen Jungen auf der Straße sah – schwitzen, die Knie weich und so. Da im Wald habe ich mich ein paar Stunden hingestellt und habe gewartet. Mehrere Tage habe ich das gemacht, aber das war so blödsinnig, so völlig idiotisch, natürlich hat es nicht geklappt. Aber meine Sexualität war viel stärker, als das normal gewesen wäre, und wenn man von solcher Sexualität gepackt wird, da war es einmal schon so, daß es in dem Moment völlig normal erschien.

Es ist also ein Unterschied, ob ich nüchtern bin, dann lehne ich das genau wie jeder Andere ganz genauso scharf ab, vielleicht noch ein bißchen stärker, es geht ja gar nicht stärker abzulehnen. Aber wenn ich nun wirklich sexuell erregt bin, dann gibt es für mich nichts Normaleres als eben solche Gedanken. Ich find sie dann selbstverständlich. In der Phantasie heißt das, eben ausziehen und schlagen, dann eben schon gleich zu schneiden anfangen, Stück für Stück dann eben zu zerfleischen. Als ich im Wald Jungen auflauerte, war der Gedanke zum Quälen schon da, zum Zerschneiden wohl noch nicht.

Die Jungen sollten keine Sonnensprossen und keine rote Haare haben, und sie sollten nicht zu dick sein. Wenn er eine richtige Bohnenstange war, dann sagte er mir auch nichts mehr. Alle Anderen an sich waren auf meiner Linie. Wenn ich so einen Jungen sah, habe ich immer sofort so reagiert, daß mir warm wurde, daß ich Schweißausbruch und weiche Knie hatte. Das Herz schlug ganz schnell, und ich mußte manchmal ein bißchen Luft schnappen, weil mir vor lauter Erregung die Luft wegblieb.

Bis 1962 ging das nur um das Ausziehen und das Befühlen und so. Später, als das Töten dazu kam, da war ziemlich sofort auch das Zerschneiden dabei. Zuerst habe ich immer an Rasierklingen gedacht, aber nach der ersten Tat habe ich dann auch langsam an Messer, an unsere Messer gedacht. Sie wissen, wie diese Dinger aussehen. Zuerst habe ich nur ganz allgemein an Bauchaufschlitzen und das Innere alles rausholen gedacht und dann eben Schluß, fertig. Später habe ich das ein wenig ausgebaut bzw. umgekrempelt, alles erst stechen, die Augen aus usw. Das hat sich noch ein wenig gesteigert zum Vorstellbaren hin oder noch zum Unvorstellbaren.

Zuerst war in meiner Phantasie kein persönlicher Kontakt dabei, aber hinterher, so mit achtzehn oder neunzehn Jahren, da war auch in der Phantasie, daß ich mich auch ausziehen und ihn an mich drücken würde. Er würde sich auf die Erde legen und ich mich auf ihn. Er würde sich über mich hinknien und ich würde das da unten eben als Ganzes in den Mund nehmen, aber als Ganzes, das Glied und den Sack und alles.

Und dann kam das Schlagen dazu. Er mußte sich hinstellen, und dann würde ich anlaufen und von hinten da reintreten. Diese Sachen kamen nach der ersten Tat nach und nach dazu, aber im Grunde ist es immer das Gleiche geblieben, in der Reihenfolge: Ausziehen, Schlagen, in den Hoden schlagen, und dann das Anfangen mit dem Schneiden. In der Phantasie hatte ich an die Finger usw. gedacht, und dann erst am Schluß den Körper aufschlitzen.

In der heutigen Phantasie, mit zwei Jungen, da habe ich selber ein wenig Angst vor mir selber bekommen, davor habe ich selber ein wenig zurückgescheut. Ich hätte mir z. B. gedacht, der eine Junge mußte den Anderen erst langsam umbringen, dann kann ich den Restlichen übernehmen. Das ist was ganz, ganz Scheußliches. Sie haben Angst und schreien. Das ist sehr wichtig. Ohne das hätte mir das alles überhaupt nicht im geringsten etwas gesagt. Sie müssen betteln, wimmern, um Gnade bitten. In der Phantasie ist es mir nicht möglich, ihnen Gnade zu gewähren. In der Praxis kann ich nicht sagen, denn auch der schlimmste Sadist hat eben auch eine andere Seite. Selbst wenn der Trieb stärker ist, gerät er doch manchmal in die Nähe des Umkippens, und da ist eben die Frage, vielleicht keine dumme: Hättest du es denn nun wirklich gekonnt oder nicht?

Ein- oder zweimal war ich nahe dran, umzukippen. Einmal bin

ich schon regelrecht zusammengeklappt. Ich weiß überhaupt nicht, ob ich das beurteilen kann, ob mir das im Ernst überhaupt bis zur letzten Konsequenz möglich gewesen wäre, immer vorausgesetzt, daß dann automatisch die Angst vor Entdeckung einsetzt. Ich glaube nicht, daß das richtig ist. Zumindest bei mir war es nicht so. Dieser Gedanke ist mir in dem Moment überhaupt nicht gekommen. Da waren nur die zwei widerstreitenden Empfindungen da: auf der einen Seite der Trieb, der eben praktisch so ein selbständiges Wesen ist. Jedenfalls habe ich ihn als solches empfunden und mich eben auch krampfhaft aufrecht zu erhalten versucht. Und da hat nun der Trieb immer die Oberhand behalten.

*

[Ende April oder Anfang Mai flog ich jedes Jahr für drei oder vier Wochen von Berlin nach Amerika, aber der Briefwechsel lief ununterbrochen weiter. Der folgende Brief läßt zum erstenmal durchblicken, was der Mangel an Sexualaufklärung in einem Kind anrichten kann.]

W.-tal, den 1. Mai 1968

Dear Mr. Moor,
Ich hoffe sehr, daß dieser Brief Sie noch in Berlin erreicht. Ich schreibe diesmal nur an Sie, an niemanden sonst in dieser Woche mehr, weil es sonst zuviel wird.

Natürlich, im Internat zuerst, habe ich das nicht so gemerkt. Erstens gab es da keine Mädchen; auf Spaziergängen durften wir nicht mit Mädchen sprechen; auch nicht mit den Mädchen, die in der Küche waren; und es gab einige Patres, die zu Boden schauten, wenn sie sich mit einer Frau unterhielten (um keine unkeuschen Gedanken zu bekommen). Solange ich da war, hörten wir in der Schule nur von einer Frau, der mit dem groben Bauernkittel, kernseifensauber, Wollstrümpfe, still leidend und Mutter in Permanenz. Sekretärinnen, Stennotypistinnen [sic] oder dergl. gab es nicht; es war nun einmal eine andere Welt. Dagegen erzählte Pater Pütlitz sehr oft (oder auch etwas öfter) in allen Einzelheiten von grausamen Massenmorden an Juden im dritten Reich und zeigte uns auch viele Bilder davon. Er schien es nicht ungern zu tun; die ganze Größe dieser Untaten wurde uns natürlich damals nicht bewußt, und so empfanden wir es als ganz «interessant», und stellten (nach vorheriger Absprache) eine ganze Anzahl ‹Fragen›, die aber nur dem Zweck dienen sollten, dies Thema so lang als möglich zu verlängern, «denn sonst müssen wir rechnen, und das ist noch viel blöder».

Damals hatte ich, wie wohl alle Jungen in dem Alter, Lust, einmal mit einem Klassenkameraden etwas «Versautes» zu tun, wie es ja auch die meisten schon mal taten. Aber ich schaffte es nicht, weil ich zuviel Angst hatte. Wer erwischt wurde, und das kam öfter mal vor, wurde als «Dreckschwein», «Verbrecher» usw. furchtbar verprügelt und schikaniert, und oft «flog» man auch.

Etwas später schon, etwa zur Zeit, als ich mit Detlef B. ausriß, merkte ich natürlich, daß etwas nicht stimmte. Das beste und furchtbarste Beispiel dafür ist doch die Sache mit dem Zug, davon wissen Sie ja schon.

In Marienhausen habe ich zum ersten Mal in meinem Leben eine Freundschaft gehabt. Es war ein Junge, der auch aus Essen kam. Meine Eltern kannten seine Mutter. Das war praktisch der einzige Freund, den ich bis dato überhaupt gehabt habe. Es war eine richtige Freundschaft, aber nicht in dem Sinne, daß ich Kontakt gesucht hätte und den so gefunden hätte. Dazu war ich nicht fähig. Er war genauso ein Einzelgänger wie ich, und wir haben uns zusammengefunden. Er kam kurz nach mir, und er stand immer in der Ecke und heulte, so furchtbares Heimweh hatte er.

Ich habe Mitleid mit ihm gehabt. Ich fragte ihn, wo er herkam und wer er war. Es hieß Detlef. Und so hat sich eine Freundschaft entwickelt. Wir waren beide in der sechsten Klasse. Die direkte Freundschaft hat in der siebenten Klasse aufgehört, wir haben uns getrennt, obwohl wir weiter da waren. Wir haben uns getrennt, wahrscheinlich weil die Freundschaft so vermiest wurde, weil sie da eben ihre Augen überall hatten und weil sie immer hinterher waren, daß niemand besonders mit einem Anderen zusammen war. Man wurde schikaniert deswegen – «Na, bist du schon wieder mit dem zusammen?» –, und da kriegte man ein paar in die Fresse, und dann hörte man schon auf.

Im gewissen Sinne sind wir sicherlich auseinander gebracht worden. Bei mir ist es so gewesen, daß ich diesen Jungen, weil ich einen richtigen Freund niemals gehabt hatte, praktisch in Beschlag zu nehmen versuchte. Wenn er einen anderen Jungen ansah oder mit ihm sprach oder spielte, wurde ich wütend. Jeden zweiten Tag haben wir uns verkracht, und jeden zweiten Tag sind wir wieder zusammengekommen. Wenn ich eine Wut auf ihn hatte, sagte ich: «So, jetzt mache ich dich fertig!» Und wenn ich dann mal ein Freßpaket von zu Hause bekam und wir uns verkracht hatten, habe ich einen oder zwei Beutel Bonbons aus dem Paket genommen und an die anderen Jungs verteilt und dafür gesorgt, daß Detlef kein einziges mitbekam. Dann heulte er, und ich sagte ihm: «Ja, du mußt nur zu mir lieb sein», und dann ist er wieder gekommen.

Wenn wir uns verkrachten, war ich ganz niedergeschlagen, und wenn ich in der Kirche war, da habe ich richtig gebetet: «Lieber Gott, mache, daß wir wieder zusammenkommen.» Aber auf die Dauer konnte das auch nicht gut gehen, von der einen Seite wie von der anderen.

Ich habe auch eine andere Methode gehabt, um ihn klein zu kriegen, wenn er nicht nur mit mir zusammen sein wollte. Dann habe ich gesagt: «Ich sage deiner Mutter, daß du damals mit dem Mann da oben auf der Kammer im Heim zusammen warst, daß er Schweinereien mit dir machte.» Da ist nämlich damals ein Mann auf dem Heim gewesen, der sich an ihm vergangen hatte. Ich bin derjenige gewesen, der das damals aufbrachte. Detlef hat mir das damals erzählt, und ich war so empört darüber, daß ich sofort zum Lehrer ging. Zwei oder drei Tage später ist der Mann, ein Angestellter, aus dem Heim geflogen.

Ich habe Detlef geliebt. Wie jeder Andere von uns Jungs habe ich den Drang gehabt, mal irgend etwas in sexueller Beziehung mit anderen Jungs zu machen, aber ich habe es nie geschafft und nie getan, weil ich eben so furchtbare Angst vor den schweren Prügel hatte, obwohl ich, mein Gott, manchmal schon ganz, ganz wild hinterher war.

Das zweite Mal, wo ich aus Marienhausen ausriß, kam Detlef mit. Wir liefen in Richtung St. Goarshausen. Direkt neben dem Bahnsteig gingen direkt in die Höhe die Weinberge, fünf oder sechs Meter von der Straße entfernt. Da haben wir Weintrauben gegessen.

Ein Zug kam uns entgegen, und ich versuchte, Detlef unter den Zug zu stoßen. Das war an sich eine Angelegenheit von keiner richtigen Überlegung. Wenn überhaupt, habe ich nur ein paar Sekundenbruchteile überlegt, aber nicht mal eine Sekunde. Das ging einfach blitzschnell. Ich hatte bloß den einzigen Gedanken: «Wenn du ihn jetzt unter den Zug wirfst, dann ist er tot und kann sich nicht wehren, dann kannst du ihn ganz nackt ausziehen.» Vorher, als wir da entlang gingen, war kein sexueller Gedanke.

Ich ging hinter ihm, links neben dem Gleis. Der Zug kam uns entgegen. Ich habe ihn einfach geschubst, aber er hat sich gefangen. Er ist bis zur anderen Seite gestolpert. Er fragte böse, ob ich verrückt wäre. Ich habe ihm gesagt: «Du spinnst, ich bin nur gestolpert!» Sie müssen mir glauben, es gab niemanden, der erschreckter war als ich. Auch anschließend. Danach ging er ungefähr zehn oder fünfzehn Meter vor mir, und die nächste Zeit kam er nicht mal in meine Nähe. Vielleicht zwei Stunden lang ging er absichtlich nur vor mir.

Wir gingen noch ein paar Stunden bis zur Loreley. Da steht eine Bank am Felsen, und da haben wir uns hingesetzt. Dann sind wir nach St. Goarshausen reingegangen. Ich war entsetzt – aber nur so lange, bis die sexuellen Gedanken wieder kamen. Nach ein paar Stunden kamen sie ja wieder, und da war es mit dem Entsetzen vorbei. Was ich da versucht hatte, das hatte ich vergessen.

In Goarshausen haben wir uns in einem Bauwagen zum Schlafen gelegt. Auf dem Wege, bevor das mit dem Zug passierte, hatte ich mich mit sexuellen Gedanken überhaupt nicht beschäftigt. Das fing blitzartig mit dem Zug an. Und dann nach dem Entsetzen und dem Erschrecken setzten die sexuellen Gedanken wieder ein. Noch zweimal habe ich versucht, etwas mit Detlef zu machen. Erstmals haben wir in der Baracke nebeneinander geschlafen. Ich bin aber erst wach geblieben und habe dann versucht, seine Hose aufzumachen, an ihm rumzufummeln, aber er hat geknurrt und hat sich auf die andere Seite gedreht.

Nachdem die Verstimmung zwischen uns eingetreten war, habe ich zwei oder drei Stunden einen richtigen Kater gehabt. Ich war richtig enttäuscht und deprimiert von mir selbst, in einer richtigen Reuestimmung.

Da in der Baubude hat es gar keine Gewalt gegeben. Ich habe mit ihm rumgebalgt, und wir haben gerungen, aber ich habe ihn nicht geschlagen, geschlagen hätte ich ihn nie.

[Am nächsten Morgen wurden die beiden von der alarmierten Polizei festgenommen und vorübergehend eingesperrt.]

Nachher saßen wir zusammen auf den Matratzen, und da kam es wieder. Ich habe versucht seine Hose aufzumachen. Ich wollte ihn ausziehen. Das war so stark, ich konnte im Moment nichts daran machen, aber ich bin zu nichts gekommen. Er wollte nicht. Später, bei meinem ersten Prozeß, habe ich mich ganz furchtbar geärgert, als der Vorsitzende mit Detlef darüber sprach. Auf einmal fragte ihn der Vorsitzende: «Und in Marienhausen haben Sie irgendsowas mit einem anderen Jungen gemacht?» – «Ja, ja,» sagte Detlef, «ist doch selbstverständlich!» Ach, Mensch, ich hätte ihm ins Gesicht springen können, glauben Sie mir das! Ich meine, woher sollte er das vorher wissen, daß ich das heimlich in Marienhausen so gern gemacht hätte? Das konnte er ja nicht wissen! Heute, als erwachsener Mann, interessiert er mich sexuell überhaupt nicht, aber so einen Menschen wiederzusehen und dann festzustellen, daß er immer noch denselben Sprachfehler hat, da kommt das einem ein wenig hoch, sentimental meine ich, und man muß sich selber fragen: Warum ist er denn älter geworden, der Idiot. Wenn er nicht älter geworden wäre, dann wäre er wahrscheinlich mein Traum.

Mein Adoptivvater ist aus Essen nach Goarshausen gekommen und hat uns nach Hause gebracht. Dann kam die übliche Strafpredigt. Das war September oder Oktober 1960.

Danach mußte ich in die Schule bei uns in der Siedling in Langenberg, aber es waren bloß noch ein paar Monate, bis April. In Marienhausen hätten sie mich jetzt gar nicht mehr genommen. Normalerweise wird man nach dem ersten Abhauen schon gar nicht mehr genommen. Sie müssen bedenken, daß Hunderte und Hunderte von Kindern da auf der Warteliste standen. Die Leiter von Marienhausen waren auf niemanden angewiesen.

Ich habe mal an meine Tante geschrieben (wenn ich was Persönliches zu sagen habe, was mit der Seele oder mit dem Gefühl irgendwas zu tun hat, schreibe ich nicht meinen Eltern, sondern meiner Tante), ich möchte eine Zeitmaschine haben, wo man die Zeit einstellen kann, und dann würde ich sie auf Marienhausen einstellen, genau diese Zeit, wo ich im Heim war. Auf den komischen Anschluß möchte ich gern verzichten, den brauche ich nicht. Aber die Zeit, wo ich selber im Heim war, die würde ich so einstellen, daß sie, wenn sie zu Ende ist, immer gleich von vorne bis hinten wieder gehen würde. Und selbstverständlich wäre bei so einer Zeitmaschine, daß ich eben, wenn ich alles zum zehnten oder zwanzigsten Mal erlebte, das nicht wissen würde. Es müßte jedes Mal von vorne, auch für mich selbst, immer wieder ganz neu sein. Ich möchte jede Minute, jede Sekunde dann so erleben, wie ich sie damals erlebte, und auf heute und die Zukunft, irgendwelche Zukunft, würde ich scheißen.

Die gute Seite bedeutete für mich so viel, daß ich auch vielleicht noch Schlimmeres in Kauf genommen hätte. Die Hauptsache bleibt, das Wunderbare erlebt zu haben, nun einmal nicht ausgeschlossen zu sein. Es gab eine einmalige Solidarität unter uns Schülern den sadistischen Lehrern gegenüber. Ich habe mal ein arabisches Sprichwort gelesen: Der Feind meines Feindes ist mein Freund. Sie müßten das miterlebt haben, das ungeheuerliche Solidaritätsgefühl, das Zusammenschließen von uns. Wir hätten uns alle lieber in Stücke schlagen lassen, als einen Kameraden zu verraten. Das war geradezu unwahrscheinlich.

Heute sind für mich die Bilder von Marienhausen richtige Stimulation, nur für Minuten, für Stunden mich da hineinzuversenken, die Zeiten wieder zurückzuholen, in Gedanken, ganz still dazuliegen, die Augen zugemacht. Da bin ich einfach weg, nicht mehr hier, sondern dort. Der Mensch wird mehr vom Gefühl beherrscht als vom Verstand, und wenn ich irgendeine Lage als gefühlsmäßig gefährlich erkenne, dann bin ich noch lange nicht bereit, das abzustellen, weil das Gefühl eben stärker ist. Wo manch einer vielleicht sagen würde: «Da ist eine Gefahr», für mich wäre es doch eher schön, eher eine Verlockung. Wenn ich diese Zeitmaschine nun hätte, würde ich keinen Tag, keine Minute zögern. Auf alles, was ich heute überhaupt noch habe, oder was ich vielleicht irgendwann mal bekommen könnte, würde ich pfeifen.

Aber wenn ich so eine echte Zeitmaschine wirklich hätte, dann hätte ich mir eine ganz andere Zeit als die in Marienhausen ausgesucht. Ich hätte mir eine bessere, ertragenswertere Zeit ausgesucht, denn ertragenswert ist die Zeit in Marienhausen an sich nicht gewesen. Das ist sie wirklich nicht. Ich könnte mir vorstellen, ich hätte mir das erste Kinderheim in Rheinbach ausgesucht, denn es war sehr schön, dort zu sein. Vom körperlichen Aushalten war es da wunderbar.

Ich habe einen sogenannten ewigen Kalender für die Zeit von 1900 bis 2000, und mit Hilfe dieses Kalendars habe ich mir für die Zeit, wo ich in Marienhausen war, einen richtigen Kalendar gemacht, mit Daten und Wochentagen. Und dann habe ich im bekloppten Kopf gedacht: Wenn du das nun siehst, brauchst du nur das Datum anzugucken, dann fällt dir alles genau wieder ein, wie es an jedem einzelnen Tag war. Das war aber natürlich beschissen. Das habe ich auch von Minute zu Minute gemerkt, daß das nicht ging, aber es hat mich doch ziemlich enttäuscht. Dann habe ich mir darunter eine Liste gemacht, mit Namen von allen Jungs, mit denen ich in Marienhausen in einer Klasse war. Es waren etwa dreißig bis fünfunddreißig. Ich habe mich selber überrascht, ungefähr achtzehn habe ich zusammengekriegt. Ich habe das mal mit Rheinbach verglichen. Heute weiß ich von keinem einzigen mehr den Namen.

Kurz vor oder nach der ersten Tat habe ich Detlef eine Karte geschrieben, ich möchte ihn doch mal gerne wiedersehen. Ich hatte ein ziemliches Schuldbewußtsein. Ich habe das ungefähr so formuliert, daß es mir sehr leid täte, was ich ihm damals angetan hätte. Es kam eine Karte zurück, die aussah, als ob seine Mutter sie diktiert hätte. Das wäre alles nicht so schlimm, man könnte sich ja mal treffen, oder so. Daraufhin habe ich noch einmal geschrieben, habe aber niemals eine Antwort bekommen.

Nein, ich habe zu der Zeit kein Gespräch mit einem Erwachsenen geführt, deswegen, ich muß mir allein dafür, obwohl ich noch ein Kind war, die Schuld geben. Ich habe zwar gefühlsmäßig gewußt, geahnt mehr, daß nicht alles in Ordnung war, aber ich wollte es auch nicht wahrhaben, ich wollte es nicht wissen. Ich hatte ‹Angst vor der Wahrheit›, wenn ich es mal so sagen darf. Ich muß Ihnen allerdings dabeisagen, daß ich vor der ersten Tat gar nicht wußte, was im einzelnen «homosexuell» usw. war. Damals hatte ich große Angst, daß ich als einziger so wäre.

Nach der ersten Tat wußte ich durch Zeitungen usw. mehr, und gestand meinem Vater ja, wie Sie wissen, daß ich den Frank B. im Bunker ausgezogen hatte. Natürlich hätte ich es damals meinem Vater sagen können. Und wohl auch müssen. Vielleicht, oder sogar wahrscheinlich, hätte ich damals, nach der ersten Tat, noch eine Chance gehabt. Aber ich empfand es als «zu spät», und glaubte auch damals schon «nicht mehr zurückzukönnen».

So sagte ich ihm nur die Sache mit Frank B. und verharmloste sie sogar noch. Es wäre «halb so schlimm» gewesen, sagte ich. So ahnten mein Vater und meine Mutter nichts Böses. Halt – man kann natürlich nicht sagen gar nichts Böses, sondern nichts sehr

Böses, denn auch meine Mutter wußte ja von der Sache Frank B., und sprach auch mit der Mutter des Jungen, der mit in unserem Haus wohnte. Sie mußte also wissen oder ahnen, daß mit dem ‹Sex› irgend was nicht stimmte. Aber sie sagte ja und glaubte es wohl auch, daß es «Kindereien» waren, wie sie damals sagte. Zu mir haben meine Eltern ansonsten nie mehr darüber gesprochen.

Da ich mich mit meinen Eltern damals nicht allzugut verstand, wie Sie wissen, war ich im allgemeinen ziemlich auf «Abwehr» eingestellt. So daß es gar nicht sicher ist, daß ich nicht vielleicht sogar sehr wütend gewesen wäre, hätten sie versucht, auf die «weiche Tour» ein Gespräch darüber zu beginnen.

Herr Moor, es stimmt zwar, daß ich einmal auch bei einem Mädchen «dieses Gefühl» hatte, aber da war ich doch erst im dritten (!) Schuljahr, so daß ich etwa 8 Jahre alt war und das Mädchen auch. Es ist hinterher, nach dieser, selbst (oder erst recht?) für ein Kind, Enttäuschung, nie mehr passiert. Später hatte ich zwar einen Sinn dafür, ob ein Mädchen gut aussah oder eine Schreckschraube war, aber keine inneren, tiefergehenden Gefühle. Es war wohl mehr ‹Ästhetik›.

Es heißt ja, Herr Moor, daß ‹der Mensch ein Gewohnheitstier› sei. Und man hält im allgemeinen auch viel mehr aus, als man sich zuerst selbst zutraut. Jetzt, wo ich tagsüber Arbeit habe, merke ich es nicht so, aber das Asthma, vegetative Dystonie, oder wieviel Namen es dafür gibt, ist noch da. Aber, wie gesagt, zumindest für eine Zeitlang kann man sich daran gewöhnen. Nur das «Spukken» dabei ist sehr lästig. Sie werden es ja wissen, Sie sagten ja, Sie haben es selbst gehabt. Je nachdem, wie sehr die Bronchien usw. sich verkrampfen, ist man gezwungen, die Luft ganz ruckartig mit viel Wucht auszustoßen. Wenn man dann mit jemandem spricht, muß derjenige natürlich einen Regenschirm aufspannen. Weil ich so «nervös» bin, tun mir auch die Augen oft weh, ich kann auch kaum noch Sonne vertragen. Das alles sind Dinge, die ich nicht ändern kann, und die wahrscheinlich sogar typische Einzelhaft-Beschwerden sind. Aber es hat zur Folge, daß ich zur Zeit das Wort «schlafen» am liebsten höre. Ich möchte Tag und Nacht schlafen, alles andere ist mir über und macht mich verrückt. Aber trotzdem möchte ich Ihnen doch sagen, daß ich sehr froh bin über den Kurs, welchen Sie mir schickten. Es hilft doch immer etwas gegen die Verkrampfung.

Von meinem «dunklen Drang», wie es der U.-Richter nannte, habe ich noch nichts wieder gespürt. Mich wundert das im Moment auch gar nicht. Aber wenn mal alle Beschwerden erst wieder weg sein sollten, dann o je, o je ...

Schulen: etwa 1951 Herbst bis höchstens Frühjahr 1952 Kindergarten.

April 53 Einschulung Bardeleben-Volkssch. Essen-Holsterhausen.

April 57 in's Kinderheim «Wiesengrund» Dr. Dawo in Rheinbach/Bonn (Schule in der Stadt).

April 58 in's Schul-Internat der Salesianer Don Bosco «Marienhausen» in Aulhausen/Rheingau.

Anfang Herbst 1960 nach Ausreißen vom Heim bis März 61 auf die Gemeinschaftsschule in der Siedlung.

April 61–April 1964 Berufsschule absolviert in Essen auf dem Gebäude des Schlachthofes.

«Wie ein Pfau»? Ja, sicher, da meinte ich mich mit. Auch meine Eltern waren immer sehr gut angezogen.

Ich fand durch Zufall die Akten von der Adoption und bekam, wie wohl jeder in solchem Fall, zuerst einen ziemlichen Schock. Im Laufe der Wochen legte sich das aber, und ich sah es sogar als ganz besonders gute Tat an, daß sie mich aufgenommen hatten: Unter anderem, weil sie nicht «solche Schweinerei» gemacht hatten, um mich zu bekommen. Damals, Ende 1962, waren solche Dinge zwischen Mann und Frau für mich nämlich noch fürchterlich.

Auf dem Schulhof in Marienhausen war ich von einem Mitschüler in der gemeinsten Weise «aufgeklärt» worden. Ich habe einen derartigen Schock bekommen damals, daß ich es zuerst gar nicht glauben wollte und mich auf der Toilette übergeben mußte. Ich konnte es mir nicht vorstellen, daß meine Eltern soooo was Schlimmes und Schlechtes tun könnten. Darum war ich letzten Endes sogar froh, daß es nicht so war.

Wenn es bei meiner Mutter zu solchen Ausbrüchen kam, war es fast immer bei Kollisionen mit ihrem Ordnungs-Sinn, besser: Fimmel. Verstehen Sie mich recht?: Wenn ich ihr wichtig war, gut, aber ihre Ordnung war ihr noch viel, viel wichtiger. Wie schnell das gehen konnte, will ich Ihnen an einem Beispiel sagen. Im Hause in Langenberg, als ich mal irgend etwas gegen ihre Ordnung tat, warf sie mit einer Bierflasche plötzlich nach mir. Als ich noch etwas älter und mit ihr im Geschäft war, passierte auch mal so etwas, was gegen ihre Ordnung ging. Da warf sie auf einmal mit einem spitzen Fleischermesser nach mir. Es verfehlte mich nur knapp. Ich konnte nur stammeln: «Ach, so ist das . . .» «Ja», schrie sie, «so ist das!» und spuckte mir in's Gesicht. Ich sagte nichts mehr. Sie lief aus dem Laden, suchte das Telefon und rief, so daß die Angestellten es hören konnten: «Jetzt rufe ich Herrn Bitter (Leiter des Essener Jugendamtes) an, der soll heute noch dafür sorgen, daß Du Schwein dahin kommst, wo Du herkamst, denn da gehörst Du hin!» Ich ging auf die Toilette und weinte. Können Sie sich vorstellen, wie mir zu Mute war" Das war 1965.

Ich kann mich nicht erinnern, daß ich jemals spontan zärtlich mit meiner Mutter war, daß ich sie in den Arm nahm und versuchte, mit ihr zu schmusen. Ich kann mich dunkel daran erinnern, daß sie mich mal abends beim Fernsehen, wenn ich im Bett zwischen meinen Eltern lag, so genommen hat, aber das mag in vier Jahren zweimal vorgekommen sein, und ich habe das auch eher abgewehrt. Meine Mutter war nie besonders glücklich darüber, aber ich habe immer so eine Art Horror vor ihr gehabt. Ich weiß nicht, wie man das nennen soll, vielleicht eine Ironie des Schicksals, oder noch etwas trauriger. Wenn ich als kleiner Junge von meiner Mutter träumte, entweder verkaufte sie mich oder sie kam mit dem Messer auf mich los. Das zweite ist auch später leider Gottes wahr geworden.

Das war 1964 oder 1965. Ich glaube, es war ein Dienstag, meine

Mutter war damals nur dienstags und donnerstags in Katernberg im Geschäft. In der Mittagszeit wurden die Fleischstücke umgepackt und die Theken abgewaschen. Meine Mutter hat eine Hälfte abgewaschen und ich die andere. Die Messer wurden auch abgewaschen, sie standen in einem Eimer. Ich sagte, ich sei fertig, aber sie hatte ihren schlechten Tag und sagte: «Du bist noch lange nicht fertig!» «Doch», sagte ich, «guck dir es an.» Sie sagte: «Guck dir bloß die Spiegel an, die mußt du alle noch mal machen.» Ich sagte: «Ich werde die auch nicht noch mal machen, weil sie schon schön blank sind.»

Sie stand hinten am Spiegel. Ich stand drei oder vier Meter von ihr weg. Sie bückte sich in den Eimer. Ich denke, was ist jetzt los? Dann holte sie ein schönes, langes Metzgermesser raus und warf es auf mich zu, etwa in Schulterhöhe. Ich weiß nicht mehr, ob es an einer Waage abprallte oder wo, aber auf jeden Fall landete es auf einem Brett. Wenn ich nicht im letzten Moment ausgewichen hätte, hätte sie mich damit getroffen.

Ich habe steif gestanden wie ein Brett. Ich wußte überhaupt nicht, wo ich war. Es war irgendwie so unwirklich. Das war eine Sache, die man sich überhaupt nicht vorstellen konnte. Dann kam sie auf mich zu, spuckte mir ins Gesicht, und fing an, zu schreien, daß ich ein Stück Scheiße wäre. Dann schrie sie noch «Ich werde Herrn Bitter» – Leiter des Essener Jugendamts – «anrufen, dann kann er dich gleich abholen, damit du hinkommst, wo du hergekommen bist, denn dort gehörst du hin!» Das war 1965.

Ich bin in die Küche zur Verkäuferin Frau Ohskopp gelaufen, sie wusch die Sachen vom Mittagessen. Ich stellte mich an den Schrank und hielt mich da fest. Ich sagte: «Sie hat ein Messer nach mir geworfen.» «Du spinnst», sagte sie, «du bist nicht gescheit.» Ich bin die Treppe in den Lokus runtergelaufen und habe mich hingesetzt und wie ein Schloßhund geheult. Als ich dann wieder raufging, lief meine Mutter in der Küche herum und hatte das Telefonbuch aufgeschlagen. Wahrscheinlich hat sie tatsächlich die Nummer von Herrn Bitter gesucht. Eine ganz Zeitlang hat sie mit mir nicht gesprochen. Anscheinend meinte sie, das ist ein böser

Mensch, der sich mit einem Messer bewerfen läßt und einfach zur Seite springt, ich weiß es nicht.

Immer Ihr
Jürgen

«Jürgen, Sie . . .» hört sich etwas seltsam an. Duzen Sie mich doch ruhig, ich höre es lieber.

*

[Von Jürgens Mutter an mich:]

Essen, den 13. 5. 1968

Sehr geehrter Herr Moor!
Recht herzl. Dank für die Übersendung des Spiegel-Ausschnittes.

Die Revisionsgründe sind ja nun heraus + wir hoffen + beten!

Als wir zuletzt bei Jürgen waren, sagte er uns, daß am Tage vorher Herr Möller einen Brief für Sie mit hinaus genommen hat. Herr Möller sagte uns, daß er diesen Brief sofort an Sie weiter geleitet hat. Ich nehme an, daß inzwischen alles in Ordnung ist.

Zum Schluß möchte ich mich auch im Namen meines Mannes für alles bedanken, was Sie für unseren Jungen tun.

Unsere Gedanken sind bei Ihnen + wir hoffen jeden Tag, daß Ihr Vorhaben in Amerika von Erfolg gekrönt sein möge.

Für heute grüße ich Sie auch im Namen meines Mannes sehr herzlich

Ihre
Trude Bartsch

*

[Am Tage danach hat mir Jürgen selber geschrieben.]

W.-tal, den 14. 5. 1968

Lieber Mr. Moor.
. . . Zur Zeit schreibe ich an meine Eltern, je eine Adresse in Bremen, D.-dorf, Essen, München, Neuß, und Sie natürlich auch.

Ich könnte also eigentlich «jede Woche an jeden» schreiben. Dem ist aber nicht ganz so. Im Gesetz heißt es: «mindestens einmal in der Woche einen zwei Seiten langen Brief». Was darüber ist, kann genehmigt werden (wird es in der Regel auch), muß aber nicht. Ich kann also nicht so viel schreiben, wie manch einer vielleicht denkt. Dazu kommt, daß ich jede Woche an meine Eltern schreibe.

Meist werden wir um 7 Uhr geweckt, danach muß die Zelle saubergemacht werden, und es gibt Frühstück; etwa um 10–11 muß ich eine halbe Stunde allein im Innenhof spazierengehen. Um 12 gibt es Mittagessen. Danach, wie schon morgens, arbeiten bis etwa 18 (arbeiten ist beim U.-Häftling freiwillig), wenn es Abendessen gibt. Danach wird die Tür nicht mehr aufgemacht. Und um 21 Uhr geht das Licht aus. Alle zwei Wochen kommt die E-De-Ka, dann kann man (wenn man hat) für 25.– DM Lebens- und Genußmittel einkaufen. Meine Eltern dürfen mir alle zwei Wochen, wenn sie mich besuchen, etwas zu lesen mitbringen. Das ist schon alles, was gäbe es sonst noch darüber zu berichten?

Nichts.

Wissen Sie, mir sind doch damals im Januar die Nerven «durchgegangen». Und man kann doch sicher mit gutem Grund sagen, daß ich damals die Tabletten, wenn sie auch viel zu leicht waren, mißbraucht habe. Ich hatte mir schon gedacht, daß der Arzt hier wohl ziemlich «sauer» auf mich sein müßte. Vor ein paar Wochen war ich mal bei ihm. Er war, versteht sich, einige Grade kühler als sonst, aber beileibe nicht unfreundlich. Ich merkte, daß er sich scheute, mir Tabletten zu verschreiben, nun, darüber dürfte ich mich nicht wundern.

Ich wollte ihn eigentlich bitten, doch anzuordnen, daß ich die Tabletten nur «aufgelöst und vor den Augen der Beamten einnehmen» bekommen sollte. Dann hätte er sich ja keine Gedanken mehr zu machen brauchen. Aber ich hatte wieder mal keinen Mut, den Mund aufzumachen. Ich bin auch noch nicht wieder beim Arzt gewesen. Ich schäme mich auch noch ziemlich wegen damals. So bin ich also durch eigene Schuld zur Zeit ohne Behandlung. Meine Eltern haben mir auch schon Vorwürfe deswegen gemacht, aber ich bin nun mal so, wenn ich mich schäme. Man kann so schlecht aus seiner Haut heraus.

In Marienhausen haben, möchte ich sagen, die meisten schon mal damals irgendeine «Sauerei» gemacht. Wissen Sie, man sah natürlich schon mal «dieses oder jenes». Bei der nachmittäglichen Lernstunde sah ich einmal, wie ein Junge einem anderen, welcher kurze Shorts anhatte, in die Hose hineingriff. Sie konnten das ohne große Gefahr tun, weil sie in der letzten Reihe an der Wand saßen. Wenn man sie verpetzt hätte (dazu wurden wir aufgefordert), hätte man sich bei den Priestern ziemlich beliebt machen können.

Wenn man nachts aufwachte, konnte man manchmal kurz nacheinander zwei Jungs in Richtung der Toilette verschwinden sehen. Dort riegelten sie sich dann in eine 00-Zelle ein. Einmal habe ich gesehen, wie ein Junge zu einem anderen ins Bett schlüpfte. Das hätte ich auch gern einmal getan, aber es war natürlich mit das Gefährlichste, denn es konnte ja immer ein anderes Kind wach sein. Sie wissen ja, «der Verräter schläft nie!» Aber ich hätte es getan, hätte ich den Mut dazu gehabt.

Am liebsten wäre ich ins Bett zu einem anderen Jungen gekrochen oder auf einem weiten Waldspaziergang, von denen wir oft welche machten, hätte ich mich mit einem «Gleichgesinnten» für kurze Zeit in die Büsche geschlagen. (Das kam auch schon mal vor.) Ich stellte es mir so vor: Wir hätten uns gegenseitig die Hosen heruntergezogen und auch wohl onaniert, in den Arm genommen ... Dabei wäre mir die Umarmung, die Haut, die Wärme des Körpers des anderen Jungen sogar noch etwas wichtiger gewesen als das Onanieren.

Das Gefühl, etwas Böses zu tun, wie z. B. später beim Onanieren, das hatte ich am Anfang nicht. Ich wußte ja nicht, was ich tat, und ich hatte kein Gefühl des Bösen. Damals hatte ich andere Jungs schon mal übers Wichsen reden hören, aber ich habe ans Schuheputzen gedacht. Mal überraschte man solche beim gemeinsamen Spiel oder man hat manche zufällig gesehen, aber ich habe mich selber nie aktiv daran beteiligt. Ich hatte doch einen ziemlichen Horror davor. Einmal war ich doch ziemlich religiös, und ich kam da in so einen Zwiespalt rein. Auf der anderen Seite hatte ich den Wunsch danach, aber ich hatte auch Angst, deshalb ein paar auf die Schnauze zu kriegen.

Damals, am Anfang, hatte ich Phantasien nur vorher und danach. Das waren aber erotische Phantasien, keine sexuellen. Sie müssen verstehen, die Phantasien waren sauber und rein und klar wie ein Gebirgsquell. Damals lagen meine Phantasien eben in Richtung echte, edle Freundschaft usw. In der Phantasie habe ich das ja immer mitgehabt, von den Pfadfindern und so.

Aus allem, was ich manchmal damals in Marienhausen beobachten konnte, glaube ich sagen zu dürfen, daß die meisten anderen Jungen in dieser Beziehung genau so empfanden wie ich. Die angeblichen «Sauereien» waren nicht etwa roh oder brutal, wie man vielleicht annehmen könnte, sondern eher zärtlich. Ich glaube, solch eine «homoerotische» Zeit macht jeder Knabe durch.

Ein Gespräch über die Adoption hat es gegeben, hauptsächlich mit meinem Vater. Ich hatte damals gerade 20.– DM aus dem Geschäft gestohlen, hatte dafür eine Pistole von einem anderen Lehrling kaufen wollen, und mein Vater hatte mich erwischt. Etwa zur selben Zeit erfuhren meine Eltern von anderen Leuten (ich hatte mich verplappert), daß ich von der Adoption wußte.

Mit meinem Vater ging ich auf seinen Wunsch morgens ganz früh durch die Siedlung spazieren, und er erzählte mir alles, warum und wieso, und er war so nett zu mir und so freundlich, wie nie vorher und wie fast nie hinterher. Ich sagte ihm auch ehrlich, daß es mir gar nichts ausmache, im Gegenteil. Er war daraufhin richtig glücklich, so schien es mir, ich hatte ihn noch nie so frei und offen gesehen. Er sagte, er wolle die 20.– DM gerne vergessen und glaube bestimmt, daß ich so etwas nie wieder tun würde. (Umso gemeiner war es von mir, später doch wieder zu stehlen.)

Ich glaube, ich hätte viel mehr Halt an meinem Vater gehabt, wäre er immer so gewesen wie an jenem Tag. Als wir nach Hause kamen, ging das übliche Theater wieder los. Meine Mutter sprach kein vernünftiges Wort mit mir über die Sache. Sie schimpfte nur, über die «Undankbarkeit», darüber zu fremden Leuten zu sprechen, über das Leben, das sie geopfert hatte, um eine Schlange großzuziehen usw., so das übliche.

Das ist eines von zwei Malen gewesen wo sich mein Vater in meinem Leben mit mir persönlich unterhielt, innerhalb von neunzehn Jahren – und auch wieder immer nur, wenn er dazu gezwungen war, niemals aus völlig freiem Willen. Das hat er nicht getan, das konnte er wohl auch nicht. Das andere Mal war später. Ich war auf Suche gewesen und habe die Zeit vergessen, weil ich so da hinterher war. Ich wußte genau, wann ich zu Hause zu sein hatte und daß ich das große Theater zu erwarten hatte. Deshalb habe ich angerufen und meinem Vater gesagt, er möchte mich abholen. Ich habe ihm irgendein Räubermärchen erzählt; mein Vater ist ja sehr intelligent.

Er ist gekommen und hat mir gesagt: «Hör mal, was du da erzählt hast, das ist ganz große Scheiße. Wo warst du wirklich?» Ich habe es natürlich nicht fertig gebracht, nun jetzt zu sagen: «Ich bin auf die Suche nach Jungen gewesen, die ich umbringen will, um sie auszuziehen und zu schlagen.» Aber da kam auch wieder mal ein persönliches Gespräch zustande, nachdem ich den Jungen Beck in der Höhle verprügelt hatte. Mein Vater sagte mir: «Ja, vielleicht bist du irgendwie krank, irgendwie nicht ganz normal in dieser sexuellen Beziehung. Vielleicht kannst du da mal was machen. Es gibt Ärzte, die vielleicht helfen können.» Aber dabei ist es geblieben.

Auf die schlimmste Art hat mir ein «Kamerad» in Marienhausen alles erklärt. Daß man den «Schwanz» in die «Pflaume» stecken müsse, in das «Loch da unten». Ich brauchte zuerst eine gewisse Zeit, bis ich überhaupt begriff, was alles er meinte. Dann erzählte er von dem «dicken Bauch» und daß das alles «vögeln» oder «ficken» heiße und daß das Kind auch da unten raus käme und einen dicken Strick am Bauch hätte, den man abreissen müsse usw. Zum Schluß gab er mir noch einige «gutgemeinte Ratschläge», etwa: «Vor dem Essen soll man rauchen oder eine Frau gebrauchen.»

Vielleicht können Sie heute darüber lachen. Ich konnte es damals nicht und kann es auch heute noch nicht.

Immer Ihr
Jürgen

P. S. Seien Sie so nett und schreiben Sie nur eine Karte, daß Sie (also Sie!) noch immer keine Antwort von mir, also Jürgen, bekommen hätten. Das ist kein Unsinn, sondern notwendig, weil dieser Brief nicht durch die Zensur geht, wegen des Umfanges, vielleicht würde er nicht durchgehen. Wenn Sie mir also diese Karte schreiben, fällt nichts auf. Danach können Sie mir dann ja einen neuen Brief schreiben; Herr Möller ist so nett und sendet Ihnen diesen Brief unzensiert. Die Richter haben ihn also nicht gelesen.

Ihr Jürgen

*

W.-tal, 28. 5. 1968

Dear Mr. Moor!
Besonders gefreut habe ich mich über: Ihre netten Texas und California-Postcards, über den Farbbild-Streifen von El Paso und über Ihren letzten Brief und darüber, daß Sie meinetwegen den Psychoanalytiker [Prof. Dr. med. Frederick Hacker in Los Angeles] aufsuchen wollen, bzw., es schon getan haben! Vielen Dank and/many Thank's dafür.

Und nun meine Antwort auf Your little Questions:

Ich habe Herrn Bitter [den für Jürgens Adoption zuständigen Beamten beim Jugendamt] bewußt nur einmal gesehen, als ich bei ihm zu Besuch war, mein Vater hatte mich nur hingebracht; er, seine Frau und zwei oder drei ihm bekannte Jugendliche waren da, das ist aber schon 6–7 Jahre wenigstens her. Es gab Tonfilme zu sehen vom Jugendamt, darunter einer: «Anhalter-Bahnhof», über die Gefahren, die Frauen u. Mädchen drohen, die in fremde Autos steigen. Gegen Abend holte mich mein Vater wieder ab. Eine richtiggehende Unterredung habe ich mit dem Manne nie geführt.

Vor Gericht sagte mein Vater aus, daß er (Vater), als ich ihm die Tat an Beck gestanden hatte, 1962, alleine zu Bitter gefahren sei und auch von ihm Rat holen wollte, weil er (Vater) mein Verhalten, nackt ausziehen usw., nicht normal fand. Herr Bitter beruhigte ihn und sagte, das sei nichts Außergewöhnliches.

Herr Bitter ist, als ich dabei war, nie bei uns gewesen. Ich weiß nichts davon. Es hat wohl außer Herrn Bitter keiner von dieser Stelle (Jugendamt) mit meinen Eltern in Verbindung gestanden.

Die Geschichte im Laden war mit Sicherheit nach der dritten Tat. Aber, nicht ganz so krass, war Ähnliches (natürlich nur mit meiner Mutter) schon vorher vorgekommen. So etwa alles halbe Jahr, auch schon vor der ersten Tat. Immer dann, wenn sie mich auch schlug. Sie wurde immer wütend, wenn ich die Schläge abwehrte. Ich sollte so quasi strammstehen, um die Prügel zu empfangen. So mit 16½–19 Jahren, wenn sie mich da schlagen wollte und hatte etwas in der Hand, da habe ich es ihr dann einfach aus der Hand genommen.

Das war dann für sie so ziemlich das Schlimmste. Sie empfand das als Auflehnung, obwohl es nur Notwehr war, denn sie ist beileibe nicht schwach. Und in den Momenten hätte sie es in Kauf genommen, mich zu verletzen. So etwas merkt man. Das waren immer Gelegenheiten, bei denen ich entweder irgend etwas gegen Ihren Ordnungssinn getan hatte («Das Wohnzimmer ist geputzt, da kommt mir heute niemand rein!») oder ein Widerwort gegeben hatte. Aber so drastisch wie im Laden war es nicht.

Als das passierte, habe ich sogar meinerseits mit den Gedanken gespielt, selbst zum Jugendamt zu gehen, um von «zu Hause» fortzukommen. In den letzten Jahren habe ich (wie ich glaube, mit Recht) einen steigenden Widerwillen gegen unser «trautes Heim – Glück allein» entwickelt. Ich will es Ihnen offen sagen: Ich habe meine Eltern lieb und ich bin ihnen dankbar, daß sie zu mir halten, aber den ganzen Tag möchte und kann ich mit ihnen nicht zusammensein.

Und «nach Hause» zurück?

Dann doch lieber Gefängnis.

Ihr
Jürgen

[Normalerweise hatte Jürgen eine sehr kleine Handschrift und nutzte die ihm erlaubten zwei Seiten vollständig aus, aber am Schluß dieses Briefes, nach diesem Vergleich zwischen seinem Zuhause und dem Gefängnis, bleibt eine halbe Seite unbeschrieben.]

*

[Am selben Tag schrieb Jürgen an seinen Verteidiger einen Brief, dem er seinen ersten journalistischen Versuch beilegte.]

Wuppertal, den 28. 5. 1968

Lieber Herr Möller!

Es sieht wahrscheinlich nicht danach aus, aber anl. Schriftstück war eine sehr, sehr schwere Arbeit für mich. Nicht, daß ich es nicht gern getan hätte, im Gegenteil, ich sehe es in gewisser Weise als meine Pflicht an, als «das, was man noch tun kann». Und auch gern habe ich es getan, nun, wo «es» fort ist, damit meine ich den ‹dunklen Drang›, wie es Richter Ott ausgedrückt hat. Nun frage ich also ganz konkret: Besteht eine Möglichkeit, diese meine Überlegungen, etwa in gedruckter Form wie Heft, Broschüre oder ähnlichem, als Warnung und Hilfe zugänglich zu machen? Und wann? Und wird überhaupt jemand Wert darauf legen, wenn ich sage: «Es muß doch nicht noch mehr passieren!» Vielleicht sagen Sir mir mal Ihre Meinung darüber.

Übrigens: Verdienen, im Falle des Falles, würde und wollte ich keinen einzigen Pfennig daran, es sei denn, für gute Zwecke wie etwa ein Kinderdorf. So kann ich also nur hoffen, daß nicht alle Menschen die Einstellung haben, die ein Großvater äußerte, als er vom «General-Anzeiger» gefragt wurde: «Wie warnen Sie Ihre Kinder vor Sittenstrolchen?»

Antwort: «Meine kleine Nichte ist jetzt 11 Jahre, die ist alt genug, die kann selbst auf sich aufpassen!»

!!!

Ihr
Jürgen

[Von Herrn Möller bekam ich, zur Information, Jürgens «Schriftstück».]

Jürgen Bartsch:
WIE SCHÜTZE ICH MEIN KIND?

In jedem Jahrhundert werden vielleicht Tausende von Kindern Opfer von Sittlichkeitsverbrechen. Es muß jedoch damit gerechnet werden, daß die [un]bekannte Ziffer noch über diese Zahl hinausgeht, weil viele Kinder und viele Eltern aus Angst vor Scherereien, falscher Scham oder auch falscher Rücksichtnahme keine Anzeige erstatten. («Er ist zwar ein Schwein, aber ich kann doch meinen Bruder nicht anzeigen!»)

Sittlichkeitsverbrechen werden in fast allen Fällen (Ausnahmen bestätigen nur die Regel) von Einzelgängern begangen, durchweg Männer. Diese Männer planen, wenn sie überhaupt vorher planen, das Verbrechen ganz allein und begehen es auch ebenfalls ganz allein. Was hat das aber zu bedeuten? Vor allem muß man dabei die bedrückende Schlußfolgerung ziehen: Die Polizei ist oft bis zu einem bereits begangenen Verbrechen ahnungslos, sprich machtlos. Man kann ihr darum aber keinesfalls einen Vorwurf machen, wie es oft unüberlegt passiert. Denn nur ein Hellseher könnte manchmal solch ein Verbrechen verhüten, bevor es geschieht.

Die Kriminalpolizei kann nicht jedem Kind auf dem Weg zur Schule, durch den Wald, ins Schwimmbad, ins Kino, zum Kirmesplatz, oder wenn es einmal allein zu Hause ist, einen «Schutzengel mitgeben». Es muß doch für Eltern, die ihre Kinder lieben, ein unerträglicher Gedanke sein, die Kinder gewissermaßen schutzlos einem etwaigen Täter ausgeliefert zu wissen. Denn, wie schon erwähnt, die Kripo kann beim besten Willen nicht so, wie sie will. Und sie will! Denn mancher Beamte ist darunter, der selbst Kinder hat und sich denken kann, was es heißt, sein Kind verletzt an Leib und Seele oder gar tot wiederzusehen.

Was bleibt, als einziger Weg, sind Maßnahmen der Vorbeugung. «Vorbeugen ist besser als heilen», sagt ein Sprichwort. Und das ist an dieser Stelle noch viel zu milde ausgedrückt. Denn ein Kind, dem jedes Vertrauen zu anderen Menschen brutal entrissen worden ist, wer kann es heilen?

Eines möchte ich hier gleich vorweg sagen. Es wird wohl in keinem Falle genügen, sein Kind einmal oder zweimal im Jahr lapidar und leger darauf hinzuweisen: «Geh ja mit keinem fremden Onkel mit und nimm von niemandem etwas an.» Dieser stereotype Satz war und ist bis heute fast in jeder Familie die einzige, aber auch wirklich einzige Warnung vor dem «guten Onkel». Das reicht in keinem Falle aus! Wenn ich dazu einen Vorschlag machen dürfte, so folgenden:

Die Bezeichnung «Onkel», als Warnung ausgesprochen, ist für ein Kind vollkommen irritierend und irreführend. Das Kind sieht einen «Onkel», weil es ja so viele Onkel kennt (z. B. sagt die Mutter oft zum Kind: «Na gib dem Onkel schön die Hand!»), in den meisten Fällen von vornherein als eine gute Person, als einen guten Menschen an. Das Kind versteht also solche Warnung nicht recht und denkt sich: «Warum soll ich nicht mit einem Onkel gehen, wenn er lieb ist? Onkel Paul ist ja auch lieb.»

Für die meisten Kinder ist eben Onkel gleich Onkel. Lassen Sie also bitte den «guten Onkel« weg und sprechen Sie statt dessen vom «fremden Mann»; das ist eine ganz andere Tonart, eine unpersönlichere und für diesen Zweck weit bessere. Und, bitte, belassen Sie es nicht bei diesem einen Satz. Auch wenn es Ihnen nicht leicht fällt: Sie müssen einige kindliche Illusionen zerstören. Es ist vom Übel, gewiß, aber glauben Sie mir, es ist das kleinere.

Bringen Sie Ihrem Kinde so behutsam wie möglich bei, daß längst nicht alle Menschen gut sind. Und daß einige von diesen bösen, schlechten Menschen es gerade auf Kinder abgesehen haben. Es reicht sicherlich, wenn Sie ihm erklären, daß diese Menschen den Kindern Böses antun wollen, körperlich. Und wie wichtig es darum sei, sehr gut auf sich aufzupassen, weil die Mutter ja nicht immer dabei sein könne.

Weiter brauchen Sie und sollten Sie in Ihren Schilderungen dann nicht mehr gehen, denn damit ist die Aufnahmefähigkeit des Kindes wohl meist erschöpft. Nur sollten Sie Ihrem Kind (aber bitte nicht mehr am gleichen Tage, sonst wird es zuviel) noch genaue Anweisungen geben, wie es sich verhalten soll, wenn es doch einmal böse hereingelegt worden ist. Sagen Sie jetzt bitte nicht: «Aber wenn ich mein Kind genügend gewarnt habe und es auch aufpaßt, kann es dazu doch gar nicht mehr kommen.»

Diese Auffassung ist leider vollkommen falsch!

Denn immer häufiger sind die Täter gute Bekannte oder gar Verwandte des Kindes und somit auch der Eltern. Etwa der Untermieter, der Nachbar von nebenan oder der Onkel, manchmal auch ein Neffe oder Vetter. Oft kam es in der letzten Zeit sogar vor, daß der Sittenstrolch ein älterer Spielkamerad des betreffenden Opfers war. Was, so meine ich, besonders erschütternd ist, denn wo soll es enden, wenn Kinder Kinder morden?

So kann es also durchaus geschehen, daß, bei aller Vorsicht der Eltern und auch des Kindes, doch «etwas passiert», also das Opfer erst viel zu spät merkt, in welche Falle es gelockt wurde. Die Folge dieses Erkennens hat bei dem Kinde meist panikartige Angst zur Folge, die sich auf zwei vollkommen verschiedene Arten ausdrückt, nämlich je nach Charakter und Persönlichkeit des Kindes. Entweder ist das Kind vor Angst und Entsetzen derart eingeschüchtert, daß es sich kaum rühren kann und jeden Befehl des Verbrechers vollkommen widerstandslos ausführt, oder es kann noch ein wenig denken und weiß sich keinen Rat als laut um Hilfe zu schreien, sich zu wehren, zu strampeln, kratzen und beißen.

Da diese Reaktionen meist vollkommen unkontrolliert sind, kommt es für die Eltern, also für Sie, darauf an, Ihrer kleinen Tochter oder Ihrem kleinen Sohn klarzumachen, daß er oder sie eben nicht unkontrolliert reagieren darf. Der Grund dafür: die eine Reaktion sowie die andere ist oft die völlig falscheste, im ernstesten Falle sogar tödlich für das Kind.

Damit Sie mich auch wirklich recht verstehen, werde ich Ihnen ein paar ganz konkrete Beispiele vor Augen zu führen versuchen.

Die kleine Marion, acht Jahre alt, ist (was nicht sein sollte!) auf dem Rummelplatz allein und bekam von ihrer Mutti zwei Mark sowie eindringliche Ermahnungen mit auf den Weg. Schon in einer halben Stunde war das Geld alle, aber bis abends 17 Uhr darf sie noch von daheim fortbleiben. Nun steht sie vor einer Schießbude, dann vor der Raupe und endlich vor der Geisterbahn, mit der sie schon immer fahren wollte. Jetzt hat sie zwar sowieso kein Geld mehr, aber allein zu fahren, davor hätte sie sicherlich Angst.

Da kommt ein junger Mann auf sie zu und spricht sie an: «Na, Kleine, hast wohl kein Geld mehr, nicht wahr? Weißt du was, fahr doch einfach mit mir, allein macht es doch keinen Spaß.» Marion wäre sicherlich auf den jungen Mann, der beileibe keinen schlechten Eindruck macht, hereingefallen, wären die Ermahnungen der Mutter nicht gewesen, strenge, ernste Ermahnungen. So ist das kleine Mädchen gewarnt und tut aufs Wort genau, was ihr die Mutti geraten hat. «Danke schön», sagt sie, «aber ich darf von niemandem etwas annehmen.»

Ist der junge Mann nichts weiter als ein kinderfreundlicher Mensch, der einem kleinen Mädchen eine Freude bereiten möchte, so wird er rasch verstehen und sich unbeleidigt und nett verabschieden. Denn ein Kinderfreund, der keine Hintergedanken hat, wird und muß heutzutage immer damit rechnen, falsch verstanden zu werden. Jedoch dieser Mann blieb hartnäckig und ging sogar hinter Marion her bis zum Loseziehstand und sprach überredend auf sie ein.

Und was tat Marion? Sie bat laut und vernehmlich den Loseverkäufer: «Bitte helfen Sie mir, der Mann läuft immer hinter mir her und verspricht mir alles Mögliche, ich darf aber nicht, meine Mutti hat gesagt –», aber weiter kommt sie gar nicht, denn der Sittenstrolch, der blitzschnell zu flüchten versuchte, wird bereits vom Loseverkäufer und anderen aufgebrachten Kirmesbesuchern festgehalten, bis die Polizei kommt. Ein schlimmes Verbrechen wurde verhütet. Wichtig hierbei ist vor allem: ein bedrängtes Kind wendet sich auf einem Rummelplatz am besten an Schausteller persönlich. Denn jeder Inhaber einer solchen Bude oder eines Fahrgeschäftes hat das größte Interesse daran, den Kirmesplatz «sauber» zu halten. Nicht nur aus menschlichen, auch aus rein geschäftlichen Gründen.

Zu der Feststellung, daß es auch wirkliche Kinderfreunde gibt, ist noch etwas zu sagen. Diese Menschen meinen es nur gut und tun doch oft das Verkehrte. Sie verstehen gewiß, was ich damit meine. Es ist verständlich, wenn z. B. einem Spaziergänger eine Gruppe von Kindern begegnet, von denen außer einem Kind alle anderen ein Eishörnchen in der Hand halten – daß dieser Spaziergänger vielleicht Mitleid verspürt und dem einen Kind, das sehnsüchtig auf das Eis der anderen schaut, gern auch ein Hörnchen kaufen möchte.

Aber, wenn es auch nicht leicht ist, so soll er es doch lieber unterlassen. Denn das Kind wird eventuell das Eis oder das Geschenk annehmen. Dies kann dazu führen, daß dasselbe Kind dann später von einem anderen «Onkel» auch Geschenke annimmt, von jemandem, der keineswegs ein harmloser Spaziergänger und Kinderfreund ist. Für wirkliche Kinderfreunde gibt es so viele andere Gelegenheiten, Gutes für Kinder zu tun.

Horst, elf Jahre alt, war an diesem Tage, einem Mittwoch im August, zu seiner Oma nach Düsseldorf gefahren mit Erlaubnis seiner Eltern. «Aber um neunzehn Uhr bist du wieder zu Hause!» ermahnte ihn die Mutter. Mit dem Zug war es von ihrem Dörfchen, in welchem seine Familie wohnte, nur eine knappe halbe Stunde zu fahren. Der kleine Horst fuhr sehr gern zu seiner Oma, dort gab es immer gute Sachen für ihn.

Nachmittags um 17.30 Uhr machte er sich langsam zum Aufbruch bereit, zur Heimfahrt. «Paß schön auf dich auf!» rief ihm noch, wie immer, die Oma hinterher. «Was soll schon passieren», dachte Horst. Aber, was ihm nie passiert war, er stieg, ohne es zu bemerken, in den falschen Zug, der ihn in fast die entgegengesetzte Richtung brachte. Er merkte es erst auf dem Bahnsteig der ihm völlig fremden Stadt. Nicht einen einzigen Menschen kannte er hier.

So einsam und verlassen hatte er sich noch nie gefühlt. «Alle Leute haben es eilig und machen böse Gesichter», überlegte er. Es war zum Heulen, «aber ein Junge weint nicht». Auf die Idee, einen Auskunftsbeamten oder einen Bahnpolizisten um Hilfe zu fragen, kam er erst gar nicht, weil die Mutti es versäumt hatte, ihn darauf hinzuweisen.

So ging er tapfer durch die ganze Stadt und danach auf die Landstraße in Richtung seines Dorfes. Er sah einen Wegweiser im Autoscheinwerfer grell aufleuchten. «Nach – – –dorf 10 km» stand da in kalten, schwarzen Buchstaben. Mittlerweile war es fast 21 Uhr geworden und schon ganz dunkel, da es ein Regen- und Gewittertag gewesen war. Auch jetzt regnete es ziemlich stark. Plötzlich kreischten Bremsen, und ein großer Wagen hielt direkt neben ihm.

Erfreut und dankbar nahm Horst das Angebot des Fremden an, der ihm versprach, ihn wieder nach Hause zu bringen. «Über die Autobahn», sagte er, «da geht es am raschesten, und wir können unterwegs noch mal halten und etwas essen. Du hast doch sicher Hunger, nicht wahr?» Nun, er dachte gar nicht daran, Horst etwas zu essen zu geben. Es war ihm egal, ob der Kleine Hunger hatte. Er brauchte nur einen Vorwand, um an einer verhältnismäßig einsamen Stelle den Wagen anzuhalten. Horst schöpfte keinen Verdacht, weil die Mutter ihn auch nicht davor gewarnt hatte, in ein fremdes Auto zu steigen.

Der Mann hielt den Wagen in der schneisenartigen Verlängerung eines Autobahnparkplatzes an. Kein anderer Wagen war zu sehen. Nun zeigte der Mann sein wahres Gesicht. «Wenn du nicht stillhältst, passiert etwas!» drohte er, und Horst konnte ihm ansehen, daß er seine Drohung wahrmachen würde. Horst tat das Klügste, das er im Moment tun konnte. Er wehrte sich nicht und sagte auch nichts.

Doch zum Glück kam der Unhold gar nicht dazu, ihn anzufassen, denn fast im selben Moment wurde die Tür des Wagens aufgerissen, und drei Polizeibeamte mit Pistolen nahmen den Mann sofort fest und befreiten Horst so aus seiner verzweifelten Lage. Anschließend brachten sie den Jungen nach Hause, wo die Eltern ihr Kind glücklich in die Arme nahmen. Sie hatten schon Vermißtenanzeige erstattet. Die Polizisten waren aufmerksam geworden, weil sie zufällig die Nummernschilder des Wagens erkannt hatten. Der Wagen war gestohlen worden.

Schärfen Sie bitte Ihrem Kind ein, sich, wenn es sich verirrt oder verfahren hat, an einen Polizisten zu wenden!

Verbieten Sie es, wenn es sein muß bei Strafe, Ihrem Kind, jemals zu einem völlig fremden Menschen ins Auto zu steigen!

Machen Sie Ihrem Kind begreiflich, daß es, wenn es doch einmal auf irgendeinen Trick eines Sittenstrolches hereinfällt, es nur zwei Möglichkeiten hat, schwerstem Schaden zu entgehen. Man könnte folgende Regel aufstellen:

1. Wird ein kleines Mädchen oder ein kleiner Junge auf der offenen Straße oder auch allein in der Wohnung – nebenan alles Leute – von einem Täter belästigt, oder im Freien, und es sind genug andere Menschen in der Nähe, so soll es am besten laut um Hilfe rufen. Der Täter wird dann in jedem Falle die Flucht ergreifen.

2. Wird ein kleines Mädchen oder auch ein Junge durch einen schäbigen Trick in ein Auto, auf ein Ackerfeld, in ein einsames Waldstück oder ähnliche Gebiete entführt, und ist niemand direkt in der Nähe, so ist es für das Kind am besten, still zu halten, sich nicht zu wehren und um Gottes willen nicht um Hilfe zu rufen. Seien Sie nun bitte nicht empört, weil Ihrem Kind damit zugemutet wird, ein Verbrechen widerstandslos an sich geschehen zu lassen. Denn ist es erst einmal soweit gekommen, so gibt es meist zwar keine Möglichkeit mehr, das eigentliche Sittlichkeitsverbre-

chen zu verhindern, sondern es gibt nur die Möglichkeit, noch viel Schlimmeres zu verhindern.

Sie müssen sich nämlich über eines im klaren sein. Fast alle Sittlichkeitsverbrecher haben zwar vor, dem Kind Gewalt anzutun, aber keinesfalls, es zu ermorden! Es ist ungemein wichtig, daß Sie über diese Tatsache informiert werden. Denn man kann sich vorstellen, warum doch immer wieder Morde an Kindern begangen wurden: weil der Täter kopflos wurde und vollkommen die Nerven verlor, als sein Opfer um Hilfe schrie und zappelte. Hätte sich das Kind still verhalten und keinen Fluchtversuch gemacht, so hätte der Täter in fast allen Fällen das Kind hinterher laufen lassen und wäre auch seinerseits geflüchtet. Letzteres ist ja auch normalerweise immer der Fall, soweit es nicht unverschämt ist, hierbei von «normalerweise» zu sprechen.

Eine sehr gute Hilfe zur Verhinderung von Verbrechen an Kindern ist gegeben, sowie der Täter ein guter Bekannter der Eltern des Opfers ist. Wird das Kind bedroht, kann es unter Umständen (wenn es z. B. vor der Ausfahrt mit dem Täter noch mal kurz im Hause war!) die Tat restlos verhindern mit dem Hinweis: «Meine Mutti weiß ja ganz genau, mit wem ich weggegangen bin.» Dieser Trick, von einem Kind angewendet, hat eine sehr durchschlagende psychologische Wirkung. Meist wird der Täter von seinem Opfer ablassen und alles zu bagatellisieren versuchen.

Wenn ein Kind ganz allein im Hause, besser einer Wohnung, ist, so ist das um nichts weniger gefährlich als etwa in einem Auto oder in einem Wald. Nur zu oft ist es schon vorgekommen, daß ein Kind in der eigenen Wohnung überfallen wurde. Meiner Meinung nach ist gerade in dieser Situation das Opfer extrem gefährdet, da der Täter wahrscheinlich übernervös sein wird, allein schon durch die fast unmittelbare Nähe vieler anderer Menschen in dem betreffenden Hause, entweder Nachbarn, Leute, die die Treppe entlang gehen, usw.

Allerdings sollte man meinen, daß sich ein Sittenstrolch durch derlei Umstände und Gefahren für ihn selbst eventuell von einer Tat abhalten ließe. Das ist aber leider nur in den seltensten Fällen so. Da also wie geschildert, gerade in einem solchen Fall das Opfer aufs höchste gefährdet ist, kann und darf es hier nur eine Lösung geben! Es darf gar nicht erst so weit kommen!

Bitte verbieten Sie Ihrem Kind mit allem Nachdruck, die Haus- bzw. Wohnungstür zu öffnen, wenn es allein ist und jemand läutet, den es nicht kennt. Auf keinen Fall darf das Kind diesen Menschen in die Wohnung lassen. Und erklären Sie Ihrem Töchterchen oder Sohn, daß sie oder er nicht auf jeden billigen Trick hereinfallen darf, der so manchem Sittlichkeitsverbrecher schon die Wohnungstür öffnen half: «Aber Kleine, kennst du mich denn nicht mehr? Ich bin doch dein Onkel Otto, und deine Mutter ist meine Schwester. Sie hat mir auch schon so viel von dir erzählt» usw., usw.

«Verstanden habe ich es ja», werden Sie nun vielleicht sagen, aber «Wie sag ich's meinem Kinde?» Ich glaube, daß es nicht richtig wäre, einem Kinde diese Verhaltensmaßregeln, die ich auf diesen Seiten beschrieben habe, allzu ungeschminkt zu erklären. Es ist also, so glaube ich, nicht nötig, einem Kinde von Mord und Totschlag zu erzählen. Ich bin kein Fachmann, aber ich vermute doch stark, daß dergleichen einem kleinen Mädchen oder Jungen seelisch mehr als schaden kann. Jedoch halte ich es für unumgänglich, dem Kind begreiflich zu machen, daß ihm, geht es mit solch einem wildfremden Manne mit, schwere körperliche Schäden und auch Schmerzen drohen. (Deutlicher als ich hier sollten auch Sie, wenn es geht, Ihrem Kind gegenüber nicht werden. Mehr würde ein Kind auch wohl nicht verstehen.)

Zum Beispiel als Begründung dafür, warum ein Kind bei aussichtsloser Lage nicht schreien soll, würde ich vorschlagen: «Weil dich dann ja doch niemand hören kann und der böse Mensch viel stärker ist als du und weil er dann noch viel schlechter zu dir sein wird, da er ja wütend auf dich ist. Vielleicht würde er dich sogar ganz schlimm schlagen.» Ihr Kind wird das einsehen. Also bitte nicht die Worte «umbringen» oder «ermorden» erwähnen. Denn wenn es auch für Eltern unbedingt geboten ist, die Kinder gegenüber diesen furchtbaren Gefahren zu wappnen, welche ihnen täglich aufs neue drohen, so braucht und darf man ihnen doch nicht auf diese Weise gleichzeitig ihre Fröhlichkeit und ihre kindliche Liebe zu dieser, Ihrer aller Welt zu nehmen.

Vergessen Sie bitte den Namen dessen, der dies schrieb, denn ich habe hiermit nur das getan, was ich für meine Pflicht halte.

[Von einem Redaktionsmitglied der Zeitschrift *Eltern* hörte ich, daß dieser Artikel Gegenstand einer außerordentlich langen Redaktionssitzung war. Man kam schließlich zu der Entscheidung, den Artikel doch nicht zu veröffentlichen. Diese Entscheidung war vielleicht verständlich: Noch sieben Monate danach hat der *Stern* demoskopisch festgestellt, daß die weibliche Bevölkerung der Bundesrepublik Jürgen Bartsch, mit seiner vergleichsweise bescheidenen Zahl von vier Morden, für den schlimmsten Verbrecher des Jahrhunderts hielt. Die männliche Bevölkerung gab zwar Adolf Hitler den Vorrang, hielt aber Jürgen (an zweiter Stelle) für noch schlimmer als Josef Stalin, Fritz Haarmann, Adolf Eichmann und Heinrich Himmler.]

*

[Im Fernsehen vor einigen Jahren erzählte der Journalist Friedhelm Werremeier: «Wenn jemand krank ist, habe er Krebs oder habe er einen Dachschaden, dann steckt man ihn ja allenfalls ins Krankenhaus und nicht ins Gefängnis. Das war der Punkt, wo ich angefangen habe, mich emotional für den Fall Bartsch zu engagieren. Dann kam der Gefängnisgeistliche, ein Pater Kettner, zum Jürgen in die Zelle, so wurde mir berichtet, und sagte: ‹Jürgen, tue ein gutes Werk, denk an den lieben Gott und nimm das Urteil an.› Ja, sagte Jürgen, das wolle er auch tun. Da bin ich zu den Adoptiveltern Bartsch gegangen und habe gesagt: ‹Ihr habt bis jetzt einen richtig netten Verteidiger, einen Rechtsanwalt, aber Ihr braucht auch einen Strafverteidiger.› ‹Ja, welcher käme denn da in Frage?› Ich sage: ‹Im Augenblick würde ich Bossi aus München vorschlagen.› ‹Ja, wie kommt man da ran?› Ich sage: ‹Ich kenne den, wir können mal versuchen, mit ihm in Kontakt zu kommen.› Wir kamen in Kontakt, so kam Bossi in den Fall.» Ehe ich den folgenden Brief empfing, bekam ich einen Anruf von Heinz Möller, der mich darauf hinwies, daß Jürgen einen «Exklusivvertrag» mit Herrn Werremeier abgeschlossen hatte.]

Wuppertal, den 25. 6. 68

Lieber Mr. Moor!
Zuerst möchte ich auf die Sache mit dem Vertrag eingehen. Ich muß mich wieder etwas kurz fassen, weil wieder sehr viel zu klären ist. Zuerst einmal: Herr Möller (jeder stellt alles so dar, wie es für ihn selbst am günstigsten ist, ich, Sie und auch Herr Möller machen da keine Ausnahme) ist keineswegs «ahnungslos» gewesen, wir sprachen, allerdings «so nebenbei», vorher schon mal darüber (Vertrag), und er hatte keine Einwände. Danach kamen meine Eltern zu mir auf Besuch und sagten, etwa wörtlich: «Da kommt nächste Woche Herr Bossi und bringt Dir was von der Zeitung mit, unterschreibe das mal ruhig.» Nun, Herr Bossi kam, las mir alles laut vor und erklärte mir, daß dieser Vertrag meine sämtlichen Persönlichkeitsrechte bis zum Jahre einschließlich 1975 an Herrn Werremeyer [sic] gehen lasse und auch etwaige Honorare für Artikel u. Ähnl. Dafür verpflichtete Herr W. sich, bis 1975 für alle Kosten u. Honorare des R. A. Bossi aufzukommen.

Sie müssen auch Folgendes bedenken, Herr Moor: ohne diesen Vertrag hätten meine Eltern keinesfalls einen zweiten Anwalt für mich stellen können, nur so war das möglich. Herr Werremeyer wußte das und sprang ein, nicht uneigennützig, aber das kann man auch wohl nicht verlangen. Auch Folgendes ist wichtig: Es war für mich nicht ersichtlich, da ich ja Laie bin, daß Herr Möller durch diesen Vertrag schwer beeinträchtigt ist und praktisch, wenn W. will, einen Maulkorb umgehängt bekommt. Denn die Formel «Informationen nur über Herrn R. A. Bossi» war in dem Vertrag nicht erhalten. Ich habe so die ganze Reichweite des Vertrages nicht erkannt, nicht sofort. Am gleichen Nachmittag kam Herr Möller und eröffnete mir alle Nachteile, die sich daraus ergaben. Aber da war es natürlich zu spät. Meine Eltern sagten mir beim letzten Besuch, daß Herr W. versprochen habe, Herrn Möller nicht zu behindern, und alles schien in bester Ordnung, und Herrn Möllers Ärger schien unnütz.

Doch letzte Woche bekam ich selbst die clevere Art Herrn Werremeyers zu spüren. Das war so: Ich hatte, schon vor längerer Zeit, zeitlich etwas vor dem Vertrag, einen größeren Artikel geschrieben über ein Thema, welches mir sehr am Herzen liegt und diesen Artikel wollte ich veröffentlichen lassen. Ich gab ihn Herrn Möller zur Aufbewahrung. Herr W. erfuhr davon. Ich wollte gern aus dem Honorar dieses Artikels, über Herrn Möller, eine (anonyme) Zuwendung für die Eltern der Kinder machen, weil ich weiß, in welch beschränkten Verhältnissen sie leben müssen. Auch davon, wohl durch meine Eltern, erfuhr Herr W. und schrieb Herrn Möller einen freundlichen Brief, in welchem er erklärte, daß er «nichts gegen wohltätige Zuwendungen habe», jedoch «ist Jürgen sich wohl nicht ganz im klaren darüber, daß er sämtliche Rechte der Veröffentlichung u. auch der Honorare an mich abgetreten hat».

Glauben Sie mir, daß ich in Rage bin? Ich glaube nicht, daß ich unverschämt war, denn von allen anderen Veröffentlichungen, die er über mich macht, soll er das Geld ja bekommen, nur dies eine Mal nicht, da es für mich so viel bedeutete. Ich dachte, er würde es verstehen. Aber nun weiß ich, daß es ihm nur um's Geld geht. Und er ist doch bis jetzt verdammt nicht zu kurz gekommen, denn wenn alle 10 000 Bücher (Limes-Verlag) verkauft sind, hat er einen Reingewinn von 75 000 DM in der Tasche!!!

Nun, seit voriger Woche, macht Werremeyer Herrn Möller die Hölle heiß, er solle bloß schnell Herrn W. den Artikel zusenden. Aber Herr Möller tut das ohne meine Zustimmung natürlich nicht.

Sie sehen also, bestraft bin ich bereits für meine Voreiligkeit. Ich bin soweit aufgebracht, daß ich (was mein «gutes Recht» ist), ernstlich erwäge, das Manuscript vorläufig überhaupt nicht zu veröffentlichen, damit ich nicht gezwungen bin, es ihm zu überlassen.

Es tut mir nur so leid um die Sache selbst, denn die Warnung, welche dieser Artikel enthält, halte ich für unbedingt nötig.

Vor kurzem, etwa vor 3 Wochen, bekam ich einen kurzen Brief von Herrn W. So, wie er (W.) sich mir momentan darstellt, entpuppt, oder wie man es auch nennen will, braucht er in absehbarer Zeit eine Antwort nicht zu erwarten.

Und nun zu den Antworten.

Ungefähr zur selben Zeit, wo ich beim Meister van Loon in Altenessen in der Lehre war, lernte ich Viktor kennen, einen Jungen, der damals zwölf war, fast drei Jahre jünger als ich. Ich hatte mich in ihn richtig verliebt, regelrecht verguckt. Ich hatte ihn immer hinter mir hergezogen, wir sind mit dem Fahrrad überall hingefahren. Ich habe ihn zu Hause in der Siedlung kennengelernt. Er und seine Familie wohnen noch heute gegenüber von meinen Eltern.

Während des ersten Jahres hatte ich keinerlei bewußte Sexgedanken. Ich habe gern mit ihm gebalgt und gerne dabei auf ihm gelegen, aber das ist heute für mich ein Beweis, daß solche Gedanken doch im Hinterkopf immer drinsitzen, egal für wie rein man solche Freundschaft auch hält.

Wir sind mal schwimmen gegangen, aber meistens sind wir per Anhalter durch die Gegend gefahren. Fast jeden Nachmittag sind wir nach Velbert gefahren.

In meine damaligen Phantasien und Gedanken und Pläne habe ich ihn nie mit einbezogen. Das hätte ich um Gottes willen niemals getan, grundsätzlich, aus Prinzip, auch wenn ich Ihnen das Prinzip leider nicht nennen kann. Wenn ich jemanden persönlich liebe, wie ein Junge ein Mädchen lieben würde, ist das eben mehr, als wenn er meinen Idealvorstellungen als Opfer meines Triebes entspricht. Es ist nicht, daß ich mich da nun bemühen müßte, mich da irgendwie zurückzuhalten, das ist Quatsch. In so einem Fall fällt der Trieb einfach automatisch aus.

Wir sind meistens bei mir gewesen. Er hat Micky-Maus-Hefte usw. gelesen. Damals habe ich einen Plattenspieler und Schlagerplatten gehabt, und er hat sie immer gerne gehört. Es gab einen Schlager, «Lollipop» – das haben wir gehört, bis zum Verrücktwerden. Mit fünf oder sechs Jahren habe ich «Lili Marleen» gehört und dabei geweint. «Lili Marleen» fasziniert mich heute noch. Eine schöne Melodie. Ich habe auch die Originalaufnahme. Die habe ich meinem Vater zum Geburtstag gekauft, als ich neun oder zehn Jahre alt war. Ich habe damals immer einen Genuß daran gefunden, wahrscheinlich gerade, weil ich niemanden hatte, weil ich so allein war.

Ich habe mir sehr oft traurige Lieder angehört. Damals waren sie eigentlich noch trauriger als heute. Bei meinen Eltern im Wohnzimmer in der Goethestraße stand eine ganze Truhe, und ich habe meine eigenen Schallplatten gehabt. Da habe ich mir meine Platten angehört, wo ich so viel Zeit allein war. Der Lautsprecher war fast auf der Erde, und ich habe mich davorgelegt. Wenn der Freddy [Quinn] sang, habe ich immer versucht, in den Lautsprecher reinzukriechen. Geheult habe ich oft dabei. Manche wunderschöne Lieder kenne ich heute noch davon. Einmal waren wir bei Verwandten zu Besuch und meine Eltern fragten: «Was habt ihr denn für neue Schallplatten?» Sie hatten «Heimweh» von Freddy, und ich sagte, sie sollten das mal auflegen, aber meine Mutter sagte: «Um Gottes Willen, da fängt er gleich an zu heulen!» Die hielten das für Unsinn, haben die Platte aufgelegt, und da war ich prompt am Schreien.

Auch gern hatte ich Freddys Platte «Heimatlos, wie viele auf der Welt, einsam, wie ich» usw. Und «Endlose Nächte», die habe ich mir endlos angehört. Du lieber Gott, da habe ich mal gebrüllt! «Kein Land kann schöner sein.» Ich liebe auch ein Menuett, das praktisch jeder gerne hört. Und dann die «Kleine Nachtmusik», besonders den dritten Satz, ich finde ihn irgendwie ergreifend. Oder «Die Moldau» – wunderschön! Aber das allgemeine Koloraturagekreische – nein, nein.

Viktor und ich haben auch Nana Mouskouri gern gehört. Diese

Träume von der hehren, reinen Freundschaft sind immer weitergegangen, und ich habe ihm von dem Buch «Der goldene Armreif» erzählt. Aber wir haben uns getrennt, und drei lange Jahre haben wir uns kaum gesprochen.

Die sexuelle Beziehung zwischen uns fing Ende 1965 an. Ich habe ihm nicht gesagt: «Hier, komm, ich will es mit dir machen» oder so. Ich habe das hintenrum gemacht.

Schon damals hab ich immer Geld geklaut, aus der Kasse im Geschäft, und ich hatte mir ungefähr hundertvierzig Mark zu dem Zweck gespart. Dann habe ich Viktor gesagt: «Willst du nicht mal Geld haben?» «Jeder will Geld haben», sagte er. Das war, wenn ich mich recht besinne, genau in der Silvester-Nacht 1965–66. Wir waren allein auf meinem Zimmer.

Ich sagte: «Ich gebe dir fünfzig Mark, wenn du dich eine halbe Stunde tot stellst und du weißt nichts, siehst nichts und hörst nichts.» Mehr habe ich gar nicht gesagt. Er war nicht der Schlaueste, aber nach einer gewissen Zeit mußte er doch ungefähr merken, daß das in eine bestimmte Richtung lief, und da hat er sich dann ein bißchen geziert. Dann bin ich mit dem Preis hochgegangen, bis hundertvierzig Mark. Dann ist er weich geworden.

Ich habe ihn ausgezogen, er war tot. Meine Mutter war unten, aber ich hatte mein eigenes Zimmer, und ich hatte abgeschlossen. Mit einem schwarzen Schal habe ich ihm die Augen verbunden. Ich habe bei ihm onaniert, und damit war für das erste Mal schon praktisch Schluß. Ich weiß wirklich nicht einmal, ob ich selber ein steifes Glied hatte. In dieser Beziehung bin ich selber immer so dumm gewesen. Hinterher habe ich mich gewundert, warum ich überhaupt nicht abreagiert gewesen bin. Ich habe nichts gemacht, mich selber gar nicht angepackt. Im Moment war ich gar nicht auf die Idee gekommen. Ich hatte ja natürlich einen Steifen, aber ich bin eben einfach nicht auf die Idee gekommen. Es wäre wahrscheinlich vernünftig gewesen, wenn ich da auch was gemacht hätte. Bei ihm habe ich nur onaniert, ich hätte nie das Glied in den Mund genommen.

Das Verhältnis ging weiter, so daß ich dann den Preis ein bißchen zurückschraubte. Er wollte immer Geld haben, er war immer da. Ich habe den Preis bis auf achtzig, dann bis auf fünfzig Mark zurückgeschraubt. Ich bin langsam ein bißchen schlauer geworden. Ich sagte: «Gut, dann kriegst du eben gar nichts!» Dann ist er auf fünfzig Mark eingegangen.

Bis zu meiner Verhaftung haben wir das sieben-, acht-, vielleicht neunmal gemacht. Wir haben zusammen onaniert, ich bei ihm, er bei mir. Wir haben auch gegenseitig Afterverkehr versucht, aber es hat nicht geklappt. Mit Schenkelverkehr haben wir auch so ein bißchen rumprobiert, aber wir sind alle beide recht dumm gewesen, und wir sind dabei nicht fertig geworden.

Ich habe Viktor meine erste Tat gestanden. Ich meinte damals, die ganze Scheiße nicht mehr allein zu schaffen, nicht die Nerven dafür zu haben. Der kleine Axel, der Sohn von unseren Mietern, kam jeden Tag auf mein Zimmer, wenn ich da war, und wir haben zusammen gespielt. Ich habe immer versucht, ihn und Viktor dafür einzuspannen. So halb im Scherz habe ich ihnen gesagt: «Wir können doch mal andere Jungs umbringen» oder so, ganz nebenbei, ganz dumm, «Na, wäre das nichts? Warum eigentlich nicht?» Wenn man Kind ist, findet man manchmal bei den furchtbarsten Sachen nicht viel dabei.

Dann habe ich gesagt: «Wenn ich nach Hause komme, wartet ihr unten in Nierenhof. Ich bringe einen mit, und dann gehen wir zur Höhle und bringen ihn da rein, und dann bringen wir ihn um.» Ich habe es allen Ernstes versucht, und da standen sie da unten und warteten. Ich hatte aber niemanden bekommen, als ich auf der Suche war. Meistens bekam ich ja niemanden. Auf jeden Fall war da nichts daraus geworden. Nach ein- oder zweimal Warten haben sie auch natürlich das Interesse verloren. Sie wissen, wie das ist. Aber versucht habe ich, sie da rein mit einzubeziehen.

Nur einmal habe ich daran gedacht, Viktor umzubringen, nachdem ich ihm meine erste Tat gestanden hatte. Ich wollte ihm später beweisen, daß das angeblich nicht stimmte, was ich ihm erzählt hatte. Die Leiche lag tatsächlich unter Balken, wo Viktor sie nicht sehen konnte, an der Seite. Wir sind reingegangen, und ich sagte ihm: «Siehst du? Hier ist niemand.» Ich hatte vorher meinen Brieföffner als Dolch eingesteckt. Wenn er den gefunden hätte, vielleicht hätte ich ihn umgebracht, vielleicht auch nicht.

Auf jeden Fall, wenn ich ihn da umgebracht hätte, hätte das nichts mit meinem Trieb zu tun gehabt, nur eben den Trieb vor ihm zu schützen, aber nicht etwa um ihn zu zerfleischen. Das ist völlig undenkbar. Aber ich hatte gehofft, in ihm den echten Freund zu finden, und er hat mich sitzengelassen. Gutes wollte ich ihm nicht mehr. Außerdem war er ja nun mittlerweile bedeutend älter als vierzehn, und das hat ja leider bei mir immer eine Rolle gespielt.

Wir gingen manchmal zusammen in Kneipen, aber diese verräucherten Spelunken gingen mir ganz furchtbar auf den Wecker. Das ganze Milieu finde ich zum Kotzen. Ich bin mit Viktor hingegangen, nur um ihn besoffen zu machen, sonst war er bei mir zu Hause so unaktiv. Gefühlsmäßig lag es mir nicht, ein homosexuelles Lokal zu besuchen. Ich weiß, wie ich bin, aber gefühlsmäßig liegt mir das nicht. Ich würde ja viel lieber normal sein. Ich bin nicht einer, der sagt: «Ich bin doch kein Idiot, ich lasse mir doch nicht das Schönste nehmen, was ich habe!» Wenn ich davon loskommen könnte, würde ich das lieber heute als morgen erledigen lassen. Ich strebe nicht nach dem Homosexuellen hin, ich strebe an sich nach dem Normalen hin. Stinknormal ist für mich das Allerwünschenswerteste.

Ich mußte irgend jemanden haben. Vielleicht bilde ich mir das ein, obwohl ich immer gesagt habe und noch heute sage, ich hätte das notfalls noch sein lassen können, mit aller Willensanstrengung. Aber das Andere, die eigentlichen Verbrechen, hätte ich gar nicht sein lassen können.

Viktor und ich waren schon tausendmal allein gewesen, ohne daß etwas Homo-artiges geschehen wäre. Das, was Sie meinen, war, wenn ich mich recht besinne, genau in der Silvester-Nacht 65–66. Wir waren allein auf meinem Zimmer, und ich bot ihm (Viktor) Geld an, nochmals, es war nicht das erste Mal. Überreden wollte ich ihn schon am Tag vorher, und da geschah «es» zum ersten Mal mit uns beiden. Ich muß das extra betonen, denn derartige Sachen mit dem Lehrling im Betrieb waren ja schon vorher passiert.

Damals in Marienhausen war ich nahezu überzeugt, daß das alles schlecht und Sauerei und Sünde und so wäre. Heute glaube ich, daß es ein Fehler, ein großer, war, daß ich in dem Alter niemals so etwas getan habe, was andere Jungs in dem Alter auch tun. Ich hatte, als ich im Gerichtssaal hörte, daß der Dieter in Marienhausen mit einem anderen Jungen onaniert hat, da habe ich einen ganz großen innerlichen Wutanfall gehabt: Warum haben wir beide damals nicht so etwas tun können! Ach, ich habe mich furchtbar geärgert, weil ich damals so gerne mit ihm so was mal gemacht hätte.

Daß ich schon Minderwertigkeitskomplexe hatte, als ich noch kein Verbrecher war, steht ganz außer Frage. Und zwar aus dem Gefühl der Einsamkeit heraus, der Ausgeschlossenheit aus dem Kreis der Freunde, der Kameraden; gewiß, ich machte viele Fehler, damals, als Junge, nur kann ich auch heute noch nicht umhin, mit dem Schicksal zu hadern, warum jemand schon als Kind schüchtern ist, ein Eckensteher, der es nicht schafft, sich jemandem anzuschließen.

Oft habe ich tatsächlich das Gefühl (welches die Gutachter mir absprachen), im Unterbewußtsein für alle Jungen, zumal Schuljungen, einen abgrundtiefen Haß zu empfinden! Erschrecken Sie? Ich auch, jedesmal, wenn ich es denke. Verstehen Sie mich recht, es ist bei mir nicht so, wie bei jemandem, der einen anderen «im landläufigen Sinne» haßt, sozusagen wie die Pest, und der dann sagt: «Oh, ich könnte den Müller, diesen Kerl, umbringen, so hasse ich ihn!»

So nicht!

Wenn es überhaupt so ist, wie ich manchmal glaube, kann es nur eine Art ‹Haßliebe› sein; eine Zuneigung aus sexuellen, erotischen Trieben, und ein vielleicht um vieles stärkerer unbewußter Haß («Gibt es nicht!», werden Sie sagen), ich kann es so schlecht erklären, denn zum Haß gehört, so meine ich, die Wut, die nackte Wut, und die empfinde ich nicht. Ich kann nur immer wieder sagen, ich «habe das Gefühl, als ob es so ist». Oder gibt es einen Haß, der einem Menschen gar nicht so recht bewußt wird, einen Haß aus tiefster Seele, da aus tiefster Enttäuschung? Aus Verbitterung, über die Liebe, den Wunsch zur Gemeinsamkeit, der nicht erwidert wurde? Etwa: Ihr habt meine Seele getötet, die Seele eines Kindes, und dafür töte ich Euch? Nach dem Motto: «Aber Ihr habt nicht gewollt»?

Kein Freibrief für Mord, gewiß nicht, aber wir suchen ja das Motiv, nicht wahr? Vielleicht gibt es sogar Gründe oder Beweise für das, was ich Ihnen sagte.

1. Rauhe Gesellen, vom Sturmwind durchweht
Fürsten in Lumpen und Loden
zieh'n wir dahin, bis das Herze uns steht
ehrlos bis unter dem Boden
Fidel Gewand in farbiger Pracht
trefft keinen Zeisig ihr bunter
ob uns auch Speier und Spötter verlacht
uns geht die Sonne nicht unter.

2. Zieh'n wir dahin durch Braus oder Brand,
klopfen bei Veit oder Velten.
Offenes Herz und helfende Hand
sind ja so selten, so selten.
Weiter uns wirbelnd auf staubiger Straß'
immer nur lustig hurtig und munter
ob uns der eigene Bruder vergaß
uns geht die Sonne nicht unter.

3. Aber da draussen am Wegesrand,
dort bei dem König der Damen
klingen die Fideln im weiten Gebreit
klagen dem Herrn unser Carmen

Und der gekrönte sendet im Tau
tröstende Tränen herunter
fort geht die Fahrt durch den wilden Verhau,
Uns geht die Sonne nicht unter.

[Im folgenden benützt Jürgen zum erstenmal in seinen Briefen den Ausdruck «Generalplan», den wir häufig im ersten Prozeß gehört hatten. So nannte die Kammer den Plan, den Jürgen bis in die kleinsten Einzelheiten ausgedacht hatte, um Jungen in seine Höhle zu locken.]

Natürlich (schrieb ich nicht schon davon?) hatte ich den Wunsch, die Vorstellung, von zu Hause fort zu gehen, einfach weglaufen zu müssen. Was mich hauptsächlich davon abhielt, war, um es frei heraus zu sagen, mein sogenannter «Generalplan», den ich mir ohne den Stollen einfach nicht denken konnte. Er war einfach ein Teil, ein großer Teil meines Lebens geworden, wenn man es unbedingt Leben nennen will.

Verhältnis Jürgen – Möller: sehr gut, sehr herzlich, auch jetzt. Übrigens: Wenn ich gewußt hätte, was da herauskommt, hätte ich den Vertrag wohl kaum in der Form unterschrieben. Aber Sie wissen ja: wer vom Rathaus kommt, ist immer klüger.

Jürgen – Bossi: Er ist mir nicht unsympathisch, er ist mir mehr oder weniger gleichgültig, was wohl nicht besonders schlimm ist, denn, so Bossi: «In der Regel besucht ein Revisionsanwalt seinen Mandanten noch nicht einmal, das ist nicht nötig.» (Nur, wenn er Verträge zu eigenen Gunsten abschließen will. – Anmerkung der Red.)

[Ich hatte Jürgen von einem Marienhausener Klassenkameraden geschrieben, der einer Psychotherapeutin in der Bundesrepublik erzählt hatte, Pater Pütlitz – PaPü – habe ihn verführt.]

Ihr Wissen kann mich nicht mehr so besonders erschüttern, nach dem, was ich dort alles gesehen und zum Teil mitgemacht habe.

Gern hat PaPü, er leitete den Knabenchor (wir gingen auch schon mal nach Mainz, Wiesbaden und Umgeb. singen), beim Proben das Tonband auf ganz hell gedreht, absichtlich, so daß es sich wie Katzenmusik anhörte, und tobte dann wutentbrannt in unseren Reihen herum. Das ist keineswegs übertrieben, denn er schlug dann wahllos drauf, wen er erwischen konnte, und hatte dabei Schaum vor dem Mund.

Fürchterlich ist mir auch heute noch die Erinnerung daran, wenn wir ein Gedicht aufbekamen, etwa Schiller's «Glocke». Das halbe Gedicht mußten wir an einem Nachmittag lernen. Am nächsten Morgen saßen wir, teils zitternd, in unseren Bänken. PaPü rief uns der Reihe nach auf, den Rohrstock schon in der Hand, und wartete darauf, bis der erste nicht mehr weiterwußte. Oft ging der Stock dabei kaputt, wenn er prügelte, und auch dabei immer die unverständliche Raserei und der Schaum in den Mundwinkeln.

Aufschlußreich, wenn man will, gewiß, doch selbst heute kann ich ihm ein gewisses Maß an Respekt nicht versagen. Denn er war nicht das, was man sich unter einem Kinderverderber vorstellt, kein mit Schokolade lockender, hinter den Kindern herschleichender, schleimiger Kerl. Denn er spielte im Talar mit uns Fußball, engagierte Filmvorführungen für uns, setzte sich beim «Direx» für uns ein usw., organisierte einmal im Jahr eine regelrechte Kirmes mit Schießbuden und Verlosung. Die sexuelle Abartigkeit, die er gewiß hatte, paßt da doch absolut nicht hinein, nicht wahr?

Im Gasthaus, in der Eifel? Ich kann das natürlich nur ungefähr sagen, denn ich hatte an dem Abend noch ziemlich hohes Fieber. Er sagte mir, ich solle doch zu ihm in's Bett steigen, das tat ich. Er drückte mich an sich und schob seine Hand hinten in meine Hose hinein und «streichelte» mich. Dasselbe tat er auch von vorne und versuchte bei mir zu onanieren, aber das ging wohl darum nicht, weil ich Fieber hatte.

Wer, außer Ihnen, sollte sich dafür interessieren, und außerdem fand ich es bislang eigentlich lächerlich, darüber zu sprechen, weil zwischen solchen Dingen und meinen Taten einfach keine Vergleichsmöglichkeit besteht, verstehen Sie? So sage ich auch jetzt noch: «Im Vergleich zu dem, was ich tat – regelrecht passiert ist nichts!»

Allerdings würde es mich interessieren, sehr sogar, ob PaPü wegen dieser Verfehlung heute kein Priester mehr ist, also aus Heim und Orden ausgeschieden ist oder ganz einfach «geflogen» ist. Und wer das war, der Junge, das können Sie mir nicht sagen? Damals war ich manchmal fast sicher, PaPü hätte etwas mit dem Vorsinger, dem höchsten Sopran in der ersten Stimme, der war damals Hauptsänger im Chor. Dieser Junge wurde von PaPü eigentlich so lange sehr sanft behandelt, bis der Kleine in den Stimmbruch kam. Es paßte PaPü gar nicht, wenn einer in den Stimmbruch kam, aber bei diesem Jungen wohl am wenigsten. Der hatte damals eine ziemlich harte Prügel-Zeit zu überstehen. Habe ich oder hatte ich mit dieser Vermutung überhaupt recht?

Nach der Nacht in der Eifel hat mir PaPü nie irgendwelche Konzessionen gemacht. Ich habe meine Prügel nachher genauso gekriegt wie schon vorher. Das einzige, das ich ohne mein Zutun bekam, war, daß ich von einem Tag zum anderen an den sogenannten Milchtrinkertisch im Speisesaal versetzt wurde. Damals habe ich wenigstens die beiden Sachen in Verbindung gebracht. Ich weiß nicht mehr, mit welchen Worten er das sagte, aber auf jeden Fall hat er mir gesagt, er würde mich schon fertigmachen, wenn ich die Schnauze aufreißen würde.

Am nächsten Tag bin ich nach Hause gekommen, es ging mir sofort ganz schlecht. In Langenberg bin ich ins Krankenhaus gekommen und dort zwei oder drei Wochen geblieben. Es stand für mich fest, daß ich keinen Tag länger in Marienhausen bleiben konnte, daß ich da ausreißen würde. Meine Eltern haben mich trotzdem nach Marienhausen zurückgebracht, und einen Tag später bin ich sofort ausgerissen.

Ich bin mit dem Zug nach Düsseldorf gefahren, dann für mein letztes Geld mit dem Bus nach Velbert, dann von Velbert zu Fuß nach Hause, etwa drei Stunden zu gehen. Meine Eltern, dachte ich, waren natürlich sofort vom Heim benachrichtigt worden und waren ganz außer sich, bestimmt. Ich habe mich aber nicht getraut, reinzugehen.

In Marienhausen, vor der Sache mit PaPü, hatte ich eigentlich Heimweh nie gekannt, aber auf einmal da, wie mich meine Eltern nach Marienhausen zurückbrachten, da hab ich ganz furchtbares Heimweh gehabt. Ich hatte viel mit PaPü zu tun, und ich konnte mir nicht vorstellen, noch dazubleiben. Nun war ich weg von Marienhausen und konnte mir nicht vorstellen, wieder zurückzugehen. Auf der anderen Seite habe ich aber damit gerechnet: Wenn du jetzt nach Hause reingehst, bekommst du eine fürchterliche Tracht Prügel. Deswegen hatte ich Angst. Ich konnte weder nach vorne noch zurück.

Neben der Siedlung ist ein großer Wald, und da bin ich reingegangen. Dort habe ich mich praktisch von nachmittags bis zur Dämmerung rumgetrieben. Nun auf einmal war meine Mutter in dem Wald. Jemand hatte mich wahrscheinlich gesehen. Hinter einem Baum habe ich sie gesehen. Sie rief: «Jürgen? Jürgen? Wo bist du?» Und so bin ich mit ihr gegangen. Das große Geschimpfe und Geschrei ging natürlich sofort los.

Meine Eltern haben dann sofort nach Marienhausen telefoniert. Ich habe ihnen nichts erzählt. Tagelang haben sie mit Marienhausen telefoniert, dann kamen sie zu mir und sagten: «Also, sie haben dir noch eine Chance gegeben! Du kommst wieder zurück!» Ich habe natürlich gejammert und geheult: «Bitte, bitte, ich will nicht zurück!» Aber wer meine Eltern kennen würde, wüßte dann, daß da nichts zu machen.

Und so haben sie mich zurückgebracht. Dort waren sie alle so sauer, kein Mensch hat mich angeguckt. Nachmittags bin ich gekommen, und am nächsten Morgen habe ich einen Brief an PaPü geschrieben. Ich weiß nicht mehr, was ich da schrieb, aber sinngemäß: Ich kann auf keinen Fall hierbleiben. Ich gehe jetzt nach Hause, und solange sie mich wiederbringen, laufe ich immer wieder weg. PaPü ist mit dem Brief zum Pater Direktor gegangen. Der PaPü soll ganz aufgelöst, ganz mit den Nerven runter gewesen sein. Er soll gesagt haben: «Es geht nicht mehr, ich halte das nicht mehr aus. Ich trete zurück!» Das habe ich von meinen Eltern gehört.

Ich bin nur einen Tag dort geblieben. Beim zweiten Mal bin ich nicht allein abgehauen, ich habe meinen Freund Detlef mitgenommen. Ich habe ihn getroffen und ihm gesagt: «Hier bleibe ich keine Stunde länger.» Aber dieser Ausflug führte nur in eine Polizeizelle, weil ich kein Geld hatte. Meine Eltern hatten mir extra kein Geld gegeben, damit ich das ausgetrieben kriegte, abzuhauen.

Aber mit PaPü wollte ich auf keinen Fall mehr irgendwie auch nur auf zehn Meter Entfernung zusammen sein. Später, nachdem ich endgültig von Marienhausen weg war, bin ich mit meinen Eltern zum Ort in der Eifel gefahren, wo er bei seiner Mutter wohnte, aber das ging nicht von meinen Eltern und nicht von mir aus. Das ging allein von PaPü aus. Aus heiterem Himmel irgendwann kam ein Anruf von ihm. Meine Mutter ist darangegangen und hat mich gefragt, ob ich nicht mal mit ihm sprechen wollte, aber ich sagte, na, ich hätte kein besonderes Interesse.

Dann hat er meine Mutter am Telefon beackert, wir drei möchten ihn doch mal besuchen kommen. Er hatte Urlaub, und wir möchten am Sonntag kommen. Das ging ganz allein von ihm aus. Ich wollte an sich nicht so gerne hin, aber hingefahren sind wir. Meine Eltern haben sich mit ihm unterhalten. Ich saß etliche Meter weg am anderen Ende vom Tisch. PaPü und ich haben außer «Guten Tag» und «Auf Wiedersehen» praktisch kein Wort miteinander gesprochen.

Ich habe ihn sicherlich verabscheut, aber wie alle anderen Jungs in Marienhausen habe ich eine Art widerwillige Verehrung für ihn empfunden. Das ging uns allen aber so. Durch seine persönliche Robustheit ragte er irgendwie aus der Reihe der anderen Erzieher. Aber es ist kein einziges Mal vorgekommen, daß PaPü jemanden lobte. Das gab es einfach nicht.

Ihr
Jürgen

P. S. Infolge dieses vermaledeiten Vertrages bitte ich Sie herzlich, Ihre Briefe bzw. Fragen, ab heute an Herrn Möller zu senden, welcher sie mir dann übergibt. Ich selbst mache das ja schon lange so!!! Schönen Dank. Und, versteht sich, meine Meinungen und Feststellungen sind vollkommen privater Natur, auch wenn Sie Herrn W., denn darum geht es mir, gut kennen.

*

[Schon in meinem ersten Brief hatte ich geschrieben, daß ich ein Buch über Jürgen und seinen «Fall» schreiben und die Tantiemen selbstverständlich mit ihm teilen wollte, aber erst in diesem Brief – sieben Monate später – kommt er darauf zurück.]

W.-tal, den 10. 7. 1968

Lieber Herr Moor!
Very Very much für Your «little»Brief, den mir Herr Möller letzten Freitag vorlas. Da dies wieder ein sehr langer Brief wird (es ist gut, daß ich im Moment «arbeitslos» bin), möchte ich sofort wieder zum Thema kommen. Also, legen wir los!

1.) Es war, das habe ich nie verkannt, sehr anständig von Ihnen, mich evtl. später am Buch zu beteiligen. Ich bin mit Absicht damals nicht gleich darauf eingegangen, weil ich Sie nicht enttäuschen wollte. Sie müssen nämlich damit rechnen, daß ich von diesem Geld, sollte ich als vollverantwortlich usw. verurteilt worden sein, keine einzige müde Mark sehen würde. Es würde mir sofort beschlagnahmt werden für Kripo-Staatsanwalt-Arbeit, Suchaktionen, Fahndungsplakate usw. Und die Eltern der Kinder würden nur noch einmal mehr leer ausgehen. Das ist die bittere Wahrheit (die Wahrheit ist meist bitter). Ich glaube kaum, das wir etwas dagegen tun können.

2.) Tagsüber war allerdings meine Zeit sehr beschränkt, wochentags, aber da war ich ja am Arbeiten und kaum auf meinem Zimmer. Aber auch sonntags, kann ich sagen, daß zwar alles, Ausgehen evtl. usw., genau vorgeschrieben war, aber auf mein Zimmer kamen meine Eltern fast nie. Nur einmal bin ich aufgefallen, davon schrieb ich Ihnen ja, das war, als ich zwei Jungen hypnotisieren (Versuch) wollte. Aber das war Zufall, meine Mutter wollte mir was bringen, was sie an sich nie tat.

3.) Hier das Zitat kurz im Zusammenhang: «Ich habe Eure Kinder schützen wollen wie eine Henne ihre Küken unter ihren Flügeln schützt, aber Ihr habt nicht gewollt ...» (Neues Testament). Wenn ich also den letzten Teil der Klage über Jerusalem zitiere, so meine ich damit niemand anderen als die Kinder, die Jungen selbst. Aber um Gottes Willen nicht meine Opfer, sondern, so meine Vorstellung, die Kinder eher pauschal, kollektiv, wenn Sie verstehen, was ich meine. Wenn man es bösartig ausdrücken will, so eine Art Sippenschuld. Und ganz vollständig ist der Satz erst so: «Aber Ihr habt mich nicht gewollt ...»

[Erst zweiundzwanzig Jahre später, fast vierzehn Jahre nach Jürgens Tod, machte ich in der Bibliothek der staatlichen University of California in Berkeley die Entdeckung, daß Jürgen mit diesem außerordentlichen Zitat die Worte – und damit die Rolle – Jesu Christi übernahm: In Martin Luthers Übersetzung der Bibel lautet diese Stelle (Matthäus 23,37): «Jerusalem, Jerusalem, die du tötest die Propheten, und steinigest, die zu dir gesandt sind! wie oft habe ich deine Kinder versammeln wollen, wie eine Henne versammelt ihre Küchlein unter ihre Flügel; und ihr habt nicht gewollt.»]

Es macht mir schwer zu schaffen, wie ich schon im letzten Brief schrieb, nicht erwachsen sein zu wollen (ich will es tatsächlich nicht) und noch einmal alles neu, alles besser zu machen, *wieder Junge zu sein* [diese vier Wörter doppelt unterstrichen], einer unter vielen, aber einer, der ein paar Freunde hat, mit denen er Pferde stehlen kann, einer für alle, alle für einen.

Meine besten Freunde waren damals oft die französischen Pfadfinder-Jungenromane aus den Jahren 1936 – etwa 1960. Gedruckt wurde das letzte Buch dieser Reihe Ende 1966, dann lief die Serie ganz aus. Diese französischen Romane wurden, wohl nur mit Karl May vergleichbar, im Alsatia-Colmar-Verlag verlegt, und in -zig Sprachen übersetzt. In Deutschland nannte man sie «Spur-Bücher». Na, wahrscheinlich haben auch Sie in Ihrer Jugend mal ein Buch mit diesem Zeichen gelesen: [Hier zeichnete er ein Dreieck – die Silhouette eines Tipis? – mit Pfeilchen nach links].

Aus dieser Reihe stammt ein Buch, das ich als eines der besten empfinde, welches ich je gelesen habe. Ich habe geheult wie ein Schloßhund, als ich es bei meiner Tante las. Nun war dieses Buch, wenn ich heute zurückschaue, aber auch nicht etwa im Kinderbuch-Stil geschrieben, auch die Probleme, die es enthielt, waren nicht dieser Natur.

Es ging um zwei Pfadfinder-Freunde, die sich erst im Zeltlager eines Schlosses kennenlernten, um Erik und Christian. Erik war adelig und fühlte sich an einen Schwur gebunden, welchen er seinem Vater auf dem Sterbebett abgegeben, geleistet hatte. Durch diesen Schwur, bzw. das Problem, welches dadurch zwischen ihnen auftaucht, nämlich die Todfeindschaft der beiden Familien der Jungen, kommt Christian in Lebensgefahr. Er fällt dem Schwur, so scheint es, zum Opfer. Erik hat es nun in der Hand, seine «Familienehre» zu bewahren, d. h. den Freund sterben zu lassen, oder sein Wort gegenüber dem Vater zu brechen. Er sieht keinen Ausweg, als selbst zu sterben. Dies, wie ich meine, wunderbare Buch, war meine «große Liebe». Es heißt «Der goldene Armreif», geschrieben von Serge Dalens, übersetzt von Roger Guiscard.

Damals, das Buch gehörte noch nicht mir, und ich hatte kein Geld, und die Ferien waren bald vorbei, ich mußte also bald wieder nach Essen, aber konnte ich ohne dieses Buch sein?

Nein.

Ich schrieb es, Wort für Wort, ab. [Im Laufe der Zeit bekam Jürgen ein eigenes Exemplar, das ich heute besitze; das Buch hat 195 Seiten.]

Vielleicht konnte ich Ihnen damit sagen, daß es keine Einbildung ist, wenn ich heute sage, daß es kaum etwas Einsameres, Trostloseres gibt, als ein Kind, das in Buchzeilen etwas Liebe suchen muß.

4.) Wissen Sie, ich möchte den guten Mann [PaPü] vergessen, darum rede u. schreibe ich nicht gern von diesen Sachen. Natürlich hat er dergleichen getan, das war übrigens der schlimmste Teil für mich, das ist wohl klar. Also bei ihm dasselbe wie er bei mir. Am gemeinsten fand ich, daß er alles das getan hat, obwohl ich starkes Fieber hatte.

Wenn ich heute so über all das nachdenke, erscheint es mir wie eine Art makaberer Ironie, daß ausgerechnet PaPü es war, der mir öfters von Sire Gilles de Ry . . . (den richtigen vollen Namen kenne ich nicht mehr) erzählte. Dieser Feldherr lebte in Frankreich, so um das 15. Jahrhundert. Zwischen den Kriegen betätigte er sich vorwiegend als Kindermörder, nachdem er seine Frau + seine Tochter fortgejagt hatte. Er entführte mit seinem Rittergefolge (viele machten scheinbar mit) von Dörfern, Märkten, Gassen usw. Bettler + Bauernjungen, nur Knaben, meist im Kindesalter; sie entführten die Jungen also, nahmen sie mit auf's Schloß, dort entkleideten sie sie, vergingen sich an den Kindern, folterten sie, brachen ihnen die Knochen, schlitzten ihre Leiber auf und untersuchten die inneren Organe. Die Überreste verbrannten sie im Kamin und «wuschen das Blut von Händen und Wänden», wie PaPü nie vergaß, zu erwähnen.

[*Der Spiegel* hatte in seiner Nummer 13/1968 – etwa dreieinhalb Monate vorher – eine Rezension über das Buch *Gilles de Rais: Leben und Prozeß eines Kindermörders* von Georges Bataille veröffentlicht, das beim Merlin Verlag in Hamburg eben erschienen war; schon 1891 hatte Joris-Karl Huysmans in seinem schwarzen Roman *Là-bas* auch über Gilles de Rais geschrieben. Aus dieser Rezension im *Spiegel* einige Schlüsselsätze: «Ritter Gilles geistert seit fünf Jahrhunderten als blutbesudeltes Scheusal, als Räuber, Schänder und Mörder kleiner Kinder durch die Chroniken und Biographien . . . [D]er Päderast Gilles – der seine Frau Cathérine samt Tochter aus seiner Nähe verbannt hatte – suchte ganz andere Räusche. Den mittelalterlichen Gerichtsakten zufolge hat ‹besagter Sire› Kinder und Jugendliche zwischen sieben und 20 Jahren, vornehmlich Knaben, geraubt und rauben lassen, geschändet und schänden lassen, getötet und töten lassen – ‹nicht nur zehn, auch nicht zwanzig, aber dreißig, vierzig, fünfzig, sechzig, hundert, zweihundert und mehr, so daß man die Zahl nicht klären kann.› Seine Opfer, Schüler und Bauernkinder, verschwanden auf den Märkten und Straßen, aus den Häusern, beim Viehhüten und Betteln. Gilles und seine Kumpane, vom Wein berauscht, würgten und erhängten, sie schnitten Kinderkehlen durch, hackten Glieder ab, schnitten Bäuche auf und ergötzten sich am Anblick der inneren Organe. Nach der Orgie, wenn Gilles seinen Rausch ausschlief, reinigten die Diener das Zimmer vom Blut, die Leichen wurden im Kamin verbrannt oder in Latrinen versenkt.» Zweieinhalb Jahre nach diesem Brief von Jürgen, und zwar im Revisionsprozeß in Düsseldorf, hat Staatsanwalt Heydenreich drei schwerwiegende Punkte betont: Jürgens Behauptungen über Gilles de Rais in Verbindung mit Pater Pütlitz enthielten keine Einzelheiten, die er nicht im *Spiegel* hätte lesen können; Jürgen lese den *Spiegel* regelmäßig; und Jürgen spreche den Namen «Gilles» nicht nach französischer, sondern nach deutscher Art aus, was darauf hindeute, daß er den Namen nicht gehört, sondern gelesen hatte. Erst einige Jahre danach, als ich Jürgen in der Heilanstalt Eickelborn besuchte, konnte ich ihn mit diesen Tatsachen persönlich konfrontieren. Seine einzige, lahme Erklärung: «Das eine schließt das andere nicht aus.» Mehr war aus ihm nicht herauszukriegen.]

6.) Die Taschenbücher sind so eine Sache. Ich möchte Ihnen zuerst einmal nachträglich Dank dafür sagen, muß aber gleichzeitig bekennen, daß Pater Kettner und auch ich bis jetzt nicht den Mut fanden, sie in meine Zelle zu bringen. Denn meine Bücher usw. werden ja kontrolliert, gezählt (!) usw.

[Ich hatte ihn nach seiner Meinung über die Beziehung zwischen seinem Beruf Metzger und seinen Taten gefragt.]

7.) Ich bin ganz und gar nicht dieser Auffassung! Es mag sein, daß es rein äußerlich so aussieht, als hinge es zusammen, aber dem ist nicht so. Schließlich habe ich meinen Beruf nicht geliebt. Ich glaube, alles wäre ebenso gekommen, hätte ich einen anderen Beruf gelernt.

*

Wuppertal, den 19. Juli 1968

Lieber Herr Moor.

... Den Ausdruck «Generalplan» brachte der Vorsitzende des Gerichtes auf, er stammt nicht von mir, obwohl er natürlich in etwa das Richtige trifft. Vielleicht gehört folgendes hierhin: Herr Möller fragte mich, ob ich einen Zusammenhang sehe oder gesehen hätte zwischen der Sache, die PaPü mir erzählte, und meinen späteren Phantasien. Darauf kann ich nur sagen, daß ich nie einen bewußten Zusammenhang zwischen diesen beiden Dingen gesehen oder erlebt habe.

Meine Phantasien fingen an, als ich zu Hause in Langenberg das letzte Jahr noch auf die Schule ging. Und zwar, als ich mit ein paar anderen Jungs in der Höhle gewesen war. Später, ein paar Tage später, habe ich allein begonnen, immer ein Stück weiter in den Stollen hineinzugehen, bis nach einiger Zeit alle Angst weg war, denn natürlich hatte ich auch Angst wie jedes andere Kind. Aber ich wollte diese Angst überwinden und schaffte es auch, ich blieb dann eine ganze Stunde oder länger in dem Stollen und betrachtete ihn langsam aber sicher als mein «Eigentum».

Sofort nach dem ersten Besuch der Höhle kam mir der Gedanke, dort mit Gewalt Kinder zu mißbrauchen. In dieser allerersten Zeit dachte ich allerdings noch nicht an mehr, oder gar ans Töten. Das kam erst nach der Sache mit B. (B. ist übrigens vor ein paar Wochen bei einem Einbruchsdiebstahl erwischt worden.) Also kurz vor der Tat an dem F. Ich kann das so genau sagen, weil ich noch weiß, daß ich Rasierklingen in der Höhle aus der Tasche zog und dem Jungen drohte, ich würde ihn zerschneiden, wenn er nicht brav sei.

Der Gedanke, die Idee, der Plan war jetzt, zu der Zeit, also ich glaube es war noch 1960 oder Anfang 1961, ich war auf jeden Fall noch vierzehn Jahre, in etwa fertig. Aber ob ich ihn damals schon hätte ausführen können, möchte ich nicht unbedingt behaupten. Ich glaube es nicht recht, denn später, 1962, kurz vor der ersten schweren Tat, hatte ich ja einen anderen Jungen schon bis zur Höhle gezwungen, aber ich konnte es noch nicht tun. Noch nicht.

Diese Phantasien mit dem Schneiden fingen also schon an, als ich zur Volksschule ging. Im Prinzip waren sie so wie heute, so war zum Beispiel das Abschneiden des Geschlechtsteiles und das Ausweiden von Anfang an dabei. Nur wurden die Vorstellungen nach und nach noch sadistischer (Finger, Zehen . . .).

Mit dem Onanieren habe ich mit zwölf Jahren begonnen, und ich bin von alleine daraufgekommen. Wie sagt man, «die Natur findet ihren Weg . . .» oder so. Im Internat Marienhausen, dort war ich ja zu der Zeit, war es wegen «Verdachtes auf ‹Sauereien›» sogar verboten, daß die Unterstufe (4. Klasse) miteinander auf dem Hof spielten. Jede «Stufe» mußte beim Spiel unter sich bleiben.

So wäre es zum Beispiel fast zu einer Freundschaft zwischen mir (7. Klasse) und einem Jungen aus der fünften Klasse gekommen. Er hieß Erich, war hellblond, und ich hatte ein paar Tage mit ihm gespielt, kurz gesagt, wir mochten uns. Er war der Sohn eines Düsseldorfer Gastwirts. Nun wurde es von PaPü bemerkt, daß wir zusammen spielten, und er verbot es uns.

Kurz zuvor hatte Erich mir erzählt, daß er in den Schlafsaal der Oberstufe (der Schlafsaal seiner Stufe war überfüllt, denn natürlich stimmten die Zahl der Schüler in den Klassen und der Betten in dem jeweiligen Schlafsaal nicht immer ganz genau überein) verlegt werden sollte. Aber als er abends mit seinem Bettzeug anmarschiert kam, wußte PaPü einen Weg, diesen Umzug zu verhindern. Pütlitz war nicht oft im Schlafsaal, er schlief nie dort, aber «zufällig» war er eben an diesem Abend da. Vielleicht lag es auch z. T. daran, daß Erich in das Bett neben mir verlegt werden sollte.

PaPü hat nie mich im besonderen hart und brutal geschlagen. Er nahm allerdings keine Rücksicht auf mich. Es war vielmehr so, daß ich in der Schule an sich sehr gut war, so hätte er mich dort kaum schlagen können; Sie haben mich etwas falsch verstanden. Ich bekam immer dann mein Teil ab, wenn er «so längs der Reihe prügelte», wie etwa beim Singen, wenn er da irgendwo einen falschen Ton hörte mit Hilfe seines Tonbandes, so machte er sich keine Mühe, herauszufinden, wo der «Übeltäter» steckte, sondern die 4 oder 5 Mann neben demjenigen steckten genauso viel ein. Mein Pech, daß ich klein, Sopran war und folglich in der ersten Reihe stand. Oder wenn wir in Doppelreihe vor dem Speisesaal standen und durchbrachen das befohlene «Silentium». Oder wir waren beim Kartoffellesen, Rübenziehen oder Heuwenden nicht rasch genug, da setzte es auch immer etwas.

Aber, Sie wissen ja, wenn ein Junge mit vier oder fünf anderen zusammen Prügel bezieht, heult man eben zusammen anstatt alleine und man kommt eher drüberweg, zumindest scheint es einem selber so . . . Alleine hat PaPü mich, so weit ich weiß, nicht, oder sowenig, einmal oder so, geschlagen. Das besorgten schon andere.

Der Diakon Hamacher hat mir mal abends im Schlafsaal (ich hatte gesprochen, und es herrschte abends strenges Silentium) eine gewischt, daß ich unter ein paar Betten entlanggerutscht bin. Kurz davor hatte der «Pater Katechet» ein großes Tafel-Lineal auf meinem Hinterteil zerschlagen und verlangte allen Ernstes, ich solle es bezahlen. Er (der Katechet) hatte eine Sammlung für Negerkinder in unserer Klasse durchgeführt, und als er die Liste aufs Pult legte, sagte ich halblaut: «Da kauft der Katechet sich Kaffee von.» Doch jeder, auch der Pater Katechet, hatte gehört, daß es nicht böse gemeint war.

Wieder etwas vorher, in der 6. Klasse, schlug der Diakon Appel mich auf dem Sportplatz mit der Faust derart in's Gesicht, daß ich, und nehmen Sie das bitte wörtlich, «aus den Schuhen» kippte. Denn als ich wieder aufstand, hatte ich keine Schuhe mehr an. Warum das geschah? Ich stand mit einem anderen Jungen hinter ihm (Appel), und wir sprachen von Schlangen; Appel schnappte das Wort «Schlange» auf, und schon war es passiert, er bezog die «Schlange» nämlich auf sich. Diese Sache hatte mich damals, weil sie so vollkommen blöd und eine große Ungerechtigkeit war, wochenlang beschäftigt, ich wurde innerlich nicht so recht fertig damit. Dann zog ich (in den Ferien) erst meine Tante Marthea in's Vertrauen, diese dann meine Eltern, und sie sprachen dann mit Appel, worauf dieser sich zähneknirschend bei mir entschuldigte.

Nun denken Sie aber bitte nicht, daß es mir nun in dieser Beziehung (schlagen) am schlechtesten ging. Es ging uns allen so. Einmal wurde es (in der 6. Klasse) sogar rein unmenschlich und unerträglich. Ein neuer «Aufpasser» war gekommen, ein Diakon; lang, dürr, mager und mit tiefer Stimme. Er war noch ziemlich jung. Dieser Mann machte sich, so schien es, einen Sport daraus, uns zu quälen und zu schlagen. Aus reiner Notwehr griffen wir dann zu einem verzweifelten Mittel.

Der «Schläger», so nannten wir ihn, mußte immer beim Essen die Aufsicht halten. Jedesmal, wenn er mal herausgerufen wurde oder so, nahmen wir alle unsere Bestecke und schlugen sie hart auf den Tisch und trampelten wie verrückt auf dem Boden auf. Dann kam im Nu der Direktor oder der Präfekt angelaufen, aber dann waren wir wieder ruhig. Wir hätten ja denen etwas sagen können? Wohl kaum, einen Seelsorger, so wie wir beide dies Wort verstehen, gab es dort nicht, obwohl diese Menschen Priester waren. Anvertrauen konnte man sich niemand, seit der Provinzial Dr. Martin fortgegangen war.

Das Buch [*Der goldene Armreif*] fesselte mich derart, weil dort so natürlich und echt eine wirkliche Freundschaft beschrieben wird, genauso wie der sie sich vorstellt, welcher sie nicht kennt. Freundschaft nicht wegen Auto und Geld (Viktor), wegen Freßpaketen, die man geschickt bekommt (Internat), keine fünf-

Minuten-Freundschaft, die meinetwegen geschlossen wird, weil der andere «groß und stark» ist, sondern eine Zuneigung, Sympathie muß dabei sein, die vom Herzen kommt, sage keiner, unter Kindern gäbe es das nicht, nur finden muß man halt einen, und dann sich nicht so dumm, nicht so gemein benehmen wie ich. Denn Detlef B. hätte ein Freund für's Leben werden können.

PaPü erzählte mir (allein) persönlich, auf der Empore neben der Kirchenorgel (!) von diesem Gilles oder wie er heißt. Zu Beginn, wenn ich mit ihm allein oder auch mit noch anderen Meßdienern mit ihm auf der Empore saßen, spielte er mit unseren Händen immer «Gelenkeknacken», Sie kennen das ja sicher. Ob er mit den anderen außer dem, der zum Psychiater ging, etwas angestellt hat, kann ich nicht beweisen, aber ich halte es nach dem, was ich erlebte, für sehr wahrscheinlich. In der Schule und auch beim Spiel in der Freizeit, gab er sich als «Puschkin-Bär», hart aber gerecht, na ja. Das Irritierende ist ja gerade, daß er ganz anders, ungezwungener, draufgängerischer auftrat als man sich einen «Knabenschänder» (wie der hl. Paulus sagte) vorstellt.

In der Klasse «gestand» er uns einmal, daß auch er mit Satanas, mit Versuchungen zu kämpfen habe, aber er werde wohl, so der Herr wolle, Sieger bleiben. Wenn er über «Schweinereien» sprach, erklärte er uns pauschal, jeder Mensch, der z. B. feuchte Hände habe, sei homosexuell. Bei der Gelegenheit sprach er auch mehr oder weniger offen (aber nicht etwa beim Biologie-Unterricht!) vom steifen Glied, er sagte immer «wenn sich das Blut staut».

Herr Möller hat sich heute sehr eingehend gerade über diese bewußte Nacht mit mir unterhalten, ich wollte erst gar nicht recht mit der Sprache heraus. Ich glaube auch, da die zehn Jahre noch nicht um sind, sollte ich eigentlich Anzeige erstatten, was sagen Sie denn dazu? Denn, um ganz offen zu sein, hat er nicht wenig mit meinem Ausreißen damals aus dem Don-Bosco-Heim zu tun.

Auch hat er mir (wie ich es später auch bei anderen tat, leider) nach der Nacht in der Eifel gedroht, für den Fall, daß ich die «Schnauze aufreißen» würde. Ich war froh, als ich von ihm weg war, und darum konnten mich seine Briefe (ich weiß nur von einem) nicht besonders rühren. Und wenn meine Mutter nicht darauf gedrängt hätte, ihn in der Eifel zu besuchen, wäre ich nie mehr mit ihm zusammengetroffen. Ich war nämlich wirklich zu feige, wie die meisten Kinder in solchem Fall, den Mund aufzutun.

Hoffentlich sind Sie mir nicht böse, weil ich mich noch nicht detailliert über die verdammte Nacht ausgedrückt habe. Herrn Möller habe ich es eben in allen Einzelheiten gesagt; lassen Sie mir Zeit bis zum nächsten Brief, bitte. Schauen Sie, es ist schwerer, zu sagen, was mal mit einem geschehen ist, als das zu sagen, was man selbst getan hat, nicht wahr? Denn wenn es sich um den eigenen Körper handelt, ist es, so scheint es, sogar für einen Jürgen Bartsch recht schwer.

*

[Nach dem Brief vom 19. Juli 1968 kam eine längere Pause, bis zum 29. September. Während dieser Zeit bekam ich meinen zweiten – und letzten – Brief von Jürgens Mutter.]

Essen
Katernbergerstr. 37
den 19. 9. 1968

Sehr geehrter Herr Moor!
Jürgen bittet mich Ihnen mitzuteilen, daß er nach Duisburg-Hamborn verlegt worden ist. Die Post läuft weiter über Wuppertal. Es kann aber sein, daß Jürgen im Moment nicht viel schreiben kann. Es muß sich ja alles erst einpendeln.

Jürgen ist sehr traurig über die Verlegung + ich habe das Gefühl, daß ein paar liebe Worte von Ihnen im Moment sehr nützlich sein könnten.

Ich grüsse Sie
Trude Bartsch

*

[Folgender Brief ging an den Verteidiger Möller, der ihn mir zur Information schickte.]

Duisburg, den 26. 9. 68

Lieber Herr Möller!
Seien Sie bitte nicht böse und nicht ungehalten über die lange Wartezeit! In der Zwischenzeit ist viel passiert und ich bin jetzt im Duisburger Knast, dem modernsten in N. R. W. F. [Nordrhein-Westfalen], ausgestattet jede Zelle mit Neonlicht, Betonschnörkel statt Gitter an den Fenstern, dröhnenden Radio-Lautsprecher für Pop und Beat, Toilette, modernem Stuhl, Schrank und Tisch mit Kunststoffplatte und vieles mehr. Ich könnte also zufrieden sein, aber so eine Umstellung nimmt mich doch immer recht mit. Ich hatte schon einen Brief an Sie fertig (!), er ist mir im Tumult untergegangen, seien Sie mir also bitte nicht böse, wenn ich Ihre Fragen, falls ich sie wochenlang recht behalten habe, in Stichworten beantworte:

1.) Nach der Entlassung aus dem Heim habe ich PaPü nur einmal gesehen, in der Eifel bei seiner Mutter, war nicht allein mit ihm und wollte es verständlicherweise auch nicht. Was Werremeyer anderes darüber schreibt, ist Unsinn.

2.) Ich weiß nur von einem Pütlitzbrief an mich, was nicht ausschließt, daß es evtl. mehr waren und ich es vergessen habe.

3.) Daß ich mehrmals wiedergeschrieben habe, ist durchaus möglich. Dazu müssen Sie aber wissen, daß ich eine nette Tracht Prügel riskiert hätte, hätte ich nicht an PaPü, Pater Henninger oder mal an Diakon Hamacher bzw. Appel geschrieben. Es ist also völlig falsch, wollte man glauben, die Schreiberei ließe auf ein gewisses gutes Einvernehmen schließen. Auch müssen Sie ja bedenken, daß PaPü für meine Eltern so etwas wie ein rauh-aber-herzlicher Supermann war.

4.) «Gewarnt» hat PaPü mich wohl am nächsten Morgen.

5.) Die Scheußlichkeiten erzählte er mir nicht oft, vielleicht zweimal?, ich kann mich da nicht 100%-ig festlegen, es war wie ein Traum, nur kein guter.

[Eine an mich gerichtete Hinzufügung:]

Ihre schönen Bücher habe ich in der letzten Zeit ausgehändigt bekommen, vielen Dank dafür. Vielen Dank auch für die schönen Postkarten, die ich ja, wenn dieses Urteil endgültig sein sollte, nicht mehr bekommen kann. Ich las mir mal die Vorschriften für Zuchthaus-Gefangene durch:

§: «Der Anstaltsleiter bestimmt, ob und mit wem ein Insasse sich schreiben darf.»

§: «Bei hoher Strafe darf ein Insasse Dinge wie etwa bunte Postkarten selbstverständlich nicht ausgehändigt bekommen, da sie mit dem Ernst der Strafe nicht vereinbar sind.»

Man muß sich tatsächlich manchmal fragen, ob die heutige Definition des Wortes «Schreibtisch-Mörder» ausreichend ist.

Ihr
Jürgen

*

26. 9. 68
Post-Adresse: Bartsch, W.-tal (56)
Landgericht
zweiter Jugend-Kammer
Aktenz.: 2 KLs 6/67 H. W. (183167 IV)

Lieber Herr Moor!

... Warum mich die Umstellung so mitnahm, weiß ich nicht, vielleicht, weil diese Anstalt eine ganz moderne ist, die ganz auf kurze, kürzeste Strafen ausgerichtet ist, und sie daher förmlich nach «Resozialisierung» riecht, was für mich natürlich nur deprimierend sein kann.

Mit Freude wartet auf Ihren nächsten Brief Ihr oft an Sie denkender

Jürgen

P. S.: Hier spielt gerade das Radio.

«In diesen heil'gen Hallen
kennt man die Rache nicht,
und ist ein Mensch entfallen
führt Liebe ihn zur Pflicht.»

Na, wer sagt's denn?

Ihr Jürgen

*

6
Einleitung zum psychogenen Inventar

Als ich meine ersten Briefe an Jürgen Bartsch richtete, hatte ich keine spezifischen psychologischen Vorkenntnisse, nur die Erfahrungen und Einsichten aus meinen eigenen «Lehrjahren auf der Couch» (Tilmann Moser). Damals kannte ich in Berlin keine Analytiker außer meinem eigenen, und nach Abschluß meiner Psychoanalyse zögerte ich, ihn mit dieser nicht dazugehörenden Angelegenheit zu belästigen. Auf eigene Faust habe ich alles Einschlägige gelesen, was ich finden konnte. Der Wendepunkt kam, als ich das 1954 erschienene Fachbuch *The Sexual Offender and His Offences – Der Sexualstraftäter und seine Taten* – von Prof. Dr. med. Benjamin Karpman entdeckte.

Viele Jahre lang arbeitete Karpman als Direktor des St. Elizabeth's Hospital in Washington, eines psychiatrischen Krankenhauses, wo er zahlreiche Sexualverbrecher und Triebtäter untersuchte und behandelte. Auf diese Erfahrungen gestützt, stellte er einen langen Fragebogen zusammen, den er «psychogenic inventory» nannte. Diese Bestandsaufnahme der psychischen Voraussetzungen, die er bei jedem neueingewiesenen Sexualverbrecher ausfüllte, um Zeit zu sparen, zusammen mit sehr vielen zusätzlichen Fragen von mir, die den speziellen Fall Jürgen Bartsch betrafen, bildete die Grundstruktur unserer Korrespondenz über die nächsten Monate.

In diesem Kapitel habe ich – abweichend von den übrigen Teilen dieses Buches – aus gutem Grunde Auszüge aus Jürgens Briefen gesammelt und sie anders als ursprünglich geordnet. Die Fragen von Karpman entsprachen kaum denjenigen, die die Gefängnisbeamten bei ihrer Zensur der Häftlingspost gewohnt waren, und die Chronologie zeigt, daß sie meine Briefe in mehreren Fällen zurückhielten, ehe sie sie schließlich durchließen; das brachte die Reihenfolge von Jürgens Antworten völlig durcheinander. Hier erscheinen, zusammengerafft, die Hauptfragen des

Fragebogens in ihrer ursprünglichen Reihenfolge mit Jürgens entsprechenden Antworten.

Meine Anfangsschätzung von «etwa dreihundert» Fragen erwies sich im Laufe der Zeit als weit verfehlt: mit Neben- und Zusatzfragen wurden es an die tausend, ehe wir mit dem Fragebogen fertig wurden.

*

Eine Bemerkung zum Schluß: Ich vertraue auf die Vorurteilslosigkeit meiner Leserinnen und Leser, sich im folgenden von meinem oft kuriosen Deutsch nicht irritieren zu lassen. Meine Adaptationen von Karpmans Fragen sind keine regelrechten, druckreifen Übersetzungen gewesen, sondern nicht mehr als Verständigungsformulierungen. Nachträglich meinen Stil kosmetisch zu liften wäre einer Verfälschung nahegekommen. Denn mein «Deutsch» bildete seinerzeit die Grundlage für Jürgens Antworten, die gelegentlich den schiefen Wortlaut der Fragen aufnehmen. Deshalb durfte hier nicht geändert werden. Wenn Jürgen mich verstehen konnte, dann muß das auch heute noch ausreichen.

7
Psychogenes Inventar des Jürgen Bartsch

[Jürgens Antworten auf die letzten Fragen des Inventars stehen in seinem Brief vom 21. Juli 1969, aber erst in seinem Brief vom 15. Januar 1970 kamen die Antworten auf die Fragen V./26 bis 28 (korrigiert als 34) – vermutlich von der Kammer zurückgehalten. Die ersten Fragen hatte ich schon fünfzehn Monate früher – am 25. Oktober 1968 – abgeschickt.]

I. FAMILIENGESCHICHTE

1. Erzähl mir bitte von Deinen väterlichen Großeltern – von Deinen eigenen, wenn Du kannst, sonst von den vier Eltern Deiner Adoptiveltern.

Mutter meines Vaters: von ihr weiß ich nicht viel, ich habe sie nur gesehen, wenn wir mal in Neuß waren und unter Umständen auch sie besuchten. Sie ist sehr nett, aber sehr sparsam, wahrscheinlich muß sie es sein. Ich ging immer gern zu ihr. Sie erzählte immer von ihrem anderen Sohn, der mit dem Segelflugzeug im Krieg abstürzte. Weihnachten weinten wir immer zusammen, sie tat mir so leid, weil alle anderen sie immer «aufziehen». Vom Vater meines Adoptivvaters weiß ich gar nichts, nur mal ein Bild gesehen, und mit den Adoptiveltern sein Grab besucht.

2. Ungefähr dasselbe über die Eltern Deiner Mutter bzw. Deiner Adoptivmutter.

Die Mutter meiner Mutter (Adoptiv) habe ich, sie wohnte auch in Essen, sehr oft besucht, meine Eltern hatten ja nie Zeit, bis zehn Jahre war ich jeden Tag mit ihr zusammen. Dann zog sie nach Werden, und wir besuchten sie später jeden Sonntag. Als sie mit ihrem Mann (das war etwas früher, aber sie war schon in Essen-Werden) Goldene Hochzeit feierte, passierte das mit dem Sechzehnjährigen, der mich auf das Speicherzimmer mitnahm und die Sauereien mit mir machte. «Was wollt Ihr denn?», sagte er vor zweieinhalb Jahren zur Polizei, «natürlich gebe ich zu, Ihr könnt mir deswegen heute ja doch nichts mehr am Zeug flicken.» Ich war damals acht oder neun. Den ganzen Abend war ich schwer nervös und ängstlich, «schockiert», wenn man so will, ich hatte ja nicht gewußt, daß es «so was» gibt. Ich hatte eine furchtbare Angst vor «Bub».

Als wir uns spät an der Tür verabschiedeten, sollte ich ihm die Hand geben und «auf Wiedersehen» sagen. Ich war aber sicher, daß er mir irgend etwas antun würde, und so drehte ich einfach durch. Am Himmel leuchtete ein rotgrünes Licht vom Flugzeug, ich schrie «Hilfe, das wirft Bomben!!!» und flüchtete von der Haustür in den Garten. Ich sah und hörte nichts mehr, ich rannte nur noch. Aufgewacht bin ich später, ich bin in einen Stacheldrahtzaun gelaufen mit dem Gesicht zuerst und hatte mir die ganze linke Augenbraue quer aufgerissen. Es dauerte lange, bis die große Wunde verheilt war, und sie ist auch heute immer noch so gut zu sehen, daß sie als Erkennungszeichen für die Verbrecherkartei dient.

Bis zuletzt besuchte ich meine Oma; als ich aus dem Jugendgefängnis kam, ging ich zuerst zu ihr. Sie starb letztes Jahr an Oberschenkelhalsbruch, und so lange ich sie besuchte, bekam ich immer jede Woche eine Tüte mit Obst und 1 oder 2 DM. Auch ihr Mann starb an Oberschenkelhalsbruch, im Heim, von ihm weiß ich sehr wenig, er sprach fast nie, rauchte und las nur und konnte nie so recht laufen.

Als meine Oma mütterlicherseits starb, war ich zwanzig Jahre. Opa mütterlicherseits: etwa fünfzehn Jahre alt. Als mein Opa väterlicherseits starb, war ich noch im großen Teich.

3. Beschreibe bitte Deinen Vater wie für jemanden, der nichts von ihm weiß.

Herzensguter Mensch, mit rauher Schale, der seine Gefühle schlecht zeigen kann! Ich glaube 54 Jahre alt, Fleischermeister, verheiratet, Haus, Geschäft, Wagen, Oberfeldwebel im Krieg oder «Oberschirrmeister», verwundet an der Hüfte, freiwilliger Soldat, eine lebende Mutter und eine Schwester ... ein Kind adoptiert.

[Aus einer zuverlässigen, der Familie Bartsch nahestehenden Quelle erfuhr ich eine psychologisch interessante Einzelheit über den Hintergrund seines Vaters, die Jürgen unbekannt geblieben war. Der Vater des Metzgermeisters Gerhard Bartsch war auch Metzger. Nach seinem Tod heiratete seine Witwe einen anderen Metzger, der sich aber anscheinend hauptsächlich für das Geschäft interessierte: Im Laufe der Zeit knüpfte der zweite Ehemann ein sexuelles Verhältnis zu einem Lehrjungen an. Seine Ehefrau hat das früher oder später erfahren und ihren Mann daraufhin bei der Polizei angezeigt – ein vernichtender Schritt in der damaligen Zeit. Das Ganze hat auch Gerhard Bartsch miterlebt, und es wird kaum ohne Wirkung auf seine eigenen Kindererziehungsmethoden geblieben sein.]

4. *Versuche bitte alles aufzuschreiben, das Dir über Deine eigenen Eltern bekannt ist, auch ungefähr wann Du es zum erstenmal hörtest.*

[Keine Antwort.]

5. *Dasselbe wie Nr. 3, diesmal über Deine Adoptivmutter.*

Ich glaube, daß sie gut ist, aber etwas zu aufbrausend und heftig. Sie ist sehr selbstbewußt, ihre Erziehung ist zu streng, ein Kind wird dabei nicht unabhängig; sie ist der eigentliche «Herr im Haus». 55 oder 56 Jahre alt, noch gut aussehend für das Alter, sehr, sehr fleißig, zu sehr, möchte ich behaupten. Im Krieg und auch vorher nicht in irgendeiner Partei oder dergleichen. Sie hat lange bei Juden im Geschäft gearbeitet, bis diese aus Deutschland fortgingen. Eine Unterleibsoperation, und darum konnte sie keine Kinder haben. Ein Kind adoptiert.

Ich erinnere mich, was mir von allen Tanten und Bekannten als älterem Kind, auch als Jüngling noch, vorerzählt wurde, und was mich immer, ich kann es nicht anders sagen, regelrecht ankotzte: «Ach nein, er war so süß, der Kleine, er sah ganz wie ein Mädchen aus, und die Mutti hat ihm die Locken – er hatte so wunderbare Locken! – immer ganz lang bis über die Schultern wachsen lassen, und dann als er im Kindergarten saß, zeigten die Leute mit Fingern und sagten: «Hast du so ein nettes kleines Mädchen schon mal gesehen?» und wollten es gar nicht glauben, daß es ein Junge war.»

Zu einer unserer Verkäuferinnen (wir haben sie seit meiner Verhaftung nicht ausfindig machen können) hatte ich ein viel herzlicheres Verhältnis als zu meiner Mutter. Das fand ich unter den Umständen damals ganz natürlich. Als eines Tages das Mädchen heiraten sollte und gehen mußte, konnte ich es nicht fassen, nicht begreifen, nein, das durfte nicht sein. Ich lag im Kinderbett, als sie es mir sagte, wir weinten beide furchtbar, ich wollte sie einfach nicht gehen lassen, und es hätte am Ende nicht viel gefehlt, und sie wäre doch geblieben. Das sind so Dinge, die man nicht vergißt.

6. Beschreibe bitte (a) Onkel bzw. Tanten, die bei Euch gewohnt bzw. Euch besucht haben und die in irgendeiner Weise für Dich oder im Leben Deiner Familie wichtig waren, so ungefähr wie Du über Deine Eltern geschrieben hast; (b) Ähnliches über andere Verwandte: Vettern usw.

Siehe oben.

II. FAMILIENSITUATION

1. Erzähl bitte ausführlich über Dein Leben zu Hause, die allgemeine Atmosphäre im Familienkreis, d. h.:

(a) Die Beziehung zwischen Deinen Eltern.

Darüber bin ich mir nie klar geworden, auch heute nicht. Sie streiten sich laut und verletzend, jeden Tag fast, aber sie können auch nicht voneinander lassen.

(b) Deine Eltern und ihre Beziehung zu Dir, auch die Unterschiede.

Natürlich leidet ein Kind darunter, ich bin meist allein auf meinem Zimmer gewesen, meine Eltern kamen da praktisch nie hinein, wollten es auch nicht.

(c) Die materiellen Zustände; der Einfluß des Geldes oder dessen Mangel, wahr oder eingebildet.

Wir lebten wie fast alle Familien des «gehobenen Mittelstandes». Wir waren sehr gut mit allem versorgt, nur, das muß der Wahrheit wegen gesagt werden, mußten wir, um diesen Standard zu halten, so viel und so lange arbeiten, besonders mein Vater, so daß wir von eben diesem Standard nichts mehr hatten, d. h. ihn nicht genießen konnten! (Später ging es ja abwärts durch meine Schuld, die Diebstähle.) Aber geht das nicht vielen Geschäftsleuten so? Ich hatte allerdings den Eindruck, daß zwar ich, nicht aber meine Eltern, hätten auf diesen Lebensstandard verzichten können. Das hat nichts mit Protzen zu tun, sie brauchen es innerlich, oder glauben, es zu brauchen. Ich selbst habe großes Verständnis dafür, denn wenn man sich einmal von ganz unten hochgearbeitet hat . . .

(d) Die Beziehung Deiner Eltern zur Religion (Überzeugung? Gewohnheit? usw.) und die Wirkung davon auf Dich.

Mein Vater ist religiös, aber geht fast nie zur Kirche. Meine Mutter glaubt wohl auch, sie versichert es, aber, so sagt sie, man muß dazu nicht in die Kirche gehen. Nur bei meiner Kommunion war sie dabei. Als Schulkind hat es mich befremdet, daß sie nicht zur Kirche ging. Heute freut sie sich sehr und weint, wenn ich ihr erzähle, daß der Pfarrer mit mir (als Meßdiener, darüber freue ich mich wahnsinnig) die heilige Messe hält. Ich bin in diesem Punkte also etwas verwirrt, weil ich es nicht ganz verstehe.

(e) Wichtig, weil bisher nur sehr wenig skizziert: die Familien-«Aktivitäten»: Spiele, Erholungen, kulturelle Interessen, Lektüre usw.

Ein ganz großes NONSENS muß hierhin, denn ich kann mich nicht erinnern, mit meinen Eltern jemals richtig gespielt zu haben, wie andere Kinder. Über Literatur, Museen oder Ähnliches haben wir niemals gesprochen. Es war eben gefühlsmäßig (und also auch kulturell) mehr als kalt bei uns, es strich immer ein Hauch von Ungemütlichkeit, vom Eis, durch die Wohnung. Wir waren alle drei nicht recht fähig, einander irgendwann einmal zu sagen: «Ich hab dich lieb . . .» [*Am linken Rand steht geschrieben:* «Damit meine ich das Alter von etwa 15–19 Jahre besonders, vorher war es allerdings auch nicht viel besser, Schläge und ‹Küßchen› (Mutter) wechselten sich ab, was soll ein Kind davon halten?] Wir haben es auch nicht getan. Ob es anders gewesen wäre, wenn mehrere Kinder dagewesen wären? Ich weiß es nicht . . .

(f) die Wirkungen von Alkohol, von Glücksspiel, von gesellschaftlichem Aufwärtsstreben («social climbing») oder anderen ungewöhnlichen Faktoren, die das Familienleben beeinflußten.

Ich glaube nicht, daß irgend etwas aus dieser Frage überhaupt zutrifft, auch nicht das «gesellschaftliche Streben», denn meine Eltern wollten nicht mehr aufwärts, sie wollten nur halten, was da war, als das Haus erst mal stand, und, wie gesagt, über der wirklich zu vielen Arbeit trat natürlich die Familie zurück.

2. *Hattest Du als Kind Deine Mutter oder Deinen Vater entschieden lieber als den anderen Elternteil? Wenn ja, bitte erklären.*

Je mehr ich überlege, je mehr möchte ich «nein» sagen. Denn vor meiner Mutter hatte ich, weil sie so streng war, Angst, aber Vater war so laut und bullerig, und ich sah ihn fast nie, so daß ich auch vor ihm Angst hatte. Aber genau kann ich die Frage nicht beantworten.

III. PERSÖNLICHE GESCHICHTE

A. Geburt und Säuglingszeit

1. *Was weißt Du über Deine eigene Geburt, wurde Dir jemals darüber berichtet? Von wem? Weißt Du zufällig, z. B., ob die Entbindung «normal» war oder schwierig, wurde instrumental eingegriffen, geschah sie vorzeitig, durch Kaiserschnitt usw.?*

Nichts.

2. *Was weißt Du über die Zeit, in der Du gestillt wurdest? Nur mit der Flasche? Weißt Du, wann das Abstillen kam? Mit oder ohne Schwierigkeiten? Was weißt Du sonst über Deine frühe Kindheit: zufriedenes Kind? quengelig? viel geweint? Gewisse Eigenschaften als Kleinkind?*

–

B. Frühe Kindheit

3. Was weißt Du über die Erziehung zur Sauberkeit? Hast Du noch Erinnerungen an Deine Gefühle und Reaktionen als Kind auf Kot, Urin oder die Ausscheidungsfunktionen des Körpers? Hast Du noch Kindheitserinnerungen, die mit dem Badezimmer bzw. mit der Toilette zu tun haben?

–

4. Warst Du Bettnässer? Wenn ja, was ist Dir darüber berichtet worden – wie versuchte man, es zu überwinden, wie lange dauerte es usw.? Falls es bis nach dem zehnten Lebensjahr weiterging, bitte Auskunft darüber. Wichtig: in welchem Alter es aufhörte, ein Problem zu sein.

Eigentlich nein, sagen wir, nicht öfter als jedes andere Kind, so alle drei oder vier Jahre einmal. Einmal zu Hause, als 7- oder 8jähriger, einmal als 11jähriger oder 10jähriger im Bonner Internat «Im Wiesengrund». Und dann wohl nicht mehr. Da es so gering, verständlicher ausgedrückt, so selten, war, habe ich über keine Schwierigkeiten zu klagen.

5. Hattest Du als Kind irgendwelche Angewohnheiten (z. B. Fingernägelkauen), die ungewöhnliche Nervosität verrieten?

Ich habe immer als Kind, bis 13 oder 14 Jahre, Fingernägel gekaut. Also etwa, bis ich in die Langenberger Schule kam.

6. Daumenlutschen: hast Du Erinnerungen daran?

Ich habe am Daumen gelutscht, aber ich weiß da nichts Genaues, meine Mutter erzählte es mir einmal.

7. Hattest Du als Kind Eßschwierigkeiten? Mußte man Dich dazu ermutigen?

Mit dem Schulanfang fing es an, bis ich in's Heim kam, da wurde es etwas besser. Von der 1.–4. Klasse, als ich zu Hause war, habe ich auch mittags meist gar nichts essen wollen. «Ermutigen» ist gut gesagt, meine Mutter schlug mich sehr oft dabei, wenn ich was nicht kapierte oder zu langsam war oder Fehler machte. Ich konnte also auch kaum großen Hunger haben.

8. Was weißt Du über Deine Persönlichkeit als Kind? Hattest Du Anfälle von Bockigkeit?

Nein, ich glaube nicht, daß ich an Menschen solche Wutanfälle oder dergleichen hatte. Ich weiß aber noch, daß ich, wenn ich mich ungerecht behandelt fühlte und mich nicht wehren konnte, alles Spielzeug, was ich erreichen konnte, kaputtgemacht und zerstört habe.

9. Hast Du als Kind im selben Bett mit Vater oder Mutter oder beiden geschlafen? [Die Beiläufigkeit und Selbstverständlichkeit seiner Antwort verdienen Aufmerksamkeit.]

Nein. – Etwa bis im Alter von 5 Jahren, höchstens.

10. Wie war Deine allgemeine Gesundheit als Kind?

Ich kann mich nur noch an Masern erinnern (Alter?), Mittelohrentzündung 4 oder 5 Jahre alt, «die Nerven- oder Gehirn-Krankheit, die keine war» (6 Jahre?), sehr oft Darm-Katharrh, Blinddarm-Operation in Rüdesheim mit 12 Jahren. Da lag ich in einem Zimmer mit einem anderen Kind, das aber durch Brandwunden so entstellt war, daß es meist bewußtlos und nie ansprechbar war. Ich denke nicht gern daran, heute mache ich mir oft Vorwürfe, ich hätte zu ihm (Junge, etwa 10 Jahre) sprechen sollen oder ihm Bilder zeigen sollen, denn ich durfte lesen und so, aber er hatte gar nichts, wurde künstlich ernährt und konnte sich gar nicht bewegen. Ich hätte wirklich etwas für ihn tun sollen. Aber Kinder scheinen wirklich grausam zu sein, man sagt es ja auch immer. Ich freute mich, wenn ich krank war, denn dann verwandelte meine Mutter sich, dann tat sie alles für mich und verwöhnte mich.

11. Wurdest Du irgendwann als Kind zum «Ausreißer»?

–

12. Warst Du als Kind eher scheu oder kühn, schüchtern oder furchtlos? Wie reagiertest Du in Anwesenheit von anderen Menschen, Erwachsenen sowohl wie Kindern?

Ich war scheu und schüchtern, ich hatte keinen «Mumm». Gegenüber anderen Kindern war es genauso, ich ließ mich von jedem verprügeln und fand natürlich auch keinen Kontakt, weil ich ein Hanswurst, ein «feiger Hund» war. Bei Erwachsenen war es, soweit ich mich erinnern kann, ganz anders, mit denen konnte ich, traurig ist es, als 6jähriger schon «umgehen», weil meine Mutter einen kleinen Benimm-Knigge in mich eingetrichtert hatte. Aber lieber wäre es mir natürlich gewesen, wenn ich einen oder mehrere Schulfreunde gehabt hätte.

13. Kannst Du Dich besonderer Ängste als Kind entsinnen? Bitte beschreiben; in welchem Alter? Weißt Du noch bestimmte Erfahrungen, die sie verursachten? Oder haben sie sich, soviel Du weißt, unabhängig von äußeren Zuständen entwickelt?

Angstzustände bekam ich, wenn ich allein im Hause war. Das kam aber nur 3 oder 4 mal vor. Einmal, als Fünfjähriger, habe ich die ganze Nachbarschaft zusammengeschrien. Dann, als Sechs(?)jähriger habe ich vor Angst einen Wutanfall bekommen und den elektrischen Sicherungskasten mit dem Hammer bearbeitet. Dann, als Siebenjähriger, habe ich mal meine Angst überwunden und (meine Eltern waren im Kino) einfach das Kino angerufen und gefragt, wann das Kino aus ist. «Gleich», wurde mir gesagt, und seitdem hatte ich keine Angst in solchen Fällen mehr.

14. Hattest Du als Kind jemals Angstträume oder gar Alpträume?

Ja. Einmal träumte ich oft hintereinander von einer Straßenbahnfahrt, ich war allein in der Bahn, und ein riesiger Affe kommt und holt mich raus, ich schrie natürlich laut und wachte auf.

Oft hatte ich auch Alpträume, in denen, Gott verzeih mir, meine Mutter eine Rolle spielte, aber keine gute, sondern eine sehr negative. Ich kann und will Ihnen darüber, zumal der Brief zensiert wird, nicht mehr sagen, und schließlich was konnte ich für meine Träume? Wie habe ich reagiert? Ja, das weiß ich nicht mehr, wahrscheinlich war ich froh, wenn es vorbei war. Getröstet kann mich ja wohl kaum jemand haben. Hätte ich zu meiner Mutter gehen sollen und fragen sollen: «Tröste mich, Mutti, ich habe gerade geträumt, Du hast mich verkauft»?

15. Littest Du als Kind jemals an Schlaflosigkeit?

Nein.

16. Gab es Sachen, die Du als Kind besonders gern oder ungern tatest? Gab es Gegenstände, Stoffe usw., die Du besonders gern oder ungern anfaßtest oder hieltest?

Als Kind bekam ich einen «Laden», mit dem ich gern spielte, auch «Arzt» spielte ich oft, mit den Stofftieren, die ich bis zum Alter von 15 Jahren hatte und auch immer noch mal damit spielte. Gerne ging ich mit meiner Oma. Mit den Eltern immer nur in's Café, Kuchen essen und so, natürlich weniger gern, ich wollte kein kleiner feiner Mann sein.

Die Haut von Pfirsichen kann ich auch heute noch schlecht anfassen.

17. *Gab es Erzählungen oder Märchen, die man Dir in der Kindheit vorlas oder erzählte, die Du besonders gern hattest? Gab es welche, die Dir Angst machten? Gab es Bilder, die Dich besonders faszinierten? Einzelheiten, bitte; in welchem Alter?*

Märchen mußte ich selber lesen, Grimm's, Andersen; Zwerg-Nase machte mir, weil er so unheimlich war, Angst, Schwefelhölzchen (Stern-Taler) las ich gerne, auch Nils Holgersson's Reise mit den Wild-Gänsen, auch die Bilder davon, bei Sterntaler hielt das Mädchen das Kleidchen auf, um die sternförmigen Taler einzufangen, Nils Holgersson ritt richtig auf einer Gans; und das Haus aus Hänsel und Gretel bestand aus Lebkuchen, und der «gestiefelte Kater» verwandelte den bösen Zauberer in eine kleine Maus . . . Märchen habe ich nur bis etwa 8–9 Jahre gelesen.

18. *Was bezeichnest Du als die Haupterinnerung aus Deiner Kindheit? (Alter?)*

Die Hauptsache wird für mich immer meine verschuldete oder unverschuldete Kontaktlosigkeit gegenüber anderen Kindern sein und deren (der Kontaktarmut) Folgen.

19. *Hattest Du jemals als Kind Sprachschwierigkeiten, Stottern usw.?*

Sprachschwierigkeiten in diesem Sinne nicht, Hemmungen sind ja keine Sprachfehler.

20. *Hast Du mal als Kind Krankheiten markiert, um Aufmerksamkeit zu bekommen?*

Nein.

21. Kannst Du dich entsinnen, als Kind eifersüchtig gewesen zu sein?

Eifersüchtig war ich auf die Spielkameraden der Jungen, die mir sehr gefielen und die ich nett fand und die ich ganz für mich haben wollte. Das ging bis zum Schulende so, und, wäre ich draußen, würde es wahrscheinlich noch so sein, machen Sie was gegen Gefühle.

22. Erzähl von der körperlichen Strafe, die Du als Kind bekamst. Wie oft vom Vater? Von der Mutter?

Wie ich Ihnen schon sagte, bin ich von meinem Vater fast nie (als Kind niemals) geschlagen worden, von meiner Mutter als Kind mit den Kleiderbügeln, später auch mit Gegenständen, Bierflasche, die Sache mit dem M. usw. [*«M.» = Messer = Fleischermesser.*] Die Reaktion meiner Mutter und von mir schilderte ich Ihnen ja sehr genau [in seinem Brief vom 1. Mai 1968], machen Sie sich bitte die Mühe und schauen nach? Haupterinnerung von Strafen ist meine Angst als Kind, wenn meine Mutter sagte: «So, jetzt hole ich den Kleiderbügel!»

C. Schulausbildung

23. In welchem Alter kamst Du zum erstenmal mit anderen Kindern zusammen? Wenn später als gewöhnlich, warum?

Als Kindergarten-Kind, aber nur ganz kurz, nur Tage, weil ich mich den anderen nicht anschließen konnte, etwa mit fünf Jahren. Bis dahin durfte ich fast nie raus, wegen dem Verkehr und weil die Leute hätten sagen können: «Du bist ja gar nicht von denen.» Vom Kindergarten weiß ich zwar noch das Aussehen der Brottasche, die um meinen Hals war, aber sonst weiß ich rein gar nichts mehr davon. Bei älteren Kindern fühlte ich mich sehr schwach, seelisch und auch körperlich (in den Knien!). Nun, wie Sie wissen, hatte ich Grund dazu.

24. *Allgemeine Schulgeschichte, mit möglichst genauen Daten.*

Gern hatte ich den Lehrer Hünnemeyer in der Volksschule 1.–4. Klasse, er ist der einzige, den ich aus der Zeit überhaupt noch weiß. In Rheinbach im Heim die Volksschullehrerin Frl. Prim (damals schon etwa 70 Jahre alt), in Marienhausen und Langenberg waren keine Lehrer zum Gernhaben, nur in der Berufsschule waren alle Lehrer in Ordnung, besonders der alte Lehrer Pelzer, dann der Klockenhoff und Veterinär Dr. Heisig (tot).

Als wir (1.–4. Klasse) in Essen wohnten, kannte ich praktisch keines der Kinder näher – also außerhalb der Klasse, nicht eines. Später, in der Siedlung aus meiner Klasse, soviel ich weiß, aus meiner Klasse nicht, sonst wohl, aber die waren alle viel kleiner. Gespielt habe ich fast nur mit den H.s (den Fall kennen Sie ja) und dem Axel (kennen Sie ja auch). Wir spielten mal im Wald, Fangen usw. (ich war etwa 14–15 Jahre, die anderen 10, 11 und 6 Jahre), fuhren mit den Rädern, und waren viel auf meinem Zimmer und balgten, sahen Filme, hörten Platten usw. Am liebsten war mir der Axel, danach der kleine sechsjährige Peter (Sie sahen ihn bei Gericht), er war der Kleinste, er sah einfach «süß» aus, er war damals das «schöne Kind» in persona, und er sieht auch heute noch nicht nach vierzehn Jahren aus. Obwohl ich bei den dreien König war (als «Einäugiger», sprich «Ältester»), legte ich es nicht oft auf eine regelrechte Führerrolle an, es lag mir wohl nicht, obwohl ich es mir gewünscht hätte.

Ich mußte es hinnehmen, im Internat von meinen Eltern getrennt zu sein, ich hatte damals als Kind noch nicht einmal das «Heimweh», wie man es sich allgemein vorstellt und man es kennt. Mein Heimweh war nicht weniger schlimm als anderes, mir war es nicht unbedingt auf mein «zu Hause» ausgerichtet, sondern eher unterschwellig, schwellend, irgendwohin, wo es besser was als im Heim, aber nicht unbedingt nach Hause, denn so viel besser war es da nicht, mit der großen Leere und dem Lieben, aber es nicht zeigen können.

Damals war Letzteres nämlich noch so. Über eines darf kein Zweifel sein, natürlich wäre ich lieber zu Hause gewesen als im Heim. Die Trennung von meinen Eltern habe ich, wie jedes andere Kind, als eine Art bösen Traum erlebt, ist ja stets das Gleiche, was man da denkt: «Das kann doch nicht wahr sein; sie wollen Dich ja gar nicht mehr haben, hast Du das nicht manchmal schon gespürt?» Und die Angst vor dem Neuen, in Rheinbach ging das ja noch, da war alles eher familiär, aber in Marienhausen: «Mein Gott, gehst schon in die Knie wenn Du bloß zwei Jungens siehst, die Du nicht kennst, da auf dem Hof laufen über hundert herum, alle fremd, ein paar schauen schon so wild herüber, als ob sie kaum erwarten können, Dich zu verdreschen, ja, Angst hast Du, eine Memme, gib es ruhig zu . . .» Wie ein furchtbarer Traum, das Ganze, etwas, das man nie wieder erleben möchte.

25. *In beiden Schulen, erzähl von den Lehrern/Lehrerinnen, die einen besonderen Einfluß (positiv oder negativ) auf Dich und Deine Entwicklung hatten.*

In Bonn, da kann ich mich nur an eine Lehrerin erinnern, Frl. Susanne Prim, sie war damals schon über sechzig. (Ich schreibe ihr heute noch, vor kurzem hat sie mir ein schönes Buch geschickt.) Sie war unsere Klassenlehrerin, auch heute wundert es mich noch, sie war nicht im geringsten streng, sie war eine der wenigen, die aus Güte Autorität zu machen vermögen. Auch lernte man bei ihr so leicht, als ob man spiele, das machte auch etwas aus, wir lernten gern bei ihr deswegen. Ausflüge machte sie oft mit uns, während der Schulzeit, im Sommer zu einer Quelle, und im Winter gingen wir zu einem großen Teich, es war verdammt schön.

Marienhausen, außer PaPü [Pater Pütlitz] erinnere ich mich noch an Pater Henninger, mein Lehrer in der 6. Klasse, ein sehr anständiger Mann, streng, aber doch gut. Er war vor kurzem als

Missionar aus Caracas zurückgekommen, gerade noch mit heiler Haut, da unten in Südamerika wurden die Missionare ja damals verfolgt, er war zwanzig Jahre lang dort gewesen. Er lebte sich schwer in unser Heim ein, die Härte, auch unter den Priestern, gefiel ihm nicht. «Nicht nur das Wetter hier ist kälter», pflegte er zu sagen, «in unserer Mission gab es diesen Zank und Streit nicht, dort lachten immer alle, hier nur auf Kommando.»

Mit dem dicken Religionslehrer, der ein ganz übler Schläger war, hatte er sich dauernd in der Wolle. Was mir bei P. Hemminger auffiel, war, das man es ihm anmerkte, wenn er wirklich mal einem eine Ohrfeige gab (und es verdammt nötig war), so tat er es nicht gern, es tat ihm selber, möchte ich behaupten, am meisten weh. Solche Erzieher können in dieser Beziehung, meine ich, doch nur positiv auf die Kinder wirken.

Der Diakon Hamacher. Wenn ich über ihn etwas sagen will, so würde ich ihn als Schauspieler aus Passion und Leidenschaft, viel zu leicht erregbar und Neurotiker bezeichnen. (Er war Aufpasser, kein Lehrer.) Man wußte nie, hatte man z. B. mal das strenge Silentium verletzt, ob er einem daraufhin einen Verweis geben oder einen fürchterlich verdreschen würde, er war ganz einfach unberechenbar. Er schlug oft, und wie, aber er hätte sich nicht wohlgefühlt, hätte er nicht jedesmal ein Drama daraus machen können. Nicht dünn, aber auch nicht dick, mit Brille, im schwarzen langen Talar und mit strohgelben Haaren, marschierte er, wenn die Prügel verabfolgt waren, im Saal auf und ab, warf die Arme in die Luft, und verstand es, aschfahl zu werden, nach Atem zu ringen, gleichzeitig zu schreien, so echt kurz vor dem Herzschlag. Aber dann ging es erst los: «Ins Grab bringen werdet Ihr mich noch, keine Minute Ruhe, ist ja kein Wunder, wenn man's mit dem Herzen bekommt» – entsprechende Handbewegung zur linken Brustseite – «umbringen wird es mich, wenn ich noch ein Jahr diesen Rummel mitmachen muß, nein, nein, was soll das bloß noch geben, wie wird das enden ...» (Stolpert als «alter armer gebrochener Mann» aus dem Raum.)

Eine Stunde später ist er der fröhlichste Mensch im ganzen Bau und reißt Witze am laufenden Band. Es ging ihm also nicht etwa um's Prügeln, sondern eine «Szene» täglich mußte sein. Er spielte natürlich Ostern ein Schauspiel auf unserer Bühne (übrigens schauspielerisch eine Glanzleistung!), den «Kirschblütenweg», und Fastnacht hält er in -zig Verkleidungen sämtliche Büttenreden, daß alle sich biegen vor Lachen. Der geborene Bühnenmensch. Und darum auch hatte er den Beruf verfehlt.

Pater Gaida war damals schon nicht mehr der Jüngste, aber das Muster eines zynischen Feiglings. Er machte Gott und die Welt lächerlich, war sehr streng und ungerecht (wenn z. B. in der Schule jemand was nicht kapiert hatte, so interessierte ihn das nicht), und er schlug nur im Verein mit andern, etwa mit PaPü, allein traute er sich vielleicht nicht.

Dr. Martin war der Direktor des Heimes, als ich kam. Wie meist, so hatte auch dieser Direktor wohl von manchem keine Ahnung. Er war eine Seele von Mensch, für ihn war es sicher gut, in einem Orden zu sein, draußen in der Welt wäre er zerbrochen, er war schlicht und einfach zu gut, als daß er dort hätte bestehen können. Aber auch in Marienhausen wurde er bald abgeschossen, er war den Kollegen wohl zu lasch und weich, sie werden ihm die Note «kaum genügend» gegeben haben.

Er wurde zum Landesprovinzial gemacht, also «befördert». Er stand jeden Abend als liebenswürdige kleine schwarze Tonne im halbdunklen Eingang zum Schulhaus, über seinem Kopf eine kleine Lampe, die kaum Licht gab, und er sprach mit uns, wie wohl mit manchen von uns noch niemand gesprochen hatte, und wohl keiner wird es vergessen, wie sie waren, diese Gespräche im Zwielicht mit einem Menschen, der nichts anders konnte als Geben; das war sein Leben, er wollte und konnte nicht anders. Ein Mann, der von jedem Psychologen als zwar intelligent, doch im Gefühlsleben völlig naiv, infantil und weichlich bezeichnet würde, dem Alltagsleben nicht gewachsen . . .

Er brauchte eine heile, kindliche Welt, um leben zu können, und wir brauchten ihn, es reichte, daß er jeden Abend dort stand. Er wäre lieber gestorben, als eins von uns zu schlagen, ganz zu schweigen davon, daß er auf diesen Gedanken niemals gekommen wäre. Fünf oder sechs Kinder standen wenigstens bei ihm, und nicht einer, der keine Frage, kein Anliegen, keine Bitte gehabt hätte.

Einer hat Zahnschmerzen, der Direktor besorgt die Behandlung noch am selben Abend. Der nächste zeigt seine Kette vor, von der er das Medaillon verloren hat. Darf er ein neues haben? Am nächsten Tag schon bekommt er es. Einer weint, seine Mutter hat ihm seit sechs Wochen nicht geschrieben. «Um Gottes willen», sagt der Direktor, und in seinem Ton ist nichts Falsches, er wird es nie verstehen, daß es Eltern gibt, die ihre Kinder vergessen. Also kann es so schlimm nicht sein, er tröstet den Jungen und verspricht ihm, sich darum zu kümmern, morgen wird er der Mutti schreiben ...

Nur genommen haben wir von ihm, geben konnten wir ihm nur unsere Liebe, und bedingungsloses Vertrauen ihm selbst gegenüber. Wir liebten ihn, obwohl wir wußten, daß er ein «Weichling» war; ein Weichling aus Liebe, darum wäre er auch Lieblosigkeit unsererseits hilflos ausgeliefert gewesen. Aber wir wären für ihn durch's Feuer gegangen, niemand von uns, auch der rauheste Bursche nicht, hätte ihm weh tun können. Denn gibt es eine größere Autorität als die selbstloser Güte? ... Requiescant in pace ...

26. Wolltest Du jemals studieren? Warum kam es nicht dazu?

Nein, ich kann «nicht rechnen», und so fiel das ja sowieso aus. Meine Eltern hätten es allerdings gern gesehen, wenn ich studiert hätte.

27. Erzähl ein bißchen von der Berufsschule.

Das war wohl 1961–64, einmal in der Woche, stets freitags, von 8–12.40. Danach hatte ich für den Tag frei. Von meinen Mitlehrlingen kannte ich nur H., der bei uns im Geschäft in der Lehre war. Mit den anderen Lehrlingen hatte ich keinerlei Kontakt. Ich hatte es inzwischen aufgegeben, Kontakt zu suchen. Ich interessierte mich, entmutigt, nicht mehr dafür.

D. Berufliche Geschichte

28. Erzähl von dem ersten Geld, das Du selber verdientest.

Das war 1961, 5 DM Taschengeld in der Woche. Das ging fast ganz für Coca-Cola, Fahrgeld und in bißchen Süßes von der Bude drauf. Von meiner Mutter bekam ich auch mal 5 DM, dann ging ich in's Bad, Kino usw.

29. Erzähl bitte – chronologisch – von der Arbeit, für die Du Geld bekamst, mit Daten und Summen.

Da meinen Sie Nebenbeschäftigungen? Damit war nichts, nur für Zeugnisnoten bekam ich was, 2 DM für sehr gut, 1 DM für gut, 0,50 für befriedigend.

30. Erzähl genau, wie und warum Du von dem Fleischer van Loon weggingst.

Meine Schulentlassung in Langenberg folgte im Frühjahr 1961. Mein Vater hat mich damals gefragt: «Na, nun willst du was werden?» Ich sagte: «Überhaupt nichts werden, ich habe keine Ahnung.» Ich hatte mich für einen Beruf nicht interessiert und habe mir darunter nichts vorstellen können. Ich wäre viel lieber weiter zur Schule gegangen, lieber Junge geblieben, als nun in Richtung «erwachsen» hin. Das hat mich nie so sehr fasziniert. Die ganze Berufslehre kotzte mich eher an.

Nun bin ich aber dann zuerst bei einem anderen Metzgermeister in die Lehre gegangen, aber nur ein paar Wochen. Das hat mir insofern gut gefallen, als ich da eben richtig Junge noch sein konnte. Da haben wir morgens zwar früh angefangen, um sechs

Uhr, aber wir waren oft schon um zwölf Uhr mittags fertig. «Ist ja prima!», habe ich gedacht, «ist ja wie in der Schule!» Das habe ich leider meinem Vater gegenüber erwähnt, und es hat ihm überhaupt nicht gefallen.

Er war richtig sauer. Ich wollte auch nicht zu meinem Vater. Man hörte damals: «Bei Bartsch brennt die ewige Lampe – früh angefangen und überhaupt nicht aufhören mit der Arbeit, bis in den späten Abend rein.» Natürlich hat mir das nicht gefallen. Bei dem Meister van Loon in Altenessen, weil ich eben immer so früh Feierabend hatte, bin ich meistens mittags oder früh nachmittags in den Park gegangen oder in Altenessen rumgelaufen. Ich war immer auf der Kirmes, wie damals, als ich bei meinem Lehrer war. Ich bin praktisch genau so oft ins Hallenbad gegangen wie damals.

Jetzt bin ich allerdings ins Hallenbad gegangen schon mit sexuellen Gedanken, um mir die Jungs so ein bißchen anzugucken. Ich glaube, ich hatte noch keinen richtigen Plan, das kann ich mir nicht vorstellen, aber ich war mir jetzt schon bewußt, daß ich sie gern sehe. Ich habe sie beim Umziehen usw. beobachtet.

Oder ich bin ins Kino gegangen oder ins Kaufhaus, Hertie oder Woolworth. In jedem Kaufhaus habe ich mir die Ringe für Herren angeschaut. Die kleinen, ganz billigen, die nur zwei oder drei Tage lang teuer aussehen, bis die Goldfarbe abgeht, die habe ich mir immer gekauft.

Nach zwanzig Uhr sollte ich da beim Meister van Loon möglichst nicht mehr nach draußen, aber ich bin heimlich aus dem Zimmer abends rausgeschlichen. Ich bin in die Spätvorstellung gegangen – «Alarm für Sperrzone 7». Das war ein Film, den ich heute noch gern sehen würde, mit einem großen Ungeheuer, das aus dem Meer rauskam und alles kaputtrampelte und so. Als ich wieder in mein Zimmer kam, war es mir natürlich klar, daß kein Ungeheuer da war, aber ich hatte so ein mieses Gefühl, daß ich erst die Schränke und überall nachgucken mußte. Ich habe selber darüber gelacht, aber es war so. Ich war schon ein bißchen ängstlich.

Vielleicht bin ich mehr als einmal in die Spätvorstellung gegangen. Auf jeden Fall, einmal, als ich aus dem Kino rauskam, da stand die Meisterin vorm Kino und wartete auf mich. Da hieß es: «Na, morgen kommst du mal zu uns, da wollen wir uns mal unterhalten.» Aber am nächsten Morgen habe ich Angst gehabt. Ich habe gedacht: Wer weiß, was sie mit mir machen? An sich waren das sehr liebe Leute. Sie hätten bestimmt nicht viel gesagt. Sie hätten wahrscheinlich ein bißchen mit mir gebetet und sehr freundlich mit mir gesprochen, aber ich habe so Angst gehabt, weil ich eben doch schon manches erlebt hatte.

Und so bin ich einfach abgehauen, an dem Morgen um fünf, und bin in Richtung Langenberg mit dem Bus gefahren. Zu Hause war es wieder dasselbe wie damals, als ich aus Marienhausen zurückkam. Ich bin wieder im Wald gewesen, da ist auch wieder meine Mutter gekommen und hat mich aus dem Wald rausgeholt. Ich bin wieder zu dem Meister zurückgekommen, am selben Tag. Er und seine Frau haben es mir nicht übel genommen.

An dem Tag kam noch etwas dazu. Ich bekam jede Woche fünf Mark. Ich mußte sie zu Hause abgeben, aber diesmal hatte ich sie ausgegeben.

Ich bin nicht mehr abends weggegangen. Ich habe auch kein Geld mehr ausgegeben, was ich nicht ausgeben durfte. Ein paar Wochen später (insgesamt war ich höchstens zwölf Wochen dort) arbeitete ich in der Wurstküche. Da war auch ein Geselle, und der Schwachkopf hatte eine beschlagene Brille auf. Als er die Bude sauber machte, nahm er einen Eimer kochendes Wasser und kippte es durch die Gegend. Mir lief das kochende Wasser ins Stiefelbein rein. Ich mußte zum Arzt, ich konnte natürlich nicht mehr laufen. Das ganze linke Bein war ziemlich verbrannt, bis zum Knie. Ich bin sofort behandelt worden, dann mußte ich vielleicht drei Wochen zu Hause im Bett liegen. In diese Zeit fällt das zum ersten Mal rein, wo ich andere Kinder aus der Siedlung mit in die Höhle nahm, nachdem ich ziemlich genesen war.

Nach vier oder fünf Wochen bin ich nach Altenessen wieder zurückgefahren, aber nur für ein paar Tage. Dann ist mein Vater plötzlich gekommen, aus heiterem Himmel, und hat gesagt: «Ich hole dich hier weg!»

Der andere Meister war richtig ein bißchen sauer. Er und ich sind nicht im Knies auseinandergegangen. Mein Vater hat mich da einfach weggeholt, weil er sagte: «Ich habe bei mir zu wenige Leute. Ich brauche dich selber.» Aber wenn Sie den richtigen Grund wissen wollen, nach Ansicht meines Vaters hatte ich zuviel Freizeit da. Das konnte mein Vater überhaupt nicht vertragen. Das ist in meinen Augen der Hauptgrund. Das hat er auch in meinem ersten Prozeß zugegeben.

Mein Vater hatte zu dem Zeitpunkt drei Angestellte. Ein paar Tage arbeiteten sie von morgens bis nachmittags, ein paar Tage von morgens bis ungefähr abends. Spätnachmittags wurde es immer. Aber beim anderen Meister durfte ich nachmittags raus. Mein Vater hat diese lange Arbeit meiner Ansicht nach absichtlich eingeführt, weil er sich sonst, wenn er mittags Feierabend gemacht hätte, fürs Familienleben hätte interessieren müssen. Das hat er nicht getan, und das glaubte er auch nicht zu können. Das ist meine Überzeugung. Solange er nämlich den ganzen Tag von morgens bis abends rumwerkelte, brauchte er mit niemandem über irgend etwas anderes zu reden oder sich um seine Familie zu kümmern. Er brauchte nicht mal zu fragen: «Ja, was machen wir jetzt?» Das ging alles weg, und er konnte außerdem noch jammern: «Ja, was ich alles mache, nimmt nie ein Ende!» usw. Dies Jammern hat ihm aber doch ganz schön Spaß gemacht, wenn Sie mich fragen. Für ihn gab es nur seine Arbeit, deswegen hat er ja die Arbeit in die Länge gezogen. Das macht er heute noch. Sich mal irgend ein bißchen Gedanken über Familie oder Familienleben zu machen, das gibt es für ihn nicht.

Auf die Idee, dagegen zu protestieren, weil mich mein Vater von dem Meister van Loon wegholte, bin ich überhaupt nicht gekommen. Ich meine, es ist heute noch so: Was meine Eltern sagen, das wird gemacht und fertig. Da nimmt man das als Naturereignis hin. Persönlich habe ich mir nie Besonderes dabei gedacht. Heute noch lasse ich mir schon allein deswegen manches befehlen und sagen, um nur völlige Ruhe zu haben. In mancher Beziehung befehlen mir meine Eltern noch genau wie früher: «Dem hast du letzte Woche nicht geschrieben, dem mußt du schreiben» usw.; «Der hat uns das und das geschrieben, der hat dir das und das gegeben, du mußt dich jetzt diese Woche eben bei ihm bedanken» – obwohl ich eigentlich vorhatte, das erst nächste Woche zu tun. Das sind in der Regel alles Kleinigkeiten gewesen, aber diese Dinge lasse ich mir heute noch genauso sagen und vorschreiben.

Aber was meinen Sie, wie froh ich darüber bin, daß ich jetzt durch das staatliche Gewahrsam dem unmittelbaren Einfluß der Eltern entzogen bin! Ich bin nicht gern im Knast, aber immer noch lieber im Knast, als daß meine Eltern den ganzen Tag an mir rumfuhrwerken können. Ich würde es heute genau so hinnehmen, wie meine Eltern mir damals sagten: «Du trägst deine Armbanduhr nur sonntags», obwohl ich weiß, was das für ein Quatsch ist. Wenn meine Eltern mir heute z. B. sagen würden (und meine Mutter sagt so was nicht, das brüllt sie meistens): «Diese Woche gehst du zum Friseur!» – ja Gott, wenn ich zu Hause geblieben wäre, dann wäre das ja heute noch so. Das wäre irgendwie selbstverständlich für mich.

Natürlich habe ich des öfteren mal zu meiner Mutter gesagt: «Warte nur, bis ich einundzwanzig bin!» Soweit habe ich natürlich gewagt, etwas zu sagen. Dann hat meine Mutter natürlich gesagt: «Ja, ja, stell dir mal vor, einmal bist du sowieso zu dumm dazu, woanders zu existieren als bei uns. Und dann, wenn du wirklich nach draußen kommen würdest, dann wirst du schon sehen, du wirst nach zwei Tagen wieder hier sein.» Ich habe das da in dem Moment geglaubt, wie sie das sagte. Ich hätte es mir selbst nicht zugetraut, länger als zwei Tage draußen allein zu existieren. Warum, weiß ich nicht. Und ich wußte genau, daß ich mit einundzwanzig Jahren nicht weggehen würde. Das war mir sonnenklar, aber es mußte mal ein klein wenig Luft abgelassen werden. Aber daß ich das nun wirklich absolut ernstlich ins Auge gefaßt hätte, ist völlig absurd. Das hätte ich niemals getan.

In den ersten Wochen beim Meister van Loon habe ich meistens nur Wasser durch Därme gelassen, den Wurstteig ein bißchen durchgemengt und ein bißchen Fleisch (Brät nennt man das) für den Fleischsalat geschnitten. Etwas Ernstliches habe ich da nicht gelernt, das war wohl zu früh.

Als ich im Beruf anfing, habe ich nicht gesagt: «Das gefällt mir», ich habe auch nicht gesagt: «Das ist grauenhaft.» Ich habe an sich sehr wenig darüber nachgedacht. Ich habe gedacht: «Du mußt arbeiten, und da arbeitest du eben.» Als ich achtzehn oder neunzehn war, kamen andere Leute und sagten: «Ja, dein Vater und das Geschäft, und das alles soll mal dir gehören» usw. Du lieber Gott, habe ich gedacht, bis dahin können die Russen kommen!

Ich habe nie so wie ein Meistersöhnchen gedacht: Eines Tages gehört das Geschäft dir. Im Gegenteil, wenn Angestellte oder Gesellen darüber sprachen, da habe ich immer gesagt: «Später gehe ich mal aus dem Beruf raus. Ich will kein Metzger sein» – obwohl ich schon einer war. Die völlige Wahrheit liegt wahrscheinlich in der Mitte: das war mir schlicht und einfach gleichgültig.

Van Loon war, obwohl ich nicht der beste Arbeiter war, überrascht, daß mein Vater mich plötzlich wegholte. Ich weiß auch nur, daß mein Vater darauf bestand, er sagte, ich hätte bei van Loon viel zu viel Freizeit (ich arbeitete dort meist von morgens 6–13 oder 14 Uhr). Das beunruhigte ihn sichtlich, und er sagte auch, daß er selbst zu wenig Leute habe.

31. Inwieweit haben solche Sachen wie Krankheit, Alkohol, Ärgerlichkeit, die Unfähigkeit, kritisiert zu werden, oder sonstwas eine Rolle in Deiner persönlichen Einstellung gespielt?

Kritisieren lasse ich mich nicht gerne, auch wenn der andere recht hat. Aber letztlich nehme ich es mir doch zu Herzen. Ich reagiere nur zuerst mit Ärger, automatisch, weil ich glaube, daß Kritik mich beschneidet, ich fühle mich dann immer so eingeschnürt. Alkohol habe ich in den letzten Jahren vor meiner Verhaftung sehr viel getrunken, oft auch alleine, nur um zu vergessen. Krankheit wüßte ich nichts besonders.

32. Bist Du mit Deiner Arbeit bis 1966 heute zufrieden oder nicht? Warum (nicht)?

Meine Arbeit gefiel mir nicht besonders, weil ich den Beruf nicht liebte. Das Blut usw. stieß mich ab, auch Kälberschlachten da drückte ich mich vor, so oft es ging. In den Beruf kam ich nur, weil ich nicht im geringsten wußte, was ich werden sollte oder wollte.

E. Wehrdienst

33. Was war mit dem Militärdienst? Wurdest Du jemals untersucht?

Vom Militärdienst habe ich nie was gehört.

F. Gewohnheiten

34. Einzelheiten übers Trinken, bitte, vom Anfang bis zum Ende: wie oft, wieviel, mit wem, wo usw.

Getrunken habe ich so etwa, seit ich 17 war. Meist Coca mit Asbach oder auch Whisky usw. Bier vertrug ich nicht gut. Zuerst nur so bis zum leichten Schwips, dann langsam immer mehr bis zum Rausch, allerdings nicht bis zum «Umfallen», aber das mag auch Sache des Willens sein. Wie gesagt, ich hatte keinen Geschmack am Alkohol, geschmacklich fand und finde ich das Zeug furchtbar, meine heimliche Liebe ist der Eierlikör. Ich trank in Gaststätten, ohne allzu enge Bekanntschaften dabei zu entwikkeln, aber auch im Geschäft heimlich und allein, jeden Montag. Dadurch habe ich dann auch den Führerschein verloren. Gegen Ende der Zeit ließ ich auch mal den Lehrling D. mittrinken.

Ich hatte morgens bis nachmittags Apfelwein und Schnaps getrunken, und fuhr mit dem VW-Bus und dem Lehrling und der 10jährigen Tochter unserer Putzfrau zum Schlachthof. Ich wollte das kleine Mädchen nicht mitnehmen, weil ich getrunken hatte. Aber die Mutter bat sehr, und es sollte ja auch nicht durch die Ablehnung herauskommen, daß ich «blau» war. Auf dem Rückweg fuhr ich mit 80 durch eine enge Unterführung, die in einer Kurve lag, anschließend Schlangenlinien. Das sah ein Polizeiwagen, und es war auch gut so, denn diese Fahrerei war verantwortungslos.

Drogen habe ich nie probiert, nur Schlafmittel, denn ich konnte in den letzten Jahren natürlich kaum noch schlafen, aber ich vertrage keine Schlaftabletten.

35. Hat das Glücksspiel Dich gereizt?

Das reizte mich nie. Heute gefällt mir nur Wetten in Verbindung mit Sport, aber etwas skeptisch bin ich immer noch.

36. Wann fingst Du an zu rauchen?

Ich habe mit 9 Jahren mal in Katernberg im Geschäft heimlich 20 Zigaretten geraucht und Nikotin-Vergiftung bekommen. Dann habe ich erst mit 14 ab und zu mal eine geraucht. Dann offiziell mit 16 Jahren begonnen mit 10 Stück am Tag, bis zuletzt steigerte es sich bis auf 26 Stück. Heute sind es oft über 40 Stück.

IV. ALLGEMEINE PERSÖNLICHKEIT

1. Würdest Du Dich als kontaktfreudig oder -scheu bezeichnen?

Ich würde mich als kontaktarm bezeichnen, weil ich mich vor Gesellschaft mit mehreren Personen regelrecht fürchte. Die eigentlichen Gründe, falls es besondere gibt, weiß ich nicht, kenne ich nicht. Auch als Kind war ich schon so, viel zu schüchtern usw.

2. Wirst Du leicht ärgerlich oder wütend?

Leider werde ich leicht ärgerlich und wütend, allerdings nicht ohne Grund, ich zeige es auch offen, aber so «verraucht» der Zorn natürlich recht schnell. Infolgedessen muß es auch schon sehr schlimm kommen, damit ich nachtragend bin. Ich verzeihe nicht schwer, sondern sogar gern. Ich habe ein sehr gutes Erlebnis-Gedächtnis, also vergesse ich so schnell nichts, weder Gutes noch Schlechtes. In Wut nicht, aber in Eifersucht, aber das ist ja auch eine Art Wut.

Eifersüchtig war ich immer, wenn ich jemanden gern hatte, und mich wie eine Klette an ihn hängte. Wenn diese Person dann einen anderen ansah, mit ihm spielte oder so (als Kind oder Junge), so wurde ich fast verrückt. Meine Eifersucht traf also das Objekt meiner Zuneigung. Da habe ich dann aus Wut denjenigen gequält, indem ich z. B. etwas, wo ich versprochen hatte, es ihm zu geben, an andere vor seinen Augen verteilte.

3. Neigst Du zur Eifersucht? Wen trifft es? Was für eine Wirkung hatte Deine Eifersucht auf Dein Benehmen?

Ist beantwortet.

4. Gibt (gab) es jemanden, den Du richtig gehaßt hast? Wen? Weshalb?

Ja, PaPü *[Pater Pütlitz]*.

5. Hast Du jemals bewußt an Minderwertigkeitsgefühlen gelitten? Heute noch?

Aber sicher, ich glaube, daß jeder kontaktarme Mensch Minderwertigkeitsgefühle hat. Sie sind insoweit überhaupt nicht beschränkt. Auch heute noch. Einen tatsächlichen triftigen Grund habe ich nie gefunden.

6. Laune: meistens gleichmäßig oder mit plötzlichen Umschwüngen?

Meist gleichmäßig schlecht, nur habe ich mich recht gut in der Hand. Ich konnte stets gut eine Schein-Fröhlichkeit produzieren, nicht aus Falschheit, aber weil, wenn es einem sichtlich schlecht geht, «die Anderen freuen sich dann». Zur Zeit flüchte ich mich oft und gern in mein Hobby, meine private Traum-Welt, die Zauberei. Wenn ich dann übe, kann ich die lästigen Gedanken (gemeint sind alle Gedanken, egal welche) ausschalten.

7. Phantasierst Du viel, wenn Du wach bist? Welcher Natur?

Ja, früher, aber nur erotisch, bei mir muß man ja sicher sagen verbrecherisch (sadistisch). Das war also meiner Meinung nach regelrecht zwanghaft, ich konnte das nicht verhindern, daß das praktisch jeden Abend kam. Danach war ich immer ganz fertig, auch das Gewissen meldete sich, aber erst danach, also wenn die sexuelle Erregung nicht mehr da war.

Danach fantasierte ich, diesmal aus freiem Willen, das genaue Gegenteil, aus einem Schuldgefühl (das sicher berechtigt war) heraus, ich träumte dann davon, einen Beruf zu haben, wo ich Kinder pflegen und ihnen helfen würde. Ich rollte oft eine Decke zusammen, die war dann das Kind, und ich drückte es an mich, jetzt allerdings ohne jegliches sexuelles Gefühl. Das war dann wie eine Erlösung und eine Wohltat.

Seit das Urteil war, bzw. seit ich nicht ganz gesund bin, ist der sexuelle Drang bis jetzt fort, auch die Phantasien, nur das Nachspiel ist geblieben, und ich will auch, daß es so bleibt, denn dieser Traum ist das Eigentliche, was ich wollte, wenn der verdammte Sex nicht gewesen wäre, und diesen guten Traum, Wunsch-Traum, lasse ich mir nicht nehmen.

8. Als Kind: gab's bei Dir Fälle von Grausamkeit? Hast Du Insekten, Tiere usw. gequält?

Nein.

9. Erlebst Du Perioden von Selbstmitleid, wenn es Dir sozusagen Spaß macht, Dir selbst leid zu tun? Übertreibst Du Deine kleineren Unglücksfälle? Was verursacht solche Perioden? Haben sie eine tatsächliche Ursache, oder kreierst Du sie selber?

Selbstmitleid glaube ich nicht zu kennen. Gut formuliert, nicht wahr? Ja, man kann das selber, auch mit gutem Willen, schlecht beurteilen. Spaß würde es mir allerdings nicht machen. Allerdings dramatisiere ich manchmal kleinere Zwischenfälle, wenn z. B. das Feuerzeug vom Tisch fällt, usw. Aber ich sehe da einen ganz anderen Grund, nämlich, «anderen passiert das nie», also Minderwertigkeit. Ich bin davon dann auch überzeugt.

10. Bist Du ungewöhnlich mißtrauisch? Hast Du häufig das Gefühl, daß andere Menschen niederträchtig motiviert sind oder daß jemand Dir etwas antun wird? Neigst Du dazu, andere für Deine Sorgen verantwortlich zu machen (d. h. die Verantwortung auf andere zu schieben)? Wen würdest Du heute als Deine echten, persönlichen Feinde bezeichnen, d. h. von den Menschen, die Du persönlich kennst und die Dich persönlich kennen?

Gesund mißtrauisch, würde ich sagen. Ich glaube, daß man auch diese Sache objektiv nicht selber beurteilen kann. Manchesmal mag es auch unbewußt geschehen. Meine persönlichen Feinde sind zur Zeit die sogenannte NPD *[die rechtsradikale Nationaldemokratische Partei Deutschlands]* (ich meine das durchaus ernst). Früher kann ich nichts Besonderes nennen außer PaPü. Sicher, große und starke Gleichaltrige, da hatte ich Angst, aber als begründete Feinde habe ich sie nicht angesehen.

11. Wie anpassungsfähig bist Du? Stören Dich sehr z. B. neue Situationen, Umgebungen usw.?

Ich bin halb anpassungsfähig. An negative Situationen und Lagen, da verstehe ich mich viel eher anzupassen; bei positiven, normalerweise Freude erregenden Gelegenheiten bin ich viel schwerfälliger, ich traue der Freude und dem Frieden nicht. Zum Beispiel bei einem Fest, einer Gesellschaft, wo alle fröhlich und lustig sind, da kann ich mich nicht anpassen, es liegt mir einfach nicht. Ich habe dann immer das Gefühl, ein Fremdkörper zu sein. Dagegen bei negativen Gelegenheiten, wo ich ganz passiv bin und sein muß, z. B. Schulung im Beruf, Tanz-Kursus (das Lernen selbst ist damit gemeint), Verkehrsstockung usw., da passe ich mich ganz automatisch an, auch ohne innerlich zu murren, ich bin ganz einfach hilflos, ohne Menschen, die mich führen.

Ja, wie jeder andere tue ich verschiedene Dinge zur gleichen Zeit in der gleichen Art usw. Zum Beispiel könnte ich es mir nicht vorstellen, eine Zigarette in der rechten Hand zu halten, es würde mich körperlich stören. Auch wenn ich meine Sachen abends vor die Tür stelle, da kommt jedes immer ganz genau an die gleiche Stelle. Auch meine Illustrierten kommen stets an den gleichen Platz usw., usw. Es kommen heute, im «Knast», ja praktisch keine Unterbringungen vor, aber früher, ja, da hat mich dergleichen ganz wild gemacht, ganz nervös. Z. B., wenn wir in der Wurstküche jahrelang erst Brühwurst, dann Kochwurst gemacht haben. Da war mal die Kochwurst Anfang der Woche plötzlich alle, und wir mußten den ganzen Plan umdrehen. Ich hatte darüber eine fürchterliche Wut, es war plötzlich alles ganz anders. Auch, als in der Berufsschule die Tage gewechselt wurden, anstatt freitags mal ein paar Wochen mittwochs, da war es genau so.

12. Bist Du systematisch in der Weise, wie Du irgendeine Unternehmung anfaßt und anfängst? Bist Du der Meinung, daß solche Aktivität bei Dir richtig gezielt ist? Warum (nicht)? Neigst Du zur Vergeßlichkeit oder Verträumtheit?

Geht ja auch aus den letzten obigen Sätzen hervor. Ja, ich glaube, daß ich allgemein sehr systematisch vorgehe, was leider manchmal zur Manie wird, ohne daß ich es merke, denn dann geht es auf anderer Art nicht mehr (obige Beispiele). Im Grunde, und mit Maß, halte ich die Systematik für nützlich im Leben. Nur – das rechte Maß, wo ist es, und wo fängt die Manie an?

Vergeßlich bin ich an sich gar nicht, meine ich, nur alles, was mit Daten oder Zahlen zu tun hat, vergesse ich nahezu sofort. So ist es z. B. keine Fahrlässig- oder Nachlässigkeit, daß ich bis heute Namens- und Geburtstag meiner Eltern nicht zu behalten vermag, sondern schlichtes Unvermögen, ich kann es wirklich nicht. Darum habe ich mir die betreffenden Daten alle aufgeschrieben.

Verträumtheit? Ich träume oft mit Willen bei offenen Augen. Das sind Wunschträume, die aber nicht in die Wirklichkeit hinüberspielen. Ich erwarte nicht, daß sie sich realisieren. «Ver»-träumt bin ich also m. E. nach nicht.

13. Denkst Du voraus? Kannst Du gut und logisch planen? Als Du mal einkaufen gingst, konntest Du ohne Liste alles erledigen, ohne etwas zu vergessen?

Ich muß mich berichtigen: Nicht nur mit Zahlen, auch mit Kleinigkeiten bin ich sehr vergeßlich. Ich komme darauf, weil Ihr Beispiel genau zutrifft! Als ich als Junge einkaufen ging, ohne Zettel, hatte ich stets die Hälfte vergessen, ob es aber stets dieselben Sachen waren, weiß ich nicht mehr. Ich verlegte ständig meine Schulhefte, Schreibsachen usw. Heute weiß ich nie, wo ich meinen Kram oder Streichhölzer habe usw. Dagegen vergesse ich wichtige Dinge (Besprechungen, Besuche, Reisen, Fahrten, Vorhaben usw.) so gut wie nie. Das war es auch, was ich oben meinte, an die Kleinigkeiten denkt man ja meist nicht.

14. Hast Du ganz besondere Ängste? Gibt es besondere Sachen oder Situationen, die Du besonders fürchtest?

Als Kind hatte ich furchtbare Angst vor dunklen Räumen, und

vor'm ganz alleine sein. Besonders gefürchtet habe ich stets Prüfungen, Tests, und, wie ich schon öfter hier ausgeführt habe, die «großen und starken» Jungens, was ja die meisten waren, weil ich ja so klein war.

Unnötig Kummer habe ich heute mit Zwangs-Vorstellungen und Gedanken, weswegen ich mit Unterbrechung in Behandlung bin. Darüber möchte ich nichts sagen im Moment, aber ich schrieb Ihnen ja schon davon (Augenliderklappen usw). Es ist jedenfalls ganz scheußlich.

Künftige unangenehme Situationen, da versuche ich gar nicht dran zu denken, da «schalte» ich einfach ab, mit Gewalt, und bis jetzt hat das auch an sich meist geklappt.

15. Bist Du der Meinung, daß Deine Ausbildung im Vergleich mit Deinen Ausbildungsfähigkeiten ausreicht?

Meine Ausbildung halte ich für durchaus ausreichend. Wenn sie nicht 100%ig war, so lag das allein an meinem mangelnden Interesse an diesem Beruf. Trotz der verhältnismäßig guten Ausbildung bin ich kein Metzger im Sinne dieses Berufes geworden. Sagen wir besser, kein Fachmann. Ein Metzger muß hart handeln können, z. B. beim Viehkauf auf dem Schlachthof (Vertrag durch Handschlag, gilt heute noch!). Das kann ich aber nicht, weil ich nicht fordern kann, ich gebe viel zu leicht nach. Ich bin auch zu schwach, um ein Rinder-Hinterviertel zu tragen (was ein jeder Metzger können muß). Aber auch Präzisions- und Millimeter-Arbeit muß ein Metzger machen können, z. B. beim Schinken-Zerteilen millimetergenau die Fleischnähte zu treffen mit dem Messer. Das habe ich nie richtig gemacht, ich habe immer daneben getroffen, weil ich zu linkisch und ungeschickt dafür war. Ich habe nun mal zwei linke Hände. Messer ganz scharf machen mit dem Schleifstein und mit Wasser, das ist für jeden Metzger eine Selbstverständlichkeit. Wenn ich mal ein Messer «geschärft» habe, dann konnte tagelang niemand mehr überhaupt noch damit etwas schneiden. Ich war speziell dabei immer sehr deprimiert, denn ich habe mir große Mühe gegeben. Aber ich war für praktische Arbeit scheinbar wirklich zu dämlich, und so haben unsere Gesellen mich immer verachtet, die meinten, ich wollte nicht, aber da taten sie mir Unrecht.

Panische Angst hatte ich stets vor dem Schlachten auf dem Schlachthof. Ich wußte genau, daß jedesmal mir eine Panne passieren würde, und so war es auch. Wenn ich die Schweine zur elektrischen Falle (Betäubungsmaschine) durch die Gänge trieb, so konnte ich sicher sein, daß wenigstens ein Schwein mir ausriß und quer durch den Schlachthof lief, so daß ich andere bitten mußte, mir zu helfen, meine Schweine wieder zusammenzusuchen, denn wenn ein Schwein ausbricht, soll man hinter dem einen herlaufen, dann sind die anderen in der Zwischenzeit auch weg; läßt man es laufen, ist zumindest das eine weg.

Unser harter Lehrling Manfred H. (Sohn eines Kopfschlächters), der stach, wenn ein Schwein ihm zu renitent war, das Tier einfach ab, und ließ es liegen, holte es später. Ganz abgesehen davon, daß das strafbar war, konnte ich das auch nicht, so was. Und war man dann mal mit den Tieren in den engen Gängen vor der Betäubungsmaschine (2,50 Meter langes Ende des Treibganges; es kann, wenn ein Tier drin ist, ruckartig von waagerecht nach halb senkrecht gekippt werden, am Ende ist es spitz, da landet das Tier mit dem Kopf zwischen zwei Metallplatten, elektrisch geladen, wodurch es betäubt wird. Dann kann man das betreffende Ende *(Kopfende mit den Platten)* nach oben, so wie eine Tür, wegziehen, so daß das Tier auf die Erde fällt. Dann wird die Halsschlagader durchstochen und das Blut in einer Schüssel aufgefangen), so standen da schon etliche andere Metzger mit ihren Tieren.

Manche waren solche Metzger, wie Fritzchen sie sich vorstellt, richtige Bullen von Kerlen. Und wenn ich Pech hatte, dann kam kurz nach mir so ein Kerl, und wenn ich dran gewesen wäre, dann wurde losgebrüllt, ungefähr wie «Halt die Fresse, sonst schlag ich Dir die Zähne einzeln aus», und wenn ich dann doch meine Schweine mit Recht versuchte vor seinen zu betäuben, dann ist es mir oft passiert, daß ich einfach mitsamt meinen Schweinen von so einem Riesen aus dem Weg befördert wurde.

Wenn ich dann tatsächlich die Tiere betäubt hatte, und sie abgestochen waren (wobei es meist Glücksache ist, die Schlagader zu finden, auch Meister tun sich damit schwer), so kamen die Tiere in einen Riesenkessel mit 60–70° heißem Wasser, von da aus, wenn die Borsten dadurch eingeweicht waren, in eine «Kratzmaschine», wo automatisch die meisten Borsten abgemacht wurden. Danach wurden von uns an den Pfoten die Sehnen ein Stück freigelegt, und daran wurden sie an Rollen aufgehängt und hochgezogen, mit dem Kopf nach unten.

Dann wurden die Tiere ausgeweidet; bis dahin habe ich dann die Arbeit gewöhnlich mehr schlecht als recht geschafft, so einigermassen; aber dann, wenn die Innereien heraus waren, dann fing jedesmal mein großes Leid an. Denn nun mußte jedes Schwein mit dem Beil genau in der Mitte, also genau durch die Kotelett-Rückenknochen hindurch, gespalten werden, auch der Kopf, sogar die Schnauze in der Mitte durch. Das war immer schrecklich. Meist war ich froh, wenn ich mit dem Durchhacken fertig war, also wenn dann an jeder Hälfte nur ein Ohr war, da war ich schon glücklich. Warum bei manchem, ja fast allen anderen dies alles «wie am Schnürchen» klappte, das habe ich nie verstanden. Noch etwas anderes habe ich nie verstanden: warum ich bei der Gesellenprüfung in der «Praxis» eine Zwei (gut) bekam. Nun, heute kann ich es mir denken. Beim Abstechen hat mir jemand geholfen, und für den Rest (ein einziges Schwein nur) habe ich zwei Stunden Zeit gebraucht ungefähr! Davon eine ganze Viertelstunde habe ich mir einfach genommen, nur für's Durchhacken. Was man sich im normalen Alltag natürlich niemals leisten kann. So ist diese Note also «theoretisch» zwar richtig, aber für die Praxis ein Nonsens. Ungeschickt läßt grüßen . . .

16. Hältst Du Dich selbst für wachsam? Was bedeutet für Dich «wachsam»?

Ich halte mich für äußerst wachsam. Weil Wachsamkeit für mich keine andere Definition zuläßt als «Mißtrauen». Ich glaube, ich bin sehr mißtrauisch, also sehr wachsam.

17. Hältst Du Dich für einen guten Beobachter?

Für einen guten Beobachter halte ich mich, ja. Aber wieso? Darauf wüßte ich nichts zu sagen. Man ist so, oder man ist nicht so. Auf einem Gebiet besser als auf einem anderen? Nein, glaube ich nicht, da kann ich gar nichts Genaues sagen.

18. Hältst Du Dich für fähig, aus eigener Erfahrung zu lernen?

Soweit es allgemein gehalten ist, die Frage, halte ich mich durchaus für fähig, aus Erfahrung zu lernen. Wenn man keinen Freund bekommen kann als Kind, wenn die anderen einen nur verhauen, dann sieht man eben zu, daß man aus der Schule nach Hause kommt, so rasch es geht, und wenn man dort im Weg ist, drückt man sich in eine Ecke und liest oder heult, je nach Stimmung.

Einmal, in Katernberg, als ich morgens in der Schule vom «starken Beckmann» ein paar «auf die Schnauze» bekommen hatte, ich weiß es noch wie heute, habe ich auf dem Heimweg in der Straßenbahn die ganze Zeit nur gegrübelt, was ich machen, wie ich mich wehren würde, wenn ich erst groß, erst stark wäre. Eine genaue Vorstellung davon hatte ich zwar nicht, aber ich weiß noch, es wimmelte nur so von Aufwärts, linken Geraden und Haken und Magenschlägen und sonstigen Treffern. Als ich dann in Katernberg ankam, ging ich ins hinterste Zimmer, wo der kleine Teeschrank stand, machte ihn auf und schrieb mit dicken Bleistiftstrichen auf die Innenseite der Tür: «Der Rächer!»

Wie gesagt, aus Erfahrung lernen; wenn man merkt, als Kind, daß die Eltern keine Zeit haben, oder nicht fähig sind, mit einem zu spielen, dann spielt man mit sich selbst, mit den zwanzig Stofftieren, malt sich ein Schild, hängt es an die Kinderzimmertür («Hat er es nicht gut, er hat ein eigenes Zimmer!»), darauf steht «PRA-

XIS», und spielt ein paar Wochen lang Tierarzt, weil man Tiere so lieb hat, und der Beruf so schön ist, außerdem, was für Erwachsene gilt, warum sollte es für Kinder nicht gelten, für manche wenigstens: «Seit ich die Menschen kenne, liebe ich die Tiere . . .»

Später, wenn man dann erfährt, daß man sich verloren fühlt, instinktiv ausgestoßen, sobald mehr als ein oder zwei Gleichaltrige beisammen sind, der Mund verschließt sich, nichts fällt einem mehr ein, was man sagen könnte, und wird wirklich mal, aus Versehen sozusagen, das Wort an einen gerichtet, so kriegt man einen roten Kopf und grinst blöd, mehr ist nicht drin. Die Erfahrung lehrt in solchem Fall, daß man am besten allein bleibt, ein Einzelgänger wider Willen. So glaube ich also sagen zu können, daß ich hervorragend geeignet bin, aus Erfahrung zu lernen.

Über die schlimmsten Dinge kann ich nur sagen, daß ich stets das Gefühl hatte, darauf, ab einem bestimmten Zeitpunkt (etwa 13–14 Jahre) keinen direkten Einfluß mehr darauf zu haben, wirklich nicht anders zu können. Gebetet habe ich, und gehofft, daß wenigstens dies etwas nützt, aber auch das nicht.

19. Wie breit sind Deine Interessen? Wie eng? Warum hältst Du sie für so oder so?

Selber kann man das nicht beurteilen, ob die Interessen «breit» oder «schmal» sind. Meine Hauptinteressen sind: Politik, Geschichte, neuere vor allem, Unterhaltungs- (Schlager-) aber auch klassische Musik (Mozart, Volksmusik, Balladen von Loewe [DIE UHR], Willy Schneider und v. a.), vor allem aber meine geliebte Zauberkunst, die steht in dieser Beziehung an erster Stelle, auch jetzt noch.

Wenn ich erst einmal ein Interesse habe, etwa wie oben angeführt, dann bleibt es auch konstant. Mit der (Unterhaltungs-) Magischen Kunst beschäftige ich mich seit 1962–63, damals fing ich an, ich war schon immer ganz toll dahinterher, «wie die das bloß machen». Später war ich ja sogar organisiert im «Magischen Zirkel von Deutschland», M. Z. v. D., e. V., eine Vereinigung, welcher die ganzen Zauberkünstler von Deutschland angehören, Amateure und Berufler. Als ich verhaftet wurde, haben sie mich natürlich sofort am nächsten Tag rausgeworfen, aber die Fachzeitschrift beziehe ich heute noch, und werde sie auch wohl immer kaufen.

Gezaubert habe ich allerdings (wohl wegen meiner Hemmungen) weniger im kleinen Kreis, als öfter auf Bühnen. Das ging seltsamerweise viel leichter, da hatte ich durchweg sehr gute Erfolge, ob im Franz-Sales-Haus, im Essener Saalbau, Karnevalvereine (Bühne), im CVJM-Haus, im Jugend-Zentrum, oder im Altersheim, egal wo. Wahrscheinlich kam das daher, daß für mich der nicht ganz direkte Kontakt mit den Zuschauern das Beste war. Direkt vor der Nase – da hätte ich wahrscheinlich doch wie auch sonst wieder Angst gekriegt.

Wie gesagt, diese Kunst (es ist eine, entgegen anderslautenden Gerüchten) ist meine liebste Freizeit-Beschäftigung und wird es auch wohl bleiben.

20. Was hältst Du von Deinem Urteilsvermögen? Warum?

Mein Urteilsvermögen halte ich für normal, d. h. gesund. Weil ich nie impulsiv oder spontan über jemanden oder etwas urteile, sondern erst immer eine Zeit darüber nachdenke. Ich verstehe nicht, wie man urteilen kann, über eine Person oder Sache, ohne alle vorhandenen Fakten abzuwägen.

Eine vollendete, unfehlbare Urteilskraft, Urteilsvermögen, so meine ich, gibt es gar nicht, weil wir alle nur Menschen sind. Darum gibt es auch kein Gesetz, welches 100% für jeden Fall «gerecht» wäre. Doch trotzdem brauchen wir die Gesetze, wenn sie auch nur aus einem einzigen, aber unbedingt zwingenden Grunde sein müssen. Denn darin stimme ich mit Gerhard Mauz völlig überein, wenn er schreibt: «In Wirklichkeit gibt es gar keinen Willen, der völlig frei wäre, es gibt in Wahrheit auch keine völlige Zurechnungsfähigkeit, und doch müssen wir alles das annehmen – um einer leidlichen Ordnung willen . . .»

Die «Tu nicht, wie ich tue, sondern wie ich sage»-Menschen sind mir nicht ganz geheuer, ich weiß nicht recht, was ich von ihnen denken soll. Solch ein Mensch bin ich nicht, ich mag solches Verhalten absolut nicht.

21. Arbeitest Du besser mit jemandem zusammen oder alleine? Wenn irgendeine Art von Konkurrenz dabei ist, hilft es Dir oder hindert es Dich?

Arbeiten tue ich viel lieber, am liebsten überhaupt, alleine, wo es auch ist. Wenn eine Art Konkurrenz dabei ist, so stört mich das? Mag sein, aber nicht so sehr, wie man vielleicht denken könnte. Was ich auch arbeite, ob im Metzgerberuf oder in Werden im Arrest Pipettengläser zusammensetzen oder Einzelteile von Gasanzündern mit einer großen Elektro-Hammermaschine vernieten, ob in Wuppertal Bänder zwischen Etiketten kleben, ob hier in Duisburg Hosenträger-Clips zusammensetzen, nie habe ich so gut, so rasch arbeiten können (auch wenn ich mich anstrengte), wie die Anderen, die sich dabei gar nicht anzustrengen brauchten.

In Wuppertal habe ich auch mit Gewalt noch nicht einmal das Mindestmaß geschafft, das man machen muß, wenn man wenigstens das Geld bekommen will. So was ist schon verdammt deprimierend. Aber auch in der Lehre hat es stets eine kleine Ewigkeit gedauert, bis ich was Neues gelernt hatte.

22. Wie geschickt bist Du, wenn Du anderen Hinweise geben mußt? Wieviel Erfahrung hast Du damit?

Hier im Gefängnis, seit über drei Jahren also, habe ich noch niemandem bei der Arbeit helfen können. Hinweise oder so gibt es bei diesen Arbeiten ja auch praktisch nicht, weil es eine Art Fließband-Arbeit ist. Also stets derselbe Handgriff. Bleibt nur der Beruf übrig. Erfahrung habe ich mit Hinweisen da kaum. Einmal lag mir das nicht, Anderen oder Jüngeren Hinweise zu geben. Außerdem habe ich, auch als Geselle gegenüber dem Lehrling, mir nicht die geringste Autorität verschaffen können. Fragen Sie mich nicht, ob ich diese Autorität nicht haben wollte oder es nicht konnte, ich weiß die Antwort nicht.

Manchmal störte es mich, daß sie fehlte, die Autorität, manchmal aber war ich es sehr zufrieden, daß sie nicht da war. So habe ich mich, auch als Geselle stets, ohne mir damals dessen völlig bewußt zu sein, gefühlsmäßig und rangmäßig immer als zu den Lehrlingen, den Jüngeren ganz allgemein, zugehörig betrachtet. Das gibt natürlich eine Sperre psychologischer Art, die es einem unmöglich macht, als der zu erscheinen, der man, Alter und Rang nach, sein sollte.

23. *Hast Du gute körperliche (muskulöse) Koordination? Wenn Dir Schwierigkeiten in dieser Hinsicht aufgefallen sind, welche? Bist Du mit Werkzeugen geschickt? Wieviel Erfahrung mit Werkzeugen hast Du gehabt?*

Meine körperliche Koordination («Stärke» oder «Schwäche») betrachte ich heute als etwas unter dem Durchschnitt liegend. Ich fühle mich an Körperkraft etwas schwächer als die meisten Anderen. Mit der Gesundheit steht es nicht zum Besten, das sehe ich aber als situationsbedingt an, diese vegetative Dystonie oder wie das heißt, psycholog. Asthma, tausend verschiedene Namen, ist aber alles ein und dasselbe.

Bin ich mit Werkzeugen geschickt, das habe ich ja schon beantwortet, ich bin allgemein sehr ungeschickt. Mit Werkzeugen [an] ein Auto oder auch nur an mein Fahrrad heranzugehen, das habe ich nach ein paar Versuchen aufgegeben, ich bin dafür einfach nicht geeignet. Außerhalb meines Berufes habe ich also kaum Erfahrungen mit Werkzeugen gehabt.

24. *Hältst Du Dich für ganz sachlich? Siehst Du Sachen, wie sie sind, oder mehr, wie Du sie sehen möchtest? Hältst Du Dich für zweckbewußt oder vage? Würdest Du Dich als visionär bezeichnen?*

Für sachlich halte ich mich, ja. Auch daß ich eine Sache «so sehe, wie sie ist», davon bin ich überzeugt. Ich glaube, daß ich zweckbewußt bin, und würde mich nicht als visionär bezeichnen.

25. Bist Du erfinderisch? Künstlerisch? Wendest Du solche Eigenschaften konstruktiv an? Wie?

Künstlerisch bin ich wahrscheinlich nicht, wohl aber sehr erfinderisch, im Positiven wie leider auch im Negativen.

Nennen wir das Negative zuerst. Ich möchte, ich meine, es fällt mir nicht leicht, darüber zu sprechen, aber wenn es galt, den verbrecherischen Trieb zu befriedigen, dann war ich sehr erfinderisch. Die Höhle habe ich mir als besten Platz ausgedacht, das Auto als bestes Fahrzeug, die Rummelplätze als beste Gelegenheit usw., usw. Ich möchte aber betonen, daß ich darauf alles andere als stolz bin. Es ist mir oft vorgeworfen worden, ich sei deswegen beim Verwischen von Spuren und Verhindern von Spuren so erfinderisch vorgegangen, um für die betreffende Tat nicht bestraft werden zu können. Das ist aber völlig falsch.

Wenn der Effekt auch der gleiche ist, so war der Grund doch ein ganz anderer: weil ich nicht anders konnte als weiter Verbrechen zu machen (zumindest war ich davon überzeugt, was ja leider letztlich dann aufs Gleiche hinausläuft), darum mußte ich doch so vorsichtig sein, denn wie hätte ich sonst weitermachen können, was doch damals mein ganzes Streben war?

Es ist dann, als ich Letzteres aussagte, mir gesagt worden, das erkläre nichts, denn wenn der Trieb so stark gewesen wäre, daß ich nicht mehr anders gekonnt hätte, dann hätte ich mich ja nicht mehr beherrschen können, was in der Praxis bedeutet hätte, ein Kind auf der Straße sehen, und sofort versuchen, es auszuziehen und zu töten. Auf der Straße, wohlgemerkt, vor allen Augen. Fast mit denselben Worten ist mir das von Polizei und Staatsanwaltschaft entgegnet worden, als Beweis, als Gegenbeweis.

Nun bin ich zwar kein Jurist, aber einige Fragen tauchen für mich sofort auf, auf welche diese Herren gewiß keine Antwort hätten, denn ich weiß ja selber am besten meine Gründe von damals, und also auch am besten, was ich damals gedacht habe. Gerade weil es so schrecklich war, das denken zu müssen, was man eigentlich gar nicht denken wollte, darum sind mir diese Fragen sofort klar gewesen. Wie gesagt, als völliger Laie mag ich mich irren, aber hier das, was ich nie verstanden habe:

1.) Die Sache mit dem Beherrschen, dürfte man die überhaupt derartig einfach, derartig simpel sehen und ausdrücken?

2.) Wenn der Staatsanwalt und die Kripo zur Unterstützung ihrer These (intelligent raffiniert, aus Angst vor Strafe) meine Intelligenz anführen, warum, wenn sie auf meine Antwort entgegnen, «nicht beherrschen können» sei mit völliger Raserei gleichzusetzen, warum glaubten sie dann, das Recht zu haben, eben diese meine Intelligenz nun plötzlich wissentlich nicht in Betracht zu ziehen? Das fand ich damals schon nicht besonders fair.

3.) Gibt es nicht einen ganz fundamentalen Unterschied zwischen der Handlungsweise eines Triebtäters von ziemlicher Primitivität und eines Triebtäters, der ziemlich intelligent ist? Wenn der primitive Täter sich nicht mehr beherrschen kann, wenn der Trieb übermächtig wird, wie wird er handeln? Wenn der intelligente Täter sich nicht mehr beherrschen kann, wenn der Trieb übermächtig wird, wird er also «logischerweise» genau so handeln? Der primitive Täter, ist er gezwungen, schon an ein neues Verbrechen gleicher Art zu denken? Der intelligente Täter, ist er gezwungen, schon an ein neues Verbrechen zu denken? Kann man die beiden miteinander vergleichen, stehen sie auf einer Stufe, können sie auf Grund ihrer verschiedenen Wesensart überhaupt in genau gleicher Situation (überstarker Trieb) genau gleich handeln?

Diese Fragen zu beantworten, bin ich nicht der richtige Mann, ich darf es auch gar nicht, weil ich vielleicht befangen bin. Was traurig ist, ist allenfalls, daß Kripo und Staatsanwalt sich selber diese Fragen nie gestellt haben.

26. Wie betrachtest Du Dein Verantwortungsbewußtsein? Wie begründest Du Deine Antwort?

[Diese Stelle ließ Jürgen ursprünglich offen; erst im darauffolgenden Brief kam seine Antwort.]

Die Frage 26. habe ich im letzten Brief ausgelassen. Damit Sie sehen, wie verantwortungslos ich bin? Nein, weil der Platz nicht reichte. Leider muß ich aber, ganz ernst jetzt, bekennen, daß ich glaube, nicht völlig verantwortungslos zu sein. Ich bin aber überzeugt, daß es stark zu wünschen übriggelassen hat, besonders bis zur Verhaftung. Damit meine ich nicht die großen Verbrechen, weil ich meine, da nicht anders gekonnt zu haben. Ich meine meine Streifzüge nachts in Lokale, meine Diebstähle zu Hause, mein leichtsinniges Autofahren, was völlig verantwortungslos war usw. Da habe ich sehr viel aufzuholen, ich habe mich da oft einfach treiben lassen, ich will mich aber bestimmt bessern, leicht gesagt natürlich, aber ich meine es ganz ernst, daß ich mehr, viel mehr Verantwortungsgefühl haben will und mich schon darum bemühe, aber darüber spricht man nicht.

27. Meinst Du, einen zuverlässigen Sinn für Recht und Unrecht, Gut und Böse, zu besitzen?

Ich glaube, daß ich einen durchschnittlichen Sinn (wie die meisten anderen auch) für Gut und Böse habe. Allerdings kommt man dabei, ob gut oder böse, um das herauszufinden, nicht allein mit den zehn Geboten aus. Man muß versuchen, im eigenen Denken hartnäckige Vorurteile auszuschalten, was gar nicht so einfach ist. Nein, ich war nicht ehrlich, ich habe gestohlen und habe gelogen, um das zu verbergen. Aber ich bin stolz (!) darauf, schon lange nicht mehr gelogen zu haben. Wie gesagt, habe ich so oft leider nicht die Wahrheit gesagt, trotzdem halte ich mich für wahrheitsliebend. Ich habe immer gelogen, um etwas zu erreichen, ich muß es zugeben. Auch oft, um Unannehmlichkeiten zu entgehen. Aus großer Phantasie gelogen zu haben, kann ich mich nicht erinnern.

28. Bist Du abergläubisch?

Nein.

29. Läßt Du Dich von anderen leicht leiten (führen)? Bitte Beispiele.

Was heißt hier Beispiele? Immer und ewig, zu meinem eigenen Kummer. Wenn Andere laufen, laufe ich mit, wenn Andere Anhalter fahren oder in die Wirtschaft gehen, gehe ich mit usw., usw. Einmal, weil ich, wenn ich es nicht tun würde, ein großes Gefühl von Einsamkeit hätte, und zum anderen, weil ich sonst das Gefühl hätte, als Schwächling zu erscheinen, mehr noch, als ich es sowieso schon bin.

A. Gedächtnis

30. Was hältst Du von Deinem Gedächtnis? Gut, mittelmäßig, schlecht?

Mein Gedächtnis ist für Erlebnisse geradezu hervorragend, für Telefonnummern auch noch gut, und Schlager und Gedichte usw. Seltsamerweise für Daten aber sehr schlecht. Mein Gedächtnis ist für ältere Geschehnisse entschieden besser. Was ich heute gegessen habe, werde ich morgen nicht wissen, in ein paar Wochen aber genauestens.

31. Ist Dein Gedächtnis besser für Gesehenes oder für Gehörtes? Hast Du starke, klare Erinnerungen an Ereignisse, die Du selber miterlebt hast, Szenen aus Filmen usw.? Hast Du ein gutes Gedächtnis für Anekdoten, Telefonnummern, Schlagertexte und -melodien, Gedichte usw.?

Ob für Gesehenes oder Gehörtes, das ist nahezu gleich.

32. *Mußt Du Dich sehr oder überhaupt anstrengen, um Dich an etwas zu erinnern?*

Ich muß mich an sich nicht besonders anstrengen.

33. *Ist Dein Gedächtnis sprunghaft, unzuverlässig? Kannst Du Dich erinnern, woran Du willst, und das «vergessen», was Du nicht willst?*

Etwas vergessen, was ich nicht tun oder nicht wahrhaben will, kann ich in alltäglichen Dingen nicht (Fegen, Spülen, Saubermachen), wohl aber in lebenswichtigen Dingen, weil man, wenn man da nicht mal «abschalten» könnte, über den grausigen Dingen den Verstand verlieren würde.

34. *Hast Du jemals versucht, Dein Gedächtnis zu verbessern? Mit welchem Ergebnis? Wie?*

Nein.

B. Appetit

35. *Neigst Du dazu, zuviel zu essen?*

Nein.

36. *Bist Du wählerisch beim Essen? Was ist Dir beim Essen wichtiger, das Aussehen oder der Geschmack?*

Nicht sehr, ich esse auch gern Hausmannskost, Hülsenfrüchte usw. Es kommt nicht nur, aber doch ziemlich auf's Aussehen der Speisen an. Ich esse gern süßsaure Salate, Fisch-Marinaden, Steak, Hühnersuppe, stark gewürzte Ochsenschwanz-Gulasch-

und Tomatensuppe, süßen, aber doch scharfen Gulasch usw. Für so laffes Zeug, Kalbfleisch usw., bin ich nicht sehr, Kalbfleisch ist Halbfleisch.

37. Hast Du ein besonderes Verlangen nach einer bestimmten Art von Speisen, z. B. bitter, süß, sauer usw?

Ich esse gern Sahnetorte und Obstkuchen und helle Schokoladen-Süßigkeiten.

38. Bist Du empfindlich gegen gewisse Sachen (Milch, Butter, Eier, Fisch usw.), oder ekeln Dich welche an?

Milch, Butter, Eier, Fisch esse ich gern. Ich bin allergisch gegen manches, was ich im Heim hereingezwungen bekam, z. B. die Sago-Suppe (Care-Bestände) und Endivien-Salat ...

39. Welche nichtalkoholischen Getränke sind Dir lieb oder weniger lieb: Tee, Kaffee, Limonaden usw.?

Tee, Kaffee, Limonade, Tee, Mix-Obst-Milch usw., Coca, trinke ich alle gern, doch bis heute mag ich keinen Bohnenkaffee, von dem scheußlichen Gestank ist mir als Kind mal schlecht geworden.

C. Reaktionen auf äußere Faktoren

40. Geruch: welche (Körpergeruch, Parfüm, Küchengerüche, Toiletten usw.) sind Dir (un)angenehm?

Parfüm finde ich furchtbar, Toiletten- und Küchengeruch unangenehm. Bei Körpergeruch kommt es darauf an, ist verschieden, ganz gern rieche ich die Luft im Wald, das Feld, wenn es gerade geregnet hat, das ist ganz toll.

41. Wie reagierst Du, wenn Du Blut siehst?

Nennen wir das Schlimmste zuerst: Bei meinen Taten hat mir Blut nie etwas ausgemacht. Im Gegenteil sollte es ja sogar sein. Aber ansonsten war es ganz anders. Im Beruf ertrug ich es, weil es ja nicht anders ging. Als Kind konnte ich überhaupt kein Blut sehen. Im Auto, wenn wir mal einen Unfall-Verletzten oder Toten sahen, wurde mir schlecht und schwindlig. Noch als 18jähriger, da wurde vor unserem Geschäft ein paar Meter gegenüber eine Frau von einem betrunkenen Fahrer in eine Schaufensterscheibe hineingefahren. Ich kam dazu, machte aber schleunigst, daß ich fortging.

Nicht weniger als das Blut erschreckt mich immer das dreckige Lächeln, das manche ehrbaren Bürger zeigen, wenn sie einen Verletzten auf der Straße sehen. Das, was ich oben als Erstes nannte, gilt ab dann, wo der Trieb begann, etwa 14–15 Jahre. Vorher war das Töten noch nicht nötig, also auch kein Blut.

42. Reagierst Du stark auf Lärm? – Donner, Wassertropfen, Nippen, Schlürfen, Holz- oder Möbelgeräusche?

Sehr stark reagiere ich auf derartige Geräusche, sehr unwillig. Als Grund sehe ich meine (nicht jetzige, ich war es schon immer) Nervosität an.

D. Unsicherheit

43. Was (wann) ist Deine erste Erinnerung an Unsicherheit?

Meine erste große Unsicherheit war mein erstes Zusammenkommen mit anderen Kindern in der ersten Schulklasse. Das war furchtbar, aber das habe ich ja hier schon öfter beschrieben; als Grund sehe ich an übertriebene, fast krankhafte Schüchternheit, dadurch Angst. Der Grund für das alles war doch sicher, daß ich vorher praktisch mit keinem Kind auch nur gesprochen hätte, geschweige denn gespielt.

44. Was sind Deines Erachtens die Verbindungen, Unterschiede, Ähnlichkeiten zwischen

a. Angst und Unsicherheit

a.) Angst und Unsicherheit sind fast dasselbe. Einen konkreten Unterschied finde ich nicht.

b. Minderwertigkeit und Unsicherheit

b.) bei echter Minderwertigkeit, Quatsch, gibt's ja gar nicht, also das scheint mir eine Einbildung zu sein, welche Unsicherheit hervorruft.

c. Unzulänglichkeit und Unsicherheit

c.) Unzulänglichkeit, vielleicht körperliche Gebrechen oder so, da kann die Unsicherheit noch in etwa logisch begründet sein.

d. Schuld und Unsicherheit

d.) Schuld, ja, da wird sie manchmal ganz angebracht und richtig sein, die Unsicherheit.

e. Furcht und Unsicherheit. Welche anderen Emotionen hast Du erlebt in Verbindung mit der Unsicherheit?

e.) Furcht, Schüchternheit ruft unweigerlich Unsicherheit hervor. Bei mir war es durch alle Jahre stets das Gefühl der Minderwertigkeit und Schüchternheit mit fremden Menschen, wo und wie auch immer.

45. Welche Rolle hat Unsicherheit in (a) Deinen gesellschaftlichen Aktivitäten und (b) Deinen Familienverhältnissen gespielt?

Wie schon so oft gesagt, haben diese Gefühle mich unfähig gemacht, mich aufgeschlossen, locker und natürlich zu geben, einigermaßen in Gesellschaft mich behaupten zu können, und haben mich als Kind zum Prügelknaben der Klasse(n) gemacht. Familienverhältnisse, da hat mich das nicht so sehr behindert, weil es immer hieß: «Mund halten, Du bist der Jüngste, Du hast sowieso nichts zu sagen, sprich nicht als Kind, wenn Du nicht gefragt bist.» Aber vielleicht hat alles das auch erst diese Unsicherheit aufkommen lassen.

Dazu kommt, daß meine Eltern nie mit mir als Kind gespielt haben oder so was, ich mußte stets ein kleiner erwachsener Mann sein, und meine Eltern hatten vielleicht mehr Liebe für mich als andere Eltern, nur konnten sie ihre Gefühle nicht zeigen, nicht ausdrücken. Andere Eltern, die vielleicht wenige Liebe hatten, diese aber zeigen konnten, dazu in der Lage waren, also das wäre natürlich trotzdem besser gewesen, wenn meine Eltern damals so hätten sein können.

Heute können sie es, durch Leid, viel besser, aber Menschen sind keine Maschinen, es gibt nichts mehr nachzuholen, und das Kind liegt im Brunnen.

46. Was betrachtest Du angesichts Deiner eigenen Erlebnisse als Verhältnis zwischen Ehrgeiz (Ambition) und Unsicherheit?

Was heißt angesichts meiner eigenen Erlebnisse – eine ziemlich provozierende Frage. Ich war nie besonders ehrgeizig, war mit dem Durchschnitt zufrieden. Andererseits weiß ich aber aus Reden, Büchern usw., daß allzu großer Ehrgeiz auch wieder ein Ausdruck von innerer Unsicherheit sein kann.

47. Wann hast Du Dich weniger unsicher gefühlt?

Es ist lächerlich, denn die meisten fühlen sich dort sicherlich nicht sicher, auf der Bühne. Wenn es einmal begonnen hatte, habe ich mich hervorragend sicher gefühlt. Die Menschen waren ein Stück weg, nicht so nah wie im Alltag, und ich konnte ihnen etwas Nettes zeigen, wofür sie keine Erklärung hatten. Das gab eine sehr große Sicherheit, die manchmal noch Stunden danach ausstrahlte. So hatte ich nicht nur meinen Zuschauern, sondern auch mir selbst eine schöne Illusion geschaffen.

Ach du lieber Gott, ansonsten kann ich überhaupt nichts nennen, wo ich mich tatsächlich sicher gefühlt hätte, das gab es doch gar nicht. Allenfalls jetzt, seltsamerweise, im «Knast», habe ich ein Gefühl der Sicherheit. Hier kann ich nämlich so gut wie nichts falsch machen. Verantwortlich für Sicherheit ist für mich ein gutes Gewissen und Selbstsicherheit.

48. Gib Deine eigene Definition und Beschreibung von
a. emotioneller Unsicherheit
b. gesellschaftlicher Unsicherheit
c. ökonomischer Unsicherheit
d. körperlicher Unsicherheit.
Sag bitte, welche von diesen Du für die destruktivste hältst und warum.

Ich kann da gar keinen besonderen Unterschied machen, zeigen Sie mir mal den Unterschied zwischen emotioneller Unsicherheit und gesellschaftlicher. Ein emotionell Unsicherer wird sich auch in der Gesellschaft unsicher fühlen. Ökonomische Unsicherheit, da weiß ich nicht, was das ist. Es ist doch Blödsinn anzunehmen, daß, wer emotionell unsicher ist, körperlich nicht unsicher würde. Wer einmal irgendwie unsicher ist, der kriegt auch alles andere, da zieht eines das andere nach sich, ich finde keinen gravierenden Unterschied.

49. Welche Personen oder Typen von Personen tragen am meisten zu Deiner Sicherheit und auch Unsicherheit bei?

Zur Unsicherheit haben bis zur Verhaftung, wie gesagt, am meisten die großen und starken Gleichaltrigen beigetragen. Zur

Sicherheit hat überhaupt niemand beigetragen, allenfalls im späteren Gefängnisleben Geistliche und Fürsorger.

50. Wie hast Du (a) Dich an Deine Unsicherheit anpassen und (b) die Unsicherheit überwinden können?

Ich habe mich an meine Unsicherheit anpassen können durch «kleine Brötchen backen», in der Reihe freiwillig als letzter mich anstellen, überhaupt nur durch Super-«Zurückhaltung». Überwunden habe ich die Unsicherheit nie, kann mir auch nicht vorstellen, wie das gehen sollte.

51. Welche Zustände tragen Deines Erachtens am meisten zur Sicherheit und auch zur Unsicherheit bei?

Selbstsicherheit gibt Sicherheit, auch Können, Leistung, Stärke, Führungstyp usw. gibt auch Sicherheit. Dagegen gibt Angst, Schüchternheit, kein Sportler, kleine Statur, schlechte Leistungen, Kontaktarmut, Hemmungen, Schwäche, schwacher Wille usw. gibt nur Unsicherheit.

52. Meinst Du, es gibt eine Beziehung zwischen Unsicherheit und Vorurteil? Wenn ja, wie würdest Du ein solches Verhältnis beschreiben?

Das kann ich mir nicht recht denken, daß es da ein Verhältnis gibt, außer vielleicht bei Rassenproblemen, da glaube ich, daß diese Vorurteile aus Nichtkennen und Unsicherheit entstanden sind.

53. Meinst Du, daß eine Massenunsicherheit eine Rolle in den Weltereignissen spielt?

Eine Massenunsicherheit würde sich ja aus einzelnen Unsicheren zusammensetzen, auf Welt-Ebene gibt es das wohl nicht, denn ich bin überzeugt, daß eben dieser kleine einzelne Mann sich meist einen Dreck für Politik interessiert. Auch wird die Politik ja meist doch nicht von dieser Masse gemacht, sie hat in Wirklichkeit viel weniger Einfluß, als man oft annimmt. Ich glaube also nicht daran. Zu sagen haben ja meist doch nur «die da oben».

54. *Fühlst Du Dich benachteiligt im Vergleich zu anderen? Würdest Du es als ein starkes Gefühl der Unsicherheit bezeichnen?*

Ziemlich stark benachteiligt fühle ich mich eben durch alle diese Hemmungen. Es ist beileibe kein schönes Gefühl, aber ein starkes, es macht einen Menschen zögernd, ausweichend, stutzig, langweilig und scheu.

55. *Betrachtest Du Dich als voller Selbstvertrauen? Bist Du in Deinen Entscheidungen von anderen Menschen abhängig? Wie reagierst Du auf positive oder negative Meinungen von anderen?*

Ein solcher Mensch kann natürlich so viel wie gar kein Selbstvertrauen entwickeln. Warum? Na, die oben angeführten Gründe (es liegt an den Fragen, wenn ich mich dauernd wiederholen muß). Ich treffe nicht gern eigene Entscheidungen, eben auch aus denselben Gründen, solche Leute sind meist so; auf positive Beurteilungen reagiere ich dankbar, aber auch vorsichtig ungläubig, negative Kritik verletzt mich sehr.

56. *Neigst Du dazu, andere für Deine eigenen Fehler für schuldig zu halten?*

Andere für meine Fehler verantwortlich machen, das kommt sehr selten, aber immerhin doch mal vor. Ich glaube dann aber stets, daß ich richtig denke in dem speziellen Fall, denn so was gibt es ja, wenn auch recht selten, meist ist man selber schuld. Mir zu schmeicheln ist nicht leicht, weil ich da doch ziemlich kritisch bin. Mitleid zu suchen – dazu neige ich allerdings, und auch zu Selbstmitleid, ich glaube aber, daß 1.) dies bei jedem Menschen der Fall ist, und 2.) dies das «normale» Maß nicht übersteigt.

57. Zeigst Du Nachgiebigkeit anderen gegenüber? Oder bist Du egozentrisch? In menschlichen Verhältnissen, suchst Du lieber Menschen in einem anderen Alter oder aus einer anderen gesellschaftlichen Schicht?

Aus den nun schon so oft angegebenen Gründen (Hemmungen) neige ich natürlich zu großer Nachgiebigkeit, ich mache mir oft Vorwürfe deswegen, weil das ja nicht Güte, sondern Schwäche ist. Mit Gleichaltrigen weiß ich nichts anzufangen, mit um etliches älteren Menschen als ich es bin, verstehe ich mich dagegen viel besser, ich habe aber immer das Gefühl, daß das nicht das «Normale» sei. Die «Unterschiede in der Gesellschaft» gibt es für mich nicht, auch kein berufliches «Standesbewußtsein».

58. Würdest Du Dich als freundlich oder liebenswürdig bezeichnen? Neigst Du dazu, andere Menschen ein bißchen distanziert zu behandeln? Könnte man Dich als zänkisch oder streitsüchtig bezeichnen?

Ich würde mich als freundlich, liebenswürdig bezeichnen. Eine Distanz z. B. zum Müllfahrer, kenne ich nicht, handle auch nicht so. Zänkisch oder so bin ich nicht.

59. Bist Du gern allein, oder fällt es Dir schwer?

Am allerliebsten bin ich allein, sehr gerne. Obwohl manchmal Gesellschaft mir fehlte. Aber langsam hatte ich mich damit abgefunden, weil ich wußte, daß ich für Gesellschaft aufgrund meiner persönlichen Schwierigkeiten gefühlsmäßiger Art einfach dafür nicht geeignet war. Ich habe es auch, sozusagen für's Leben, aufgegeben, in Gesellschaft so sicher aufzutreten wie «die Anderen».

60. Wie gut verträgst Du Unbehagen oder Schmerz?

Oh, Unbehagen und Schmerz ertrage ich gut, wobei man natürlich sagen muß, daß dieses «gut» stets relativ ist. Kleinen Leiden gebe ich wahrscheinlich zuviel Aufmerksamkeit. Das war aber bis zur Verhaftung nicht so, ich führe das zur Zeit zum Teil auf die Einzelhaft zurück, die jeden ein wenig neurotisch macht. Hypochondrisch bin ich nicht und habe bis heute die meiste Zeit meines Lebens überhaupt keine Mittel genommen.

E. Aggression

61. Was bedeutet für Dich «Aggression»? Sind Aggressivität und Aggression dasselbe? Wenn nicht, wie unterscheiden sie sich? Hältst Du Dich für aggressiv oder für scheu und unaggressiv?

Agression ist für mich die Angriffs-Tat, und Aggressivität ist für mich starke Angriffs-Lust. Manchmal ist Letzteres nur vorgetäuscht, man «tut nur so», um sich seinerseits vor Angriff zu schützen. Ich halte mich für gänzlich unaggressiv, soweit es sich nicht um Sexualität handelte.

62. In welcher Art Situation fällt es Dir leichter, aggressiv zu sein? In welchen unaggressiv?

Das ist sehr einfach beantwortet, wenn man den Sex ausklammert, dann fiel es mir ganz generell mein ganzes Leben sehr schwer, aggressiv zu sein.

63. Beschreibe bitte eine Situation, in der Du Dich aggressiv verhalten hast. Welche anderen Emotionen hast Du vor, während und nach der Aggression gespürt?

Ich habe unaggressive Menschen viel lieber. Es kam selten vor, aber als älteres Kind habe ich ein oder zweimal «durchgedreht», wenn ich zu sehr geprügelt und gehänselt wurde. Dann hatte ich minutenlang gar keine Angst mehr, und eine heiße, nicht zu herrschende *[sic]* Wut kam hoch. In der Langenberger Schule habe ich so mal einen viel Stärkeren über den ganzen Schulhof geprügelt, habe auch ins Gesicht geschlagen, wozu ich sonst einfach nicht fähig war. Da hatte ich aber nach ein paar Minuten gleich wieder Angst vor der eigenen Courage. Aber wahrscheinlich waren diese einzelnen Fälle eher Notwehr als Aggressivität. Sonst kann ich mich an Aggressivität nur bei den Taten erinnern, aber das will und kann ich hier nicht sagen.

64. *Hast Du aggressive oder unagressive Menschen lieber?*

Ist beantwortet.

65. *Wie reagierst Du auf Aggressivität in Anderen?*

Vor Aggressivität in Anderen habe ich Abscheu und Angst, ich wehre mich dann auch nur, wenn es gar nicht anders geht, wenn mir jemand «an's Leder» will.

66. *Fühlst Du Dich gleichzeitig zornig und aggressiv? Welches kommt zuerst?*

[Unbeantwortet]

67. *Gegen welche Typen von Menschen neigst Du, aggressiv zu sein?*

Gegen gar keinen im Grunde, solange ich selbst nicht gefährdet bin, aber dann ist es ja auch eher Gegenwehr. (Das Sexuelle klammere ich wieder aus, da war ich, soviel kann ich sagen, unnormal aggressiv, da kannte ich praktisch nichts anderes.)

68. Hast Du Aggressivität in Kindern beobachtet?

Leider scheinen Kinder nur allzu oft eine gewisse Grausamkeit an sich zu haben, das geht von Tierquälerei bis zum Quälen der kleineren, dümmeren oder schwächeren Kameraden. Das scheint vielen Kindern Spaß zu machen. Ich selber war ja stets einer der Kleinsten und Schwächsten der Klasse, da habe ich das am eigenen Leibe oft zu spüren bekommen. Diese «gesunde» Grausamkeit der meisten anderen Kinder (wie oft gesagt wird, soll sie was «Natürliches» sein), die ging mir damals völlig ab, und so litt ich nicht nur an den körperlichen Schmerzen, sondern auch am Schock der Tatsache des Erkennens.

69. In Deiner Erfahrung hat sich Aggression mit Furcht verbunden?

In meiner persönlichen Erfahrung (ich selber) hat sich die Aggression stets mit Furcht verbunden (u. mit Zorn).

70. Wenn Dir mal danach zumute gewesen ist, aggressiv zu sein, hast Du es unterdrückt? Was ist dann passiert? Hast Du die Aggression erfolgreich unterdrückt, oder ist es später, in eine andere Richtung, mit einem anderen Objekt herausgekommen?

Natürlich habe ich meine Aggression meist unterdrückt, sie wurde oft von der Furcht bezwungen. Dann sah ich immer wie in Leuchtschrift das Wort «Feigling», «Memme» vor mir und hätte mir am liebsten selbst ins Gesicht gespuckt. Ein verdammt niederschmetterndes Gefühl.

Auf Ihren nächsten Satz weiß ich nichts zu sagen, zumindest sehe ich nichts Offensichtliches, und nur vermuten ins Blaue hinein, das will ich nicht. Das kann ja auch, wie so oft, derjenige selber kaum beurteilen.

71. Hast Du mal Deine Aggression auf ein Tier oder auf ein unbeseeltes Objekt losgelassen? Mit welchem emotionalen Ergebnis? Was war Deine spätere Reaktion darauf?

Nur an einmal kann ich mich genau erinnern: Als 4–5jähriger zu Urlaub bei meiner Tante in Neuß hatte ich, ich weiß nicht mehr worüber, eine schreckliche Wut. Meine Tante sagte etwas sehr Kluges: «Hier hast Du einen Hammer, da kannst Du draußen auf die Treppe schlagen und Dich austoben.» Das tat ich, ich schlug in wilder Wut mit dem Hammer auf der Treppe herum. Dann war es gut, ich war friedlich und ganz toll erleichtert. Ich kann Derartiges nicht definieren und analysieren, aber ich glaube, daß meine Tante instinktiv sehr, sehr klug gehandelt hat.

72. Hast Du mal gleichzeitig Unsicherheit und Aggression gespürt?

Oft, man hat das als der ewig Schwache ja sehr oft. Immer dann, wenn man sich wehren müßte. Da war zuerst die Aggression, dann die Unsicherheit, die fast immer die Aggression zurückdrängte. Das Ergebnis ist furchtbare Unzufriedenheit mit sich selbst.

73. Was ist die Beziehung zwischen Aggression und Feindseligkeit? Gehören sie immer, manchmal oder nie zusammen?

Ich glaube nicht, daß sie immer zusammengehören. Es gibt doch sicher momentane Aggression, kurze, die einem sogar, wenn sie geschehen oder befriedigt ist, leid tun kann. Allerdings ist natürlich bei Aggression in den meisten Fällen Feindschaft dabei, dann kann es da wohl eine Identifikation geben.

74. In welchen verschiedenen Weisen hast Du Aggression gezeigt?

Überhaupt keine, soweit ich weiß, die von mir selbst ausgegangen ist, als Selbst-Anstiftung sozusagen. (Die Sexualität nehme ich wieder aus).

75. Was hältst Du für den Zweck der Aggression?

Da sehe ich zwei Gründe:

1.) Um Wut und Zorn und teilweise auch Bösartigkeit zu befriedigen und abzureagieren.

2. Um eigene (oft unbewußte) Unsicherheit abzureagieren.

F. Schuld

76. Beschreibe eine Situation, in der Du Dich schuldig fühltest.

Als ich als Junge die Schule mal geschwänzt habe, da habe ich mich die erste Viertelstunde prima gefühlt, aber dann, als ich allein durch die Straßen strich, da wurde es mir schon komisch und flau zumute. Dann vollends schuldig habe ich mich gefühlt, als ich in einem Geschäft meine Mutter einkaufen sah, es war die Reinigung «Edelweiß» auf der Hauptstraße in Essen-Rüttenscheid. Da war ein Schuldgefühl und ich habe mich überhaupt geärgert, weil ich plötzlich einsah, daß das Ganze keinen eigentlichen Sinn hatte. Meine Schuldgefühle wurde ich am nächsten Tag los, als ich in der Schule Prügel bekam, ich fiel nämlich auf.

77. Wann war das erste Mal, wo Du Dich schuldig fühltest?

An das erste Mal, wo ich mich erinnern kann, das war als 7- oder 8jähriger, wo ich damals aus dem Portemonnaie meiner Oma mehrmals Markstücke stahl, um sie dem oder den Stärksten in der Klasse zu geben, damit es nicht soviel Hohn und Schläge setzte. Die kauften sich da Zigaretten von und rauchten sie heimlich. Dafür «beschützten» sie mich, vor Anderen und vor sich selbst. Ich hatte große Schuldgefühle, ich kam mir als Gewohnheitsverbrecher vor. Meine Scham wurde noch verstärkt dadurch, daß meine Oma immer so lieb zu mir war und außerdem war (und bin) ich sicher, daß sie es merkte, daß ich das Geld nahm. Sie war oft sehr traurig direkt hinterher, aber sie hat nie etwas gesagt. Das war eine ganz scheußliche Situation, aber damals war ich so furchtsam den anderen gegenüber, daß ich sie, ich gebe es zu, in Kauf genommen habe.

78. In welcher Art Situation neigst Du am meisten dazu, Dich schuldig zu fühlen? (Gesellschaftlich, familiär usw.)

Nein, familiär, das Wort habe ich nie gern gehört. Ich fühlte und fühle mich gesellschaftlich schuldig, was für Schuld es auch jeweils ist.

79. In welchen Arten von Situationen spürst Du am intensivsten Schuld?

Am meisten Schuld fühle ich, wenn ich an die Verbrechen denke. Das war aber auch jeweils bei bzw. vor der Tat sogar schon so. Diese Gefühle habe ich dabei durchaus gehabt. Man mag das als einen Widerspruch ansehen, aber sogar da habe ich diese Gefühle ganz intensiv gespürt, ohne aber deswegen die Tat hätte abbrechen können, weil das Trieb-Gefühl noch stärker war. Dieses Schuld- und «Du mußt es lassen»-Gefühl kam jeweils dann in so einer Art Welle, sekundenlang nur, aber wie ein Schauer, ein schmerzliches Ziehen in Magen und Herzgegend, jeweils besonders, wenn ein Kind mich arglos freundlich anschaute oder wenn es mich gar an der Hand nahm, dann war es mir regelrecht schlecht. Wenn es wenigstens noch stärker gewesen wäre, diese Gefühle zum Guten, wahrscheinlich wäre ich dann innerlich derart hin- und hergerissen worden, zwischen Drang zum Schlechten und aber auch zum Seinlassen, daß ich körperlich zusammengebrochen wäre.

80. Hast Du mal Schuldgefühle gehabt, auch wenn Du nichts getan hattest? Kannst Du unterscheiden zwischen dieser Art Schuldgefühl und dem, wo Du wirklich nichts getan hast?

Nein, nur eben Unsicherheit, Hemmungen usw., aber das sind ja keine Schuldgefühle. Doch, da fällt mir eines ein:

Als meine Eltern mich mal vom Internat nach Hause in Ferien abholten, stand ein kleiner Junge aus der 4ten Klasse, etwa zehn Jahre alt, auf dem Hof alleine, bei seinem Koffer, und weinte. Er hatte kein Fahrgeld und wohnte in Wiesbaden. Wir nahmen ihn mit und fuhren ihn bis vor die Haustür, mein Vater schellte, ich stand auch dabei. Die Tür ging auf, die «Mutter» fing sofort an zu keifen, was der Junge denn bei ihr solle, er sollte doch im Heim bleiben, sie wolle ihn nicht sehen, und da stand der Kleine mit seinem Koffer und seinem entsetzten Blick und mußte alles anhören. Sie schnappte sich den Jungen, schlug und trat ihn praktisch mitsamt dem Koffer ins Haus hinein. Schon damals wußte ich genau, was eigentlich zu tun gewesen wäre. Wir hätten den Jungen einfach mit nach uns nehmen sollen, er tat mir so leid, und ich wagte es aber aus Feigheit nicht, meine Eltern zu bitten. Meine Eltern hatten nie gezeigt, daß sie anderen Kindern aufgeschlossen wären. Aber ich fühlte mich schuldig, denn ich wußte, daß es der Junge bei uns trotzdem noch viel besser gehabt hätte. Ich habe das nie vergessen können, allerdings auch meine Eltern nie ganz verstanden, daß sie derart «gelassen» blieben, um es vorsichtig auszudrücken.

81. Hast Du mal gleichzeitig Schuldgefühle und Angst vorm Entdecktwerden gespürt? Hast Du Angst vorm Entdecktwerden gespürt, ohne Schuldgefühle zu haben? Was sind die Unterschiede und die Ähnlichkeiten zwischen den beiden?

Ja, als Kind oder als Junge, bei «normalen» kleinen oder größeren Vergehen jedesmal. Ob Äpfelklauen oder, wie gesagt, Schule schwänzen oder auch die Sache mit meiner Oma. Bei den Verbrechen nie, wenn man davon absieht, daß ich immer darauf geachtet habe, daß ich nicht erwischt würde, es mußte doch weitergehen können. Aber Angst war das nicht.

Eines zeigt mir besonders, wie dumm die Menschen manchmal denken. Bei meiner Verhaftung, vielmehr davor, wo man sich mit mir ganz «väterlich» über Gott und die Welt unterhielt, gab man mir Zigaretten und schaute auf meine Hand, ob ich vor Angst zitterte. Trotz der tragischen Situation, mußte ich grinsen, ich war gar nicht in Spannung. Im Grunde war alle Spannung schon von mir abgefallen, so ungern war es mir natürlich gar nicht, daß sie mich endlich hatten, wenn ich auch von selbst mich nie hätte stellen können, was doch nur gegangen wäre, wenn ich quasi mich selbst hätte vorher von meinem Trieb hätte heilen können.

Angst vor Entdeckung ohne Schuldgefühle, nur bei ganz läppischen Dingen, wie das erwähnte Äpfelklauen oder so. Bei schwerwiegenden Taten halte ich das für einen schweren Mangel an Gewissen! Ähnlichkeit ist zwischen leichtem und schwerem nicht vorhanden!

82. Was ist der Unterschied zwischen Schuld und Scham? Kann man sich schämen, ohne sich schuldig zu fühlen? Kann man sich schuldig fühlen, ohne sich zu schämen?

Natürlich kann man sich schämen, ohne sich schuldig zu fühlen, wenn es sich z. B. um sexuellen Zwang oder um etwas handelt, wo man meint, daß man sich dumm oder blöd benimmt. Umgekehrt, sich schuldig fühlen, ohne sich zu schämen, ich glaube, das gibt es nicht.

83. Was ist die Beziehung zwischen Schuld und Unsicherheit?

Schuld kommt stets zuerst, wenn es überhaupt zusammenkommt, was oft vorkommt, ein Mensch mit Gewissen wird durch Schuld immer unsicher sein. Schuld macht unsicher.

Drehen wir es aber um, würde es heißen, Unsicherheit ist

Schuld, was ich als Nonsens ansehe. Unsicherheit ist Nicht-Schuld, es kann höchstens dazu beihelfen, schuldig zu werden, wenn man durch Unsicherheit einen schwachen Willen bekommt. Ich glaube, daß die Schuld intensiver ist; wieso, könnte ich nicht sagen.

84. Was ist die Beziehung zwischen Minderwertigkeitsgefühl und Schuldgefühl? Wie trägt das eine zu dem anderen bei?

Minderwertigkeit ist für einen labilen Menschen im Effekt dasselbe wie Schuldgefühl. Das ist eine furchtbare Ergänzung, die da stattfinden kann. Mancher sagt sich, ich bin schuldig, weil ich minderwertig bin. Nüchtern betrachtet ist solches Denken natürlich nicht richtig. Auf der anderen Seite hat ein schuldiger Mensch oft das Gefühl: «Durch meine Tat(en) bin ich weniger wert geworden», woran wahrscheinlich etwas Wahres dran ist.

85. Hast Du mal einen Anderen dazu gebracht, sich schuldig zu fühlen? Hast Du es versucht? Welche emotionelle Wirkung hatte es auf Dich?

Mehrmals habe ich Andere zu sexuellen Abweichungen gebracht durch Verführen, was sehr gemein ist. Heute tut es mir sehr leid, aber man kann es ja leider nicht mehr rückgängig machen, aber es deprimiert doch, wenn man daran denkt.

86. Was ist Gewissen, und was ist seine Beziehung zum Schuldgefühl?

Da gibt es für mich nur einen Satz: «Ohne Gewissen kein Schuldgefühl, ohne Schuldgefühl kein Gewissen!!»

87. Welche Wirkung hatte Strafe auf Deine Schuldgefühle? Welche anderen Emotionen hat Strafe hervorgerufen?

Als Kind hat berechtigte (meiner Meinung nach) Strafe Erfolg gehabt, ich habe sie anerkannt als richtig, und durch die Strafe waren die Schuldgefühle vermindert, ich war ja bestraft. Ungerechte Strafe hat Trotz, Widerwillen und Wut hervorgerufen, an all dem hat sich bis heute im Prinzip nichts geändert.

88. Fühlst Du Dich eher schuldig, wenn Du (a) jemanden verletzt, der Dir nahesteht; (b) einen Fremden verletzt hast; (c) Dein eigenes Rechtskonzept verletzt hast; (d) ein Gesetz verletzt hast; (e) etwas Unmoralisches gemacht hast?

Am meisten fühle ich mich schuldig, wenn ich etwas schwer Unmoralisches gemacht habe. Ob das ein Nahestehender oder nicht ist, hat natürlich etwas zu sagen, kommt aber nicht an erster Stelle.

89. Hast Du mal gemeint, ein Anderer wäre gleich schuldig mit Dir oder noch schuldiger? Welche Wirkung hatte eine solche Meinung auf Dein eigenes Schuldgefühl? Welche emotionelle Wirkung hatte es auf Dich?

Das hat mich nie besonders interessiert (Ausnahme Naziverbrechen), jeder soll sich zuerst an die eigene Nase fassen. Allgemein kann ich also nur nein sagen.

90. Hast Du mal das Gefühl gehabt, daß Du bestraft werden wolltest oder solltest? Warum?

Es wäre vielleicht gut gewesen, aber Strafe regelrecht gewünscht, nein, das habe ich eigentlich nicht.

91. In Beziehung zu welchen Personen (Eltern, Freunden oder Anderen) hast Du Dich am schuldigsten gefühlt?

Meine Taten verdecken natürlich alles, woran ich, wären sie nicht geschehen, gedacht hätte. Am meisten schuldig fühle ich mich an den Kindern und an diesen Familien überhaupt, danach an meinen Eltern.

Die «Öffentlichkeit» existiert insofern für mich nicht, als ich glaube, daß längst nicht jeder dieser Menschen Grund hat, zu schreien. Ich meine die deutsche Oma besonders, die nicht raucht, nicht trinkt, sich nicht schminkt, und die so von Herzen überzeugt war, daß Judenkinder keine Milch brauchten. Es geht hier nicht um eine «Aufrechnung», es geht nur darum, ob diese Menschen die berufenen Richter über mich sind.

92. Welche Art von Verhalten – erfahren oder vorgestellt – ist mit einem größeren Schuldgefühl verbunden als alle anderen?

Ich glaube (es kann gar nicht anders sein), daß die Zerstörung des menschlichen Lebens die größte Schuld ist, die es überhaupt gibt, und die Schuldgefühle sind es auch.

93. Versuche bitte, zu erklären, was Dich dazu bewegt hat, Selbstmord begehen zu wollen.

Zuerst die Schuld, dann die Abgeschlossenheit und Ausgestoßenheit, sogar im Gefängnis, dann die Meinung, daß das Urteil endgültig werden wird. Nimmt man das alles zusammen ...

94. Hast Du Dich mal gleichzeitig schuldig und stolz gefühlt? Bitte ausführlich besprechen.

Um Gottes willen nein.

95. Hat mal ein Wunsch oder ein Gedanke Schuldgefühle in Dir verursacht? Gleicht diese Art Gefühl dem, nachdem Du tatsächlich etwas getan hast?

Ein echtes Voraus-Schuldgefühl nur die Planungen und Wunsch und Phantasien sexueller verbrecherischer Art. Vom «echten»

Schuldgefühl unterscheidet es sich nur in der Stärke, es war also schwächer.

96. Hast Du Träume gehabt, in denen Du Dich schuldig fühltest?

Ja, der Traum, wo mich die Klassen von Jungens durch die Gegend jagten und schrien immer «Da ist er!» Nach dem Aufwachen war ich immer schweißgebadet und ganz fertig mit den Nerven.

97. Welche Rolle hat die Religion in Deinen Schuldgefühlen gespielt?

Beruhigung nur (Beichte), daß die Schuld nun vergeben ist, aber das Schuldgefühl bleibt doch, «vor Gott» und vor sich selbst, das ist eben doch ein Unterschied. Besonders nach der ersten Tat, da habe ich stundenlang, man kann sagen inbrünstig, gebetet, ich war auch überzeugt damals, daß Gott diese Last, diesen Drang von mir nehmen könnte. Aber auch das half nicht.

98. Was ist Deiner Meinung nach der Unterschied zwischen Reue und Schuldgefühl? Welche sind die Ähnlichkeiten?

Reue ist die Bereitschaft, zu sühnen und zu büßen; das Schuldgefühl ist mehr das bloße Bewußtsein: «Du hast Unrecht getan.» Eine Reue ohne Schuldgefühl kann es nicht geben. Leider kann es aber ein Schuldbewußtsein ohne Bereitschaft zur Sühne, also ohne Reue (Schmerz über das eigene Tun), geben. Sie sind also verwandt, aber nicht besonders ähnlich, es sind ganz verschiedene Dinge, sie können sich nur ergänzen.

99. Haben Schuldgefühle jemals etwas Gutes für Dich erreicht oder geschafft? Etwas Schlechtes?

Etwas Schlechtes haben Schuldgefühle bei mir nie geschafft. Etwas Gutes? Ja, daß man seine Fehler einsieht, und zumindest merkt, wie man etwas nicht tun soll. Man kann doch gut daraus lernen. Und man soll sich dann auch ernstlich vornehmen, sich zu bessern. Ich habe mir z. B. ernstlich vorgenommen, nie mehr etwas zu stehlen. Bei den großen Verbrechen haben die Schuldgefühle wohl mich zermürben, mir aber leider nicht helfen können.

100. Was machst Du, wenn Du Dich schuldig fühlst? Wie benimmst Du Dich? Was hat es für eine körperliche Wirkung auf Dich?

Ich bin dann unruhig, nervös, ich kann anderen Menschen schlecht in die Augen gerade hineinschaun, wenn es ganz stark ist, ist mir körperlich unwohl, ich habe Schweißausbrüche und feuchte Hände usw.

101. Was spürst Du, wenn Andere zeigen, daß sie sich schuldig fühlen?

Da empfinde ich Verständnis, ich möchte verzeihen und empfinde manchmal auch Mitleid.

G. Vorurteile

102. Welche Art Unterhaltung (Entertainment) hast Du am liebsten? Welche am wenigsten?

Am liebsten die Zauberei! Am wenigsten lieb klassische Kammermusik. Furchtbar, Köchelverzeichnis!

103. Welche Sachen ißt Du ungern? Welche am liebsten?

Gerne esse ich süßsaure Sachen, scharfe Salate, ungarischen Gulasch, Filet, Fisch (Matjes-Salat), Krabben, usw., nichts Schlabberiges, aber auch gerne Süßigkeiten, Sahne, Obsttörtchen, Vollmilch-Schokolade, Eis,

[Sic – als ließe er die Antwort noch unvollendet.]

104. *Gibt es einen körperlichen Typ von Männern und auch Frauen, der Dir nicht gefällt? Einen Typ, der Dir besonders gefällt? Bitte erklären.*

Sexuell interessieren Männer und auch Frauen mich überhaupt nicht, nur was ja wichtiger ist, am besten gefallen mir ruhige (nicht phlegmatische), aufgeschlossene, freundliche, und doch schlagfertige, verständnisvolle Menschen mit Herz. Das Geschlecht ist mir dabei egal. Gegen jegliche Salon-Löwen (oder Löwinnen) bin ich dagegen äußerst mißtrauisch.

105. *Kannst Du Dich entsinnen, jemanden kennengelernt zu haben, den Du «instinktiv» nicht gern hattest?*

Ja, allzu große und starke Gleichaltrige, da hatte ich Angst und darum konnte ich sie auch instinktiv nicht «gern» haben.

Mein erstes Schreckgespenst, wo ich mich heute noch erinnern kann, das war in den ersten Schultagen schon, der große «dicke Beckmann». Na, ich hatte auch recht, ich habe genug Prügel von ihm bezogen. Und im Prinzip ist mir das noch öfter passiert, jedesmal wenn ich so einen kleinen Bullen sah. Meine Erfahrungen haben mir ja dann auch Recht gegeben. Dagegen war es ja öfter auch so, daß ich (wie es jedem Jungen im Schulalter geht) manchmal jemanden auf Anhieb sehr, sehr nett fand, und geradezu «verliebt» in ihn war, wie das in dem Alter oft so ist. Diejenigen, die ich (heimlich) so nett fand, kümmerten sich nicht um mich, und ich bekam den Mund nicht auf, weil ich so verdammt gehemmt war. Der so ziemlich Einzige, der mich auch mochte von sich aus, war im Kloster der Detlef und später der Viktor. Ansonsten alles Fehlanzeige.

106. Welche Art Persönlichkeit gefällt Dir am meisten? Am wenigsten?

Als Persönlichkeit gefällt mir am besten der ruhige, gelassene, verständnisvolle, nicht gleich aufbrausende, selbstbewußte (nicht allzu selbstbewußte) menschlich empfindende und verstehende Menschentyp, egal ob Mann oder Frau. Am wenigsten gefällt mir der Menschentyp, der das genaue Gegenstück ist von dem, was ich eben aufführte. Auch Leute, die sprechen können wie ein Maschinengewehr und hochnäsig oder so sind, sind mir unangenehm, auch der «tu nicht so wie ich tue, sondern wie ich sage!!»-Typ ist mir ein Greuel.

107. Gibt es bestimmte körperliche Züge, die Dir besonders mißfallen?

Ja, es gibt so was bei mir, aber warum, weiß ich nicht. So finde ich ganz allgemein an Frauen zwar nichts direkt «schlecht» aussehend, aber ihre Formen ganz allgemein sagen mir überhaupt nichts, und ich habe mich oft gefragt, warum so viele von den «schönen Beinen» der Frau sprechen, wo doch nahezu jede Frau kürzere Beine als der Mann hat und die Unterschenkel der Frauen eine geradezu grotesk gebogene Form haben. Warum denn X-förmig, anstatt gerade? Ich bin zwar nicht voreingenommen gegen das weibliche Geschlecht, aber ihre so oft beschworene «Schönheit», ich weiß nicht, wo sie zu finden wäre. Auch die breiten Hüften, na ja, daß sie sein müssen, ist mir klar, so dumm bin ich nicht, aber «schön» ist doch wohl was anderes.

Ein Mann als solcher ist mir etwas unsympathisch, wenn er wie ein Bulle aussieht und wie eine Dampfwalze durch die Gegend rollt. Unsympathisch ist nicht das richtige Wort; sagen wir, es sind Züge, die mich stören. Ansonsten soll er aussehen, wie er will. Als Sex-Objekt könnte ich mir einen «richtigen Mann» schon gar nicht vorstellen, wer über 15–17 ist, ist für mich sowieso schon ein «Opa». Und Sie wissen ja, daß das schönste Alter für mich noch viel jünger ist, etwa 9 bis 13, höchstens 14.

Züge, die mir besonders gefallen, als solche? Das ist ja klar, eben alles was in das Lieblingsalter von mir hineinfällt, das sagte ich ja eben schon. So wie man eben als schlanker Volksschüler aussieht. Natürlich gefällt mir, allerdings ohne jeden Sex, jeder gut aussehende schlanke Mann; sportliche Typen sind nun mal sympathisch.

«Körperliche Züge» an Frauen, welche (die Züge) mir gut gefallen, gibt es bei mir nicht. Allerdings natürlich seelische Züge, der Charakter oder so einer Frau, der kann mir schon ganz besonders gefallen, z. B. meine Tante in Neuß.

108. Gibt es irgendeine Rasse oder ähnliche Gruppe, die Du besonders ungern hast? Die Du besonders gern hast?

Nein, da bin ich ohne jeden braunen oder sonstigen Anstrich. Wissen Sie, jeder bzw. keiner sucht sich ja das Volk aus, wo er hineingeboren wird.

109. Hast Du etwas Besonderes gegen irgendeine religiöse Gruppe? Für eine?

Ja, aber durchaus. Ich habe besonders etwas nur gegen eine religiöse Gruppe, nämlich die sogenannten «Zeugen Jehovas». Nicht als Menschen mag ich sie nicht, sondern als «Überzeuger», der ja ein jeder von ihnen ist. Da geben und geben sie keine Ruhe, und wenn man es ihnen zehnmal sagt, man sei nun mal anderer Ansicht. Besonders penetrant ist es, daß sie stets sagen, «Wir wollen Sie gewiß nicht überzeugen!», es aber im nächsten Moment schon versuchen mit «Glauben Sie nicht auch, daß –», «Sie müssen doch einsehen, daß –», «Auch Sie werden beim Studium der Bibel feststellen, daß –», «Sie wollen doch sicher auch nicht, daß –» usw., usw.

Selber mal eine Frage stellen, nein, das können sie nicht. Jeder

Satz, den sie sprechen, hat verpackte Befehlsform. Haben Sie mal den «Wachtturm» gelesen oder «Erwacht»? Ich bin entsetzt gewesen, welcher unglaubliche Haß auf jede andere Kirche dort von jeder Seite fließt. Einzelfälle bei anderen Kirchen, bedauerliche Einzelfälle, werden genommen, verallgemeinert, und so jede andere Kirche als Mafia, als Verbrecherorganisation unverhüllt verhöhnt. Und eine Suggestiv-Sprache, wo man sich fragen muß, welcher Mensch sich das bieten läßt. So ist es mir unverständlich, daß diese Sekte noch -zig Millionen zählt.

110. Wer war der erste Mensch, den Du nicht gern hattest?

Der erste Mensch, den ich nicht gern hatte, und wo ich mich noch dran erinnern kann, war der «dicke Beckmann».

Der erste Mensch, den ich (immer außer Familie) gern hatte, waren zwei eigentlich. Das war meine alte Oma (Mutter-Mutter) und ein damaliges Kindermädchen. (Ich war wohl 3–5 Jahre alt?) Ich hatte sie so gern, weil sie fast immer Zeit für mich hatten und mir so zeigten, daß sie mich gern mochten.

111. Ist Dir irgendeine Berufsgruppe besonders sympathisch? Besonders unsympathisch?

Meine eigene ist mir nicht besonders angenehm. Es geht mir «zu rauh und wenig herzlich zu», ich komme mir viel zu schwach und klein für diesen Beruf vor. Besonders sympathisch war und ist mir «seltsamerweise» die Kripo, wobei ich mir die Beurteilung von einzelnen Menschen durchaus vorbehalten möchte. Genauso gerne ist mir aber der künstlerische Beruf als Artisten, insbesondere Zauberkünstler, die es geschafft haben, einen Beruf daraus zu machen.

112. Sind Dir Menschen aus irgendeiner bestimmten Gegend besonders sympathisch oder unsympatisch? Welche?

Bayern sind mir nicht unsympathisch, aber ich halte viele von ihnen für rückständig. Für viele Bauern gilt dasselbe. «Watt der Buer nich kennt, datt frett er nich», da ist schon was dran. Nun sind das zwar keine «liebenswerten Schrullen», solche Charakterzüge, aber die Welt wird deswegen nicht untergehen, kein Grund also zur Antipathie.

113. Sind Dir bestimmte Arten von Kindern (männlich und weiblich) besonders sympathisch oder unsympathisch?

Dicke, starke und also allzu kräftige Knaben mag ich nicht. Allerdings erwecken sie auch die Erinnerung des Geprügelt- und Gequält-werdens in mir. Besonders sympathisch sind mir die männlichen Kinder, na ja, was Andere an Kindern auch anziehend finden, schlank, nettes Gesicht, dunkle Haare, große Augen usw. Kleine Mädchen können natürlich auch dieses Aussehen haben, auch sehr nett aussehen, also wie die Leute sagen «einfach süß» sein. Das empfinde ich auch und es bleibt mir auch nicht verborgen, nur regt es mich sexuell bei einem kleinen Mädchen nicht auf, jedenfalls habe ich noch nie diesen fürcherlichen Drang gehabt, den ich habe, wenn ich einen hübschen Jungen sehe, bzw. sah.

114. Spielen gewisse Gewohnheiten (Rauchen, Gummikauen, Frisur, Redensart, Schminke, Kleider usw.) eine Rolle in Deiner Reaktion auf andere Menschen?

Näselnde Stimmen z. B. hört niemand gern, auch ich nicht. Rauchen, Kleidung, Frisur oder so stört mich nicht. Schminke im Alltagsleben (Bühne ausgenommen) mag ich ganz und gar nicht! Nicht aus «echt deutsche Frau»-Erwägungen, ich habe einfach eine Allergie dagegen.

115. Wie reagierst Du auf Vorurteile in anderen?

Vorurteile in anderen tun mir natürlich weh, ebenso Vorurteile Anderer gegen Andere. Dagegen Stellung nehmen tue ich auch im persönlichen Bereich, dagegen in großem Stil anzukämpfen, halte ich leider für ziemlich sinnlos, es gibt kaum etwas Zäheres und Langlebigeres als Vorurteile.

116. Hättest Du etwas gegen beruflichen Umgang mit Negern? Gesellschaftlichen Umgang?

Nicht im geringsten.

117. Hättest Du etwas dagegen, Dich in eine Schule oder in ein Lager zu begeben, wo die Mehrzahl der anwesenden Juden sind?

Nicht im geringsten. *[Im Antwortbrief sprang er über diese Frage; seine Antwort auf Nr. 117 kam erst nach Nr. 119.]*

118. Wie findest Du «Mischehen» zwischen (a) Negern und Weißen, (b) Juden und Nichtjuden, (c) Katholiken und Protestanten?

Bei B + C finde ich überhaupt nichts dabei; bei A wird es problematischer. Ich habe nicht das Geringste zwischen [sic] solchen Ehen zwischen Farbigen und Weißen einzuwenden, im Prinzip, wohlgemerkt, ich stelle aber immer wieder fest, daß die Kinder solcher Ehen schrecklich unter Vorurteilen besonders der Weißen zu leiden haben. Das ist ein großes Problem, denn wenn man oft sagt: «Die Kinder müssen es ausbaden», da ist leider etwas, nein sogar viel, dran. Ich wünschte mir nur, daß man diesen Kindern vorurteilslos gegenüberstehen würde, jeder, so wie ich es tue und hoffentlich auch Sie.

119. Was haben Vorurteile für eine Wirkung (a) auf den Menschen mit Vorurteilen; (b) auf den, den er ablehnt; (c) auf die Gesellschaft im allgemeinen?

Der Mensch mit Vorurteilen läßt damit, glaube ich, unbewußten Aggressionen seinen Lauf. Er weiß sich in zahlreicher Gesellschaft und glaubt, ohne diese Vorurteile würde ein Zustand verändert, der ihm zur Zeit irgendeinen Gewinn irgendwelcher Art bringt.

Im also beschimpften Menschen werden Haß und Wut aufgebracht, Aggressionen entwickeln sich, die irgendwann einmal sich auf nun seinerseits ungerechte Art und Weise entladen werden, denn eine böse Saat trägt auch böse Früchte. Außerdem bekommt mancher durch Beschimpfung ein Minderwertigkeitsgefühl.

In der Wirkung auf die Allgemeinheit kann das alles doch nur die Atmosphäre vergiften und auch den gesellschaftlichen Fortschritt aufhalten, z. B. durch Bürgerkrieg, verhinderte Gesetzesreformen usw.

120. Wie hast Du Dich gefühlt, wenn Du meintest, das Opfer von Vorurteilen zu sein?

Ach du lieber Gott, das fühlt man manchmal so, die Frage ist nur, ob das immer stimmt. Aber ganz kraß ist das gewesen beim ersten Prozeß, wo auf einmal gesagt wurde, das Jugendamt hätte, na ja, Sie wissen ja, was ich meine, wo die damals Hellseher gespielt haben auf übelste Weise. *[Der Vertreter des Jugendamtes behauptete, das Ehepaar Bartsch vor der Adoption eines außerehelichen Kindes von einer tuberkulösen Mutter gewarnt zu haben.]* Daß sie auf so traurige Art «recht» behalten haben, ändert nichts an den Tatsachen. Ich war so perplex und so wirklich erschüttert, daß ich gedacht habe, jetzt mußt Du aufspringen, sagen oder besser schreien, daß das doch wohl eines der schlimmsten Vorurteile ist, was da völlig regungslos hingenommen wird, und weil das so ungerecht ist, daß ich also ab jetzt nichts mehr sagen würde, weil das ja dann keinen Sinn mehr habe.

Aber ich saß nur da und konnte mich gar nicht rühren, nach einiger Zeit war da nur noch der Gedanke «Das darf doch nicht wahr sein.»

121. Meinst Du, daß eine bestimmte Art Persönlichkeit mehr als andere dazu neigt, Vorurteile zu haben?

Ja, das glaube ich. Ein hochnäsiger, dummer, rechthaberischer, starrköpfiger, uneinsichtiger Mensch wird mit Vorurteilen immer rasch bei der Hand sein.

H. Soziale Muster

122. Wenn Du mal auf eine Party gingst, war es Dir sympathischer, wenn viele oder wenige anwesend waren?

Ich ging auf keine Party, wollte es natürlich gern, aber mit meinen Hemmungen und Angst vor vielen Menschen, da ließ ich es lieber bleiben.

123. Hast Du Dich vorgestellt, oder hast Du gewartet, bis man Dich vorstellte?

Ich kenne diese Regeln überhaupt nicht genau, ich weiß gar nicht, wann man was tut.

124. In dem Laden in Essen: Hattest Du Freude daran, Kontakt mit der Kundschaft zu haben?

Ja, da lag mir viel daran, und das war auch sehr gut, manchmal ein richtig schönes und warmes Gefühl. Nun, mit den älteren Leuten, was ja fast alle Kunden waren, habe ich mich stets sehr gut verstanden, besonders als Einzelperson (damit meine ich das «Gegenüber»), also da hatte ich schon Freude daran.

125. Fiel es Dir leicht oder schwer, vor einem Publikum aufzutreten? Zu sprechen?

Im kleinen Kreise als Zauberer aufzutreten, fiel mir stets bedeutend schwerer als auf der Bühne, wo die Gefahr des Auffallens nicht so relevant war, und wo auch der Kontakt nicht so eng war, daß ich Angst haben mußte. Auf der Bühne war es viel leichter und schöner aufzutreten.

Dabei zu sprechen? Bei den Bühnenauftritten habe ich nie gesprochen, sondern eine sehr schöne Getränke- (Erscheinungs-) und Tücher-Nummer gehabt, die der Natur nach «stumm» war, also mit der üblichen untermalenden Orgel-Begleitung. Diese «stumme» Nummer war mir möglich, eine gute Sprech-Nummer (die beim Publikum allerdings nicht so beliebt ist) hätte ich nicht auf die Bühne gebracht.

126. Hältst Du Dich für geduldig oder ungeduldig? Munter oder depressiv? Tolerant oder kritisch?

Ich halte mich für geduldig. Und für unentschlossen, selten munter, oft depressiv. Aber für tolerant, ja.

127. Kanntest Du die Nachbarn in Langenberg gut? Wie waren Deine Beziehungen zu ihnen?

Ich hatte kaum Kontakt mit den Langenberger Nachbarn. Erstens, weil ich die meisten Tage der Woche von morgens früh bis spät abends gearbeitet habe im Geschäft, wo sowieso dann für Nachbarschaftspflege keine Zeit mehr gewesen wäre. Die Nachbarn und auch die Söhne in meinem Alter hatten alle den 8-Stunden-Tag, wir haben aber bei uns meist dreizehn Stunden oder mehr arbeiten müssen, alles eingerechnet, die langen Fahrten und so. Wenn ich oft mit meinen Eltern um 20.30–21.00 zu Hause ankam, standen die anderen mit Rad oder Moped auf der Straße, aber es wurde dann schon lange dunkel. Manchmal habe ich gefragt, wie lange seid Ihr schon zu Hause, meist waren sie schon seit halb 5 bis 6 Uhr frei und durften raus. Und sie durften, besonders die Gleichaltrigen, auch noch viel länger draußenbleiben als ich, so hätte ich nur ein kurzes Stündchen Zeit gehabt, für guten Abend und auf Wiedersehn zu sagen. Glauben Sie mir, ich, weil ich zudem meinen Beruf nicht liebte, war das alles manchmal so satt, mir stand das oft so bis zum Hals, ich hätte die ganze Scheiße so hinschmeißen können. Aber dann hat doch immer das Gewissen des Kindes des Mittelstandes die Oberhand behalten, schließlich ist ja alles nur für mich, da muß man eben auf manches verzichten, und auch da ist ja was Wahres dran.

Der zweite Grund war, daß ich immer das Gefühl hatte, zwar gern stets dabei sein zu wollen, aber «von Natur aus» im zweiten Glied zu stehen. Also kurz gesagt, ich kam mit gleichaltrigen Nachbarsjungen kaum zusammen, und wenn dann noch Mädchen dazukamen, dann würde es ganz unmöglich, weil ich ja schlecht sagen konnte: «Laßt sie doch laufen, was sind sie denn schon Besonderes». Wenn es mal so kam, dann schlug ich mich eben eher schlecht als recht durch, indem ich wie die Anderen «dufte Puppe» oder «dumme Gans» sagte und über faule Witze grinste, aber bei all dem war mir oft richtig übel, denn was für fade Schauspielerei um einer kümmerlichen Fassade willen.

128. Versuchtest Du, viele Arten von Menschen zu kennen, oder war es Dir wohler in Deiner eigenen Gruppe?

Wie gesagt, konnte ich besser mit Erwachsenen umgehen. Bei Gleichaltrigen war es wegen Hemmungen immer viel schwieriger. Mit «meiner Gruppe», wie Sie sagen, konnte ich es also nicht gut. Falls Sie auch Standes-Gruppen meinen, da kannte ich wenig von. Ich habe immer wenig Kontakt gehabt, da hatte ich mit solchen Dingen ja praktisch nichts zu tun.

129. Wie reagierst Du in unerwarteten Situationen? Kannst Du ein paar Beispiele beschreiben?

Sie meinen ganz unverhofft? Da erinnere ich mich im Moment, als ich den Victor mal in unserem VW-Bus fahren ließ, abends, auf nasser Straße, da fuhr er auf einmal mit 80 Sachen in eine Kurve. Der Wagen war ganz leer, und drehte sich natürlich plötzlich wie ein Kreisel auf dem Pflaster. Ich wußte vor Schreck nicht, was ich tun sollte, griff hinüber und riß wie verrückt die Handbremse fest, was die Sache natürlich nur noch schlimmer machte. Der Wagen drehte sich wie irr, man konnte gar nichts mehr erkennen, und ich drückte mich mit dem Gesicht in die Rückpolster und hielt die Arme über den Kopf. Nach einer «Ewigkeit» standen wir. Hätte der Wagen sich nicht rein zufällig stets genau in Straßenrichtung gedreht oder wäre uns gar ein Wagen entgegengekommen, ich möchte wetten, wir wären tot gewesen. So aber war nicht das geringste «passiert», weder uns noch dem Wagen.

Zweimal habe ich bei Kletterei sehr gefährlich festgehangen, so daß ich weder vor noch zurück konnte. Beide Male bin ich, einmal von einer Erzieherin, das andere Mal von einem anderen Jungen, gerettet worden. Todesangst habe ich beide Male gehabt, es ist ein ganz verdammtes Gefühl, ich möchte es nicht noch mal erleben. Man sollte allerdings öfter an diese Dinge denken, dann würde man wahrscheinlich auf andere Menschen besser und mehr Rücksicht nehmen.

Auch die plötzliche «Damenwahl» in der Tanzschule war stets unerwartet. Mir war dann immer ganz flau, denn, welche auch kam, ich würde einen roten Kopf kriegen, was doch ganz blödsinnig war, denn keines Mädchens «Liebreiz» sagte mir was.

In der Schule früher, in Essen noch, da war es immer am unerwartetsten, wenn ich alleine was singen sollte. Da bekam ich keinen Ton raus, vor der ganzen Klasse, und alle guckten mich an.

Eine unerwartete Situation war es auch, als hier mal ganz plötzlich der Justizminister auftauchte. Er stellte ein paar Fragen, ich gab Antwort, aber alles war wie so ein Traum, wissen Sie, als ob es irgendwie «nicht echt» sei. Erklären kann ich das nicht.

130. Ist Dir wichtig, was andere über Dich sagen? Denken?

So wichtig, wie jedem Anderen auch. Ich kann natürlich nur von früher sprechen. Daß die Anderen allzu gut über mich sprechen würden, habe ich nie gedacht, dazu war ich in allem zu farblos. Noch wahrscheinlicher war es da doch, daß sie überhaupt nicht über mich redeten oder an mich dachten. Ich werde ihnen wohl ziemlich egal gewesen sein. Daß sie früher besonders schlecht über mich geredet hätten, glaube ich nicht. Aber wenn ich ehrlich bin, ist das eine Sache, wo ich, glaube ich, nicht viel dran gedacht habe.

Na und heute denken ja doch die meisten das gleiche, nämlich das Schlechteste über mich, da muß man sich mit abfinden. Ist mir das «egal»? Egal ist mir das sicher nicht, aber ich kann es nicht ändern, und außerdem glaube ich nicht, daß eine «Masse» als solche über jemanden urteilen kann, da wird ja doch ein Scherbengericht draus.

131. Wann bist Du am glücklichsten? Am traurigsten? Bitte ein paar Beispiele von beidem erzählen.

Am glücklichsten oder am traurigsten? Das heute ist ja nicht das «Normale», also muß ich da wieder von früher sprechen.

Am traurigsten bin ich, wenn ich zu Hause bin, wo alles so steril ist, daß man bald auftreten muß nur auf Zehenspitzen, ist ja alles soooo sauber, wenn es heiliger Abend ist, und ich gehe runter ins Wohnzimmer, viele Geschenke sind da für mich, ist ja ganz toll, und wenigstens an diesem Abend beherrscht meine Mutter einigermaßen ihr Wechselbad-Temperament, so daß man meint, vielleicht kannst du heute Abend mal Deine (also meine) eigene Schlechtigkeit etwas vergessen, aber es knistert irgendeine Spannung in der Luft, so daß man weiß, es wird ja doch wieder Scheiße; wenn man wenigstens ein Weihnachtslied singen könnte, und die Mutter sagt: «Nun sing doch mal ein Weihnachtslied», und ich sage: «Ach laß doch, kann ich nicht, da bin ich doch auch viel zu groß für», aber denken tu ich: «Kindermörder singt Weihnachtslieder, da soll man nicht verrückt werden.» Ich packe meine Geschenke aus und «freue» mich, zumindest tue ich so. Mutter packt ihre Geschenke aus, die von mir, und freut sich wirklich.

Inzwischen ist das Essen fertig, Hühnersuppe mit dem Huhn drin, und der Vater kommt, zwei Stunden nach mir. Er hat bis jetzt gearbeitet, wirft Mutter irgendein Haushaltsgerät vor die Füße, ihr kommen die Tränen vor Rührung, und er brummt irgendwas, das «Fröhliche Weihnachten» bedeuten könnte. Er setzt sich an den Eßtisch: «Na, wie ist das, kommt Ihr endlich?» Schweigend wird die Suppe gelöffelt, das Huhn rühren wir nicht an. Kein Wort wird gesprochen während dieser Zeit, nur das Radio spielt leise, wie schon seit Stunden. «Die Hoffnung und Beständigkeit gibt Kraft und Trost zu jeder Zeit . . .»

Wir sind fertig mit Essen, Vater setzt sich auf und brüllt uns an: «Prima, und was machen wir jetzt?», so laut er kann, richtig gemein hört es sich an. «Nichts machen wir jetzt!» schreit Mutter zurück und läuft weinend in die Küche. Ich denke: «Wer straft mich da, das Schicksal oder der «liebe Gott»?, weiß aber sofort, daß das so nicht stimmen kann, und der Sketch fällt mir ein, den ich im Fernsehen gesehen habe: «Dasselbe wie letztes Jahr, Madam?» «Dasselbe wie jedes Jahr, James!!»

Ich frage leise: «Willst Du nicht wenigstens nachschauen, was wir Dir geschenkt haben?»

«Nein!!»

Er sitzt nur da und stiert mit leerem Blick auf das Tischtuch. Es ist noch keine acht Uhr. Ich habe hier unten nichts mehr zu suchen, mache, daß ich auf mein Zimmer komme, laufe da hin und her, und es ist mir ernst mit dem Gedanken: «Springst Du nun aus dem Fenster oder nicht?» Warum habe ich die Hölle hier, warum wäre es besser tot als so was erleben? Weil ich ein Mörder bin? Das kann gar nicht ganz stimmen, es war heute nicht anders als jedes Jahr.

Dieser Tag war immer am schlimmsten, am meisten bewußt war es mir natürlich in den letzten Jahren, als ich noch zu Hause war, da kam an einem solchen Tag alles aber auch wirklich alles zusammen.

Am glücklichsten?
[Nota bene: Dies ist keine echte, erlebte Situation, sondern nur eine allgemeine Phantasie.]
Nehmen Sie das genaue Gegenteil von allem, was ich eben nannte. Nehmen Sie dann noch viele Geschwister, Jungen und Mädchen, mit denen ich hätte jeden Tag spielen können. Und dann auch nicht so eingeengt, auf die Minute zu Hause sein und so. Und nie erwachsen werden, immer Junge sein, höchstens 12–14 Jahre alt, mich mit den Anderen verstehen, Streiche mit ihnen machen, vielleicht auch in einem Ferienheim, wo nicht Sadisten als Lehrer sind, Kartoffelfeuer, Fahrtenlieder, Wanderungen, Geländespiele, das wäre mein Traum vom Glück. Kurz gesagt: Ein Leben lang kurze Hosen tragen. Aber daß ich «in realita» glücklich war? Das würde ich glatt verneinen. Mir fällt auch beim besten Willen nichts ein.

132. Bist Du leicht gelangweilt? oder nicht? Welche Art Situation langweilt Dich besonders?

Da darf ich mit gutem Gewissen sagen, daß ich praktisch mein Leben lang bis zur Verhaftung nie Langeweile hatte, dazu fehlte mir die Zeit, um es etwas sarkastisch auszudrücken. Allenfalls wenn ich mal Schlange stehen mußte oder so, aber das sind ja allbekannte Situationen. Oder jetzt hier im Gefängnis, aber Langeweile kenne ich hier auch nicht, im Moment denke ich ohne Anstoß nicht gern nach, darum übe ich viele Zauberkunststücke und lese viel, sehr viel. «Belletristik» nennt man die Literatur.

I. Antisoziale Geschichte

133. Hast Du jemals zur Kleptomanie geneigt?

Damals in der Schule habe ich meiner Oma Geld gestohlen, das ich ja den Anderen gab, damit sie mich vor sich selbst «beschützen». Dann habe ich während der gesamten Heimzeit kein einziges Mal etwas gestohlen, erst später wieder, als ich wieder zu Hause war. Mit Viktor zusammen stahl ich in Velberter Kaufhäusern Taschenlampenbatterien, Birnchen und Lenkschützer für's Fahrrad. Das war so ein paar Wochen, wo mich das gereizt hat. Aber sowas haben wohl die meisten Jungen getan.

Auf der Schulentlassungsfahrt, wo wir Katholischen zusammen hinfuhren, da war im Dorf, wo wir waren, so ein kleiner Laden, wo die Süßigkeiten nur so in der Gegend herumlagen. Da habe ich eine Rolle Schokoladentaler geklaut. Ich will mich nicht entschuldigen, aber wenn wir nicht alle damals etwas geklaut hätten, hätte ich auch nichts mitgenommen. Von unserer Gruppe war aber auch nicht einer, der nicht irgend etwas mitgehen ließ. Wir meisten waren 14 Jahre gerade. Einige von uns gingen in die Bücherei des Dorfes und ließen da insgesamt 30–40 Bücher, meist Taschenbücher, «mitgehen». Die Archivarin besuchte uns abends und sagte: «Entweder Ihr rückt die vielen Bücher freiwillig raus, oder ich lasse die Polizei holen!» Da haben die dann die Bücher rausgerückt und alle in einen Koffer getan. Aber damit hatte ich nichts zu tun.

Als ich damals ab und an eine Kleinigkeit geklaut habe, hat das eine gewisse Befriedigung mit sich gebracht, ich wußte, daß das nicht richtig war, was ich tat, und es tat mir wohl auch leid, aber daß ich wußte, ich war doch nicht so dumm, wie die Anderen glaubten, das war doch auch was wert.

Dann habe ich später auf dem Schlachthof mal 5 oder 6 Schweinelebern gestohlen. Ich hatte sie einfach auf unseren Anhänger geworfen, weil unser anderer Lehrling gesagt hatte, ich wäre zu feige dazu. Was ich mit dem Zeug tun sollte, wußte ich nicht. Mein Vater hätte keine gestohlenen Lebern angenommen, und verkaufen hätte ich sie auch nicht können, ich kannte keinen, der mir was dafür gegeben hätte. Ich bin vor Gericht gekommen, aber die haben das Verfahren eingestellt.

Später habe ich dann laufend aus der Ladenkasse Geld gestohlen, im Laufe der Zeit, meine ich, müssen das wenigstens so um

20.000 Mark gewesen sein. Das verteilte sich aber auf 2–3 Jahre wenigstens. Dieses Geld ist fast alles verbraucht worden nur für Taxifahrten, als ich Kinder suchte und auch auf der Kirmes. Ich bin auch nachts mal auf Tour gewesen, ein paar Mal, um zu trinken, aber das kann insgesamt nur ein paar Prozent ausmachen. Fast alles ist gebraucht worden auf der Suche nach Kindern. Dieses Stehlen ging bis zum Schluß, also bis zur Verhaftung, weiter.

Ich muß bekennen, daß ich mir wegen dieses Geldes keine Gewissensbisse wegen des Stehlens an sich machte, weil ich glaubte, daß ich das Geld unbedingt haben muß und sonst auf jeden Fall nicht so viele Opfer haben konnte. Das hört sich natürlich ganz furchtbar an, aber so habe ich gedacht, und ich war davon überzeugt.

134. Hat Dich Brandstiftung jemals gereizt?

Nein.

V. PSYCHOSEXUELLES

A. Neugierde und Interessen in der Kindheit

1. Was ist Deine früheste Erinnerung, die in irgendeiner Weise Deine Neugierde oder Dein Interesse an Sex erweckte? Was ist Deine früheste Erinnerung von dem nackten (oder zum Teil nackten) Körper eines anderen Menschen? Wer war es? Wann war das erste Mal, wo Du etwas sahst oder hörtest, das Dich veranlaßte, eine Frage über Sex zu stellen? Wann hast Du zum ersten Mal gefragt, wo Kinder herkommen? Wie war die genaue Antwort? Wann hast Du zum ersten Mal Geschlechtsverkehr zwischen Tieren gesehen? Kannst Du Dich entsinnen, wann die Unterschiede zwischen den Geschlechtern Dir bewußt wurden?

Die erste Erinnerung an Sex, wo ich mich im Moment erinnern kann, war, als ich mit etwa 5 (weiß es nicht genau) Jahren im Harz in Bad Sachsa im Kinderheim zur Erholung war. Da wurden wir abends alle Jungen (alle so klein wie ich) nackt unter die Brause gestellt, nebeneinander und mehrere Schwestern (weltliche) wuschen uns ab. Da habe ich etwas Neugierde gehabt, wie die Anderen wohl aussahen. Aber es war eine Neugierde, die sich stark in Grenzen hielt.

Etwa um die gleiche Zeit, als ich bei meiner Tante in Neuß auf Besuch war und dort auch schlief, sah ich heimlich, wie sie ihre kleine Tochter in einer kleinen Wanne badete. Die Entfernung war ziemlich groß, aber nun wußte ich wenigstens ungefähr, wie die Mädchen aussehen.

Meine erste Aufklärungsfrage stellte ich mit 8 oder 9 Jahren an meine Mutter, aber sie lachte und erzählte was vom Klapperstorch. «Veranlaßt» hatte mich nichts zu dieser Frage außer der Tatsache, daß die Kinder ja nun mal irgendwoher kommen mußten.

Zwischen Tieren? Sicher habe ich das als Kind gesehen, aber ich wußte doch nicht, was die da machten, jedenfalls bis Ende zwölf. Da hat mich einer in Marienhausen aufgeklärt, so richtig «offen», oder wie man das nennt. Geglaubt habe ich es ihm allerdings nicht gleich.

2. *Wann und was war der erste Anlaß Deiner Gedanken über die Geburt?*

Das kann ich Ihnen beim besten Willen nicht sagen, wann das war, auf jeden Fall aber innerhalb der ersten 4–5 Schuljahre. Welches Nachdenken es verursacht hat? Nun, ich dachte einfach, daß es irgendwie wahrscheinlich sei, daß das Kind «irgendwo rauskommt», bei der Mutter, das war mir klar, weil sie am meisten mit den Kindern zu tun haben soll.

3. *Hast Du Erinnerungen, auch vage, von Geschlechtsverkehr zwischen Deinen Eltern? Hast Du Grund zu glauben, daß sie mit*

einander nicht verkehrten? Hast Du jemals Andeutungen darüber gehört?

Da habe ich nie was von gewußt, noch gesehen, noch gehört. Ich für mein Teil bin überzeugt, daß sie solche Sachen nicht mehr getan haben, seit feststand, daß meine Mutter kein eigenes Kind bekam. Andeutungen: Darüber hätten meine Eltern doch nie ein Wort verloren.

4. Hattest Du falsche Vorstellungen über sexuelle oder andere körperliche Funktionen? Bitte erklären. Hatten bestimmte Worte für Dich sexuelle Bedeutung? Welche Ausdrücke wurden für Penis, Stuhlgang usw. benutzt?

Falsche Vorstellungen nur über die Geburt. Ich dachte, der Bauch geht auf (Bauchnabel), und das Kind kommt da heraus. Was mit dem Mann los war, erfuhr ich erst durch die Aufklärung im Schulhof. Kurz vorher hatte ich wegen des Anfangs der Pubertät zu onanieren begonnen, aber wozu das «gut» sein könnte, das wußte ich zu dem Zeitpunkt nicht, noch nicht genau. Es dauerte dann bis zur Aufklärung nur noch Wochen oder ein paar Monate.

Ach, Sie meinen ja noch viel früher! Die Bezeichnung für Penis war damals «Männlein», für den Stuhlgang wurde «Groß» gesagt, für Wasser lassen «Klein», Stuhlgang war auch ein «Geschäft machen». Alles Worte, wie sie Kindern gegenüber für sexuelle Dinge gebraucht wurden. Ich fand das ziemlich blöd, denn daß da nun irgendwas «drumherumgeredet wird», ist auch dem Kind schon klar.

5. Hast Du Erinnerungen aus Deiner Kindheit, wo Du das Stillen eines Kindes gesehen hast?

Nein.

6. Kannst Du Dich Deines ersten Interesses an Deinen eigenen Geschlechtsorganen entsinnen?

Da muß ich etwa 6 Jahre alt gewesen sein. Ich schaute mir das alles so an, und (im Bett) dann veränderte ich meine Lage, rutschte halb aus dem Bett, und machte die Beine mal zusammen, mal ganz breit und so. Ob ich eine, wie sagt man, «Erektion» hatte, weiß ich nicht mehr (halte es aber für sehr wahrscheinlich). Ich habe damals mehr geguckt als angefaßt, ich hatte ein Gefühl, daß es Spaß und «Lust» machte, aber ich wußte nicht, warum mir das gefiel, und so war es sehr schön, aber auch ein wenig unheimlich, vielleicht sogar ein ganz klein wenig «ba-ba». Ich war allein dabei in meinem Zimmer, ich hätte mich nie getraut, Fragen zu stellen. Schlußfolgerungen habe ich keine gezogen.

7. Welche Geschlechtsorgane interessierten Dich mehr, die weiblichen oder die männlichen?

Als Kind habe ich ja nur das eine Mal ein nacktes kleines Mädchen gesehen. Das war aber nur Neugierde. Ich habe mich nur für's eigene Geschlecht interessiert. Solange ich noch sehr jung war (bis 11 – Anfang 12), habe ich mich wohl für andere Jungen im «Naturzustand» interessiert, z. B. in der Badeanstalt beim Umziehen, aber wissen Sie, das hatte auch nicht so viel zu bedeuten; wenn ich es mit später vergleiche, muß ich sagen, daß ich bis 11–13 Jahre in diesen Dingen «nicht uninteressiert, aber doch ziemlich gelassen» war. An nackte kleine Mädchen habe ich damals, so weit ich zurückdenken kann, so gut wie nie gedacht.

8. Was waren die sexuellen Fragen, die Du aus Schüchternheit oder Hemmungen Deinen Eltern nicht stelltest? Warum hast Du sie nicht stellen wollen? War der Grund, daß Du Angst hattest oder daß Du Dich schämtest? Wenn ja, warum?

[Den Rest der letzten Seite dieses Briefes ließ er leer. Erst im nächsten Brief kam die Antwort auf diese Frage.]

Welche Fragen ich nicht gestellt habe? Ich habe niemals eine derartige Frage gestellt, außer der üblichen, nämlich wo die Kinder eigentlich nun genau herkämen. Ich muß damals etwa 9 Jahre gewesen sein.

Meine Mutter hatte ich gefragt, und sie sagte aber nur, was sie so oft sagte, sie hätte mich «in den Trümmern gefunden», was ja in gewisser Weise auch stimmt. Eine konkrete Antwort war es aber natürlich nicht. Ich habe dann auch nicht mehr gefragt, auch später nicht, weil

1.) Ich wußte, daß ich doch keine vernünftige (richtige) Antwort kriegen würde, und

2.) weil ich irgendwie spürte, daß meine Eltern gehemmt waren, und zwar total, über diese Dinge zu sprechen.

Als ich 15 oder 16 war erst, bot mir mein Vater mal während der so ziemlich einzigen Aussprache, die wir überhaupt jemals hatten, an, mir zu erklären, diese Dinge, wenn ich was nicht wüßte. Ich habe damals gesagt: «Laß man», es war ja sowieso schon alles verkorkst.

Ob ich mich geschämt hätte zu fragen? Als ich selber in die Pubertät kam, sicher hätte ich mich da geschämt. Aber meines Erachtens muß mit der Aufklärung viel früher angefangen werden, vorher hätte ich mich nicht geschämt, da wäre das viel besser gegangen. Was heißt Angst, Angst hatte ich natürlich ganz allgemein, besonders vor meinem «Alten», das hemmt natürlich auch zu fragen.

9. Kannst Du die Entwicklung Deiner sexuellen Neugierde beschreiben?

6 oder 7 Jahre der eigene Körper und damals auch noch der Körper der Mädchen im gleichen Alter, wenn auch das Interesse nicht übertrieben stark war, aber es war da. Und dann über 7 Jahre noch hinaus auch hauptsächlich der eigene Körper bis etwa 10–11 Jahre, danach, etwa von 11 – höchstens 13 Jahren, interessierten mich die Gleichaltrigen oder unwesentlich Jüngeren. Es

kam dabei aber auch auf die, in diesem Alter üblichen, erotischen Gefühle an. Ganz klar ausgedrückt heißt das für diese Zeit: Wenn seine Art und sein Gesicht mir unsympathisch waren, so interessierte sein Körper mich überhaupt nicht. Ab 13 Jahren etwa blieb es dann konstant, daß heißt, als ich 15–16, 17, wurde, waren es immer nur noch weit Jüngere, die mich interessierten. Außerdem wurde die «Basis» breiter, ohne daß ich es direkt merkte, ohne daß ich das zeitlich genau fixieren könnte. Ab 14 Jahren etwa war es, glaube ich, schon so, daß mich die 8–12jährigen interessierten, und die Gleichaltrigen überhaupt nicht. (Wenn ich sage «überhaupt nicht», dann meine ich damit, daß ich niemals, seit der Trieb begann, ungefähr mit 14, die Gleichaltrigen damit *[ein Pfeil führt von «damit» zurück zu «Trieb»]* in Verbindung brachte. Ich hatte niemals das Gefühl, Gleichaltrige zu quälen und ermorden zu müssen. Gleichaltrige oder fast Gleichaltrige interessierten mich von etwa 16–19 Jahren höchstens, also ich merke gerade, daß das Wort Gleichaltrige hier nicht recht angebracht ist. Sagen wir besser «Lustknaben», so nennt man sie wohl, interessierten mich nur insoweit, als sie selbst es auch interessierte, nämlich zur Befriedigung, und damit war dann aber auch schon alles O.K. Worauf ich hinaus will: Die sexuellen Handlungen mit Lustknaben hätte ich jederzeit aufgeben können, wenn sich da ein dringender Grund ergeben hätte. Ab wann begann das? Etwa ab 16 Jahren, praktisch bis fast zur Verhaftung. Diese Knaben sollten jüngstens 15–16 sein und ältestens 17–18 etwa. Und, was «sichtig» war, ich meine das ganz ernst, sie dürften sich auf keinen Fall rasieren, also sie dürften noch keinen richtigen Bart haben, das hätte mir jede Lust genommen. Für diese Art der Sexualität gibt es für mich nicht die geringste Parallele zum Trieb, der sich mit den viel Jüngeren beschäftigte, also etwa 8–höchstens 13 etwa. Auch mal 14, aber dann war es immer so, daß die Kinder jünger aussahen, als sie waren, auch Freese *[sic]*, der ja schon 14 war, sah ja beileibe nicht danach aus.

Die Diskrepanz, die ich selber nicht nicht *[sic]* begreife, ist, daß ich die harmlosen Handlungen mit den älteren Jungen jederzeit hätte sein lassen können, warum ich aber die viel schlimmeren Dinge mit den Kleineren nicht aufhören konnte. Die Kripo hatte dafür eine prima einfache Erklärung: «Die Älteren, da hätte ja mal durchaus einer stärker sein können als Du!» Das hat der Kommissar mal zu mir gesagt. Wenn er mal einen Pokal gewinnt, wird es wahrscheinlich der Pokal der Vereinfachung sein.)

Als ich älter als 14 wurde, da ging die Altersgrenze, den Trieb betreffend, etwas höher, etwa bis zu den 13jährigen, aber so blieb es dann. In dieser Beziehung änderte sich nichts mehr, auch als ich 17–18–19–20–21 wurde. In welchem Alter war meine sexuelle Neugierde am größten? Als ich in Marienhausen war, zur Zeit der Pubertät, also 11–13 Jahre war ich da etwa.

10. Gibt es noch irgendwelche Aspekte der menschlichen Sexualität, über die Du immer noch neugierig bist, bzw. über die Du Deines Erachtens mangelhaft informiert bist?

Ja, über die ganze weibliche Sexualität, also was das profane, schlicht und einfache Aussehen des weiblichen nackten Körpers und seines Geschlechtsteils betrifft, das weiß ich überhaupt nicht, habe ich ja auch nie gesehen. Ob ich es mal sehen will? Um mich zu unterrichten, warum nicht? Aber um mich z. B. darum zu «bemühen», ist es nicht wichtig genug. Sicher, einmal im Essener Bordell habe ich ein nacktes Mädchen gesehen, aber «gesehen» habe ich trotzdem nichts, wahrscheinlich habe ich nicht richtig hingeschaut. Fragen Sie mich nicht, ob ich zu «schüchtern» war, ich weiß es einfach nicht. Ich habe einfach nicht aufgepaßt.

B. Sexualunterricht

11. Wann war Deine erste sexuelle Aufklärung?

Meine erste sexuelle Aufklärung war auf dem Schulhof in Marienhausen, ein Klassenkamerad erzählte mir, wie es genau vor sich ginge, das «Kinder machen» und so.

Nur auf der «Schulendfahrt» von unserer Langenberger katholischen Kirche aus sind wir, auch ich, aufgeklärt worden. Wir fuhren zu dem Zweck für drei Tage in ein Kloster bei Co*[e]*sfeld, welches laufend diese Art Aufklärung für die Schulen übernimmt. Wir saßen da dann zu vielen Kindern vor dem Mönch, und der erläuterte, sehr vernünftig an sich, wie das alles so vor sich ginge. Nun, für mich waren das alte Geschichten, aber ich habe gesehen, daß viele trotzdem, daß sie doch alle 14 waren, noch gar nichts wußten. Für die war es ein richtiger Schock, wahrscheinlich kam es irgendwie schon zu spät. Mehrere wurden grün im Gesicht, hielten sich ein Taschentuch vor den Mund, liefen hinaus, nicht etwa um zu lachen, sondern um sich zu «übergeben», wie man das wohl nennt.

12. Hast Du es erlebt, daß Deine Eltern sexuelle Fragen in Deiner Gegenwart besprachen?

Nein.

13. Aus welcher Quelle kam die sexuelle Erklärung, die Du für die beste Deiner Kindheit hältst? Bitte erzählen.

Siehe 11. Das war die beste, sprich «anschaulichste» Erklärung. Aber es war natürlich sehr zotig und versaut, wie er das aussprach. Ich war sehr schockiert und erschrocken. Ich weiß noch, daß er sagte: «Die machen das alles nur, weil sie so scharf darauf sind. Die Kinder, die dann davon kommen, die wollen sie gar nicht meistens. Die machen das nur, weil es Ihnen Spaß macht», und daß ich dann tage- und wochenlang immer gedacht habe, daß ich das gar nicht verstehen kann, daß meine Eltern «solche Sauerei» gemacht haben, und ich wußte auch nicht, ob sie mich überhaupt haben wollten, weil sie dabei ja nicht an die Kinder denken, wenn sie so was machen.

14. Ist es jemals vorgekommen, daß ein anderer Mensch – Kind oder Erwachsener – sexuelle Aufklärung vorspielte, um Dich tatsächlich in sexueller Weise anfassen zu können?

Da fällt mir nur PaPü ein, aber ob die Sachen, die er erzählt hat vorher, Aufklärung sein sollten, ich bin mir da nicht sicher. Ich glaube, er wollte nur Eindruck machen. Nun, ich habe meine Meinung über ihn seit damals nicht gewechselt, und eine angenehme Wirkung hat diese Sache wirklich nicht auf mich gehabt.

C. Sexualträume, spontane Samenergüsse usw.

15. Wann hast Du zum erstenmal einen Samenerguß beim Schlafen erlebt?

So weit ich weiß, habe ich so etwas nie erlebt. Ich muß allerdings bekennen, daß ich «in der Regel» so oft onaniert habe, daß es dazu auch kaum kommen konnte.

[Einige Sexualwissenschaftler haben festgestellt, daß spontane Samenergüsse bei homosexuellen Männern auffallend weniger vorkommen als bei Heterosexuellen, und in vielen Fällen nie.]

16. Wenn Du solches erlebt hast, war es in Verbindung mit Träumen?

Nein.

17. Wie hast Du damals auf erotische Träume reagiert?

Ich kann mich aus der Zeit, als ich noch frei war, überhaupt nicht an erotische Träume erinnern. Ich halte sie nur deswegen für möglich, weil sie als «wahrscheinlich» erscheinen, zumindest mir als Laien.

In der Haft hatte ich mehrmals denselben erotischen (erotischen?) Traum: Ich bin auf der Suche nach Opfern, und überall sehe ich schöne Jungen in kurzen und Lederhosen herumlaufen. Ich schaue immer auf die Beine und das Gesicht und merke, wie ich ganz aufgeregt werde. Dann spreche ich ein Kind an, es geht freudig mit, ich schaue ihn immer von der Seite an, die Beine, die Hose und so. Und auf einmal wache ich auf.

Ich habe zwar im Traum auch an die Tat schon, vage, gedacht, aber im Traum war immer vorher Schluß. Um ehrlich zu sein, als ich aufgewacht war, war ich ganz, ganz furchtbar sauer, daß das nur ein Traum gewesen war. Diese Träume ließen mich erregt und deprimiert. Natürlich habe ich sie mit niemandem besprochen, man schämt sich ja doch.

18. Hast Du mal im Alltagsleben einen ungewollten Samenerguß erlebt?

Auch hier muß ich, wie bei 16. sagen, ich halte es für möglich, aber ich kann mich nicht daran erinnern. Wenn ja, dann weiß ich da überhaupt nicht mehr von.

19. Wenn Du auch noch unter anderen Umtänden ungewollte Samenergüsse erlebt hast, bitte beschreiben.

Nein.

D. Masturbation

20. Bitte Dein allererstes Erlebnis mit der Onanie beschreiben.

Genau das zu beschreiben, ist sehr schwer. Ich war etwa 12½ Jahre alt, in Marienhausen. Es war später Abend, und ich lag wie die anderen schon lange im Bett, im Schlafsaal. Ich hatte ab und zu immer schon mal unter der Decke (wenn ich sage ab und zu, dann meine ich damit Wochen und Monate) mit meinem Geschlechtsteil gespielt, einfach so herumgespielt, und dann wurde es immer ganz steif, und das war ein «erstrebenswertes» Gefühl für mich, es war ein gutes Gefühl, aber es befriedigte mich natürlich nicht richtig.

Rein aus Zufall faßte ich das Glied dann ziemlich oben an und zog die Haut ein wenig vor und zurück. Ich hatte mir gar nichts dabei gedacht, aber plötzlich merkte ich, wie vom Glied aus, von der Spitze aus, so ein Gefühl, wie ich es noch nie hatte, so warm und schön, ich hätte mich vor Wonne schütteln können, aber ich lag ganz still, ich war auch so überrascht. Ich dachte: «Das mußt Du aber nochmal machen, sofort, das ist ja toll!»

Und dann machte ich es nochmal, jedesmal ein bißchen schneller, und dann merkte ich, daß es durch Reiben noch schöner war, und so rieb ich dann immer mehr und schneller, bis dann der erste «Orgasmus» kam. Das war ein ganz überwältigendes Gefühl, ich war vor Glück wie betäubt, konnte mich aber eine Zeitlang nicht rühren, und ich weiß noch, daß ich dachte: «So schön muß es im Himmel sein.»

Mit Samen war es damals noch nichts Besonderes. Es war ein wenig feucht, mehr war da nicht. Aber dieses Erlebnis als Ganzes war einfach umwerfend. Ich nahm mir vor, «das öfter zu machen», aber ich glaube, so schön wie beim ersten Mal ist es nicht wieder geworden. In diesem Verlauf kam aber wahrscheinlich auch die Verteufelung dieser Dinge zum Zuge, welche die damaligen «Machthaber» so eifrig betrieben. Das blieb natürlich nicht ohne Wirkung.

21. Abgesehen vom ersten Mal, wo Du onaniertest, erzähle bitte die Geschichte (d. h. Entwicklung) Deines Onanierens bis heute.

Als es anfing, habe ich, glaube ich, etwa jede Woche onaniert, einmal jede Woche. Ich möchte glattweg behaupten, daß ich, so lange ich im Internat war, dabei überhaupt keine Phantasien hatte, davon bin ich überzeugt, wenn auch ein Psychologe wahrscheinlich sagen würde, das könne nicht stimmen. Später, als ich mit 14 zu Hause in die Schule ging und dann in der Lehre war, also schon ab da, wo ich nach Hause kam, da habe ich fast jeden Tag onaniert, als ich etwa 15–16 war, da habe ich, glaube ich, schon jeden Tag onaniert, und dann immer so weiter. Später war es sogar, mit 16–19, oft mehrmals am Tag, und so ist es bis zur Haftzeit hinein geblieben.

Reaktionen verschieden in verschiedenen Altern? Verstehe ich nicht, ich könnte nur folgendes sagen: In der ersten Zeit war es reine kindliche Freude, die ich, besonders beim Orgasmus, spürte. Das wandelte sich dann mit der Zeit zur bloßen Lustempfindung, was etwas ganz Anderes ist!

Ich kann keine genauen Zeiten angeben, aber etwa ab 14 Jahre, als mein Trieb (Verbrechen) sich meldete, hatte ich sexuelle und auch gleich sadistische Phantasien und Vorstellungen beim Onanieren. Das war ganz am Anfang noch kein Töten, ich glaube es zumindest nicht, aber es ging dann sehr, sehr schnell, ich glaube innerhalb von ein paar Wochen oder Monaten war das Töten auf einmal dabei.

Was ich mir vorgestellt habe? Da ist keine Detail-Schilderung nötig, ich habe mir genau das vorgestellt, was ich später getan habe. Das fing an mit dem Körper eines schönen Kindes, dann das Ansprechen und Mitnehmen des Jungen, dann hinein in den Bunker, dann das Quälen, Schneiden (das praktisch von Anfang an dabei war) und das Schreien des Kindes und das Töten. Das war alles, aber ich habe es mit der Zeit immer mehr in die Länge gezogen, so daß das, was mit 14 Jahren Minuten dauerte, mit 18–19 Jahren plötzlich, na so plötzlich auch wieder nicht, also nach und nach, dann Stunden dauerte, bis etwa zur halben Nacht. Die Phantasien waren stets nur solche, die mit den Taten zu tun hatten.

22. *Hast Du jemals mit anderen Kindern gleichzeitig oder gegenseitig onaniert oder um die Wette?*

Nein.

23. *Würdest Du die Onanie als ein Problem für Dich beschreiben? War es für Dich mit «Männlichkeit» verbunden? Mit Sünde? Mit einem schwachen Charakter? Hattest Du Sorgen wegen «verlorener Männlichkeit»? Hattest Du gehört, daß es schreckliche Konsequenzen haben könnte, z. B. Wahnsinn?*

Allerdings. Mit «Männlichkeit» hat das Onanieren wohl nicht viel zu tun. Es hatte für mich allerdings mit schwachem Charakter und mit vor allem Sünde zu tun, wie wir es ja auch immer gehört haben. Von «Wahnsinnsfolgen» hatte ich allerdings nichts gehört. Aber daß die, die so was tun, alle Verbrecher würden und so, das sagten sie in der Religionsstunde.

Am schlimmsten war für mich wohl die Häufung der Onanie bei mir. Das wuchs mir in kurzer Zeit völlig über den Kopf, so daß ich da kaum was dran machen konnte. Das wurde zur Qual, zur Pein. Ich war oft so fertig, daß ich mir gesagt habe: «Nein, nein!», aber dann lag ich im Bett und hielt die Hände «vor mir selbst» auf dem Rücken versteckt. Das half nichts, da wälzte ich mich, ohne schlafen zu können, immer von einer Seite auf die andere, und auf die Dauer ging das aber doch nicht, so daß ich dann doch wieder onaniert habe.

24. *War Dir mal die Onanie befriedigender als Verkehr mit einem Partner?*

Nein.

25. Wenn Du zurückdenkst, wie würdest Du die Stärke Deines Geschlechtstriebes mit dem von anderen Altersgenossen vergleichen? War viel nervliche Spannung damit verbunden?

Ich betrachte die Onanie heute, *in Maßen [zweimal unterstrichen]* getrieben, als völlig normal und berechtigten Ersatz. Wenn ein Mensch jedoch davon beherrscht wird, ist das, glaube ich, nicht richtig und dann kann eine reine Teufelei für einen Menschen sein.

E. Heterosexualität

26. Wie haben sich Deine Meinungen über sexuelle Fragen im Laufe der Jahre geändert?

Wenn ich die Frage genau beantworten soll, überhaupt nicht, also nie. Zumindest nicht, noch nicht einmal annähernd, gleichzeitig.

Zuerst? Das war wohl mit dem Lehrling D. Ich habe da keine gute Erinnerung daran, ich glaube das war im Keller für Sägespäne. Ich hatte ihm wie meist Geld dafür gegeben und es fing so an, daß ich ihn «würgte» und er ließ sich dann fallen. Das ist immer so dargestellt worden, als ob ich das so gewünscht hätte, diesen Anfang. Das ist völliger Humbug. Ich fand das furchtbar blöd, diese Mätzchen, aber er wollte es so, wahrscheinlich, weil er für sich selbst einen Vorwand brauchte. Das zeigte sich auch hinterher immer darin, daß er behauptete, ich hätte ihn ja «gewürgt», er wisse also von nichts. Dabei war das nur Firlefanz, es ist nicht etwa so, als ob ich «feste zugedrückt» hätte. Im Gegenteil, ich habe ihn gehalten wie ein rohes Ei, etwas übertrieben gesagt. Ich hatte bei ihm an diesen Dingen auch kein Interesse, er war ja kein Kind mehr, und außerdem gar nicht mein «Typ».

Es ging mir da um eine bloße sexuelle Befriedigung. Das Dumme ist nur, so besonders befriedigend war all das gar nicht.

Also er ließ sich fallen, ich zog ihm die Hosen herunter und onanierte bei ihm bis zum Samenerguß. Nun ja, eine gewisse Befriedigung war es, aber wie man so sagt, nichts Halbes und nichts Ganzes.

Und dann das Ganze kehrt, er packte mich am Hals, ich ließ mich fallen, er machte meine Hose auf und machte es bei mir auch bis zu Ende. Na, dasselbe, siehe oben, nichts Halbes und nichts Ganzes! Warum dann? Weil wir Menschen nun mal so blöd sind, und glauben, eine halbe Befriedigung sei immer noch besser als gar keine.

27. Hattest Du vorher Verhältnisse, die fast aufs Gebiet des Sexuellen gingen, aber nicht ganz?

Da würde ich Detlef B. nennen, mein praktisch einziger Freund in Marienhausen. Wie Sie wissen, ist das im Knaben-Alter nun mal so. Ich hatte den, auch starken, Wunsch, mit ihm mal was zu machen, und wenn man sich nur mal alles genau angeschaut hätte, aber Sie wissen ja, wie das dort war, einfach nicht möglich, wenn man nicht verfemt sein wollte.

Und einmal, am Rand vom Sportplatz, da war es einer von unserer Klasse, er war etwas größer als ich, ich war etwa 13, da sagte er: «Laß uns Sanitäter spielen.» Na, ich sagte ja. Er legte sich hin und sagte, ich müsse ihm jetzt die Hosen herunterziehen. Schockiert war ich nicht, wir kannten uns ja, und er war auch etwa so alt wie ich, da dachte ich, eigentlich könnte man ja mal, und er zog sich die Hemden so bis an den Hals hoch. Da wurde ich schon ziemlich aufgeregt, aber ich habe trotzdem gesagt: «Das dürfen wir nicht», und ich hatte große Angst, es könnte einer kommen und uns sehen. Der andere Junge zischte was von «Feigling», nun ja, das war ich ja auch wohl.

Einen anderen Jungen aus meiner Klasse, Günther, hatte ich sehr gern, und er sah auch sehr gut aus. «Den möchtest Du aber gern als Freund haben», habe ich oft gedacht. Aber ihn daraufhin anzusprechen, das habe ich nie gewagt. Wenn ich ihn ansah, hatte ich oft erotische Gedanken, aber nicht direkt sexuelle. Erotisch, das hieß so etwa «anschauen, auch nackt, ja, aber keine Handlungen, denn das sollte man mit einem richtigen Freund nicht machen.» Wahrscheinlich war ich aber für «weiterführende» Gedanken zu schüchtern, das wird wohl eher der Grund gewesen sein. Wie gesagt, er gefiel mir sehr, sehr gut.

Eines Nachmittags steckte er mir heimlich beim Lernen in der Klasse einen Zettel zu. Beim ersten weiß ich nicht mehr was drauf stand. Sie müssen bedenken, ich war immer der Überzegung, niemand von den Anderen möge mich, darum habe ich gar nicht kapiert, daß das ein Annäherungsversuch war! Ungefähr etwa «Was denkst Du von mir?», so etwas Ähnliches stand wohl auf dem ersten Blatt. Ich, wie gesagt, schaltete nicht, kapierte nichts, war verlegen und hielt das Ganze für einen faulen Witz! Darum schrieb ich auf meinen Zettel als Antwort «Daß Du ein Idiot bist». Er bekam einen roten Kopf und schaute ganz traurig aus. Das war mir nun allerdings seltsam, daß er keinen «Spaß verstand», ich hielt das Ganze, wie gesagt, für einen Witz. In meiner Dummheit mußte ich auch noch grinsen.

Da bekam ich den zweiten Zettel: «Wenn Du lachst, machst Du alles nur noch schlimmer.» Man sollte meinen, das sei nun endlich deutlich genug gewesen, aber ich wurde zwar etwas konfus, ja sogar nervös, weil ich ihn ja so gern hatte. Aber die Laterne ging mir immer noch nicht auf. Nun, er dachte, ich wollte nichts von ihm wissen, und hat es nie wieder versucht. Wie gern er mich gehabt haben muß, das ist mir erst beim vielen Nachdenken über Marienhausen aufgegangen, da verstand ich endlich. Nur schade, reichlich spät, ich Idiot.

28. Wann und in welcher Beziehung hast Du zum erstenmal von Prostituierten gehört? Wie war Deine Reaktion?

Wann das war, kann ich gar nicht sagen. Ich weiß es nicht mehr, aber daß ich mich furchtbar geekelt habe, das weiß ich noch. Auch «wie» das war, in welcher Beziehung, weiß ich nicht mehr.

29. Hast Du während Bordellbesuchen Verkehr zwischen anderen angesehen?

Nein.

30. Wann hast Du zum erstenmal Pornographie gesehen?

Das war, als ich das einzigste Mal versucht habe, mit einer Prostituierten zu «verkehren». Bilder waren das. Sie haben mich, da waren junge, ganz junge Männer auch drauf, ich hab mir vorgestellt, daß sie noch jünger wären, etwa im «Stricher»-Alter, nicht besonders, na aber immerhin so weit erregt, daß die Dame bei mir onanieren konnte. Mit ihr selbst war ja überhaupt nichts zu machen, aber das mag nicht ihre Schuld gewesen sein, ich empfand nun mal nichts für sie. An die Bilder kann ich mich heute nur sehr schwach erinnern.

31. Wenn Du zurückdenkst, wie würdest Du die Stärke Deines Geschlechtstriebes mit dem von anderen Altersgenossen vergleichen? War viel nervliche Spannung damit verbunden?

Wenn ich zurückdenke, dann würde ich meinen Geschlechtstrieb als viel zu stark bezeichnen, etwa seit ich von Marienhausen, vielleicht sogar von dem Tage an, wo ich dort wegging. Und, ich sagte ja schon, es war ungeheure, gerade *[sic]* unmenschliche Anspannung damit verbunden.

32. Wie haben sich Deine Meinungen über sexuelle Fragen im Laufe der Jahre geändert?

Nun, damals in Marienhausen war ich nahezu überzeugt, daß das alles schlecht und Sauerei und Sünde und so wäre. Heute glaube ich, daß es ein Fehler, ein großer, war, daß ich in dem Alter niemals so etwas getan habe, was andere Jungen in dem Alter ja auch tun. Ich hatte, als ich im Gerichtssaal hörte, daß der Detlef in Marienhausen mit einem anderen Jungen onaniert hat, da habe ich einen ganz großen innerlichen Wutanfall gehabt, warum haben wir beide damals nicht so etwas mal tun können. Ach, ich habe mich furchtbar geärgert, weil ich damals so gerne mit ihm so was mal gemacht hätte.

Na ja, und über die Sexualität der «Normalen», da hatte ich ja nichts mit zu tun, so besonders viel Gedanken habe ich mir nicht darum gemacht.

F. Homosexualität

33. Wann hast Du zum erstenmal von der Existenz der Homosexualität gehört?

Das war auch in Marienhausen, wann, kann ich auch da nicht mehr sagen. Es muß wohl bei einer der üblichen täglichen Warnungstiraden gewesen sein, wo uns das von einem Lehrer (ich weiß nicht mehr, ob es PaPü oder Pater Henninger war) gesagt worden ist, daß es Männer gebe, die sich nur mit Männern einlassen würden und was für eine Schlechtigkeit das sei. Man könne sie schon erkennen, weil sie immer feuchte Hände hätten und dunkle Ringe um die Augen, und Todsünde sei es auch, und vom Herrgott würden die verdammt, das hätte schon der Paulus immer gesagt und so.

Damals muß ich etwa 13 Jahre gewesen sein. Natürlich hat mich das beeindruckt, ich habe mich ziemlich erschreckt und habe gedacht, weil ich wußte, daß viele von uns so was schon mal machten (einige prahlten sogar damit), daß dann doch jetzt schon bereits viele unter bzw. von uns, ich eingeschlossen, weil ich ja auch solche Wünsche hatte, Verbrecher sein müßten.

34. Bitte Dein erstes homosexuelles Erlebnis beschreiben.

Das muß wohl mit dem Axel O. gewesen sein, etwa meiner Erinnerung nach in den Wochen, wo ich gerade von Marienhausen rausgeflogen und ich in Langenberg war.

Er war damals, glaube ich, noch 10 Jahre alt, sie waren wohl gerade bei uns eingezogen. Weil ich meistens auf meinem Zimmer war, und ich auch Sachen hatte, die er nicht hatte, kam der Kleine wohl jeden Tag oft und lange in mein Zimmer. Ich hatte da einen Plattenspieler, einen Filmapparat usw., da spielten wir immer mit. Aber außerdem mochte er mich doch sehr gut leiden, und er gefiel mir auch. Ich muß dann damals wohl etwa Anfang 14 gewesen sein (ich bitte um Nachsicht, wenn bei hunderten von Zeit und Altersangaben mal eine falsch ist).

Also wir mochten uns ziemlich gern, und ich dachte auch schon nach kurzer Zeit, wenn ich ihn in seiner kurzen Lederhose vor mir stehen oder auf meinem Sofa sitzen sah, ich würde ihm gerne mal die Höschen zumindest aufmachen oder etwas herunterziehen. (Dergleichen war auch schon in meiner Phantasie dabei, allerdings Dinge wie Schneiden und Töten noch nicht, das kam erst einige Zeit vor der ersten Tat.) Wir haben in meinem Zimmer oft so Ringkämpfe gemacht. Meist gewann ich, dann blieb ich ein wenig über ihm, also als «Sieger», auf seinem Körper liegen, und genoß das richtig *[ein Pfeilchen deutet auf das zwischen den Zeilen hinzugefügte Wort* «sexuell»*]*.Manchmal ließ ich auch ihn absichtlich einen Kampf «gewinnen», und er machte es dann auch so, und nicht ungern, würde ich sagen, aber ob er seine Gefühle dabei nun hauptsächlich «Siegerstolz» oder freundschaftlich-erotisch oder sexuell waren, das kann ich natürlich nicht sagen.

Eines Tages, nach einem «Sieg», dachte ich: «Jetzt machst Du es einfach, weiter warten geht nicht mehr». Der Axel lag gerade unter mir auf dem Sofa. Da nahm ich ihn und sagte: «Sei mal ganz schön ruhig jetzt» (ganz lieb habe ich das gesagt, nicht etwa im Befehlston), und dann setzte ich mich auf das Sofa und legte den Jungen mir so der Länge nach auf meinen Schoß, so daß sein Po auf meinen Oberschenkeln lag, etwas erhöht. Dann bin ich mit einer Hand in sein Lederhosen-Bein gegangen und mit der anderen Hand habe ich die Lederhose straff gezogen, so daß sie nach

Dann aber gingen wir in den Wald, und er dachte ich würde es genau so machen, aber da kriegte ich auf einmal einen «Koller» und packte ihn und brüllte: «Zieh dich aus, aber *ganz [zweimal unterstrichen]*, sonst mache ich Dich kaputt!» Er jammerte, aber ich faßte ihn und zog ihn splitternackt aus, und dann machte ich aber nichts anderes, als ganz oben beschrieben, und wie gesagt, niemals bei mir onaniert oder so, da dachte ich einfach nicht dran. Dann habe ich Axel beim Anziehen geholfen und habe ihm versichert, daß es mir furchtbar leid täte (was stimmte, denn ich mochte ihn doch so gut leiden).

Dann, ein paar Wochen später, war es genau dasselbe. «Komm mit in den Wald», sagte ich, und Axel meinte: «Nein, da kriegst Du wieder Deinen Rappel!» Aber ich habe ihn doch mitgenommen, ich habe den Jungen wieder mit Gewalt restlos nackt ausgezogen, und dann hatte ich plötzlich blitzartig einen teuflischen Einfall.

Ich schrie wieder ihn an: «So wie Du jetzt bist, legst Du dich jetzt auf meinem Schoß, mit dem Po nach oben! Mit den Beinen darfst Du strampeln, wenn es weh tut, aber Arme und alles Andere müssen ganz still sein! Ich schlage Dir nämlich jetzt dann dreizehn Schläge auf den Hintern und einer immer fester als der Andere. Wenn Du nicht willst, bring ich dich um (Das «umbringen» war damals noch eine leere Drohung, zumindest war ich selbst davon überzeugt)! Willst Du?» Er wollte, was blieb ihm auch anders übrig. Ich tat, nachdem er sich mit dem Po nach oben auf meinen Schoß gelegt hatte, genau das, was ich gesagt hatte. Ich schlug und schlug, immer fester, und der Junge strampelte wie verrückt mit den Beinen, wehrte sich ansonsten aber nicht. Ich hörte nicht bei dreizehn auf, sondern als meine Hand so wehtat, daß ich nicht mehr schlagen konnte.

Danach dasselbe, tiefe Ernüchterung, das Gefühl unglaublicher Erniedrigung vor sich selbst und jemandem, den man doch so sehr mag, das heulende Elend sozusagen. Axel weinte übrigens nicht, er war auch danach noch nicht einmal «übertrieben» ängstlich, er war nur lange sehr, sehr still. «Schlag mich», bat ich ihn, er hätte mich totschlagen können, ich hätte mich nicht gewehrt, aber er wollte nicht. Am Ende war ich es, der geheult hat. «Jetzt willst Du sicher nichts mehr von mir wissen . . .» fragte ich, auf dem Weg nach Hause. Keine Antwort.

Am nächsten Tag, nachmittags, kam er doch wieder zu meiner Tür herein, aber irgendwie leiser, vorsichtiger als sonst. «Bitte – nie mehr», sagte er nur. Sie werden es nicht glauben, ich habe es auch zuerst nicht geglaubt, aber er trug mir nichts nach! Wir haben noch oft zusammen gespielt, eine Zeitlang, bis er fortzog, aber soweit ich weiß, habe ich mich bei dem zuletzt erzählten Geschehnis selber vor mir selbst erschreckt, daß ich eine Weile Ruhe hatte. Eine «kleine Weile», wie es schon in der Bibel steht.

35. Bist Du (oder bist Du nicht) stolz, froh, glücklich, zufrieden, daß Du ein Mann bist?

Ich bin nicht glücklich, ein Mann zu sein, ich will kein Mädchen sein, ich will kein Mann sein, ich will ein Junge sein, punktum.

36. Welche Persönlichkeitszüge gehören Deines Erachtens vorwiegend dem männlichen Geschlecht? Dem weiblichen?

Ein Mann ist stark, tapfer, mutig, «edel und gut». Dann gibt es auch das Gegenteil, also kein guter Charakter, bösartig, hinterhältig. Aber man sollte natürlich nie sagen: «So böse ist er», sondern das in eine Frage kleiden, etwa: «Warum ist er so und nicht anders?» Dann ist ein Mann noch viel mehr auf Sex bedacht als eine Frau. Und der Mann versorgt im allgemeinen Frau und Kinder. Dann hat meistens (nicht immer) der Mann das SAGEN, also zu bestimmen, und er sollte der Herr im Haus sein. Zärtlich ist er kaum, auch bei seiner Frau kaum, weil er meint, das paßt nicht zu einem Mann. Manchmal hält er sich eine Geliebte, und da findet er es richtig, zärtlich zu sein, auch kommt er sich dann wie ein Held vor. Der Mann ist auch meist in mehreren Vereinen und ist weit sportlicher als die Frau, er macht Fußball, Handball,

Hockey, BOXEN usw. Auch sind viel mehr Männer als Frauen in sogenannten «leitenden Positionen» tätig.

Die Frau ist nicht so sex-betont wie der Mann, oft braucht sie nur den Sex als Lockmittel, um sich einen Mann einzufangen. Zu dem Zweck wackelt sie dann mit Hüften und führt ihre «Reize» vor. Manche Frauen sind Prostituierte. Wie es dazu kommen kann, verstehe ich noch nicht, oft sollen es Frauen sein, die gar kein sexuelles Empfinden haben. Dann sind die Frauen noch Mütter, ziehen die Kinder mehr oder weniger gut groß, sie arbeitet meist nur im Haushalt und wartet abends auf den Mann, oft treibt sie ihn auch zu immer größerer Leistung an, damit sie sich immer mehr kaufen kann, und wenn der Mann sich dann totgearbeitet hat, kassiert sie die große Lebensversicherung.

Oft hat die Frau allerdings auch einen Beruf, meist im Büro, und oft wird sie dann die Geliebte des Chefs und kassiert viel Geld von ihm. Und wenn die Frauen mit ihrem Mann Streit haben, haben sie meist so eine Kreisch-Stimme, daß man meint, die Fensterscheiben gehen kaputt. Für jede Frau sind ihre eigenen Kinder stets die Allerklügsten und Besten, aber trotzdem haben schon viele Frauen ihre Kinder totgeschlagen. Manche Frauen sind so, wie sie sein sollten, lieb und gut, und zärtlich zu ihren Kindern, haben Zeit für sie, spielen mit ihnen und sind immer in ihrer Nähe, weil sie sonst innerlich keine Ruhe hätten, und helfen ihnen bei den Schulaufgaben und tun alles für sie, was sie können. Aber ob das die meisten Frauen sind, das weiß ich nicht. Frauen sind nicht so sportlich wie Männer. Auch soviel gute Stellungen (Arbeitsstellen meine ich damit) haben sie nicht.

[Die vorangegangenen Antworten sind chronologisch die letzten, die ich empfing – vermutlich, weil dieser Brief (vom 15. Januar 1970) von der Kammer zurückgehalten wurde. Folgende Antworten sind in einem früheren Brief (vom April 1969) angekommen.]

37. Als Kind, interessierten Dich besonders die Kleider, Spiele usw. von Mädchen mehr als die von Jungen?

Das könnte ich nicht sagen. Natürlich hat jeder kleine Junge mal Neugierde, aber meist doch nur für Minuten. So weltbewegend ist das nicht für ihn, zumal die Mädchen für ihn im Kindesalter doch nichts anderes als «blöd» sind. Für die Kleider und Spiele der Mädchen hatte ich mich genauso wenig wie die anderen Jungs interessiert.

38. Wie beschreibst Du Deine jetzige Einstellung zur Homosexualität?

Ich verdamme die «normale» Homosexualität (verwechseln Sie das bitte nicht mit der Pädophilie, die ja bei mir viel ausgeprägter war, und die ja auch eine ganz andere Triebrichtung hat. Ein Homosexueller gibt sich normalerweise niemals mit Kindern im vorpubertären Alter ab. Sie wissen, daß dies bei mir ganz anders war) keineswegs, weil ich glaube, daß diese Menschen nicht anders können, als sich mit Männern abzugeben. Gründe können ganz verschieden sein, angeboren, Enttäuschung (nicht verkraftet) über eine Frau, Erziehung durch allzu strenge Mutter, daher später unbewußte, aber panische Angst vor Frauen, oder ganz einfach Hemmungen, Schüchternheit. Darum, meine ich, sollte man Verständnis haben, wenn auch keineswegs die Sache als «glücklich» ansehen. Kurz gesagt, ich halte es für besser, tolerant zu sein.

Ein (bereits geschlechtsreifes) Kind zu verführen, sehe ich allerdings als Verbrechen an. Ich möchte dazu noch meine Meinung nochmals vertreten, daß ein Homosexueller sehr wohl oder viel leichter von einer Straftat an einem Kinde zurücktreten kann, weil er ja, anders als ein Pädophilist *[sic]*, keinesfalls nur auf Kinder ausgerichtet ist. Ein Pädophilist kennt ja nichts anderes als Kinder, und es ist ihm egal, ob das Kind 13 oder 9 Jahre alt ist, weil es ihm bei dem Kind nicht auf die Geschlechtsreife ankommt, sondern weil er auch das Kind liebt, so wie es ist, die zarten Körperformen, die Gesichtszüge, schlanke Beine, zarte Haut usw. Natürlich denkt er auch an sexuelle Handlungen, aber es sind eben oft ganz andere als bei Homosexuellen.

Daß ich mich auch mit «Jünglingen» abgab, hat einen bestimmten Grund. Ich war nicht nur das Eine, sondern auch das Andere. Ich war also homosexuell, wenn auch in der Stärke gar nicht vergleichbar, und nur auf Jünglinge, also 16–20 Jahre, ausgerichtet, eigentlich sogar bloß 18 Jahre. Aber das war insofern «nicht so schlimm», weil es mit meiner pädoph. Neigung in der Stärke überhaupt nicht zu vergleichen war. Die Homosexualität hatte ich «in der Hand», ich konnte sie, wenn nötig, beherrschen. (Was nicht heißen soll, ich hätte, selbst wo ich wollte, für Mädchen irgendwas empfinden können.)

39. Was hast Du über Homosexualität gelesen?

–

G. Voyeurismus

40. Kannst Du Dich entsinnen, als Kind versucht zu haben, die nackten Körper von anderen zu sehen?

Einmal, soweit ich mich enstinnen kann, ja. Bei einem kleinen Mädchen in der Verwandtschaft, wir waren so 5 Jahre alt ungefähr. Wir haben «Doktor» gespielt, und ich wollte, «weil ich nun mal dabei war», genauer nachschauen. Aber da war sie eigen, das mochte sie nicht.

Einmal, etwas später, ich kann das Alter doch nicht genau bestimmen, war ich abends bei meiner Lieblingstante in Neuß, schlief auch dort. Ich war allein im Schlafzimmer und in der Küche plantschte die kleine Tochter meiner Tante, sie war damals vielleicht 8 Jahre alt, in der Wanne. Sie wurde von der Mutter abgewaschen, ich wurde neugierig, ging an's Schlüsselloch, schaute hindurch und sah das Mädchen, wie es in der Wanne stand. Ich war ja nun um einiges klüger, aber anfangen konnte ich damit natürlich nichts, denn meine Eltern waren keine Menschen, die man nach so was fragen konnte.

41. *Hast Du Dir jemals bewußt und absichtlich die Mühe gegeben, andere Menschen nackt zu entdecken oder während sexueller Betätigung?*

Frage 41 ist damit ja auch erledigt, nicht ganz, aber das kommt bei Frage 44.

42. *Bist Du jemals nachts losgezogen mit der Absicht, andere Menschen zu beobachten, in der Hoffnung sie entweder nackt oder sexuell beschäftigt zu sehen?*

Da die Bezeichnung «andere Menschen» so pauschal ist, muß ich die Frage natürlich bejahen, aber näher beantworten kann ich sie nicht, weil sie zu meinen Taten gehört.

43. *Bist Du mal ins Kino oder sonst wohin gegangen, mit der Hoffnung, nackte Menschen zu sehen?*

Nein, weil es ja stets völlig Erwachsene waren, die dort manchmal nackt «agierten», das war natürlich nicht sehr fesselnd für mich.

44. *Hast Du gerne Badestrände, Sportveranstaltungen, Turnhallen, Saunas usw. besucht, weil die damit verbundene Nacktheit Dich reizte? Wie war das mit dem Bademeister in Rheinbach?*

Ja, sehr oft, um Knaben in meinem Lieblingsalter (8–13) zu sehen. Ich beobachtete sie beim Baden, aber auch, wenn sie die Badehosen auszogen ... Das habe ich, seit ich vierzehn Jahre alt war, getan. Dabei, besonders wenn sie sich umzogen, war ich sehr aufgeregt.

Das ist ein Mißverständnis, was, glaube ich, mittlerweile geklärt worden ist. Dieser Mann war Bademeister im Freibad von Rheinbach/Bonn. Das Freibad liegt keinen Meter vom Internat entfernt, wo ich damals lebte, «im Wiesengrund». Er war nett, sehr nett, was nicht heißen soll, daß er «zu nett» gewesen sei, sich also an einen von uns herangemacht hätte. Ich weiß nichts davon. Wir hatten viel für ihn übrig, weil er mit uns sprach und lachte, was die meisten Erwachsenen doch nicht tun. Er brachte uns auch viel bei, Kopfsprünge vom «Einer» und «Dreier», Tauchen nach Backsteinen, er nahm uns die Frei- und Fahrten-Schwimmer-Prüfungen ab. Dazu kommt noch, daß oft, an etwas kühleren Tagen, wir, das heißt die Jungens vom Heim, die einzigen im Bad waren, wir brauchten ja nur über den Zaun zu springen.

Er war also wirklich ein «liiiieber Bademeister», wie ich in meiner Karte schrieb, aber ich bitte es so zu verstehen, wie es gemeint war.

H. Exhibitionismus

45. *Als Kind, liefst Du gerne nackt herum, oder hättest Du es gern getan?*

Nein, ich glaube noch nicht einmal, daß ich es «gern getan hätte». Das mag an der Erziehung liegen. War man zwangsläufig als Kind mal nackt, beim Baden oder Umziehen oder dergleichen, hieß es sofort: «Beeil Dich, daß Du nicht so nackt da rumstehst!!» Da kommt man sich natürlich wie eine Sau vor.

46. *Etwas später, aber noch als Kind, spürtest Du jemals den Impuls, Deine Genitalien in der Öffentlichkeit zu entblößen?*

Nein.

47. *Wie würdest Du Dein Benehmen in Gegenwart von anderen beschreiben?*

Lenkst Du gern die Aufmerksamkeit von anderen auf Dich?

Diese Frage muß ich, so wie sie gestellt ist (Alleinsein mit einem anderen Menschen ist offenbar nicht gemeint), verneinen. Ich versuchte keinesfalls, die Aufmerksamkeit der Anderen auf mich zu ziehen, für so schön hielt ich mich nicht. Aber ich trug, auch als es nicht mehr so recht paßte, nichts lieber als kurze Hosen, Lederhosen sogar, aber das hatte andere Gründe, die ich Ihnen ja schon nannte: Ein Junge sein!

48. Wie beschreibst Du Deinen Geschmack an Kleidern?

48.) Diese Frage verbittert mich etwas. Kurze Antwort: Meine Mutter hat mein Leben lang bestimmt, von der Unterwäsche bis zu den Schuhen, was ich «tragen könne». Was war das für ein Gedönse, als Kind, bis ich die erste Lederhose bekam! Und Blue Jeans? Gar nicht dran zu denken! Ein richtiger eigener Geschmack in Sachen Kleidung konnte sich bei mir gar nicht bilden, bis zum Schluß nicht.

I. Sadomasochismus

49. Als Kind, war es Dir jemals nicht unangenehm, bestraft zu werden? Wenn ja, bitte die Situation detailliert beschreiben: wer Dich strafte, wie, womit, und alle damit verbundenen Umstände. Wie alt warst Du?

An solchen Fall kann ich mich nicht entsinnen.

50. Als Kind, war es Dir jemals angenehm, zuzusehen, als man einen anderen strafte?

Im Gegenteil, ich kriegte immer eiskalte Wut, wenn ein Kind von einem Erwachsenen geschlagen wurde. Das fand ich (wegen der Ungleichheit) nicht gerecht. Gerecht fand ich dagegen Strafarbeiten. Nachsitzen oder dergleichen, aber ohne daß ich dabei Spaß empfunden hätte.

51. Als Kind oder Adoleszent, hast Du jemals Spiele mitgemacht, die sexuell erregend waren? Z. B. Spiele, bei denen Du geschlagen (gepeitscht) hast oder wurdest, oder man Dich festband oder Du es einem anderen machtest?

Nein, davon habe ich auch nicht direkt etwas bemerkt, eher oder oft aber davon, daß zwei Jungen miteinander sexuelle Spiele machten. Natürlich bin ich (besonders in Marienhausen) auch von Kameraden mal angesprochen worden, ich wollte natürlich auch mal, aber Sie wissen ja, viele von uns hatten solche Angst, weil die Priester dort diese Dinge derart versatanisiert hatten, daß wir uns wie Totschläger vorgekommen wären.

Halt, da fällt mir ein, im Heim davor, im «Wiesengrund», haben abends einmal Ältere als ich, etwa 13–14jährige, einen 10–11jährigen Kamerad nachts im Bett regelrecht überfallen und ihm die Schlafanzughose ausgezogen. Wenn ich ehrlich bin, muß ich sagen, daß mir das gar nicht gefallen hat, ich habe auch nicht mitgemacht, ich war eher empört und hatte Mitleid, denn der Junge schrie und weinte natürlich.

Ich glaube, es wäre etwas ganz anderes für mich gewesen, wenn der Junge sich die Hose freiwillig ausgezogen hätte, aber das wäre für mich wohl «Schweinerei» gewesen, weil ich zwar es für normal halte, wenn zwei Jungens sexuelle Spiele machen, aber zu fünft oder sechst oder so? Da denke ich etwas anders, also schlechter darüber, wenn auch ein Kripo-Mann in Düsseldorf mir erzählte, in seiner Klasse früher, als er so zwölf, dreizehn war, hätten die Jungens einen regelrechten «Wichsklub gegründet» (wörtlich).

52. Kannst Du Dich an Szenen aus Büchern, Filmen usw. erinnern, wo Peitschen, Schlagen, Strafen oder Quälen vorkamen, die Dich sexuell erregten?

Gar nicht, es war schon eher Abscheu, den ich spürte, am meisten in dieser Beziehung bedrückt mich das, was an Mord und Grausamkeit in unserer eigenen jüngsten Vergangenheit geschehen ist. Ich habe das nie begreifen können und werde es nie begreifen. Ich werde mich, innerlich, auch damit immer wieder beschäftigen müssen.

53. Mit einem sexuellen Partner, neigst Du dazu, ihn zu beißen, kneifen, schlagen oder ihm sonst irgendwie wehzutun?

Über einen sexuellen Partner (meine «normale» Homosexualität meine ich damit, also die «Jünglinge») kann ich in Zusammenhang mit mir nur soviel sagen: Nicht brutal, sondern erotisch-zärtlich, also das genaue Gegenteil wie bei meiner pädophilen Neigung. Wenn der Lehrling und mein ehemaliger «Freund» etwas anderes *[im ersten Prozeß]* angaben, so darum, um sich selber in günstigem Licht erscheinen zu lassen, was ich ihnen noch nicht einmal übel nehmen kann. Sicher: den Lehrling habe ich oft «gewürgt», aber es war doch nur Schein, also eine Selbstentschuldigung für ihn: «Ich brauche mich nicht zu wehren.» Es geschah auf seinen, nicht auf meinen Wunsch, und es war nur gespielt, er hat in jeder Sekunde genug Luft bekommen, ganz abgesehen davon, daß ich es in solchem Falle, also dem eines wirklich Homo-Verhältnisses, nicht gern getan habe. Und wenn ich in solchem Falle, z. B. bei meinem «Freund», die Hoden etwas gedrückt habe, so nicht, um ihm wehzutun, sondern weil so etwas, in milder Form, eine weitere, stärkere sexuelle Erregung bewirkt. Ich war mehr für die weiche Art, für Zungenküsse, umarmen, aufeinander liegen, *A[fter]*-Verkehr und onanieren bis zum Höhepunkt, mit der Hand, gegenseitig, aber auch mit dem Mund.

54. Hast Du jemals den Wunsch gehabt, ein sexueller Partner sollte Dich beißen, kneifen, schlagen oder sonst bestrafen?

Nein.

55. Wie sind all diese Aktivitäten mit der Onanie verbunden?

–

J. Transvestismus

56. Als Kind oder Adoleszent, hast Du Dich jemals gern in Mädchenkleidung angezogen?

Nein.

57. Hattest Du jemals auf der Schule Gelegenheit, auf der Bühne eine Mädchenrolle zu spielen?

Mit 13 Jahren im Klosterinternat hatten wir Karneval, viele Theater-Lustspiele auf unsrer Bühne. Ich wurde für eine Mädchenrolle ausgesucht und geschminkt, zwei Apfelsinen in's Kleid usw., Sie können es sich ja vorstellen. Es gefiel mir als Abwechslung mal ganz gut, ich hatte nichts dagegen, aber immer? – Nee, danke.

58. Warst Du jemals auf einer Party oder einem Ball, wo einige der Anwesenden sich so angezogen hatten, als wenn sie dem anderen Geschlecht angehörten?

So aufgeklärt wie heute war ich mit 18 und 19 Jahren beileibe nicht. Das waren alles Dinge, von denen ich damals keinen blassen Schimmer hatte. Aber es hätte mich auch wohl nicht interessiert, genau so wenig wie heute.

59. Interessiert Dich ein bestimmter Körperteil mehr als andere, d. h. außer Genitalien, Brüste, Gesäß usw.?

Nein, nur daß ich eben nicht von jedem Jungen des betreff. Alters sexuell erregt wurde. Ein Kind zum Beispiel, das rote Haare, kurze Beine hätte und dick gewesen wäre, hätte mir zwar leid tun, mir aber nicht gefallen können. Ach ja, das war komisch: Ein schönes Kind, das mich sehr aufgeregt hätte, wenn es aber eine Brille trug, prallte ich sofort zurück, und nur in «Super»-Erregung, in Verzweiflung fast, konnte es vorkommen, daß ich solches

Kind ansprach. Dazu war es aber unbedingt notwendig, daß ich die Brille «vergaß», sie also bewußt «nicht sah». Nicht, daß ich was gegen Brillenträger hätte, wahrscheinlich kam es daher, daß eine Brille ein Kind schon etwas erwachsen, älter aussehen läßt, etwas professoral, und das gefiel mir gefühlsmäßig gar nicht.

K. Partialismus

60. Hast Du Dich jemals mit einem solchen Dich besonders interessierenden Körperteil exklusiv beschäftigt, d. h. so intensiv, daß die Beschäftigung einen Geschlechtsakt ersetzte?

Nicht, daß ich wüßte.

L. Fetischismus

61. Gibt es einen besonderen Stoff oder sonst ein Material, das Du besonders gern anrührst, streichelst oder hältst z. B. Seide, Velours, Gummi, Leder, Schlamm usw.?

Nicht gerne: Seide (sehr unangenehmes Gefühl, außerdem so «weibisch»), Pfirsiche, besonders die Haut am Mund, weibliche Kleidungsstücke jeglicher Art, frisch gewaschene Handtücher, Dreck, Schlamm.

62. Gibt es irgendwelche Objekte, Kleidungsstücke usw., die Dich so interessieren, daß sie in Dir sexuelle Gefühle erwecken?

Ja, das waren hauptsächlich Knaben-Kleidungsstücke, wie Strümpfe, Lederhosen, kurze Texashosen, Hemden, Unterhosen. Allerdings, zu einem Onanieren oder dergleichen war das nicht stark genug. Es weckte Gefühle und Begehren, aber die Ideal-Verbindung war für mich, wenn beides da war, Kleidung und Kind.

M. Koprophilie

66. Reagierst Du besonders stark auf Urin? Kot?

Nein, dafür habe ich mich nicht sexuell interessiert. Eine große Einschränkung muß ich allerdings machen: Der Grund dafür ist, daß ich (ich denke jetzt besonders an die Verbrechen) einfach auf diese Gedanken nicht gekommen bin. Die Triebhaftigkeit war so stark, daß ich überzeugt bin, es wäre, wäre es noch einige Zeit weitergegangen, dazu mit Sicherheit gekommen, und zwar in schlimmster Form.

67. Kannst Du Dich irgendeiner Episode aus der Kindheit entsinnen, wobei Urin und/oder Kot besonders wichtig waren?

Nein.

68. Hast Du jemals, als Kind oder später, einen anderen Menschen gebeten, auf Dich zu urinieren?

Nein.

69. Hast Du als Kind jemals Urin getrunken bzw. zu trinken versucht? Hast Du es versucht, ein anderes Kind dazu zu bringen?

Nein.

70. Hast Du jemals an Verstopfung gelitten? Durchfall? Sind diese Zustände mit irgendwelchen besonderen Umständen verbunden?

Ja, natürlich, aber nur infolge Krankheit (meist war es Magen-Darm-Katharr). Was heißt «besondere» Umstände?

71. Bist Du in Deiner Zelle sehr ordentlich, oder lebst Du schlampig? Ist persönliche Reinheit Dir besonders oder weniger wichtig?

Ich bin nicht unordentlich, habe aber auch keinen «Putz-Fimmel». Ab und zu mache ich sogar mal die Wände naß sauber. Persönliche Sauberkeit ist mir wichtig.

72. *Kannst Du ungewöhnlich scharf riechen? Bist Du bei Gerüchen besonders empfindlich?*

Ungewöhnlich scharf wohl kaum. Nicht leiden kann ich Parfüm-Gestank und Krankenhaus-Geruch. Wenn ich Krankenhaus-Luft rieche, wird mir sofort schlecht, und ich muß mich hinlegen. Vielleicht hat das ein wenig zu tun damit, daß ich über ein Jahr «von Anfang an» im Krankenhaus gelebt habe.

N. Nekrophilie

73. *Interessieren oder faszinieren Dich Leichen? Hast Du jemals gewollt, bei einer Bestattungsanstalt zu arbeiten? Was hatte es auf Dich für eine Wirkung, Leichen anzurühren?*

Ganz und gar nicht. Das ekelt mich an. Mit einer Ausnahme, wie Sie wissen. Also Knaben in dem bestimmten Alter. Sie wissen ja, daß ich auch tote Kinder, also daran Verbrechen begangen habe. Es erregte mich sehr, aber noch mehr wäre es gewesen, wenn sie nicht tot gewesen wären. Diesen furchtbaren Plan habe ich ja sogar bei der letzten Tat ausgeführt.

74. *Ist es für Dich beim Geschlechtsverkehr wichtig, daß Dein Partner sich möglichst ruhig und bewegungslos hält?*

Wenn ich mich, es war selten genug, und auch wohl nicht so stark wie der Trieb zu Kindern hin, einmal «rein homosexuell» betätigte, dann war es mir durchaus lieber, wenn der Partner sich nicht regungslos verhielt, er konnte ruhig aktiv, auch «zärtlich» sein.

Auf der anderen Seite, wenn ich dem wirklichen Trieb nachging, ihm verfallen war, mit Kindern also, da war es mir am liebsten, wenn der Gegner (ich kann es mit Worten nicht anders ausdrücken, obwohl es nicht ganz zutrifft, dies Wort) völlig wehrlos war, da war etwas in der Art wie Geschlechtsverkehr dabei, es gehörte auch dazu, nur war die Hauptsache da die Wehrlosigkeit und der Sexual-Sadismus, das ist vielleicht das rechte Wort. Der Gegner sollte sich ruhig bewegen, aber nur nach meinen Worten, und nur auf Kommando, er durfte schreien, aber sich nicht wehren, das war das besonders Teuflische daran.

75. Hast Du Träume oder Phantasien gehabt, in denen Du einen schon toten Menschen verletztest?

In meinen damaligen Phantasien (an damalige echte Träume kann ich mich im Moment überhaupt nicht entsinnen) «erlebte» ich immer meinen ganzen Mord-Plan, dabei war das Opfer stets zuerst natürlich lebendig (das nahm auch den meisten Raum ein), später aber natürlich tot, aber ich sah vor mir, daß ich trotzdem den Körper weiter vernichtete.

O. Sexualstimulierung

76. Warst Du jemals zusammen mit einer Gruppe, wo die Mitglieder versuchten, einander gegenseitig sexuell aufzuregen?

Nein, es wäre höchstens im Internat möglich gewesen. Ich hätte es wie jeder Andere in dem Alter auch mal gerne gemacht, aber Sie wissen ja, die furchtbare Angst vor diesen «Seelenhirten» ...

77. Erkläre bitte die Verbindung zwischen Alkohol und dem Sexuellen nach Deinen eigenen Erlebnissen. Welchen Einfluß haben sie aufeinander?

In sexueller Hinsicht, was hast Du mal getan, das Du in Nüchternheit nicht getan hättest?

Ja, man hört so oft, wenn Du zu feige bist, Dir eine Freundin zu suchen, mußt Dich mal richtig besaufen, dann kriegst Du Mut usw. Alles dummes Geschwätz. Soviel Mut, wie ich dazu gebraucht hätte, zumal es mich nun wirklich nicht sonderlich interessierte, hätte ich mir im Leben nie ansaufen können.

Eine Schizophrenie möchte ich versuchen zu erklären. Sexuell empfunden habe ich für Mädchen nie etwas, auf der anderen Seite aber oft das so oft zitierte «dumpfe Gefühl» gehabt, daß ich zwar nichts für sie fühlen kann, jedoch das Gefühl völlig «verschüttet» sei, durch irgendeinen Umstand. Haben Sie das richtig verstanden? Es kommt mir sehr darauf an, daß Sie dies verstehen, das Gefühl «Du kannst es nicht fühlen, aber es kommt Dir eher vor, als sei es regelrecht ‹verschüttet›. Den «Schutt» wegzuräumen, habe ich mit Alkohol anfangs versucht, ohne Erfolg, denn sonst wäre es natürlich so weit nicht gekommen. Später diente er (der Alkohol) vor allem dem Vergessen.

78. Jeder Mensch wird von gewissen Büchern, Bildern, Filmen usw. sexuell aufgeregt; erzähl bitte ein bißchen, welche es für Dich gewesen sind bzw. sind.

Bei Sex-Szenen im Film habe ich oft das obige beschriebene Gefühl (77.) gehabt. Aber denken Sie nicht, daß sich bei mir in sexueller Hinsicht etwas getan hätte. So war es nicht, dann hätten Sie mich falsch verstanden. Sexuelle Gefühle, da kann ich mich erinnern an Bilder in Illu's usw., wo schöne Knaben abgebildet waren, besonders in kurzen Hosen oder ganz nackt wie vor etlichen Jahren in der «NEUEN». Am meisten in dieser Hinsicht erinnern kann ich mich an einen japanischen Film. Da stand ein etwa 10jähriger Junge in einer Badewanne und wurde abgewaschen. Es war ja «nur» ein Kind, also legte sich die Kamera keinerlei Hemmungen auf. Dann nahm die «Heldin» des Films den Jungen mit in's Bett. Andere Kino-Besucher lachten und riefen «Jetzt aber» und «Ran!» usw., ich habe mich verdammt geärgert.

79. Gibt es nach Deiner Erfahrung eine Verbindung zwischen Drogen und dem Sexuellen?

Ich habe darin keine Erfahrung, ich weiß nur, was der superkluge Verbrecherfresser Frank Arnau darüber schreibt.

80. Gibt es andere, hier noch nicht erwähnte Sorten sexueller Aufregung, die für Dich wichtig gewesen sind? Was fällt Dir ein, d. h., was hast Du für Assoziationen, wenn Du an das Schneiden von Fleisch denkst?

Natürlich kann ich nicht vermeiden, daß, wenn ich an das Schneiden von Fleisch denke, mir meine Taten in den Sinn kommen. Ich versuche dann immer, schnell «abzuschalten», schnell an was anderes zu denken. Aber die wirklich dumme Theorie, ich sei durch meinen Beruf erst auf manches gekommen, halte ich für absurd, denn ich habe diesen Beruf nie geliebt, eher gehaßt, auch das Schleppen, wozu ich körperlich gar nicht gebaut war. Was soll überhaupt diese wahnwitzige Theorie vom brutalen Metzger? Soll man alle Metzger einsperren, weil sie alle potentielle Kindermörder seien?

[. . . *Anknüpfend an Frage 74*] meinen Sie als Kind und so? Ich als Kind an Messer denken, oder gar anfassen? Um Gottes willen, nein, nicht einen Gedanken habe ich dafür gehabt, noch nicht mal ein Fahrtenmesser war erlaubt.

P. Persönliche und soziale Faktoren

81. Würdest Du Dich als prüde bezeichnen? Was bedeutet für Dich dieser Begriff?

Als prüde würde ich mich gewiß nicht bezeichnen. Ich bin für völlige (sehr wichtig!) sexuelle Aufklärung ab 6–7 Jahre, für freie Liebe und Sexualität unter jungen Menschen, gegen jede Heimlichtuerei in dieser Hinsicht usw. Daß ich für mich selbst an diesen Dingen nichts finden kann, darf ja die Toleranz nicht beeinträchtigen.

82. Meinst Du, jemand könnte Dich als «extra-nett», zu bescheiden oder besonders «unschuldig» bezeichnen? Wäre das irgendwann früher der Fall gewesen?

Heute als Verbrecher bin ich ganz gewiß nicht nett. Früher, als Kind war ich hoffentlich auch nicht übertrieben nett. Ich selbst kann mich ja an damals nicht erinnern, nur an das, was mir vor allem Tanten und Bekannten als älteres Kind, auch als Jüngling noch, vorerzählt haben: «Ach nein, was war er süß, der Kleine, er sah ganz wie ein Mädchen aus, und die Mutter hat ihm die Lokken (er hatte so wunderbare Locken!) immer ganz lang über die Schultern wachsen lassen, und dann, als er im Kinderwagen saß, zeigten die Leute mit Fingern und sagten, ‹Hast Du so ein nettes kleines Mädchen schon mal gesehen?› und wollten es gar nicht glauben, daß es ein Junge war . . .»

83. Wie reagierst Du auf «schweinische» Witze oder Erzählungen? Ist es leicht, Dich mit so etwas zu ärgern? Warum?

Ja, mit schmutzigen Witzen kann man mich sehr ärgern, aber «warum», das wüßte ich nicht zu sagen.

84. In Deinen Bekanntschaften oder Freundschaften bist Du demonstrativ, kalt, geistreich? Bitte besprechen. Meinst Du, Deine Freundschaften haben mal ein väterliches bzw. brüderliches Interesse gezeigt?

Ich bitte Sie, so etwas kann die betreffende Person selber doch gar nicht beurteilen, das müssen die Anderen tun. Ich könnte höchstens sagen, allenfalls zurückhaltend, schüchtern, aber nicht kalt. Brüderliches Interesse wohl, bei den wenigen Freunden, die ich hatte, den M. Z., der bei Gericht ausgesagt hat, ein Taxifahrer, habe ich einmal mitten in der Nacht für ihn einen Pensionswirt stundenlang beschwatzt, damit er einen Schlüssel annahm, ansonsten wäre Z. wohl am nächsten Tag im Gefängnis gelandet. Auch für den Bruder des Viktor habe ich solch rein menschliches Interesse empfunden, habe ihn mitgenommen, wenn ich im Auto an ihm vorbeifuhr oder so, er mußte immer stundenlang zu Fuß gehen. Ich glaube doch, daß ich da einiges in dieser Beziehung getan habe, und ich hätte auch gern noch mehr getan, wenn mehr dagewesen wären.

85. Spürst Du besonders Anziehung oder Ekel Deinen beiden Eltern gegenüber?

Ich habe meine Eltern sehr gern, nur besteht irgendwie ein innerer Abstand zwischen uns, der aufgetaucht ist wahrscheinlich, als ich, als Kind schon, merkte, daß sie durchaus Gefühle haben, sie aber nur nicht zeigen können, ausdrücken können. Damit ist wohl auch 86 beantwortet.

86. Ist jemals ein Punkt gekommen, wo Du Deine Einstellung zu Deinem Vater oder zu Deiner Mutter ziemlich plötzlich ändertest?

87. Unter den Verwandten, hast Du jemals auf eine Ehe oder einen Todesfalls besonders stark reagiert?

Als mein Opa (mütterlicherseits) starb, war ich sehr traurig, und auch, als vor etwa zwei Jahren meine Oma starb, eine herzensgute Frau, der ich sehr viel verdanke, als Kind habe ich sie weit öfter gesehen, als meine Mutter. Heirat? – ach, das hat mich eigentlich gar nicht sehr interessiert.

88. Bist Du der Meinung, daß Du in sexuellen Angelegenheiten einen starken Sinn für das Richtige und Unrichtige hast?

Ja, natürlich, das glaube ich fest, daß ich weiß, was darin richtig oder falsch ist. Ich meine z. B., daß bei Mann und Frau alles erlaubt ist, solange sie es beide gern tun, und solange keiner geschädigt wird. Für schlecht halte ich alles, ob Mann und Frau, oder ob anomal, wo einer gezwungen wird, gegen seinen Willen also. Das muß auch bestraft werden, weil sonst Willkür herrschen würde. Die Anti-Baby-Pille halte ich für gerechtfertigt, wegen der sozialen, vielfach vorhandenen Gründe, und wegen der Bevölkerungs-Explosion.

89. Bitte die sexuelle Zurückhaltung beschreiben, die Du in Deiner Privatsphäre ausübst.

Zur Zeit weiß ich gar nicht, was Sex überhaupt ist, schon seit einiger Zeit nicht mehr, ich glaube seit Ende 67, aber früher konnte ich mir gar keine Kontrolle auferlegen, der Drang war einfach zu stark. Ich habe, seit dem 14. Lebensjahr, phantasiert und onaniert, daß es – nein, das ist es ja, daß es schon keine Lust mehr war, eher Qual, aber ich konnte es einfach nicht beherrschen. Es wurde sogar von Jahr zu Jahr immer schlimmer anstatt besser.

Q. Traumleben

90. Träumst Du häufig? Ab und zu? Selten? Gar nicht?

91. Sind Deine Träume sehr plastisch, oder sind sie unklar, vage? Behältst Du sie meistens, nachdem Du wach wirst, oder verschwinden sie schnell?

90 und 91: Ich träume an sich nicht oft, so es mir bewußt ist, und da meine Träume meist unangenehm sind, liegt mir im allgemei-

nen nicht besonders daran, sie zu behalten. Ich träume meist sehr plastisch, ja.

92. Welche Sorte von Träumen hast Du meistens? Sind sie meistens angenehm oder unangenehm? Kannst Du das prozentmäßig schätzen? Hast Du mal Alpträume? Wie häufig? Mit welchen Themen? Kannst Du welche noch erzählen?

Also an einen wirlich guten Traum kann ich mich überhaupt nicht entsinnen.

1. 1966–67 hatte ich mehrmals den ganz «offensichtlichen» Traum, ich wäre ausgerissen und ich lief durch Städte, Dörfer, Berge rauf usw., und stets eine ganze Horde Jungen hinter mir her, um mich zu fangen und zu «erledigen». Sicher, ziemlich dämlich, so was zu träumen, aber ich fand das gar nicht komisch.

2. Ich stehe mit meiner Mutter auf einer Straße, hoch gelegen, und ein Omnibus rast in unheimlichem Tempo an uns vorbei, in die Tiefe, und zerschellt an einem Haus, fängt Feuer, die Insassen schreien, ich will hinlaufen, aber meine Mutter hält mich zurück, weil man damit nichts zu tun hat und es nur Ärger geben kann.

3. Dieser Traum bestand nur aus zwei Bildern, einmal, wie ich in einer gekachelten Gefängniszelle sitze und draußen dauernd jemand meinen Kopf fordert, und das andere Bild, wo ich im amerikanischen Straßenkreuzer sitze und einer großen Menge von Menschen huldvoll zuwinke.

[Am 21. Oktober 1970 schrieb Jürgen an seine frühere Lehrerin Frl. Susanne Prim: «Auch eine Wahlrede der ‹CDU› habe ich damals auf dem Marktplatz miterlebt, der Redner war Dr. Konrad Adenauer. Als er geendet hatte, stieg er in einen schwarzen Mercedes, fuhr langsam an und (er saß natürlich hinten) warf viele kleine Tafeln Schokolade für uns Kinder aus dem Wagenfenster.»]

4. Ich bin im KAUFHAUS am Stand für Zaubertricks und kaufe

und kaufe. Jedesmal, wenn ich einen Trick gekauft habe, seh ich in der Käufermasse meine Mutter und verstecke mich. So geht das immer im Kreis, bis ich aufwache.

5. Ich stehe im Laden im Fleischerzeug und bediene neben meinen Eltern die Kunden, wie früher, und beim Zusammenrechnen mache ich dauernd Fehler. Vater und Mutter schreien mich an, doch endlich aufzupassen, aber ich sehe nur noch die Zahlen und bin nicht mehr imstande, ihren Sinn zu begreifen. Die Zahlen verschwimmen, nun brüllen auch die Kunden «Voran!!» und ich komme in eine Panik. Ich spüre plötzlich, wie ich vom Kopf herab eiskalt werde, ihn nicht mehr bewegen kann, dann die Schultern, Arme, Hände und die Beine. Zuletzt kann ich zwar denken, aber mich überhaupt nicht mehr bewegen, und um mich herum Geschrei und Gebrüll «Wird's bald», «Wie lange soll ich noch warten?» usw.

93. Hast Du Träume (außer dem Straßenbahn-Traum), die sich wiederholen?

Letztere Träume wiederholen sich nicht stets, aber manchmal.

94. Hast Du Träume, die Dich zum Samenerguß bringen?

Sexuelle Träume habe ich fast nie, nur manchmal in verhältnismäßig harmlosen Bildern, also z. B. hübsche Jungen, 10 oder 12 Jahre alt, in Lederhose, ich gehe auf einen zu, spreche ihn an, er geht mit, ich schaue auf seine Beine, die Oberschenkel – dann ist stets Schluß, und ich wache auf. Eine sexuelle Aufregung gibt es da schon mal, aber keine Ejakulation.

95. Weißt Du, ob Du im Schlafen geredet hast? Bist Du aufgestanden und gelaufen?

Nein.

96. Hast Du erotische Träume, nach denen Du in erregtem Zustand aufwachst, die aber nicht zur Ejakulation führen?

Erledigt.

97. Gibt es aus der Vergangenheit Träume, die Dich tief beeindruckt haben, u. zw. wegen Schönheit, Absurdität, ungewöhnlichen Charakters, Unannehmlichkeit, Angst oder sonst etwas?

Siehe 92.

VI. EINSTELLUNG UND MEINUNGEN

A. Sexuelle Aufklärung

1. Meinst Du, daß man Kinder sexuell aufklären sollte?

Auf jeden Fall schon ab 6–7 Jahre aufklären, offen, aber nicht ordinär. Die Eltern sind in der Regel zu dumm und feige dazu, es soll ruhig ein verständnisvoller Lehrer(in) machen, dann gibt es sicher viel weniger Verbrechen, das ist meine ehrliche Überzeugung. Die Prügelstrafe in der Schule sollte überall verboten werden, bei Geldstrafe, weil es doch etliche sadistische Lehrer gibt.

B. Ehe

2. Meinst Du, daß Ehen, wie man auf Englisch sagt, «im Himmel gemacht werden»?

Ich habe diesen Satz nie gehört, ich verstehe den Sinn der Frage gar nicht.

3. Wie ist Deine Einstellung zur Scheidung?

Scheidung nur bei sexuellen Schwierigkeiten (unlösbar) und inneren völligen Auseinanderlebens. Meine Eltern hätten gar nicht erst heiraten sollen. Wenn zwei Menschen, die jeder für sich kaum Gefühle zeigen können, eine Familie gründen, so muß es meiner Ansicht nach irgendein Unglück geben.

4. Wie oft meinst Du, daß ein Ehepaar miteinander sexuell pro Nacht, pro Woche, pro Monat verkehren sollte?

Objektiv gesehen: «In der Woche zweier schadet weder ihm noch ihr» (Luther). Gefühlsmäßig gesehen, also emotionell: überhaupt nicht.

5. Meinst Du, daß die Fortpflanzung der exklusive Zweck des Geschlechtsverkehrs sei?

Ich glaube, daß der Geschlechtsverkehr, für sich liebende Menschen, auch als reiner Lustgewinn legitim sein sollte, weil sie sonst doch leicht gehemmt und verklemmt werden.

6. Gibt es irgendwelche Alternative zur Ehe, die Du billigst?

Eine direkte Alternative zur Ehe? Nein, ich glaube nicht, daß es so etwas gibt.

C. Moral

7. Wie betrachtest Du die «freie Liebe»?

Mit Toleranz und Verständnis, soweit es sich um die eventuelle Vorbereitungszeit zur Ehe handelt, oder auch, wenn die Liebenden noch jung sind.

8. Wie betrachtest Du die Prostitution?

Die lehne ich als ekelhaft auf's härteste ab, gefühlsmäßig. Allerdings verkenne ich den Zweck dieser Sache nicht. Immer noch besser so als Vergewaltigung.

9. Wie betrachtest Du Zensur von Literatur/Theater/Kino/Kunst?

Solche Zensur lehne ich generell ab. Selbst Pornographie kann einem vernünftig erzogenen und vor allem aufgeklärten jungen Menschen, sogar einem Kind, nichts anhaben, solange die Darstellungen nicht brutal oder gar sadistisch sind.

10. Findest Du Geschlechtsverkehr nur als körperliche Freude unmoralisch?

Habe ich ja bei 5. beantwortet – finde ich nicht unmoralisch.

11. Meinst Du, der Mann sei essentiell monogam oder polygam? Mißt Du die beiden Geschlechter nach derselben Moral? Gönnst Du Frauen soviel sexuelle Freiheit wie Männern?

Ja, ich glaube, es ist besser, Mann und Frau nach einer Moral zu beurteilen, also auch für Frauen die gleiche sexuelle Freiheit. Ich glaube, daß der Mann zwar Anfechtungen hat, aber im Grunde monogam ist.

12. Was findest Du die beste Lösung zum sexuellen Problem der unverheirateten Jugend?

Ich glaube nicht, daß diese Jugend darin selber ein Problem sieht, und ich glaube auch nicht, daß «Orgien» an der Tagesordnung sind. Wie gesagt, Toleranz wäre angebracht.

13. Billigst Du Empfängnisverhütung?

Ist beantwortet unter 88.

*

8
Briefe II

Dezember 1968

Lieber Herr Moor!
... Was bleibt, ist immer wieder nur der Arzt. Aber auch da ist es nach einem Wortbruch eines Arztes natürlich sehr schwer, Vertrauen zu einem anderen Arzt zu finden. Denn ein Wortbruch war die ganze Sache Lauber, er sagte wörtlich zu meiner Mutter (und auch zu mir), daß er versuchen wolle mich zu heilen. Dann vor Gericht sagte er aber, daß «das kaum möglich sei, auch in Jahrzehnten». Was soll ich dazu sagen?

*

[Folgender Brief, nicht an mich, sondern an Jürgens Eltern, kam zu mir über Jürgens zweiten Rechtsanwalt Rolf Bossi. Sein Begleitbrief trägt das Datum 6. September 1971, aber Jürgen hatte den Brief fast drei Jahre früher geschrieben.]

Duisburg, 26. 12. 1968

Liebe Eltern!
Ich halte es für meine (traurige) Pflicht, Euch mitzuteilen, daß in den letzten Wochen, durch die erheblich innere Aufregung und auch Ärger in umseitig erklärtem Zusammenhang meine «Asthma»-Schwierigkeiten erheblich schlimmer geworden sind. Darum muss ich z. Zt. wieder unter Aufsicht Beruhigungsmittel nehmen, sowie in den letzten Wochen außer der Reihe meine Brustorgane röntgen lassen.

[Auf der nächsten Seite, anscheinend an Herrn Bossi gerichtet, schreibt Jürgen von «einer Geschichte im November 1954», wo ihn ein älterer Vetter zu seinem ersten homosexuellen Kontakt verführte. Nach der Sperrung unseres Briefwechsels durch die

Wuppertaler Kammer schaltete sich Heinz Möller mit einem Antrag ein, der betonte, daß die Verteidigung auf diesen Briefwechsel Wert lege. Die höhere Instanz hat seinen Antrag genehmigt. Prof. Hans Giese leitete damals das Institut für Sexualforschung in Hamburg; ursprünglich sollte er im Wuppertaler Prozeß gutachten, lehnte aber ab, als die Kammer sich nicht in der Lage sah, seine Untersuchungsbedingungen zu genehmigen.]

A propos berücksichtigt: Das sind keine Hirngespenste [sic], wenn ich solches Wort gebrauche. Denn als der Jugendstaatsanwalt Blazy meine Zeugenaussage gegen Pater Pütlitz aufnahm, sagte er wörtlich zu mir: «Schade, daß Du es beim Prozeß nicht beweisen konntest, daß der (Pütlitz) das gemacht hat, denn dann wärest Du wahrscheinlich etwas besser weggekommen, denn die Richter berücksichtigen so etwas eigentlich immer, weil derjenige Täter zumindest nicht allein aus freien Willen auf die schiefe Bahn geraten ist!»

Daß diese Worte ein Schock für mich waren, ist wohl klar, weil der Staatsanwalt ja genau wußte, daß eine fast genau solche Sache praktisch vollkommen übergangen wurde beim Prozeß.

Wie Sie wissen, beantworte ich dem Journalisten Paul Moor, der viel für mich arbeitet, psychoanalytische Fragen, welche er danach einigen der Gutachter zuleitet. Als ich die Geschichte vom November 1954 ausführlich berichtete, sperrten die Richter den Briefwechsel sofort, u. a. mit der Begründung, weil ich «ausführlich über mein erstes sexuelles abartiges Erlebnis» berichtete.

Da tauchte bei mir natürlich zwangsläufig ein gewisser Verdacht auf: wenn P. Moor von dieser Sache eigentlich nichts erfahren sollte, wer denn außerdem ebenfalls nicht? Da ich nicht weiß, ob der BGH [Bundesgerichtshof] tatsächlich immer alle Akten restlos bekommt, teilte ich demselben brieflich die ganze Sache vom November 1954 mit. Ich schrieb noch erklärend dazu, daß ich, weil ich gehemmt war durch die viele Presse und Zuschauer im Gerichtssaal, nicht alles dazu habe erklären können, aber meine Eltern können alles bestätigen! Nämlich: Daß ich nicht, wie das Gericht grundloserweise annahm, von der ganzen Sache völlig ungerührt geblieben wäre, sondern daß ich immerhin derartig geschockt war, daß ich solche Angst vor dem Kerl [Jürgens Vetter] hatte, daß ich, als die Verabschiedung an der Haustür kam, in panischer Angst vor ihm weglief, in den dunklen Garten des Hauses, in einen Stacheldrahtzaun hinein, wo ich mir die ganze linke Augenbraue quer durchriß; die Narbe dient heute als Kennzeichen für die Polizei ...

... Als ich in der Pubertät einen Bart bekam, habe ich mich furchtbar geärgert. Vom ersten Augenblick an habe ich diesen beschissenen Tribut der Männlichkeit abgelehnt. Man hört, wie das bei Anderen sein soll, wenn sie sich zum ersten Mal rasieren – – ach Gott, wie stolz! Was meinen Sie, was ich eine Wut im Bauch hatte! Das ist doch ganz großer Mist.

Ich lehne den Bart nicht als Tribut der Männlichkeit ab, sondern als Tribut des Erwachsenseins.

... Auf Prof. Giese kann ich im Punkte Triebrichtung natürlich leider keine Rücksicht nehmen. Er erklärte mir damals, bei keinem Menschen ändere sich die Zuneigungsrichtung vollkommen. Er war da sehr bestimmt, und es ist nicht unbedingt meine Meinung. Evtl. wird ihm es also gar nicht gefallen, wenn ich auch nur eine Freundschaft mit einem Mädchen beginne. Aber soll ich darum meine Wünsche verdrängen? Ich glaube nicht, daß dies richtig wäre.

*

Neue Adresse!!!

(41) Duisburg-Hamborn,
Goethestrasse No 3
18. 2. 1969

Haftanstalt
Lieber Herr Moor!
... Es ist komisch, ich habe immer ein sonderbares unbestimmtes Gefühl in der Magengegend, wenn ich in der Presse ein Foto eines

der Kripo-Leute sehe, die mich damals in Düsseldorf so anständig behandelt haben, z. B. «NEUE REVUE» Nr. 7, Seite 68, links unten, Kommissar Armin Mätzler vom 1. K.-K. Düsseldorf. Heute möchte ich eher sagen, daß sie mich «taktisch sehr gut» behandelt haben, und das einzige, was ich ihnen wirklich nachtrage, nachtragen muß, ist, daß sie bei mir bewußt den Eindruck hervorriefen: «Da sind Menschen, die Dich nicht völlig verurteilen, die nicht ‹Hopfen und Malz als verloren› ansehen, die Dich auch persönlich, also für sich selber, nicht für erwachsen halten, würden sie Dich sonst mit Du ansprechen und ‹Jürgen› sagen?»

[Fünfzehn Jahre später machte der Journalist Michael Föster Notizen über einen «Kriminal-Oberrat M... damals Sonderkommission Bartsch, heute Leiter der Mordkommission Düsseldorf. Er hat alle Vernehmungen geführt, war auch bei Leichenauffindung im Stollen und bei der Rekonstruktion am Tatort zugegen. Hat mit B. bis zu dessen Tod Briefwechsel unterhalten, hat ihn auch in Eickelborn besucht. Behauptet: ‹Ich war so etwas wie B.'s Beichtvater, er hat damals nichts getan ohne meinen Rat.›»]

*

[Jürgen litt in dieser Zeit an einer hartnäckigen Augenstörung. Anscheinend habe ich ihm daraufhin von einer schlimmen Augenkrankheit geschrieben, die ich selber mit etwa elf Jahren bekommen hatte.]

Duisburg-Hamborn, 19. 4. 69
abgesandt 24. 4. 69

Texas!!*
Hätten Sie es gewußt? Eigentlich müssen Sie es ja wissen, nicht wahr?

Ja, eine Brille muß ich nun leider doch tragen, schon seit einigen Wochen. Wenn die Sonne scheint, schiebe ich noch extra dunkle Gläser vor. In letzter Zeit nehme ich laufend Nasentropfen. Wenn man Asthma hat und dann auch nur ein wenig die Nase verstopft ist, dann kriegt man einfach zuviel. Ab und zu, wenn es ganz mies ist, kriege ich eine fürchterliche Wut und versuche, mir gewaltsam viel Luft zu verschaffen durch hintereinander Luftholen, aber das hilft auch nicht, höchstens gehen im Kopf alle Lichter aus und man kippt einfach um.

Ich mag gar nicht daran denken, wie furchtbar es sein muß, dazu noch für ein Kind, so lange wie Sie schreiben, neun Monate, in völliger Dunkelheit zu verbringen. Vielleicht war Ihre Isolierung noch schlimmer als meine? Nun ja, ich sah, aber was ich sah, war die ablehnende Haltung der Anderen, trotzdem Geliebten . . .

* (Aus dem Indianischen, genaue deutsche Übersetzung: «Guten Tag, lieber Freund!!»)

*

[Die Presse meldete, daß Jürgen Selbstmord versucht hatte. Ich habe Heinz Möller in Wuppertal angerufen, aber als Rechtsanwalt durfte er lediglich sagen: «Stichwort: Sorgen um Heintje», den Knabensopran aus Holland, der damals – bis zum Stimmbruch – einen beispiellosen Erfolg bei bundesdeutschen Müttern genoß. Der Brief selber verrät ein anderes Stichwort: «Gestohlene Kindheit»: Jürgen schreibt offensichtlich nicht nur über Heintje, sondern auch über sich selbst. Über die Leidenschaft des Briefes könnte man vielleicht schmunzeln, wenn man nicht wüßte, daß der Briefschreiber dabei war, sich von einem Selbstmordversuch zu erholen.]

Was nützt es dem Menschen,
wenn er die ganze Welt gewinnt,
an seiner Seele aber Schaden leidet . . .

Duisburg, Mai 1969

Lieber Herr [ausgekreuzt: Möller] Moor!

[Ein Pfeil deutet auf Anmerkung am linken Rand:] Dieser Brief war zwar zuerst an Herrn Möller gerichtet, hat sich aber erledigt, weil Herr Möller vor ein paar Tagen mich besucht hat und wir ausführlich darüber sprachen. Da er (der Brief) nichts Persönliches zwischen Herrn Möller und mir betrifft, sehe ich es als vertretbar an, Ihnen, dear Mr. Moor, diesen Brief zu senden und vielleicht sind Sie meiner Meinung, und sagen Sie bitte nicht, was geht's uns an, ich glaube man darf nicht schweigen bei so etwas.

[Anfang des Briefes:]

Meine Frage an Sie: Ein Kind kann sich noch nicht ganz frei entscheiden, was ist es also, einfach ein Rummel, der gemacht und enorm übertrieben wird, oder wird hier eine Kindheit gestohlen, ja eventuell ein junges Leben zerstört? Sehen wir es doch ganz nüchtern: Ein Kind wird auf Grund einer besonderen Fähigkeit auf ein Podest erhoben, zuerst noch nicht einmal ganz freiwillig. Nun ist es ein «Star», (fast) alle Mütter schwärmen, tausende Autogrammwünsche jeden Tag, in jeder Zeitschrift ist sein Bild, wo es auch hinkommt, wird es bestaunt, manchmal gar fast angebetet . . . Wenn das alles weit über ein Jahr schon dauert, ist es da verwunderlich, ja seine Schuld, wenn es sich auf einmal vernehmen läßt: «Ich bin zum Showgeschäft gebo-ren!» . . .?

Darüber lachen sollen wir? Nein, weinen würde eher passen, denn es wäre töricht, anzunehmen, dieser Anspruch wäre so gemeint, wie er sich anhört. Wir wollen doch nicht vergessen, daß ein Kind viel Liebe braucht, sie nicht nur in Form der Eltern braucht, sondern in Form der Achtung der Gleichaltrigen, seiner Kameraden in seiner Schulklasse, seiner besten Freunde. Wird dies alles und noch mehr einem Kind genommen, so wird es sogar dem Kinde selber klar, daß die oberflächliche Zuneigung so vieler

Menschen ein zu hoher Preis ist, wenn es ihm dadurch unmöglich wird, sich einfach aufs Fahrrad zu setzen, ein paar Straßen weiter zu fahren, und andere Kinder zu fragen: «Darf ich mitspielen?» Denn eben dies ist vorbei, für immer unmöglich geworden. Wer die Bilder gesehen hat, «Heintje auf dem Flugplatz Düsseldorf von 50 Waisenkindern begrüßt», der weiß es: Wer ist im Grunde schlechter dran, die Waisenkinder oder Heintje? – das ist noch die Frage . . .

Sentimentale Schwarzmalerei, was ich bis hierhin schrieb? Nun, dann hören Sie vielleicht mal, was ein objektiver Reporter über Heintjes ersten Tag in dieser Klasse schreibt: «Die Jungen der Kantschule begegneten Heintje mit mitleidiger Verachtung. ‹Mamakind›, bemerkte einer, und ein anderer: ‹Der gehört doch in den Kindergarten.› In der allgemeinen Ratlosigkeit schlug der Lehrer vor: ‹Nun singen wir mal was.› Ein Junge rief: ‹Heidschi bumbeidschi!›, die anderen protestierten: ‹Kennen wir nicht! . . .› Da sagte der Lehrer: ‹Gut, dann – Im schönsten Wiesengrunde›. Aber das Lied kannte Heintje nicht . . .»

*

[Im folgenden Brief schreibt Jürgen von Heintje als «Goldkerlchen»; im ersten Prozeß in Wuppertal berichteten Gerald John und Dietrich Wilke von der Jugendgerichtshilfe, Frau Bartsch hätte Jürgen immer wieder «das Goldkind» und «das goldige Kerlchen» genannt.]

Wuppertal, Juni 1969

Lieber Mr. Moor!
Ja, der Name Ihres Heimatlandes, Texas, geht auf genau den Indianerstamm zurück, den Sie in Ihrem letzten Brief, über den ich mich wieder sehr gefreut habe, erwähnten. Und «Texas» soll der von weißer Zunge entstellte Gruß dieses Stammes sein, wörtlich übersetzbar mit «Guten Tag, lieber Freund». So behauptet es jedenfalls der WDR in seiner sehr bekannten Sendereihe Drei

Hörer gegen drei Städte: «Allein gegen alle» mit Hans Rosenthal aus Berlin.

Nun bin ich (auf eigenen Antrag) hier in Wuppertal wieder, erst mal vorläufig für zwei Monate. Herr Dr. Hellmert, Nervenarzt (Neurologe), behandelt meine Asthma-Störungen und ein paar Zwangs-Erscheinungen, deren Grund, wie er mir sagte, wahrscheinlich innere seelische Überspannung ist, die sich leider etwas sogar auf den Körper auswirkt.

Sicher, ich «identifiziere» mich ganz instinktiv mit jedem Kind, jedem Jungen, der im Kindes- bzw. Schulalter ist, und dem ganz offensichtlich schwerer seelischer Schaden droht. Warum tue ich das? Ich kann es mir nur so erklären, daß ich, seit die sexuelle Seite weggefallen ist, ganz klar spüre, daß ich eines jedenfalls nicht los bin, nämlich die romantische Zuneigung für dieses Geschlecht in eben diesem Alter. Und daran läßt sich mit dem Willen leider so gut wie nichts ändern. Aber da dieses niemand außer mir selber schaden kann, und da es eben Zuneigung ist ... gut, manchmal tut es regelrecht weh, besonders wenn mir recht bewußt wird, daß ich in dieses Alter niemals mehr zurückkann, aber es hat auch seine guten Seiten ...

Wie schön: vor einem Jahr hieß es: «Goldkerlchen Heintje durfte seiner Mutter nun das versprochene Schloß («Ich bau Dir ein Schloß») bauen. Es ist ein Backstein-Bungalow mit zehn Zimmern, der Preis wird geheimgehalten ...» (WDR). Ein paar Ponys durfte er sich kaufen, sehen kann er sie praktisch nie, weil er stets auf der Achse ist. Voller Stolz verkündete Mijnheer Kleyngeld, daß er es möglich gemacht habe, daß Heintje sich (in Wien) am Muttertag für ein paar Minuten mit seiner Mutter treffen konnte, bevor es zu neuen Terminen ging. Ich kann mir nicht helfen, ich finde all das erschreckend, Herr Moor.

Aber wollen wir auch den «alten Leuten zu Hause» kein Unrecht tun: die eigentlich Schuldigen sitzen woanders, reiben sich die Hände und waschen sie gleichzeitig in Unschuld. Lassen Sie mich zum Schluß nur eines sagen, Herr Moor. Ich hoffe, daß diese Leute eines Tages die Quittung dafür bekommen.

Und wenn es erst bei Philippi wäre . . .

Meint Ihr
Jürgen

*

[Im August 1969 brachte mir ein Umschlag eine bunte Postkarte – zwei Nelken – von Jürgen.]

August 69

Lieber Herr Moor,
Meiner [sic] ist vom BGH in Karlsruhe vorläufig stattgegeben worden. Der Termin zur endgültigen Entscheidung ist der 18. 11. 1969 in Karlsruhe.

Stets viele Grüße Ihr
Jürgen

*

[In Jordanien, am Schluß eines Besuchs der antiken Stadt Petra, kam es zu einer Meinungsverschiedenheit zwischen mir und einem Gaul, der mich abwarf, wobei ich mich am Arm verletzte. Der erwähnte «deutsche Analytiker» war der gebürtige Österreicher Prof. Dr. med. Frederick J. Hacker, Autor des Buches *Versagt der Mensch oder die Gesellschaft?*, der damals schon lange in Los Angeles lebte, wo ich mit ihm über Jürgen Bartsch sprach. Danach, in der Bundesrepublik, kam es zu einem leider ergebnislosen Treffen von Prof. Hacker und Prof. Horst-Eberhard Richter mit Jürgens Vater. Die einzige Frage von Herrn Bartsch an mich danach über Prof. Hacker: «Sagen Sie mal, stimmt es, daß er Volljude ist?»]

Duisburg, Oktober 1969

Lieber Mr. Moor.
Nun ist ja endlich der lange private Brief gekommen! Haben Sie recht vielen Dank dafür, besonders für die Schilderung der Reisen und den Hinweis auf PaPü. Ich hatte keine Ahnung, daß da da-

mals eine Anzeige gemacht worden war von einer Frau, wahrscheinlich einer Mutter, nicht wahr? Daß Sie nach dem deutschen Analytiker, der zur Zeit in U.S.A. ist, geschrieben haben, ist außerordentlich nett von Ihnen, obwohl ja allzu große Hoffnung sicher nicht besteht, auf Aussage. Es sind ja letztlich zwei Menschen, die da überzeugt werden müssen.

Die Sache mit dem Pferd, da habe ich doch, können Sie es mir verzeihen, lachen müssen. Sie sagen, daß es eine Schande sei, als Texaner vom Pferd zu fallen. Schande ist mir ein zu hartes Wort, aber daß es, zumal für einen Texaner, ein Schock sein muß, das leuchtet mir ein. Aber ich als Nicht-Reiter sollte darüber eigentlich mir gar kein Urteil erlauben. Ich würde nicht mal bis in die Steigbügel kommen.

*

Wuppertal, den 11. November 1969

... Sie fragten, wie es mit meinem Asthma usw. ist. Jetzt, so kurz vor wieder einer einschneidenden Entscheidung, machen sich diese Beschwerden natürlich besonders bemerkbar. Man kann natürlich nicht damit rechnen, daß die Gesundheit besser wird, je schlimmer es um einen steht. Aber deswegen schließlich bin ich ja hier in Wuppertal, um wegen dieser Beschwerden behandelt zu werden. Die Turnmethode zum Fit-bleiben führe ich noch durch, bis zur dritten Stufe. Weiter reicht die Luft im Moment nicht.

[Normalerweise ließ Jürgen keinen Quadratzentimeter des ihm erlaubten Briefpapiers leer, aber in diesem Brief zeigte sich seine innerliche Unruhe: auf der Rückseite ließ er Dreiviertel des Blattes unbeschrieben.]

*

[Ein ganzes Jahr nach dem Wuppertaler Prozeß wurde es in der seriösen Presse immer noch nicht ruhig um Jürgen Bartsch. Die

Frankfurter Allgemeine Zeitung vom 22. November 1969 brachte einen rückblickenden Bericht. Ein Schlüsselsatz daraus: «Es geht hier nicht um eine harte Strafe oder Freispruch. Es geht um eine gerechte und fundierte Entscheidung darüber, ob der sadistisch handelnde Kinderschlächter vielleicht doch ein Schwerkranker ist, der nicht in die Strafzelle, sondern in die therapeutische Anstalt gehört.» Am 6. November war Jürgen dreiundzwanzig Jahre alt geworden. Es stellt sich zum erstenmal im folgenden Brief heraus, daß er meinen Bericht über den Wuppertaler Prozeß ganz falsch verstanden hatte: Ich hatte ja keineswegs «jede Chance für ihn verneint».]

Wuppertal, den 24. 11. 1969

Besonders herzlichen Dank zuerst für das Geburtstags-Telegramm und für Ihren letzten Brief vom 15. 11., der, ungefähr zwei Stunden vor der Verkündung des Urteils des BGH, bei mir ankam, also am Morgen des 21. 11. Zuerst erfahren habe ich die Entscheidung um «12.00 Uhr nachmittags» in den Nachrichten des Hessischen Rundfunks. Als Herr Möller mir um 12.30 Bescheid sagen ließ und kurz darauf selber kam, wußte ich es ja schon.

Natürlich haben Sie im Prinzip recht, lieber Herr Moor, daß, wer lebt, auch hofft, aber je nachdem wie die Lage ist für einen Menschen, wird diese Hoffnung kleiner sein als das «ewige Licht» in der Kirche, und das ist schon klein genug. Hoffnung als Sparflamme, als Alptraum des Verstandes. Jedoch allein der Menschen wegen schon, die mich noch nicht ganz aufgegeben haben, ist es meine Pflicht, weiter durchzustehen.

So wie anfangs, mit Vertrauen auf Güte, ja Gnade, wird es nicht mehr gehen, das kindliche Vertrauen, das ich anfangs hatte, es ist fort, mußte ja verloren gehen. Ein dummer Junge war ich, zu vergessen, daß Gnade auch ihre Grenzen hat, wahrscheinlich haben muß ... Es täte mir leid, wenn Sie jetzt von mir enttäuscht wären. Hoffentlich haben Sie mich nicht für stärker gehalten, als ich bin. Ich bin nichts als ein Kind, das einen Hexenkessel angezündet hat, in dem es nun selber gebraten wird.

Auch werde ich nun das tun, was ich mir fest vorgenommen hatte für den Fall, daß es einen neuen Prozeß und eine Wiederholung mancher Gutachten gäbe. Ich habe nun, da das Urteil aufgehoben ist, ja wieder die Wahl, zwischen verschiedenen Jugendgerichtshilfen, von denen das Jugendamt zweifellos am besten geeignet wäre. Ich werde alles tun, was ich eben kann, um zu verhindern, daß das Jugendamt als Jugendgerichtshilfe fungiert, wenn auch im ersten Prozeß dies Gutachten das objektivste von allen war. Es hat mich zu sehr getroffen, was damals gesagt worden ist. Wie kann man so was nur tun, ein Baby verurteilen praktisch. Da kann ich dann glaube ich nur «Caritas» oder so als Vertretung oder Ersatz erhalten.

Ihr Artikel [in der Zeitschrift *Der Monat*] damals, da hat Prof. Brocher bestimmt recht, der war überaus gut und objektiv. Dadurch allerdings auch ehrlich und schonungslos; wenn ich ihn richtig interpretiert habe, verneinten Sie damals jede Chance für mich. Aber am interessantesten war für mich, wie Sie gefühlsmäßig die «eiskalte Güte» bei mir zu Hause beurteilen konnten, was beinahe unheimlich war. Aber heute weiß ich ja, daß wir, Sie und ich, als Kinder so viel Ähnliches erlebt haben. Sie schrieben mir, wenn Sie beten könnten, würden Sie für mich beten. Ich möchte Ihnen sagen, weil ich noch beten kann, werde ich für Ihren Vater beten . . .

*

[Vor dem Bundesgerichtshofverfahren erlitt Heinz Möller in Karlsruhe einen frappierenden, zweifellos psychogenen Unfall: Kurz vor dem Termin stürzte er und verletzte sich so schwer, daß er an dem Verfahren nicht teilnehmen konnte. Rolf Bossi hat Jürgen dort allein vertreten.]

Wuppertal, 25. 11. 1969

Lieber Mr. Moor!
Aber natürlich möchte ich, daß Sie das Buch schreiben. Ich glau-

be, daß es sehr wichtig ist. Ich glaube auch, daß Sie recht haben mit Ihrer, wie Sie sagen, Unbescheidenheit, wenn Sie glauben, daß es ein wenig helfen könnte. Hilfe ist (ich bin da ja nicht der einzige) da sicher sehr nötig, wenn man z. B. daran denkt, daß ich eventuell in eine Heilanstalt kommen könnte. Ich habe da in einer Kirchenzeitung einen Artikel gelesen, wie es da z. T. heute noch zugeht und aussieht. Hoffentlich ändert sich da auch was, denn, ich hörte es hunderte Male: «Heutzutage noch ist das Gefängnis mancher ‹Heilanstalt› von der Unterbringung her bei weitem vorzuziehen!» Traurig, aber hoffentlich nicht wahr . . .

*

[Am Anfang des Revisionsprozesses kam es zu einer friedlichen Lösung zwischen mir und Friedhelm Werremeier, Autor des ersten Buchs über den Fall Jürgen Bartsch. In seinem Brief vom 24. November hatte Jürgen geschrieben: «Dafür taucht auf die über 100%ige Gewißheit, daß jedes Urteil, jede Maßnahme, die letztlich getroffen wird, eine in der Länge völlig unbegrenzte Haft bedeuten wird . . .» Die Operation, die er hier erwähnt, war die von den meisten deutschen Psychiatern mittlerweile völlig diskreditierte stereotaktische Gehirnoperation.]

Duisburg-Hamborn, Januar 1970

. . . So langsam wird mir, ich sage es Ihnen offen, ein wenig bange, daß sich da zum Beispiel ein Gerangel zwischen Herrn Möller und Herrn Bossi entwickeln wird. Da schwelt irgendwas mit den beiden Herren, dazu kommt, daß meine Eltern seit dem Wuppertaler Urteil Herrn Möller nur noch als «Kindermädchen» für mich ansehen, zum mich Besuchen gut genug. Was Herr Möller sagt oder tut, interessiert meine Eltern nicht mehr, sie halten nur noch das für richtig, was Herr Bossi vorhat. Und dieses deckt sich leider nicht genau mit Herrn Möllers Gedanken.

Das alles, lieber Mr. Moor, betrübt mich sehr, und ich kann auch überhaupt nichts daran ändern. Ich sitze hier, bin machtlos und weiß nicht, wie diese verdammten Querelen enden. Zu meinen Gunsten sicher nicht!

Und da wir gerade bei unerfreulichen Dingen sind, bleiben wir bitte noch ein wenig dabei. So gern ich Ihnen, lieber Herr Moor, die Erlaubnis geben würde, einiges, was Sie für wichtig halten, aus meinen Briefen zu zitieren, so wissen Sie doch genau, daß meine «Persönlichkeit» mir nicht mehr gehört, und das bis 1975! Wenn Sie mich also wörtlich und, was wichtig ist, in «wörtlicher Rede» zitieren, dann kann und werde ich wahrscheinlich zivilrechtlich in Teufels Küche kommen. Und das kann ich mir nun wirklich nicht leisten.

Ihnen gefällt es nicht, mir gefällt es nicht, aber ich bin nun mal Herrn Werremeyers «Eigentum». Andererseits haben wir kein Recht, nun Zeter und Mordio zu schreien, denn ich habe nun mal meine Unterschrift gegeben, und außerdem habe ich es beileibe nicht umsonst getan, wenn ich Ihnen auch die Gegenleistung nicht genau darlegen kann. Solange Sie also nicht in direkter Form zitieren, also keine wörtliche Rede, so lange ist es nicht schlimm, denn das muß ich ja nicht Ihnen persönlich gesagt haben. Aber dergleichen ist natürlich journalistisch nicht sehr attraktiv, das sehe ich ein. Aber genausowenig kann ich auf die Gegenleistung der «NEUEN» [Illustrierten] verzichten. Diese Gegenleistung besteht übrigens nicht aus «günstigen Artikeln». Wahrscheinlich werden Sie mir jetzt böse sein, aber ich kann es doch nun mal nicht ändern.

Eine Selbstverständlichkeit ist für mich die Operation. Ich halte sie für meine Pflicht, der Allgemeinheit gegenüber, weil sie ihr (und auch mir!) auf jeden Fall das größtmögliche Maß an Sicherheit garantiert! Was ist dagegen einzuwenden? Wenn nur die analytische Behandlung erfolgt, und sie auch Erfolg hat, woran ich nicht zweifle!, besteht immer jedoch noch die simple Tatsache, daß die Sexualität als solche, wenn sie auch dann normal, völlig normal ist, doch stets vorhanden ist. Allein der Gedanke jedoch, daß die Sexualität überhaupt noch vorhanden ist, gefällt mir überhaupt nicht!! Ich will, daß sie völlig, und zwar restlos, bei mir ausgelöst [sic] wird, und das geht nun mal nur durch eine Gehirn-Operation. Voreilig? Würde sie [ein Pfeilchen führt von «sie» nach «Sexualität» zurück] mir nicht doch fehlen? Das glaube ich nicht, weil ich durch meine Erfahrung alles Sexuelle aufs tiefste verabscheue.

Noch ein Grund kommt dazu: Sie sagen, die Analyse hat Ihnen geholfen bei Ihren Schwierigkeiten, und das stimmt! Sie sagen, auch mir könnte sie helfen, und das glaube ich auch, fest! Aber nun meine Frage an Sie: hat sie alles restlos heilen können? Wenn Sie ehrlich sind, werden Sie zugeben, daß durch diese Behandlung ein Mensch lebensfähig gemacht werden kann (wie Sie), jedoch nicht Wunder gewirkt werden können. Es gibt auch bei dieser Behandlung eine Grenze, denn: sind Sie verheiratet, lieber Herr Moor, haben Sie eine Familie, haben Sie Kinder, haben Sie wirklich ALLES überwunden [sic] können? Sehen Sie!

Wir müssen uns wohl damit abfinden, daß durch ärztliche Behandlung unsere Schwierigkeiten zwar auf ein erträgliches Maß reduziert werden können, ein All-Heil-Mittel jedoch gibt es nicht, und wird es vielleicht nie geben. Darum kann auch ich voraussagen, daß ich, selbst wenn mir geholfen werden kann, doch trotzdem niemals heiraten werde, ganz abgesehen davon, daß ich davon überzeugt bin, daß man, jedermann, in *meinem jetzigen* Alter eine Familie gründen sollte. (Eine «Familie» ohne Kinder ist für mich sowieso indiskutabel.)

[Die ganze folgende Passage ist sorgfältig dreimal unterstrichen:] *Falls ich jedoch einmal entlassen werden sollte, werde ich um vieles, das steht fest, älter sein. Und sollte ich dann heiraten? Sollte ich dann darauf warten, daß meine Kinder, wenn sie mal zehn Jahre alt wären, «Opa» zu mir sagen? Nein, nein, heiraten, eine richtige Familie haben, eigene Kinder, das wäre sehr dumm, wenn ich mir da selber etwas vormachen wollte,* das kommt aus diesen und nicht nur diesen Gründen für mich niemals mehr in Frage. Aber wenn das sicher ist, und das ist sicher, dann, ja was sollte ich dann überhaupt noch mit Sexualität? Nur für ein «Verhältnis», nur für einen Gelegenheitsbesuch im Bordell? Na, ich danke. Ich werde für eine richtige Familiengründung nicht mehr in Frage, darum was soll er, der Sex? Für mich wäre er, spürte ich ihn überhaupt, dann doch nur noch Belastung. Also weg damit, lieber heute als morgen, damit man nicht soviel drüber nachdenken muß, wozu alles es bereits heute schon zu spät ist . . .

*

9
Briefe III

Qui non vetat peccare, cum possit, jubet.
– Seneca: Troades CCXCI

[Nach dem Urteil des Bundesgerichtshofes in Karlsruhe kam dieser Bericht vom Rechtsanwalt Heinz Möller. Im Wuppertaler Prozeß hatte Prof. Hans Lauber gesagt, er sei mit der Methode der Psychoanalyse vertraut, oder so etwas Ähnliches; er habe niemals behauptet, am allerwenigsten in Gegenwart eines authentischen Psychoanalytikers, die Methode der Psychoanalyse zu «beherrschen». Diese falsche Behauptung stammte nicht von Prof. Lauber, sondern aus dem Wuppertaler Urteil; der BGH hat sie nicht nur zitiert, sondern ganz und gar übernommen. Zwei Punkte in dem Karlsruher Urteil fallen auf: das fehlerhafte Lauber-Zitat und die Leichtgläubigkeit der Richter des höchsten Gerichts im Lande, die sich nicht einmal die Mühe machten, im Mitgliederverzeichnis der Deutschen Gesellschaft für Psychoanalyse und Psychotherapie (DGPPT) – der Dachorganisation der sogenannten Freudianer, Jungianer und Schultz-Henckianer – nachzuschlagen. So leichtsinnig, mit einer lässigen Handbewegung von uninformierten Richtern, wurden die Psychoanalyse und deren Möglichkeiten für Jürgen Bartsch einfach vom Tisch gefegt.]

den 28. 1. 1970

Lieber Herr Moor,
in unserer bekannten Angelegenheit liegt mir nunmehr das Urteil des BGH vor. Ich hatte bekanntlich in der damaligen Hauptverhandlung beantragt, unter anderem auch einen Psychoanalytiker. Dieser Beweisantrag wurde abgelehnt. Zu dieser Frage führt der BGH unter anderem Nachfolgendes wörtlich aus:

«Die Beiziehung eines Psychoanalytikers als weiteren Gutachter mußte sich der Jugendkammer auch nicht aufdrängen. Sie hat zu der Frage, ob eine solche Maßnahme notwendig sei, in der Hauptverhandlung die drei beigezogenen psychiatrischen Sachverständigen gehört. Der Sachverständige Prof. Dr. Lauber, der selbst die Methode der Psychoanalyse beherrscht, wie die Jugendkammer ausdrücklich feststellt, hat in Übereinstimmung mit den beiden anderen Sachverständigen die Anwendung dieser Methode für entbehrlich gehalten, weil von ihr angesichts der bisherigen Erkenntnisse in diesem Verfahren keine neuen weiteren Einblicke in das Seelenleben des Angeklagten zu erwarten sei, soweit es sich um die Frage seiner strafrechtlichen Verantwortlichkeit handele . . .»

Abschließend führt das Urteil noch nachfolgendes aus:

«Die Aufhebung des Urteils gibt der Jugendkammer, an die nunmehr die Sache zu erneuten Verhandlung und Entscheidung zurückverwiesen wird, Gelegenheit, neben den bereits mit der Begutachtung des Angeklagten befaßten Sachverständigen noch einen weiteren – von ihr auszuwählenden – Sachverständigen zu hören, der über besondere Kenntnisse und Erfahrungen auf dem Gebiete der Sexualforschung in dem oben näher umschriebenen Bereich verfügt. Damit würde eine breitere Beurteilungsgrundlage als bisher geöffnet, die es ihr ermöglichen dürfte, unter Berücksichtigung der gutachterlichen Ausführungen der verschiedenen Sachverständigen in eigener selbständiger Würdigung zu einer zuverlässigen Beantwortung der noch offenen Fragen, insbesondere der Zurechnungsfähigkeit des Angeklagten und – gegebenenfalls – der Anwendung von Jugend- oder Erwachsenenstrafrecht, und damit zu einem abschließenden Urteil zu gelangen.»

Angesichts dieser Ausführungen im Urteil ist nicht damit zu rechnen, lieber Herr Moor, daß die Jugendkammer des Landgerichts in Düsseldorf, bei der die Sache nunmehr anhängig gemacht wird, einen Psychoanalytiker als weiteren Gutachter hinzuzieht. Selbstverständlich werde ich mich weiterhin in dieser Richtung bemühen. Da jetzt noch nicht gesagt werden kann, ob Prof. Bürger-Prinz und Prof. Giese als Gutachter in Betracht kommen – ich hatte Ihnen hierzu Einzelheiten angelegenheitlich meines letzten Besuches in Berlin schon persönlich berichtet – wäre es zweckmäßig zu erfahren, ob Prof. Hacker sich auch auf dem Gebiete der Sexualpsychiatrie betätigt hat. Ist Ihnen darüber etwas bekannt? Gegebenenfalls müßte man mit Prof. Hacker hierüber ganz kurzfristig verhandeln.

*

[Mittlerweile war Jürgen noch zweimal verlegt worden, nach Düsseldorf und dann nach Duisburg. In dieser Zeit fing er an, als «Jürgen Bartsch134» zu unterzeichnen – wie das von ihm als Schüler im Don-Bosco-Heim Marienhausen verlangt wurde.]

... Was ist denn daran so verwunderlich, daß meine Eltern von meinem nächtlichen Wegsein nichts gemerkt haben? Ich habe, nachdem ich mir in einer Betonröhre auf einem nahen Feldweg richtige Kleider zurechtgelegt hatte, doch noch nicht einmal mehr ins Schlafzimmer gemußt. Und weil ich aus einem Kellerfenster aus dem Haus gestiegen bin und das Kellerfenster immer nur ganz leicht geschlossen habe beim Weggehen, brauchte ich noch nicht mal einen Schlüssel! Und so leise, wie ich stets war, da konnte niemand was hören, manchmal habe ich ½ – ¾ Stunde gebraucht, bis ich in Bademantel und Pantoffeln auf der Straße stand.

Zuerst, im Fall Jung, bin ich noch durch die Kellertür gegangen, aber mein Zimmerschlüssel paßte auf die äußere Kellertür, das wußte aber nur *ich*. Damals, im Fall Jung, und [ausgekreuzt: Grassmann] Kahlweiss und auch Fuchs, da hatte ich noch keine richtigen Kleider, da bin ich immer nur in Bademantel, Schlafanzug und Pantoffeln fortgegangen, und habe *die ganze Zeit*, auch im Stollen, dies Zeug anbehalten. Auf Schlafanzug und Bademantel habe ich sehr geachtet, aber die Pantoffeln, von Straße, Stollen, Graben und Rückweg durch Feldwege (in einer richtigen Stadt wäre eine Tour in solchem Aufzug natürlich nicht möglich gewesen) versaut. Die waren dann so schmutzig, daß ich sie morgens in der Badewanne heimlich saubergemacht habe.

Nun, ich habe auch viel Glück gehabt. Wenn ich von einer Sauftour kam, konnte ich so «blau» sein, wie ich wollte, bis in mein Zimmer hinein hatte ich mich stets in der Gewalt, auch nach sechzehn Asbach-Uralt noch. Dann allerdings war es aus, meistens. Einmal bin ich gerade bis ins Zimmer gekommen, dort habe ich mich sofort auf den Teppich gelegt – weg war ich ...

*

Duisburg-Hamborn, 4. 2. 1970

... Seit Wochen gibt es einen ziemlichen Skandal um das Kölner Don-Bosco-Heim, welches ja vom selben Orden geleitet wird wie das in Aulhausen, im ach so schönen Rheingau. Sie werden sich erinnern, daß bis vor einiger Zeit auch PaPü dort in Köln guter Hirte war. Die Aufdeckung der Zustände in diesem Heim (in welchem hauptsächlich Fürsorge-Kinder und Jugendliche untergebracht waren, vom Jugendamt und dem zuständigen Wohlfahrtsverband) begann mit einer Sendung der Reihe «Panoptikum», im WDR, eine Sendung, die äußerst kritisch mit Ereignissen und Personen ins Gericht geht.

In der Folge kam ein ausgerissener Zögling zu Wort, der gefragt wurde, wo, in welchem Heim, es am schlimmsten gewesen sei. Er meinte: «Das war im Kölner Don-Bosco-Heim.» Die Erzieher seien sämtlich furchtbar brutal gewesen, die Jungen seien z. B. Treppen heruntergeprügelt worden; wenn einer auf der Erde lag, seien die Erzieher mit Füßen auf ihm herumgetrampelt usw. Die Wände der Küche usw. wären furchtbar verdreckt gewesen, die Toiletten seien meist sämtlich verstopft gewesen, oft seien Jungen auch mit dem Kopf ins Pissoir gestoßen worden und dergleichen mehr.

Nicht zuletzt deshalb wurden die Zöglinge aus dem Heim entfernt, weil mehrere Erzieher homosexuell seien, und sich an den Jungen vergangen hätten. Halt, bleiben wir korrekt, der genaue Ausdruck lautete im Rundfunk: «belästigt». Nun ja, die Sendung lief zur Essenszeit; und wer nennt schon «Boy-Fuckers» gern beim Namen, wenn es sich noch dazu um Geistliche handelt ...

*

Duisburg-Hamborn, 17. 2. 1970

... Eine Frage, sehe ich gerade, habe ich noch nicht beantwortet. Sie fragen, wie Sie das zu verstehen haben, wenn ich sage, daß ich das Onanieren «nicht in direkter Verbindung zum lebenden Objekt gesehen» habe. Ich will damit doch nur folgendes sagen:

Zwar habe ich, wenn ich Fotos z. B. von Jungen gesehen habe, oft onaniert, auch bei den Taten selbst habe ich oft onaniert! Aber das ist es ja: oft, aber weitaus nicht immer! Zum Beispiel im Fall Axel O. usw., da habe ich, soweit ich weiß, nie onaniert. Wahrscheinlich habe ich die Gedankenverbindung, die für Sie und alle Anderen selbstverständlich ist, während dieser ganzen Jahre nicht voll begriffen, oder oft in entscheidenden Momenten einfach vergessen, nämlich Erregung – also Onanieren = Schluß.

Sicher, daß es zu Hause im Bett, wenn ich allein war, so [ein Pfeil verbindet «so» mit «Onanieren»] war, das wußte ich. Aber daß es bei den Verbrechen auch so sein könnte, darüber habe ich nie ernstlich nachgedacht. Dazu kam, daß für meinen Trieb die sexuelle Befriedigung durch Sadismus weitaus «schöner» war, weitaus erregender war, als etwa Onanieren. Infolgedessen hat das Onanieren eine verhältnismäßig untergeordnete Rolle gespielt in dem eigentlichen Geschehen.

Daher kam es auch, daß ich, wenn ich jemanden verfolgte oder gar hatte, und ihn beobachtete, an den Sadismus, ans Quälen vor allem, dachte, und, obwohl ich durchaus ein «steifes Glied», wie man so sagt, hatte, kaum ans Onanieren dachte, oder jedenfalls weit weniger.

Dazu kommt noch, daß es völlig lächerlich ist, anzunehmen, die sexuelle sadistische Lust sei, ist erstmal onaniert, ebenfalls vorbei. Ich halte das, weil ich nun mal Erfahrung, leider, darin habe, für eine oberflächliche, kindliche, ja kindische Annahme!

Wenn Sie meine infantile Meinung dazu hören wollen:

Es ist ja auch selbstverständlich, daß Sadismus (meiner Ansicht nach nichts anderes als verdrängte Sexualität) viel länger anhält, somit auch die «Lust», als etwa der vergleichsweise läppische Drang zum Onanieren. Denn ist es nicht ein Unterschied, ob Sie eine Badewanne voll Wasser laufen lassen (Onanieren) oder eine ganze Talsperre (Sadismus)? Weil ja alles aufgestaut ist, der Drang zum Onanieren, aber auch der Drang zur Sexualität, die aber keinen normalen Weg fand! Nur, was würde wie lange aufgestaut:

Onanieren: Tagelang aufgestaute Sexualität.

Sadismus: Jahrelang aufgestaute Sexualität (!).

Meine Frage: Welcher Trieb ist stärker, welcher ist leichter zu bändigen? Und ich habe es bei den Taten ja auch zu spüren bekommen. Ich habe ja verschiedentlich onaniert, aber wer nun meint, na ja, dann wäre ich ja «befriedigt» gewesen, der irrt sich gewaltig. Nichts, aber auch gar nichts, hat es bei den Taten geholfen, wo der Sadismus die Hauptrolle spielte. Für mich war das Onanieren ja schließlich (im Bett) in diesen Fällen beim Fantasieren nur eine Not-Ersatzhandlung.

*

[Mit journalistischer Ausdauer versuchte ich immer noch die Lücken in Jürgens Angaben zu füllen. Er datierte den folgenden Brief «Januar 70», aber erst am 28. Februar ging er auf die Post – wahrscheinlich, weil die Kammer ihn zurückhielt. Seine psychogenen Störungen schienen kein Ende zu nehmen.]

. . . Gerade bekam ich Ihren lieben Brief vom 8. 1. 70, den ich sofort beantworten möchte, sofern mein verdammter Kopf mich dazu kommen läßt. Ich weiß nicht, was das ist, ich komme mir in der letzten Zeit wie ein Jammerlappen vor, wie eine kränkelnde alte Jungfer. Aber nun habe ich schon bald eine Woche lang ununterbrochen wilde Kopfschmerzen, und ich nehme sehr oft Kopfschmerztabletten. Wie sollte es auch anders gehen, nur kommt man sich dann immer halb betäubt vor. Wenn ich die Tabletten nehme, steht immer der Sanitäter dabei und paßt auf wie ein Luchs. «Sie haben mich einmal auf's Kreuz gelegt!», sagt er immer, und ich verstehe ihn. Er meint wohl die Sache [den Selbstmordversuch] Anfang 1969.

Meine Eltern und Herr Möller haben sich innerlich schon sehr lange entzweit, praktisch seit kurz nach dem ersten Prozeß, wo es hieß: «Kommen Sie weiter Jürgen besuchen, er braucht Sie als Mensch, für die anderen Dinge haben wir ja Herrn Bossi.» Meine Eltern haben Herrn Möller das «Lebenslänglich» nicht verziehen. Diese Ansichten waren für Herrn Möller natürlich ein ziemlicher Schock. Aber wir beide haben uns ausgesprochen, und wir haben uns geeinigt, daß wir uns in keinem Falle trennen werden, und daß meine Eltern in dieser Beziehung völlig in den Hintergrund treten werden, wenn es z. B. zwischen ihnen und Herrn Möller zum völligen Bruch kommt.

[Auf meine Bitte hatte Jürgen eine Liste derjenigen Menschen zusammengestellt, die eine wesentliche Rolle in seinem Leben bis zu seiner Verhaftung gespielt hatten. Ich konnte kaum glauben, daß es so wenige waren.]

Ja, die Namensliste. Sooooo sehr falsch habe ich die wohl nicht verstanden. Übrigens: wenn die ersten fünf oder sechs Jahre die wichtigsten im Leben eines Menschen sind, sind natürlich auch die Personen am wichtigsten, mit denen ich damals zusammen war. Das wären also: meine Eltern, Schwester Hedwig aus dem Krankenhaus, Oma I, Oma II, Tante in ESSEN mit Familie, Tante in Neuß mit Familie, das Kindermädchen, der Geselle, der so schön sang. Außer dem letzten, habe ich doch in der Liste alle angeführt, das kann also so falsch nicht gewesen sein, denn das sind doch alle, mit denen ich bis dato überhaupt zusammen war!!

Ich sehe gerade: wann die Polizei meinen Vetter vernommen hat? Das muß noch im Sommer 1966 gewesen sein. Was ich darüber weiß, ist nur, daß die Kripo, Herr Mätzler war es, ganz selbstverständlich zu mir sagte, so nebenbei: «Weißt Du, was Du sagst, das hat er zugegeben, aber machen können wir da sowieso nichts mehr, weil das schon zu lange her ist.»

... «Wochen und Monate», das ist nur eine ganz grobe Zeitgrenze. Ich habe auch kaum noch Erinnerung daran, so daß ich Ihnen da fast nichts sagen kann. Das gilt besonders für die Phantasie, «wie» sich da die Wandlung vollzogen hat, da weiß ich gar nicht mehr von. Allenfalls etwas, allerdings ohne genaue Zeitangabe, wie es im praktischen Bereich vor sich ging. Da fand ich mich auf einmal im Wald (die Höhle kannte ich bestimmt schon; ich weiß nicht, warum ich sie nicht sofort zum Töten in Betracht zog) wieder, überlegend: «Wenn jetzt ein Junge kommt (durch den Wald führte eine Autostraße), dann bringst Du ihn um und ziehst ihn aus.»

Nun, lange Tage kam niemand. Aber zweimal ist es dann doch so gewesen, daß ich einen Jungen (beides Kinder, die ich kannte) überfallen habe und versuchte, ihn auszuziehen. Einer war, glaube ich, elf und einer zwölf. Aber ich war im entscheidenden Augenblick immer ganz «schwach in den Knien», so daß da nichts draus wurde. Da muß ich etwa Ende vierzehn gewesen sein, ungefähr. Das war so die Zeit, wo ich da im Wald stand und dachte: «Warum bringst Du sie nicht um?»

Da eben nichts Ernstes passiert war, fand ich das Umbringen gar nicht so besonders schlimm. Schauen Sie, man macht sich in dem Alter doch noch gar keine rechte Vorstellung, was das wirklich ist, wenn man so etwas tut. Auch das Furchtbarste nimmt man noch nicht recht ernst.

Was verschwunden war während der Haft? Alles, nicht etwa nur der Sexualtrieb als solcher, nicht nur die Phantasien vom Quälen und Töten, alles insgesamt war

[An dieser Stelle, am Anfang der dritten Seite des Briefs, steht folgendes eingerahmt:] *Bis zum Urteil sind der Trieb und auch die schlimmen Phantasien genauso schlimm wie stets gewesen, wahrscheinlich eher noch stärker, weil es sich noch immer weiter und länger hinzog, die Phantasien usw. Ein gutes Foto genügte schon, um mich ganz schwer aufzuregen.

[Fortsetzung von oben:] lange Zeit völlig verschwunden, und das war eine wahre Wohltat. Das fing an mit dem Abend der Urteilsverkündung, wo ich den ersten Erstickungsanfall hatte. Mit einem Schlag war da Schluß . . .

Ich sehe gerade, ich habe noch was vergessen in Beziehung Onanie. Immer zu Hause? Natürlich nicht immer zu Hause. Mal auf meinem Zimmer, mal auf der Toilette, mal auf der Toilette in den Gaststätten, mal im Wald, sogar oft im Wald, wenn ich spazieren war, allerdings ohne direkten Zusammenhang. Nicht etwa so: einen Jungen sehen, ab in den Wald, allein, onanieren. So nicht. Ich habe diese ewige Gedankenverbindung, die Ihr alle (Sie, die Kripo, das Gericht, die Staatsanwaltschaft, die Gutachter, alle, alle, alle) mir als Selbstverständlichkeit präsentiert, doch damals gar nicht beachtet, [die folgenden zwei Worte sind eingerahmt] *nicht gekannt*! Zwar galt das bei mir für zu Hause, oder wenn ich draußen Drang zum Onanieren hatte. Aber ich habe das (in Zusammenhang mit den Kindern) nie direkt in Zusammenhang mit dem lebenden Objekt gebracht! Damit ich es nicht vergesse: Auf der Toilette beim Geschäft natürlich auch.

Alsdann, lieber Pawlik, bis zum nächsten mal 1000 Grüße von Ihrem sehr alten Freund

Jürgen

[Das folgende hat er ganz winzig klein geschrieben; er hatte nur noch eine Seite zur Verfügung und wußte offensichtlich, daß er noch eine Menge schreiben wollte.]

PS: Zu der Frage, «was» ich sein wolle, noch folgendes, wo ich in der letzten Zeit oft dran denken mußte. Weil ich ja vom Richter aus nicht in die Kirche darf, haben meine Eltern und ich damals, als ich hier nach Hamborn kam, den Oberpfarrer gebeten, mit mir allein ab und zu die Messe zu feiern.

Ich habe sehr freudig zugesagt, denn das hieß ja, daß ich Meßdiener wäre, wie früher, viel früher!

Ab der siebenten Klasse bin ich Meßdiener gewesen. Ich war damals doch noch recht religiös. Damals waren die Fragen und Antworten alle auf Lateinisch, und ich habe sie gebüffelt und gebüffelt. Etliches davon habe ich bis heute behalten. Jeder katholische Priester muß ja jeden Tag eine Messe lesen. In Marienhausen haben sie das in kleinen Kapellen gemacht, die um die Kirche rum waren. Das machten sie, mit ihren Meßdienern, als die anderen Jungen noch schliefen. Der Priester war mit seinem Meßdiener ganz allein.

Ich bin manchmal von dem PaPü rausgeholt worden. Ungefähr eine Stunde schliefen die Anderen noch. Ich bin mit PaPü runtergegangen, dann in diese kleine Kapelle rein, und da hat er seine Messe zelebriert. Dann in die richtige Kirche rein, Meßgewand ausgezogen, dann oben, auf die Empore, wo die Orgel stand. PaPü war auch Organist. Bei seiner Messe war er unwahrscheinlich schnell. Er war überhaupt ein unwahrscheinlich robuster, grobschlächtiger Kerl, ungefähr ein Zweimetermann, ein richtiger Bulle. Ich habe mich gewundert, daß er Priester war. Er hat seine Messe so richtig hingehaun. Das hat mich immer irgendwie fasziniert, wie er seine Messe so fast brutal schnell las. Die anderen Priester brauchten eine Stunde, aber in einer Viertelstunde war PaPü schon fertig.

Deswegen haben wir immer eine Zeitlang allein gesessen und auf die anderen Meßdiener gewartet, zehn oder fünfzehn Minuten, in der leeren Kirche auf der Empore. Etwa vier Meßdiener saßen dann neben ihm. Er hatte eine Gewohnheit, immer unsere Hände zu nehmen, einem nach dem anderen, und die Gelenke zu knacken.

Dann kamen die anderen Jungs in die Kirche, und die richtige

Morgenmesse ging los. Ich bin unwahrscheinlich gern Meßdiener gewesen. Das Mystische, das Latein aufsagen – wo ich doch selber, um ehrlich zu sein, es meistens gar nicht verstand, weil ich die Übersetzung nicht im Kopf hatte.

Man kann Kindern schon mit Schlägen einiges einpauken, das ist klar. Das bleibt auch drin. Es wird heute oft bestritten, aber wenn es unter richtigen Umständen vonstatten geht, wenn man weiß, daß man es behalten muß, dann bleibt es auch drin, und vieles ist auch bis heute drin geblieben.

Nun, wir haben es nun hier gemacht, und ich darf sagen, daß es so schön lange nicht mehr gewesen ist!! Obwohl ich ein schlechtes Gewissen hatte, nachträglich. Zwar bin ich ein gläubiger Christ, aber zu derartiger Freude war dies nicht der Anlaß. Der Anlaß zu dieser großen Freude war die Tatsache, daß ich es so, durch diese äußeren Umstände, Altar, Tabernakel, Priester, Meßgewand, Kirche, Kirchenbänke, Geruch der Kirche (alle katholische Kirchen riechen gleich) usw., ganz leicht und einfach fertigbrachte, mich räumlich, und, vor allem, zeitlich, völlig zu verändern. Das habe ich ganz instinktiv gemacht, ohne vorher viel Gedanken daran zu verschwenden. Genau weiß ich es nicht mehr, aber für Minuten wenigstens war ich regelrecht überzeugt, daß ich zwölf oder dreizehn Jahre alt sei, mein rot-weißes Meßdiener-Kleid anhabe, es ist Feiertag, die große feierliche Messe mit vielen Lichtern und Kerzen, ich knie auf der linken Seite, rechts neben mir, ein Stück entfernt, mein «Kollege». Wir haben die goldenen Schellen vor uns liegen, die wir an entsprechender Stelle schlagen. Wir sind aber noch am Anfang, bei der lateinischen Zwiesprache zwischen dem Priester und den Ministranten. Welcher Pater ist es? Ich weiß nicht, ich sehe nur sein farbiges Gewand, von hinten. Er beginnt:
Priester: Et introibo ad altare dei

Ministranten: Ad deum, qui laetificat iuventutem meam

P: Adjutorium nostrum in nomine Domini

M: Qui fecit caelum et terram . . .

Dann das Confiteor, von Priester und Meßdienern aufgesagt,

das «Schuldbekenntnis», wir schlagen uns dreimal an die Brust und senken den Kopf: «Mea culpa, mea culpa, mea maxima culpa . . .» Nun das Wechselgebet, «Kyrie eleison, Christe eleison, Kyrie eleison . . .» Nun ist der Priester am Altar, das «Gloria», oben auf der Empore singt unser Chor, «Qui tollis peccata mundi, miserere nobis, Qui tollis peccata mundi, suscipe deprecationem nostram, Quoniam tu solus sanctus, Tu solus Dominus, Tu solus Altissimus . . .» Nun die Glocken schlagen. Jetzt? Ich lerne das nie richtig, na ist nicht so schlimm, wenn der andere Meßdiener läutet, aha . . . jetzt!! – ziehe ich einfach mit. Jetzt das Credo, das «Glaubensbekenntnis»:

«. . . et conglorificatur, qui locutus est per prophetas . . .» Mein «Kollege» grinst, bei ‹locutus› versteht er immer «Lokus», genau wie ich, was in der Umgangssprache etwa Sch . . . haus heißt. Ja, wenn ich mit Euch so reden könnte, wie ich es mir wünsche, wenn Ihr mich auch so gern hättet wie ich Euch, aber mit Euch kann man ja nicht reden, «Buben, die müssen sich schlagen, müssen was Tolles vertragen! . . .» Nun, hier seid ihr nett und friedlich, darum bin ich auch so gerne hier oben, ich kann Euch anschauen, kann mir wünschen, morgen kommt einer von Euch und fragt: «Spielst Du mit?», ja morgen schon . . . «Suscypiat», Ganz tief beugen, fast bis zum Teppich, «Suscypiat Dominus sacrificium de manibus tuis ad laudem et . . .» verflixt, ich weiß nicht weiter, bei jeder Messe, bei jedem ‹Suscypiat› passiert mir das, kann man nichts machen, einfach frech brummen, etwas vor sich hin brummen, und dann «ecclesiae suae sanctae» am Schluß, so, prima. Jetzt das Buch, nehmen, runter, in der Mitte vor dem Altar Kniebeuge machen, an der anderen Seite rauf und schräg hinstellen. Mein Gott ist das Ding schwer, eines Tages werde ich mitsamt dem Ding mal fürchterlich auf die Nase fallen . . . Wandlung – Kommunion – nun singen sie alle, «Kommt alle, die auf Erden, von Not bedränget werden, so spricht Dein eigner Mund, ich will Euch wiedergeben, mit meinem Blut das Leben, das ist der Neue ew'ge Bund . . .» Bund, verbunden, na ich weiß nicht, mit Euch, Kameraden, bin ich jedenfalls nicht verbunden, zumindest Ihr nicht mit mir, etwas einseitig, meint Ihr nicht? Sonst wendet Ihr mir nur stets den Rücken zu, aber wenn ich Ministrant bin, müßt Ihr auch mich mal anschauen, wenn Ihr Euch auch nichts dabei denkt ... Der Priester geht herunter zur Kommunionsbank, vor der Bank mit dem langen weißen Spitzendeckchen kniet schon die ganze erste Reihe unserer Jungen. Wo ist die Schale, ich muß sie unter den Kelch mit den Hostien halten, während der Pater sie austeilt, da ist sie ja, die Schale, Gold, ob sie echt ist, na egal, nun muß ich mit dem Pater die Runde machen, an der ganzen Reihe entlang, wenn der Kelch naht, hebt der Nächste leicht den Kopf, schließt die Augen und schiebt leicht die Zunge heraus, darauf nun die Hostie, schön die Schale drunterhalten, so, nun der Nächste ...

Verstehen Sie, Mr. Moor, darum hatte ich bei den Messen mit unserem Oberpfarrer vom Gefängnis stets ein schlechtes Gewissen. Weil ich mich weniger wegen der Messe als solcher freute, sondern weil ich, bin ich Meßdiener, unweigerlich, mit Wunsch und Willen, in eine andere Zeit verschwinde, wie ich sie mir wünsche. Ich sehe mich wieder als Jungen am Altar und habe die gleichen Gedanken, die gleichen Wünsche wie damals: Junge sein, Junge bleiben, viele echte Freunde haben, ein «kleiner Freund aller Welt», wie Kipling es genannt hat; ich habe damals am Altar so oft daran gedacht, wahrscheinlich sah ich mich deswegen bei der Messe hier, stets als Meßdiener.

Auch heute noch Junge sein? Aber ja, nur das ist mein Wunsch. Wie lange Junge sein? Bleiben wir doch einfach beim Latein: «Per omnia saecula saeculorum ...»

*

[Diesen Brief hat Jürgen auf einem karierten Blättchen aus einem Schülerheft geschrieben; oben zwei Kästchen – im linken «Jürgen Bartsch, 134», im rechten «Rechnen, 7. Klasse».]

Duisburg-Hamborn, April 1970

. . . Seien Sie bitte nicht erstaunt, daß Sie einen so seltsamen Brief bekommen. Ich habe absichtlich die Form eines Original-Schul-Blattes gebraucht, so können Sie genau sehen, wie die damals aussahen und auszusehen hatten in «Marienhausen». So 20–30 Stück, Rechen und auch solche Schreib-Blätter, mußten wir stets vorrätig haben. Fertige wurden in Schnellhefter eingeheftet, da wo die Löcher sind. Oben im linken Kästchen sehen Sie meine Nummer. Jeder hatte da ja eine Nummer, mit der er dann angeredet wurde, wenn er was falsch gemacht hatte. Meine Nummer war 134. Und so stimmte es dann noch genauer, als die Polizeiwärter wußten, wenn einer oft von unten aus dem Wachzimmer rief «Hundertvierunddreiß'sch zur Vernehmung!!» und oben der andere die Zelle aufmachte, und sich über's Geländer beugte und hinunterrief: «Hundertvierunddreiß'sch kommt!!»

Seien Sie vielmals gegrüßt, alter Freund, von Ihrem alten Freund

Jürgen Bartsch134

*

Duisburg-Hamborn, März 1970

Sie schrieben von «Humor», und das ist eines meiner Lieblingsthemen, denn ich habe im Grunde viel Humor, ich liebe ihn. Allerdings ist der mündliche, sprechende Humor mir ziemlich fremd, weil, nun zum Beispiel mein Leben, ihm keinen Raum geben konnte.

Dafür schwärme ich für den geschriebenen Humor und auch für Ersatz-Humor. Also damit meine ich, wenn man sich etwa von der Schallplatte oder vom Tonband oder Radio etwas «vorlachen» läßt und dann selber «nach-lacht». Das mag nicht das Ideale sein, aber man muß mit dem leben, was man mitbekommen hat und was einem möglich gemacht wurde.

So schreibe ich meinen Freunden (meinen Eltern keinesfalls,

mein Vater zum Beispiel würde das als ‹unverzeihliche Albernheit› ansehen) gern einen schönen Witz, der meiner Ansicht nach nicht fade, aber auch nicht zu intellektuell sein sollte. Etwa so: Zwei Erbsen gehen spazieren. Sagt die eine, «Paß auf, da vorn ist 'ne Treppe!» Drauf die Andere: «Was sagst Du, wo ist eine Treppe – pe – pe – pe – pe?»

Oder: Zwei Milchflaschen stehen vor der Haustür. Sagt die eine ganz höflich zur anderen: «Guten Morgen!» Und die Andere: «Lassen Sie mich in Ruhe, ich bin sauer!!»

Oder: Goebbels kommt in den Himmel, und Petrus weist ihm eine Wolke an. Goebbels macht es sich bequem und sieht neben sich eine andere Wolke, auf der er den Götz von Berlichingen erkennt. «Hallo!», ruft Goebbels hinüber, «gestatten, Joseph Goebbels, der Mann mit der spitzen Zunge!» «Was?», ruft der Götz zurück, «spitze Zunge? – Und trotzdem!!!»

Was halten Sie vom schwarzen Humor, dear Paul? Ich persönlich bin der Ansicht, daß es bei dieser Witz-Gattung erträgliche, gute, aber auch schlicht unerträgliche Exemplare gibt. Ein nettes Exemplar finde ich folgendes: Zwei alte Eheleute gehen spazieren. Sie: «Ach, lieber Mann, wenn ich einmal tot bin, wie sollst Du dann nur weiterleben können?» Er: «Ach, liebe Frau, wie soll ich nur weiterleben, wenn Du nicht tot bist . . .?»

So, und damit muß für heute schon wieder schließen Ihr alter Freund

Jürgen Bartsch[134]

*

Duisburg-Hamborn, März 1970

. . . Einen neuen Alptraum habe ich mir seit ein paar Wochen angeschafft. Ich bin im Bett und plötzlich kriechen so große Maikäfer (manchmal sind es auch dicke Spinnen) an mir hoch. Ich, aus dem Bett, laufe durch die Wohnung und trete die Biester kaputt. Auch mit den Händen zerdrücke ich sie, das ist verdammt eklig, aber aus allen Ecken kommen neue gekrochen, auf mich zu und an mir hoch, und, was das Schlimmste ist, die werden immer größer. Und wenn sie dann so groß sind, daß sie das Maul aufreißen, um mich zu fressen, wache ich auf. Das ist ein ganz verdammter Mist.

Seien Sie für heute vielmals gegrüßt von Ihrem oft an Sie denkenden

Jürgen Bartsch134

*

[Bereits elf Monate vor Beginn des Revisionsprozesses unter dem Düsseldorfer Landgerichtsdirektor Kurt Fischer nahm Jürgen an dessen Vorbereitung lebhaft Anteil. Sein Bericht über das kleine, tragikomische Drama Giese ganz am Anfang der ersten Verhandlung liest sich wie das Gerichtsprotokoll; nur staunen – und trauern – kann man über die Naivität der Justizbehörden in der Frage einer psychiatrischen Untersuchung, aber eben diese Naivität allein machte den Revisionsprozeß möglich.]

Duisburg-Hamborn, 22. 4. 1970

Lieber Herr Bossi!
Lieber Herr Möller!
... Die Nebenklage behauptet, der Prof. Dr. Giese habe für die Belange der sicheren Verwahrung kein Interesse gezeigt und stets auf «seinem Institut [für Sexualforschung] in Hamburg bestanden». Dies ist eine grobe Unwahrheit. Der Prof. Dr. Dr. Giese hat nicht auf «seinem Institut» bestanden, weil das «nötig sei». Er hat überhaupt nicht auf Hamburg bestanden!

Der Vorsitzende [des Wuppertaler Gerichts]: «Könnten Sie das hier machen, Herr Professor, Sie wissen ja, viel Zeit steht nicht zur Verfügung, wir können den Prozeß schließlich nicht zu lange unterbrechen ...»

Prof. Dr. Giese: «Ich glaube, daß es das Geeignetste wäre, den Angeklagten für die endgültige Begutachtung nach Hamburg in die dortige Anstalt, die eher Klinik-Charakter hat, zu verlegen. Dort sind meiner Ansicht nach die spezialisiertesten Fachleute. Es kommt aber, wie gesagt, viel auf die Atmosphäre an. Ich könnte niemanden in einem Gefängnis explorieren, dessen Taten derart geartet sind.»

Oberstaatsanwalt Klein, springt auf: «Hohes Gericht, ich bitte, den Antrag des Prof. Giese abzulehnen. Eine solche Anstalt wie in Hamburg ist doch nicht so sicher wie ein richtiges Gefängnis. Wenn der Angeklagte nach Hamburg käme – ich hätte keine ruhige Minute mehr, ich könnte keine Nacht mehr schlafen! Herr Professor, können Sie Ihr Wort geben, können Sie garantieren, daß der Angeklagte aus dem Hamburger Institut nicht entweichen kann?»

Professor Giese: «Das kann ich nicht garantieren, genausowenig wie Sie, Herr Staatsanwalt, garantieren können, daß er nicht hier aus Wuppertal ausbricht . . .»

Vorsitzender: «Aber warum bestehen Sie auf Hamburg?»

Prof. Giese: «Ich bestehe nicht auf Hamburg, obwohl ich Hamburg von der Ausstattung her für am besten halte. Ich bestehe lediglich darauf, daß ich die Exploration nicht in einem Gefängnis, sondern in einer Anstalt mit Klinik-Charakter ausführe. Das halte ich für unbedingt notwendig. Das könnte zum Beispiel die Düsseldorfer Heilanstalt sein, die gegenüber den meisten Gefängnissen den Vorzug hat, als ‹noch sicherer› zu gelten . . .»

Mit den besten Grüßen bin und bleibe ich stets Ihr

Jürgen Bartsch[134]

*

10
Briefe IV

[Ich hatte Jürgen eine ganz allgemeine Frage über seine Eltern zwischen 1933 und 1945 gestellt – und bekam eine merkwürdige Antwort.]

Düsseldorf, den 25. 5. 1970

... Schauen Sie, lieber Mr. Paul, wenn ich etwas Nachteiliges oder Schlimmes über meinen Vater in puncto Nazizeit oder NSDAP wüßte, würde ich es NIEMANDEM (auch Ihnen, meinem Freund) sagen. Aber das steht gar nicht zur Debatte. Ich habe mit meinem Vater niemals über diese Zeit geschrieben noch gesprochen. Und ich habe auch nicht die Absicht, das jemals zu tun. (Wie die meisten jungen Leute in diesem Land, die genauso denken.)

Das Wenige aber, was ich weiß, ist durchaus möglich, darüber zu sprechen. Mein Vater war im Krieg Oberschirrmeister (Fahrzeugpark), was dem Rang eines Oberfeldwebels entspricht. Als der Krieg, das Schießen, begann, hatte er in etwa schon eine Feldwebel-Stellung inne, so daß er, er sagt es auch selbst, an die «echte», die vorderste Front, niemals hinbrauchte. Er betreute die Motorräder und Autos der Wehrmacht, welche ja stets mehr oder weniger Melde-Dienste in der Etappe verrichteten. Persönlich auch nur einen Schuß auf einen wirklichen Feind abgegeben, das hat er sicher nicht. Mit dem «Weißen im Auge des Gegners» ist er nie in Konflikt gekommen.

In die Wehrmacht trat er schon 1936 oder 37 freiwillig ein, vielleicht wollte er Berufssoldat werden, vielleicht wollte er auch nicht, wenn der große Knall losging, als einfacher Landser gleich zu Beginn abgeknallt werden, da sich ja jeder ausrechnen konnte, daß der Krieg kommen würde (letztere Begründung halte ich für die wahrscheinlichste, weil er durchaus in großen Zeitbegriffen zu denken fähig ist). Zwar ist mein Vater im Krieg verletzt worden, aber nicht im «Nah-Kampf», sondern durch Bomben, und sogar da wohl noch nur indirekt, wenn ich nicht irre. Was ihm durch Bomben, in der Heimat, auf's Wohnzimmer geworfen, auch hätte passieren können ...

Nun war er (Gott sei Dank) völlig unpolitisch, bzw. er hatte nie ein Interesse daran, weder vor noch nach den Nazi's noch bei den Nazi's, irgendeiner Partei beizutreten. Auch heute nicht. Wahrscheinlich denkt er ganz richtig: «Morgen schon kann es als Verbrechen bezeichnet werden.» Diese Meinung nehme ich auch für mich in Anspruch. Viele Grüße Ihr J. Bartsch134

[Als Anlage zu obigem Brief bekam ich einen Extrabogen mit folgendem Text:]

Nein, sie sind wirklich schwer zu beantworten, Ihre Fragen über die Taten und den «Orgasmus». Die meisten Fragen kann ich heute gar nicht mehr beantworten. So vor ein paar Jahren, 1967–68, hätte ich sie wahrscheinlich noch beantworten können, aber heute weiß ich die meisten Einzelheiten schon nicht mehr. Fragen Sie mich nicht, wieso, ich kann es nicht genau sagen. Vielleicht «verdränge» ich mit der Zeit die Einzelheiten? Nun, mir soll es nur lieb sein.

Also: Daß ich bei den Taten onaniert habe, weiß ich noch, aber nicht mehr, wann. Ich glaube aber, daß ich dabei so eine Art «gedämpften» Orgasmus hatte, einfach schon darum, weil ich durch die ständige sexuelle Lust genauso ständig die bewußte «Flüssigkeit» verlor, «einfach so». Ich hatte ja oft gemerkt, daß meine Hose naß war, also da tat sich «laufend» etwas. Daraus schließe ich (auch aus der Erinnerung glaube ich es noch zu wissen): da ich zum Zeitpunkt, als ich onanierte, stets schon einige Flüssigkeit verloren hatte, kann der Orgasmus nicht besonders groß gewesen sein. Ist das richtig? Ach, hol mich der Teufel, ich weiß es auch nicht.

Vielleicht habe ich auch deswegen meist auf das Onanieren verzichtet, unbewußt, um die Tat *möglichst lange* [zweimal unterstrichen] hinzuziehen? Mag sein oder auch nicht, jedenfalls kann ich für die Dinge, die ich zu der Zeit rein instinktiv gemacht habe, keine logische Erklärung geben, fast möchte ich sagen selbstverständlicherweise.

Nun aber weg vom Onanieren: Während der ganzen Tatzeiten, der eigentlichen, also vom Ausziehen der Opfer bis zum Zerschneiden der Leichen, habe ich eine ganz unglaubliche sexuelle Lust empfunden!! Das war so stark, also viel hätte das Onanieren da auch nicht mehr steigern können! Aber einen Höhepunkt a la Lehrbuch, so mit «Bewußtseinstrübung und Bewegungslosigkeit» und dergleichen – nein, nein, so war es überhaupt nie. Aber habe ich es angestrebt? Wohl nicht, denn meiner Ansicht nach hatte ich während der Taten durch die derart große sexuelle Befriedigung, die Lust, einen einzigen, stundenlangen Orgasmus. Das sollte, von der Vorstellung und vom Trieb her, auch so lange dauern, all das beinhaltend, was ich dann ja auch tat. Der Nachteil (so empfand ich es jedenfalls): der vom Trieb Gelenkte bekommt nie genug, auch lange genug ist es nie. Das ist recht furchtbar.

Wenn all das nur irgendwann mal zu Ende ist, für *immer* [doppelt unterstrichen], werde ich Gott danken ...

*

Düsseldorf, den Juli 1970

... Ich bin froh, daß ich Ihre Fragen über meinen Vater falsch verstanden habe. Natürlich gehört mein Vater (meine Mutter natürlich auch) zu den Menschen, die überzeugt sind, die «Erziehung» der Nazi's hätte auch ihr Gutes gehabt. «Selbstverständlich», möchte ich beinahe sagen, habe ich auch meinen Vater schon sagen hören (im Gespräch mit ebenfalls älteren Leuten, die ja nahezu alle so denken!): «Da war noch Disziplin, da war Ordnung, die kamen nicht auf dumme Gedanken, wenn sie geschliffen wurden» usw. («Geschliffen» ist ein «Fachausdruck» für

«Strammstehen! Rauf! Runter!» usw.) Ich glaube, daß die meisten jungen Leute so wie ich darauf verzichten werden, sich über Verwandte in puncto Drittes Reich zu erkundigen, weil ja jeder von uns befürchten muß, es käme irgendwas dabei heraus, das wir lieber gar nicht wissen wollten.

... Wenn man eingesperrt ist und einen solchen Trieb hat wie ich, überschlägt sich die Phantasie ein wenig. Neuerdings denke ich daran, daß ich auf der Erde liege, und der Junge müßte dann breitbeinig über mich kriechen, das Gesäß oben, und das Ding würde ein wenig runterhängen. Da müßte er langsam runterkommen, ich mache den Mund auf, dann möchte ich alles, sowohl das Glied als auch die Hoden, in den Mund nehmen. Ich würde nicht reinbeißen. Es wird sich komisch anhören, aber das wäre eine eher zärtliche Sache, wenn ich es so ausdrücken soll.

... Ich habe meiner Erinnerung nach gar nicht bei jeder Tat onaniert. Bei welcher ja und welcher nein? Auch das weiß ich heute nicht mehr. Nur eines kann ich genau sagen: wenn ich bei den ersten vier Taten onaniert habe, so war das zu einem Zeitpunkt, als das Opfer schon tot (und ganz oder teilweise zerteilt) war.

Anders im letzten Fall, beim Fall Frese: dort habe ich, als der Junge nackt neben mir stand, kurz angefangen zu onanieren, dann habe ich gedacht, es wäre sehr gut, es erst mal bei ihm zu machen. Ich habe ein bißchen an ihm herumgefummelt, aber es tat sich nichts. Da wurde ich ziemlich wild und habe ihn angeschrien «Kriegst Du keinen hoch?!». Er sagte was von «Geht nicht». Anscheinend konnte ich da gar nicht klar denken, nicht mehr logisch denken, denn wer Todesangst hat, der ist natürlich zu einer Erektion gar nicht fähig! Ich wurde damals nicht noch wilder, fummelte, glaube ich, noch ein wenig (Sekunden nur) an mir herum, aber dann schlug ich wie von Anfang an weiter auf den Jungen ein und so, nicht aus Wut wegen dessen Versagen, denn zwar wäre es schön gewesen mit Onanieren an ihm; aber viel wichtiger war das große Quälen. Die anderen Sachen waren dagegen doch Nebensache und Kleinigkeiten.

*

[Eine Zauberkünstlerpostkarte: äußerst knapp gekleidete, vollbusige junge Dame auf der Bühne neigt sich tief nach vorne und sagt zum Publikum: «Bitte überzeugen Sie sich, daß ich nichts verborgen habe!»]

Düsseldorf, den Juni 1970

Dear Mr. Paul!
... Mein letzter Brief ist vom Gericht «kopiert» worden, ich weiß wie meist nicht, warum. Vielleicht für die Gutachter.

Jürgen Bartsch134

*

[Jürgen schickte den folgenden Brief an den Landgerichtsdirektor des bevorstehenden Revisionsprozesses.]

Betr.: Ihr Schreiben vom Juli 70/Beantwortung Ihrer Anfrage

Düsseldorf, den 1. Aug. 1970

Sehr geehrter Herr LGD Fischer.
Es war im Februar 1967, als Dr. Dr. Bresser mich begutachtete. Ich war zu der Zeit und dem Zweck Gefangener im (noch alten) Klingelpütz in Köln. An sich kamen Dr. Dr. Bresser sowie Prof. Dr. Scheidt (welcher allerdings nur zweimal mitkam) zu mir ins Gefängnis.

Die Explorationen waren so gut wie beendet, als Dr. Dr. Bresser mir mitteilte, er hätte vor, mich in der Universitätsklinik zu Köln zu befragen. Allerdings drückte er sich, ob bewußt oder unbewußt, lasse ich dahingestellt, sehr mißverständlich aus. «Ein paar Leute», so wörtlich, wären dabei, natürlich alles Fachleute. So erklärte ich mich einverstanden. Hätte ich gewußt, daß mich statt der «paar» Fachleute Hunderte von Studenten (-innen) erwarteten, wäre ich, jedenfalls freiwillig, nicht dorthingegangen.

Nachmittags, gegen 15–15.30 Uhr, bin ich von drei Gefängnisbeamten in Uniform (ich selber hatte damals noch Gefangenenkleidung an), an einen Beamten mit Handschnellen gefesselt, in einem Zivil-Wagen zur Uni-Klinik gefahren worden. Eine Studentin fing uns gleich am Glastüren-Eingang ab, und lotste uns alle vier bis vor die Tür des großen «Audimax»-Saales. Dr. Dr. Bresser kam heraus, grüßte uns kurz, und man beschloß, zwei bewaffnete Beamte in der Tür stehen zu lassen.

Dr. Bresser trat ans Pult, daneben ein Stuhl, auf dem ich saß, neben mir stehend der Beamte, an den ich gefesselt war. Der Saal war nicht zu groß, aber weit höher, als andere Säle; die Sitzreihen türmten sich im offenen C fast bis hoch zur Decke, und es gab keinen Sitzplatz, der nicht von jungen, teilweise sehr jungen Leuten beiderlei Geschlechts besetzt gewesen wäre. Allein die allervorderste Reihe war anscheinend den älteren Honoratioren vorbehalten; in ihr sah ich nur ältere Gesichter.

Aber auch wo eben man nur noch stehen konnte, stand man. Gut in Erinnerung sind mir zwei Damen in verwaschenen bunten Kitteln und Kopftuch, die mit Eimern in einer Ecke standen, und mit an Sicherheit grenzender Wahrscheinlichkeit keine Fachleute waren.

Dr. Bresser stellte nun seine Fragen an mich. An alle kann ich mich natürlich nicht erinnern, aber etwa zwei hatten mit dem Zerstückeln der Opfer zu tun. Ich antwortete – allerdings nicht so sehr, weil ich gewollt hätte, sondern weil ich dazu erzogen worden bin. Jemand aus der ersten Reihe fragte, ob die Kinder nicht geschrien hätten, ob sie mir nicht leid getan hätten, und ich sagte, ich fürchtete nein, weil ich der festen Überzeugung gewesen sei, nicht anders handeln zu können, als ich es tat. Damit war bald Schluß, und ich wurde abgeführt. Vor der Tür hörte ich noch, wie Dr. Bresser mit einem Solo-Vortrag begann, aber verstehen konnte ich natürlich nichts.

Hochachtungsvoll Ihr
Jürgen Bartsch[134]

*

Düsseldorf, den [Lücke] September 1970

... Die Begutachtungen werden noch weiter gehen, noch wenigstens drei andere Fachleute. Bis etwa Ende des Jahres. Ich wünsche mir nur, alles das wäre schon vorbei ...

*

[Jürgen war darauf hingewiesen worden, über die laufende Begutachtung keine Einzelheiten zu schreiben.]

Köln, den 29. September 1970

... Nun bin ich seit einer Woche in Köln-Ossendorf; diese Anstalt hier ist ganz neu gebaut – die modernste Anstalt, die ich überhaupt je kennengelernt habe. Das Radio kann, wer will, bis 23 Uhr abends laufen lassen (von 6 Uhr morgens an); auf den Spazierhöfen sind runde Blumenbeete, und die vielen Einzelhäuser sind bungalowartig flach gebaut, also gar nicht nach Gefängnis aussehend. Ein eigenes «Studio» ist vorhanden, welches abends Schlagerwünsche erfüllt. Der Sprecher ist scheinbar eine Art «Fürsorger» (die es ja an jeder Anstalt gibt, die aber natürlich nicht alle gleich viel für ihre Leute tun) mit einer Art «Ihr meine Kindlein»-Stimme; aber immerhin, das ist nicht überall so, und vor allem, es scheint aus dem Herzen zu kommen, was man gern anerkennen und dankbar konstatieren wird. Letzte Woche ist der Mann sogar nach Luxemburg gefahren, um, wie er sagt, «zu betteln und zu bitten». Anscheinend sitzt dort irgendein, oder mehrere, Mäzene oder Gönner, die ab und zu etwas spenden für Schallplatten, Tonbänder, Rundfunkanlagen usw. «Gitter», die üblichen, vor den Fenstern, gibt es hier nicht mehr; sie sind von modern aussehenden Beton-Verstrebungen ersetzt worden. Das sieht viel besser aus.

Hier in Köln werde ich gleich von zwei Fachleuten begutachtet. Es geht jetzt anscheinend mit Riesenschritten vorwärts, wie man so sagt. Und dann ist es noch nicht zu Ende. Denn auch nach einer anderen Anstalt muß ich noch, wo noch einmal begutachtet wird.

*

[Als ich einmal in Bonn beruflich zu tun hatte, besuchte ich Rheinbach und die Schule «Am Wiesengrund». Als Jürgens Mutter mit ihm nicht mehr zurechtkam, hatte sie eine Schule gesucht, wo sie ihn hinschicken konnte. Jürgens Tante erkundigte sich bei einer Freundin, der psychoanalytisch orientierten praktischen Ärztin Margret Suhr-Effing in Düsseldorf, die die Schule in Rheinbach empfahl. In Rheinbach besuchte ich auch Jürgens ehemalige Lehrerin Susanne Prim, die dort in Ruhestand lebte und mir folgenden Brief schenkte. Das Original sieht aus wie die Abschrift einer korrigierten Vorlage – wie ein Hausaufsatz. Ich gebe ihn hier haargenau so wieder, wie Jürgen ihn schrieb: obwohl er sich in einem Schreiben an seine alte Lehrerin besondere Mühe gab, hatte er trotzdem immer noch Schwierigkeiten mit dem Komma und mit der Schreibung von *das/daß*. Man merkt am nostalgischen Ton dieses Briefs, daß Jürgens relativ kurze Zeit in Rheinbach die glücklichste seines ganzen Lebens war. *Nessun maggior dolore/ Che ricordarsi del tempo felice/ Nella miseria* . . .]

Köln, den 21. Oktober 1970

Liebe Frau Prim.
Vor ein paar Tagen bekam ich Ihren lieben letzten Brief. Wie sehr ich mich darüber gefreut habe, brauche ich Ihnen sicher nicht zu sagen. Recht vielen Dank dafür.

Als ich noch zu Hause war, hatte ich noch ein Foto von einem unserer Schulausflüge, die Sie mit uns machten. Es war wohl der Januar 1958, im Winter. Und so schneite fast den ganzen Tag. Erinnern Sie sich noch? Wir waren im fünften Schuljahr. Wir wanderten damals in Wintersachen verpackt, durch Landstraßen, an vielen Wäldern und Feldern vorbei, bis zu einem großen, riesigen, viereckigen Teich oder See, um den ein paar Bäume standen. Wie hieß er bloß noch? Auf dem Foto sind wir Kinder zu sehen, und Sie, liebe Frau Prim, wie Sie, in Ihrem grauen langen

Plastikregenmantel, mit einem schwarzen Hut, sich gegen den Schnee und kalten Wind stemmen.

Auch im Sommer sind wir ja oft gewandert. Zu der Stelle, wo die schöne Wasserquelle war, aus der wir in unseren Plastikbechern tranken ... Auch durch den Wald wanderten wir oft, zu den sieben kleinen wunderschönen Teichen, wie hießen sie noch, die «sieben Weiher» oder so ähnlich, nicht wahr?

Kannten Sie Frl. Menze, die Betreuerin für uns, im «Wiesengrund»? Frl. Menze ging fast jede Woche einmal mit uns zur Ruine der alten «Tomburg». Da kletterten wir dann in den Burgmauern herum. Einmal hatte ich mich verstiegen und hing zehn Meter über die Erde fest und konnte nicht vor noch zurück, da hat mich Frl. Menze erst aus der Mauer mit viel Mühe befreien müssen. In der Nähe der Burg wuchsen diese hohlen Stengel, die man in Stücke brechen, und dann wie Zigarren anstecken und rauchen konnte. «Rauchholz» nannten wir das Zeug (den botanischen Namen weiß ich nicht mehr).

Und sicher erinnern Sie sich noch an den großen Wirbelsturm in Rheinbach, 1957 im Sommer oder Herbst; wir Kinder vom «Wiesengrund» waren gerade auf der Liegewiese im Freibad, als der Tornado losbrach und die Pappeln, die vor dem Bad standen, zu zweidrittel ausriß und sie auf parkende Wagen warf, die dann nur noch Schrotthaufen waren; auch der Rheinbacher Wald wurde teilweise völlig zerstört. Wir schrien vor Angst, und wie wir ins Heim gekommen sind, weiß ich gar nicht mehr. Es hat damals auch Tote gegeben, in der Stadt.

Einmal habe ich den Rheinbacher Karnevalszug erlebt, und einmal das Schützenfest.

Auch im Zirkus waren wir einmal, vom Heim aus, als ein kleineres Unternehmen auf dem Marktplatz gastierte. Aber auch eine Wahlrede der CDU habe ich damals auf dem Marktplatz miterlebt, der Redner war Dr. Konrad Adenauer. Als er geendet hatte, stieg er in einen schwarzen Mercedes, fuhr langsam an und (er saß natürlich hinten) warf viele kleine Tafeln Schokolade für uns Kinder aus dem Wagenfenster ...

Sie schreiben von der ehemaligen Lehrerin, die noch so rüstig ist mit 83 Jahren, und die dort im Kloster-Stift lebt. In eben diesem Kloster sind wir oft, in der Woche, in der Kirche, der kleinen, gewesen, ein Traum aus Marmor und Gold ... Des Sonntags sind wir ja jedes mal in der großen katholischen Stadtkirche (an der Hauptstrasse) gewesen, ich habe immer geschaut, ob Frau Prim, unsere Klassenlehrerin, auch dort war, sie war jedesmal dabei. Der Organist, der damalige, hatte ein Lieblings-Kirchenlied, welches auch meines war: «Christi Mutter stand mit Schmerzen ...»

Der Organist hatte aber auch einen kleinen Sohn, der in meiner (Ihrer!) Schulklasse war, hellblond, Brille, zarte Figur, fast zerbrechlich, und genauso schüchtern wie ich. Ein Junge also, der sich entweder durchbeißt oder am Leben zerbricht. Was ist aus ihm geworden? ...

Noch ein anderer Junge war in unserer Klasse. Ein kleiner, viel zu kleiner, Zwerg mit Männerstimme, der von allen verachtet und gequält wurde. Ein häßlicher, kleiner, armer Mensch. Einmal packte ihn eine verzweifelte Wut und er schlug dem Klassenprimus mit einer Flasche ein Loch in den Kopf, nachdem dieser ihn gehänselt hatte. Es gab am nächsten Tag großes Hallo in der Schule und viele Kinder waren aufgebracht, das Sie zu dem armen Rumpelstilzchen hielten. Ich weiß seinen Namen nicht mehr, aber Sie wissen genau, wen ich meine, Sie wissen auch, wie ich, das dies Kind von seinen Mitmenschen derart gequält worden ist, das ihm ein «normales», ehrliches Leben wohl kaum später möglich gewesen sein dürfte. Und jeden, der da behauptet, dieser Junge trüge alleine die Schuld daran, bezeichne ich als Lügner und Pharisäer. So das es heute, spricht man von diesem Menschen, wohl kaum die Frage sein darf, ob er ein «guter oder ein schlechter Mensch» geworden sei. Die Frage darf allenfalls sein, in welchem Zuchthaus er denn nun sitze ...

Schöne Lieder lernten wir bei Ihnen, liebe Frau Prim, wir sangen von «Heidelbeer'n» und «Die Gedanken sind frei, wer kann sie erraten, sie fliegen vorbei, wie nächtliche Schatten ...» Auch

Mathematik lernten wir bei Ihnen, ich weiß noch, wie Sie die Kontrolle beim substrahieren erklärten:

35
–17 ——— 7 und
18 ——— 8
gleich 15 [ein Pfeil

verbindet diese 15 mit der obigen 35]

Leider muß ich Ihnen aber gestehen, das ich über die Grundrechenarten niemals hinausgekommen bin, «Dreisatz», «Bruchrechnen», «Kürzen», «Raum + Körperlehre», das waren und sind für mich böhmische Dörfer. Sie schütteln den Kopf? Ich muß es genauer sagen: Bei den INTELLIGENZ-TESTS die mit mir gemacht worden sind, hat sich herausgestellt, das ich zwar etwas über dem Durchschnitt intelligent bin. Aber: auf einem, abgegrenzten, speziellen Gebiet fehlt mir jede «Begabung», stehe ich an der «Grenze zum Schwachsinn», wie der Psychiater sich ausdrückte: auf dem Gebiet der Mathematik! Wie gesagt, nur auf diesem Gebiet. Das deprimiert mich doch etwas, wirklich. Darum haue ich auch jeden an, den ich kennenlerne, ob er mir nicht «dies oder jenes» beibringen kann auf mathematischem Gebiet.

Gerade vor einer Woche hat mir ein neuer Gutachter (für den neuen Prozeß) gezeigt, wie man Prozente von hundert errechnet. Auch das habe ich nie richtig gekonnt. Aber richtig kann ich auch das noch nicht, weil ich nicht weiß, wie man Prozente über hunderter rechnet. Na ja, vielleicht gebe ich es besser auf. Wenn das «Talent» sogar fehlt . . . Aber es ist ein wenig zum Weinen, wissen Sie, man kommt sich so dumm vor.

Meine Eltern haben Ihnen in letzter Zeit leider nicht schreiben können, weil sie vor Arbeit im Geschäft bald nicht mehr aus den Augen schauen können und sie sind ja auch nicht mehr jung!

Wenn Sie, liebe Frau Prim, mir später irgendwann vielleicht nochmals schreiben möchten, dann schreiben Sie ruhig nach (4) D.-dorf, Ulmenstrasse 95, J.-V.-A. Hier in Colonia bin ich nämlich nur zur Begutachtung für den neuen Prozeß. Und sagen Sie, wenn Sie möchten, ruhig «Du» zu mir, wie Sie es auch früher gesagt haben.

Ich will hoffen, das es nicht ausgerechnet diese beigelegte Karte ist, welche ich Ihnen vor einigen Wochen sandte. Auf der heutigen Karte sehen Sie schlicht und einfach mich. Erkennen Sie mich wieder?

So, nun muß ich für heute leider schon wieder schließen.

Bis zum nächsten mal bin und bleibe ich Ihr alter

Jürgen Bartsch134

*

... Die Kinder in Rheinbach sind eben wie Menschen behandelt worden. Ich bin weitaus menschlicher behandelt worden als zu Hause. Aber meine Beziehungen zu den anderen Kindern waren genauso beschissen wie auch zuvor, nur, daß das Schlagen wegfiel. Kinder unter zehn Jahren sind ja meistens Sadisten.

Diese Heimunterbringung habe ich als Schofligkeit und Gemeinheit empfunden, was ein Kind eben empfindet. Ich war traurig dort. Irgendeine Lage kann noch so beschissen sein, aber was Sie haben, das wissen Sie. Aber was kommt, das wissen Sie noch lange nicht. Nicht nur zu diesem Zeitpunkt, sondern des öfteren waren das meine Gedanken. Ich übertreibe es jetzt ein bißchen, absichtlich, aber Sie können schon in der Hölle leben und vielleicht auch lieber in der Hölle bleiben, weil Sie ja nicht wissen, ob Sie vielleicht nicht in eine Superhölle geraten. Das ist eben so, obwohl ich natürlich im Heim in Rheinbach vieles besser hatte hinterher, als ich es zu Hause hatte.

Trotzdem empfand ich diese Heimunterbringung als eine Art Strafe. Ich glaube, meine Eltern haben mich damals angebrüllt, «So geht das nicht weiter mit dir!» oder so. So was war bestimmt da. Außerdem haben Sie Geld sparen können. Das Heim in Rheinbach kostete pro Monat DM 250,– bis 350,–, Marienhausen dagegen höchstens DM 150,–.

*

11
Briefe V

[Prof. Roeder war der Neurochirurg, der für Jürgen die stereotaktische Gehirnoperation so begeistert empfahl. Anscheinend hatte mir Jürgen ein Gedicht und einige Karten (mittlerweile verloren) geschickt, die mit Kindern zu tun hatten.]

Willich-Anrath, den 7. 12. 70

... Das Gedicht? Die Karten? Beide drücken dasselbe aus: einmal die bei mir vorhandene ganz normale (ohne jede Sexualität) Liebe zu Kindern, die neben dem bösartigen Trieb schon seit je existiert. Prof. Dr. Rasch fragte mich einmal, wie man, beides in der Seele, leben, weiterleben könne. Ich konnte ihm nur sagen, daß das schwer, sehr schwer ist.

Zum anderen manifestiert sich in beiden, Karte und Gedicht, ganz besonders mein Wunsch nach der «Zeitmaschine», mit deren Hilfe ich mich in die «Marienhausener» Zeit versetzen könnte, und, ohne daß ich das wüßte (daß es zum Beispiel schon das zehnte Mal wäre), immer und immer wieder die zwei Jahre dort erleben könnte.

Nun könnte man sagen, daß es dann dort ja wohl «so arg nicht gewesen sein könne». Das ist schlicht Quatsch. Es war die Hölle. Eben diese Hölle würde ich mit genausoviel Schmerz wie damals ertragen müssen, aber ich würde sie ertragen um des unglaublichen Solidaritätsgefühls unter den Jungen willen, der Solidarität, der Gemeinschaft willen, wenn es galt, Sadisten zu ertragen; in solchen Minuten und Stunden waren wir nur noch ein Wesen, ein Körper.

*

[Kurz vor dem Revisionsprozeß veröffentlichte ich zum erstenmal (im *ZEITmagazin*) Auszüge aus Jürgens Briefen. Der folgende Brief – nicht an mich, sondern an Jürgens geliebte Tante Marthea – enthielt die erste Meldung, daß der Inhalt der Briefauszüge seinen Eltern mißfallen hatte. Zu diesem Zeitpunkt führte er einen Briefwechsel mit einer Brieffreundin, Yvonne.]

Düsseldorf, den 3. 1. 1971

Habe vielen Dank für Deinen letzten Brief, den langen. Zu Herrn Moor: Es ist richtig, daß Mami und Papi ihn nicht leiden können. Sie können ihn nicht ausstehen. Weil 1.) Herr Moor sich nicht scheut, auch unangenehme Wahrheiten zu sagen, die insbesondere Mami nicht immer gefallen. Was aber 2.) das Wichtigste ist, und das sage ich Dir im Vertrauen!: Herr Moor ist freier Journalist, muß sich also sein Brot äußerst schwer verdienen; er hat keinen Verlag, der schnell mal ein paar Tausender für ein Interview auf den Tisch legen kann.

Mami und Papi hatten 1966 und 1967 ohne meine Einwilligung an die NEUE quasi meine persönlichen Briefe an sie (Eltern) verkauft. Ich habe das erst erfahren, als die Sache perfekt war. Mami und Papi haben damals einen Geldbetrag dafür erhalten, dessen Umfang ich hier nicht nennen will (den sie für mich verwandt haben). Desweiteren (ebenfalls Geld) beim «Constanze»-Interview, und nochmals von der NEUEN 1968. All das Geld, das muß ich der Objektivität halber sagen, haben sie für mich ausgegeben.

Auch jetzt hat Mami wieder vor kurzem Yvonnes Adresse und Namen an Herrn Werremeier, die NEUE also, weitergegeben, ohne Yvonne oder mich zu fragen. Yvonne und auch ich wären [doppelt unterstrichen] *dagegen* gewesen. Yvonne hat von Herrn W. 500.– DM bekommen. Wenn ich an die sonstigen Beträge denke, muß ich zu dem Schluß kommen, daß Mami dabei wohl auch nicht leer ausgegangen ist. Diese ganzen Geld-Geschichten gefallen mir überhaupt nicht, aber solange Mami und Papi das Geld für mich verwenden, kann ich als folgsamer Sohn natürlich nicht aufmucken.

Als ich beim Besuch mal auf Herrn Moor zu sprechen kam,

ging es los: «Wir warnen Dich dringend vor dem Mann, der nutzt Dich nur aus!» «Wieviel Geld hat der eigentlich schon für Deine Verteidigung zur Verfügung gestellt?» Daß Herr Moor als ‹freier› Journalist dazu vielleicht gar nicht in der Lage ist, interessiert sie nicht.

Ich bin anderer Ansicht. Ich denke nicht daran, meine Freunde an Markstücken zu messen. Zu diesem eben genannten «Ablehnungsgrund» kommt bei meinen Eltern noch die Unlust hinzu, sogenannte «Familiengeheimnisse» zu erzählen. Du weißt ungefähr, welche Dinge ich meine.

Du weiß ja, daß Mami «unfehlbar» ist. Du darfst auch nicht annehmen, daß sie Dir jemals verziehen hat, daß Du Deinem Bruder [Jürgens Vater] zugemutet hast, ein paar Mark für die Wohnung seiner Mutter mitzubezahlen, oder daß sie einmal aus Versehen einen Brief erhielt, der nicht für sie bestimmt war. Das alles hat sie Dir niemals verziehen. Das kann sie, ihrer Art nach, wohl auch nicht.

Darum (weil Mami einfach etwas gegen Dich hat) war ich auch *dagegen* [doppelt unterstrichen], daß Du als Zeugin im Prozeß aussagen solltest. Wie Du doch auf die Zeugenliste gekommen bist, das weiß der Teufel. Aber wenn Du im Zeugenstand ehrlich und aufrichtig aussagst (wozu Du ja verpflichtet bist), dann kann ich Dir heute schon sagen, daß Mami Dir ein großes Theater machen wird. Unangenehme Wahrheiten, wie gesagt, liebt sie gar nicht.

*

Düsseldorf, den 19. Januar 1971

... Mit dem eigentlichen «Druck»-Gefühl auf dem Kopf ist es so ziemlich [ein Wort unentzifferbar]. Nur die Schwierigkeiten mit den Augen sind geblieben, ja schlimmer geworden. Für morgen bin ich wieder zum Augenarzt bestellt. Die Dinger sehen böse aus. Da muß irgendwas die Augäpfel gegen die Lider drücken, denn die Bindehaut wird immer mehr verschrammt. Hoffentlich ist das bald vorbei, denn endlos weitergehen darf das nicht, sonst ist am Ende eines der Augen im wahrsten Sinne des Wortes futsch.

*

Düsseldorf, den 29. Januar 1971

... Neu ist, daß nun noch ein Fachmann hinzugezogen wird: auf Anraten von Prof. Dr. Rasch, dem Sexualfachmann, wird [der Psychoanalytiker] Herr Prof. Dr. Dr. Tobias Brocher, Frankfurt, hinzugezogen. Sie kennen ihn ja wohl auch, ich las das in Ihren Briefen. Ich meine, Herr Möller hat auch gesagt, er wäre ein guter Fachmann.

Von Herrn Möller habe ich bestimmt 6–8 Wochen überhaupt nichts mehr Persönliches gehört. Ich merke es überhaupt in der letzten Zeit, er ist ein klein wenig Bartsch-müde; ich nehme es ihm aber nicht übel. Herr Landgerichtsdirektor Fischer schreibt von der Dringlichkeit der neuen Fachleute. Wahrscheinlich will er den März-Termin doch einhalten. Mir sollte es nur recht sein.

Ob Sie mich einmal besuchen sollten, mein lieber alter Mr. Paul? Nichts lieber als das!! Wirklich, ich würde mich ganz wahnsinnig darüber freuen! Natürlich im Februar, man weiß ja nicht, was später einmal ist.

Jürgen Bartsch[134]

*

[Während der Vorbereitung meines Taschenbuches *Das Selbstporträt des Jürgen Bartsch* machte ich eine Reise ins Ruhrgebiet, wo ich mit einigen Menschen sprach, die Jürgen lange gekannt hatten; Jürgens sämtliche Verwandte, von seinen Eltern vorher gewarnt, lehnten jeden Kontakt mit mir ab. Mit Viktor, Jürgens bestem Freund im Don-Bosco-Heim, habe ich telefoniert, um ein Treffen zu arrangieren, aber als ich zur Verabredung erschien, fand ich eine telefonische Nachricht nicht von ihm, sondern von seiner Mutter vor: Ihr Sohn betrachte die Angelegenheit als abgeschlossen und würde nicht zum Treffen kommen. Aus den verschiedenen Gesprächen in und um Essen ergaben sich einige neue Fragen. Ich hatte auch zu meinem Erstaunen erfahren, daß ich Jürgen möglicherweise, nach unserem dreijährigen Briefwechsel, nicht als arbeitender Journalist, der darüber schreiben würde, sondern als besorgter Freund besuchen dürfte. Das bedeutete auch, daß mir mein berufliches Verhalten im Laufe der Zeit das Vertrauen der Justizbehörden gewonnen hatte.]

Düsseldorf, 2/3 Februar 1971

... Es ist auch richtig unsinnig, wenn Sie so schreiben, als wüßten Sie nicht, daß ich mich ganz aufrichtig toll freuen würde, wenn Sie mich, vielleicht im Februar schon, besuchen würden.

Aber in einem Punkt muß ich Sie wohl enttäuschen: ich glaube nicht, daß mehr als eine halbe Stunde genehmigt wird. Bei jemandem, der noch nicht in Straf-Haft ist, habe ich es noch nicht anders gehört. Nicht, daß es mich nicht freuen würde ... aber ich will Ihnen nur eben keine falschen Hoffnungen machen.

In den letzten Jahren vor meiner Verhaftung, wenn meine Eltern sonntags wegfuhren, bin ich alle zwei oder drei Wochen mitgefahren. Vorher mußte ich immer mitfahren, später bestanden sie darauf, daß ich mindestens ab und zu mitfuhr. Wenn ich nicht mitfuhr, war ich häufig mit meinem Freund Viktor zusammen. Wir sind in der Gegend herumspaziert. Oder ich bin allein auf Suche nach Jungs gegangen. Manchmal wartete Viktor auf mich, dann konnte ich nicht auf die Suche gehen. Aber manchmal, auch wenn er auf mich wartete, ist es so stark über mich gekommen, da bin ich manchmal trotzdem gegangen, ich bin Viktor einfach aus dem Wege gegangen. Das ist manchmal so furchtbar stark gewesen, dieser Drang! Es war nicht immer gleich stark. Einen Tag war es weg, an einem anderen Tag war es so, daß ich es beherrschen konnte, und am nächsten Tag war es vielleicht so, daß ich überhaupt nicht anders konnte.

Das Fotografieren habe ich einmal ein paar Wochen als kleiner Junge getrieben. Das habe ich auch wieder während meiner innigen Freundschaft mit Viktor in Langenberg getrieben, um ihn, den Geliebten, nun da immer auf dem Bild vor mir haben zu können. Nachdem diese innige Freundschaft so zerbrochen und kaputtgegangen war, bin ich mit dem Fotoapparat an möglichst alle Stellen gegangen, wo wir zusammen gewesen waren. Wir sind viel durch den Wald spazieren gegangen, haben da Zigaretten geraucht oder sind durch den Bach gestapft. An einem Steinbruch sind wir gewesen, so ein Hochsitz war auch da. Diese ganze Gegend, wo ich mit dem Jungen gewesen war, habe ich Platz für Platz abfotografiert und die Fotos zu Hause gut verwahrt.

Nun möchte ich aber Ihre Fragen beantworten, lieber old Friend:

Meine Eltern haben NIEMALS Urlaub gemacht. Meine Mutter hat einmal für höchstens eine Woche Urlaub gemacht, als ich fünf oder sechs Jahre alt war. Sie hat mich mitgenommen zum Halterner See, wo wir in einem alten Bauernhaus schliefen, und tagsüber spazierengingen. Sie ist mit mir auf dem Halterner See Boot gefahren (Dampfer) und hat mir ein kleines blaues Bötchen mit weißem Seegel für die Badewanne gekauft. Diese paar Tage waren vielleicht die schönsten, die einzigen schönen in meinem Leben, weil meine Mutter sich, aus dem Trott und Wahnsinn der Hektik heraus, tatsächlich für die kurze Zeit (und nur diese Zeit) sich lieb mit mir beschäftigt hat.

Meine Tante hat den Eindruck, ich möchte nicht gern in eine Heilanstalt? Ich möchte schon in eine Heilanstalt, aber ich habe auch Angst davor. Die Gefängnisse sind heute von Mäusen und Ratten befreit; bei den Heilanstalten ist das oft noch nicht der Fall. Unsere Heilanstalten sind teils älter als unsere Gefängnisse, und daher auch teilweise ungepflegter, ja oft sollen sie in einem geradezu menschenunwürdigen Zustand sein. Im «Spiegel» habe ich gelesen, daß die Neuen jeder erst einmal splitternackt in einen Gitterkäfig gesteckt werden, daß die Wärter (angeblich) oft grundlos Insassen bis zur Bewußtlosigkeit prügeln würden, daß

Post an Rechtsanwälte meist festgehalten wurde, ja daß sogar («Spiegel») manche Wärter den Insassen die Hälfte des Essens wegessen. Und da fragen Sie, warum ich eventuell nicht gern in eine Heilanstalt möchte . . .

«Es ist allgemein bekannt, daß Homosexuelle große Angst vor körperlicher Gewalt haben», weiß ein «Stern»-Roman. So soll es denn sein, wenn es schon geschrieben steht. Aber zwischen «Angst vor Gewalt» und Wehrlosigkeit besteht immerhin ein Unterschied. Und ich bin der Ansicht, daß ich im Leben genug geschlagen und getreten worden bin. Wenn die Schauergeschichten, die über unsere Heilanstalten in Umlauf sind, der Wahrheit entsprechen, also wenn das zutrifft, dann bin ich im Notfall sogar bereit, um «Lebenslänglich» zu kämpfen, allein um zu überleben. Ich habe Prof. Dr. Rasch gefragt, ob die Geschichten stimmen. *Ganz* so schlimm sei es wohl nicht, meinte er. Das kann man auch wieder verstehen, wie man will. Tatsache jedenfalls ist, daß der Vorsitzende in W.-tal gesagt hat «*Da* darf er nicht hin, da würde er in kurzer Zeit sterben.» Wie immer er das gemeint haben mag. Male ich schwarz? Vielleicht habe ich Angst, wahrscheinlich sogar, aber wer ist da, der sie mir nehmen kann? [Ausgestrichen: «Solange ein Prof. Dr. Lauber eine Heilanstalt leitet»] Wenn meine Ahnungen wirklich nur Alpträume sind, dann wäre ich *gern* in einer *Heil*anstalt, in der man vielleicht versuchen würde, mir zu helfen, daß ich gesund werden kann (entschuldigen Sie das Wort).

Das [sein Langenberger Kleiderversteck] war keine Höhle, das war eine alte runde große Betonröhre, die eigentlich für den Straßenbau hatte verwandt werden sollen und nun am Anfang des Feldweges lag, welcher zur HÖHLE führte. Die Röhre war etwa 90–100 Meter von unserem Haus entfernt, konnte aber von dort schon nicht mehr gesehen werden.

*

[Die folgende Erinnerung kommt plötzlich in einem Brief, ohne Einleitung – und ohne jegliche Korrektur, als wenn es eine zweite, korrigierte, endgültige Fassung wäre. Danach, vor der Fortsetzung des Briefs, kommt etwa eine halbe Seite leeres Papier.]

19. Februar 1971

Er war ein guter Kamerad. Lange vor mir war er schon in Marienhausen. Aus Köln war er, und er war der Kleinste in unserer Klasse. Auf sein «Kölle» (Köln) ließ er nichts kommen. Wie oft er sich gerauft hat, weil jemand seine Stadt beleidigt hatte, ich kann es nicht sagen. Weil es keine «Stadt» gibt, sondern nur Menschen gibt, die jemand etwas bedeuten, heißt es wohl, daß er stets von Heimweh geplagt war.

Er war auch länger dort als ich. Im Chor kam er, da er nun wirklich der Kleinste war, niemals umhin, in der ersten, vordersten Reihe zu stehen, und so quasi bei jeder Probe sein Teil an Schlägen in die Nieren und ins Gesicht zu empfangen. Oh Gott, mehr als sein Teil, denn es gab auch die letzte Reihe, die verhältnismäßig geschützt war. Wie oft er getreten und geschlagen wurde, ich kann es nicht sagen. Es soll hier keine Heldenverehrung stattfinden, die würde er uns nie verzeihen. Denn er war kein Held und wollte keiner sein. Hatte Pater Pütlitz oder der dicke Katechet ihn in der Mangel, dann schrie er wie kein Anderer, dann brüllte er seinen Schmerz hinaus, daß man glauben konnte, die verhaßten, heiligen Mauern stürzen ein.

1960, im Zeltlager in Rath bei Niedeggen, an einem Sommerabend, ließ Pater Pütlitz ihn «entführen». Ein Spiel sollte es sein, ein lustiges. Aber Herbert Grewe wußte es nicht, weil ihm niemand kundtat.

Man schleppte ihn tief in den abendlichen Wald, fesselte, knebelte ihn, steckte ihn so in einen weißen Schlafsack, ließ ihn liegen. Er lag bis nach Mitternacht. Angst, Bitten, Verzweiflung, Einsamkeit, es ist müßig. Was er gefühlt hat, ich kann es nicht sagen. Nach Mitternacht wurde er ausgelacht, Spott und Hohn, ein Spiel, ein lustiges.

Als er ein paar Jahre von Marienhausen fort, aber noch lange nicht erwachsen war, stürzte er sich bei einer Bergtour zu Tode. Er wurde geboren, um geschlagen und gequält zu werden und «sodann» zu sterben. Er war der Kleinste in unserer Klasse. Er hieß Herbert Grewe. Und er war ein guter Kamerad.

*

Düsseldorf, den 7. 3. 1971

Daß ich meine Taten nicht mit völlig freiem Willen begangen habe, bestreitet heute kaum jemand mehr. Jeder Gerechte, der mich heute ohne zu zögern foltern würde, würde dies aber aus völlig freiem Willen tun. Der Gerechte, er wäre keiner mehr.

Warum steckt noch so viel Mittelalter in uns? Damals wurden Sexualtäter zum Tode verurteilt durch den venezianischen Spiegelsaal. Boden, Wände, Decke, nur Spiegel. In der Mitte ein Stuhl, auf den der Verurteilte gesetzt wurde. Während der Täter seinen eigenen Tod anschauen mußte, weil ihm der Länge nach von «unten» bis zum Hals eine lange Stange langsam durch den ganzen Körper gebohrt wurde, schauten die für das Urteil Verantwortlichen dabei zu und – machen wir uns nichts vor – amüsierten sich meist köstlich dabei. Für das Vorhandensein solcher Urteilsmethoden kann es nur eine Erklärung geben: der Täter hatte ‹sadistische Triebbefriedigung› gesucht. Er lud schwerste Schuld auf sich, was anderen Menschen die Möglichkeit gab, ohne Schuldgefühle an eben diesem die eigene sadistische Triebbefriedigung zu suchen.

Sich moralisch etwas «in die eigene Tasche lügen», so nennt man das wohl. Nichts anderes tut der Freund Ihres Freundes, der Zahnarzt. Gerechte Empörung? Nein, die würde sich nicht so äußern. Was bleibt? Er wollte immer schon mal foltern, aber er wollte keine Schuld spüren. Wasch mir den Pelz, aber mach mich nicht naß. So bin ich doch wenigstens noch zu etwas gut.

Prof. Dr. Tobias Brocher war nun zwei Tage hier. Ich mag ihn, auch wenn man sich, das werden Sie verstehen, in derart kurzer Zeit nicht gut genug kennenlernen kann.

Warum habe ich Ihnen von unserem «ulligen» (kölsch: kleiner) Herbert Grewe geschrieben? Weil ich es nicht ertragen kann, daß Leben und nicht mehr leben dieses armen Jungen ohne Laut in der Versenkung verschwinden soll. Das DARF nicht sein. Ich mochte ihn, wie wir alle ihn mochten. Dies ist (ich tat es noch nie) eine herzliche Bitte um Veröffentlichung seines Schicksals, ob mit meinen oder Ihren Worten.

*

[Das persönliche Verhältnis zwischen Jürgen Bartsch und seinem Verteidiger Heinz Möller, selber Vater von drei Kindern, wurde im Laufe der Zeit ein sehr enges und herzliches. Jürgen betrachtete Herrn Möller nicht nur als Rechtsanwalt, sondern als Freund. Nach dem ersten Prozeß und dem Urteil «lebenslänglich» hatten Jürgens Eltern kein Vertrauen mehr in Möllers anwaltliche Fähigkeiten. Während der zwei gleichzeitig laufenden Prozesse in Wuppertal (gegen Jürgen Bartsch und gegen die Kriegsverbrecher von Białystok) hatte Möller zwei ganz besonders schwierige Mandanten zu verteidigen, und im Prozeß gegen Jürgen Bartsch hatte er auch gegen Gutachter zu kämpfen, die auf dem wissenschaftlichen Niveau des neunzehnten Jahrhunderts stehengeblieben waren. Herr und Frau Bartsch aber deuteten die beiden lebenslänglichen Urteile der zwei Mandanten von Heinz Möller, er habe als Verteidiger versagt. Nur ein paar Wochen vor Beginn des zweiten Prozesses im März 1971 hatte mich Heinz Möller aus Wuppertal angerufen. Er habe sein Mandat niedergelegt. Er sei eben bei Jürgen gewesen, der ihm mitgeteilt habe, seine Eltern hätten den Wunsch, daß Bossi allein die Verteidigung im zweiten Prozeß übernehme. Von den Eltern selber hörte Möller nichts: Sie haben diese Aufgabe ihrem schwerkranken Sohn aufgebürdet.]

Wie Sie mittlerweile wissen werden, ist Herr Möller aus dem Verfahren ausgeschieden. Das ist mir menschlich *sehr* an die Nieren gegangen. Ich hatte leider keinen Einfluß darauf, meine Eltern bezahlen alles, und es ist offensichtlich, daß meine Eltern keine zwei Anwälte bezahlen wollen und wollten, wenn sie glauben, daß einer alles alleine schafft. Ich werde die Verbindung mit Herrn Möller aber keinesfalls abbrechen lassen. Wir sind *Freunde* geworden, heute darf ich das ja sagen. Sollte ich einmal in einer Anstalt sein, werde ich ihn auch sicher wiedersehen.

*

[Jürgens Verhältnis zu Heinz Möller war vermutlich das Wichtigste in seinem damaligen Leben geworden. Als Rechtsanwalt durfte Möller seinen Mandanten besuchen, sooft er wollte. Er durfte auch alle möglichen Probleme mit ihm unter vier Augen besprechen, als freundlicher, wohlwollender Vaterersatz. Für Jürgen war der Verlust von «Herrn Möller», wie er ihn immer nannte, viel mehr als der Verlust eines Rechtsanwaltes. Auf einer bunten Ansichtskarte bekam Heinz Möller von Jürgen eine Abschiedsbotschaft.]

«Ich weiß, daß Sie an mich noch denken werden, wenn mich manch anderer längst vergessen hat. Diese ist die schönste Karte, die ich finden konnte.»

*

[Merkwürdigerweise habe ich heute, fast zwanzig Jahre danach, gar nichts mehr in Erinnerung von meinem ersten persönlichen Treffen mit Jürgen, ein paar Tage vor Beginn des Revisionsprozesses in Düsseldorf: Ehe ich diesen Brief nach vielen Jahren wiederlas, hätte ich geschworen, wir wären uns erst kurz nach dem Urteil zum erstenmal persönlich begegnet. Zu dieser Zeit – nach mehr als drei Jahren des Briefwechsels – fing er an, mich zu duzen, aber am Anfang fiel es ihm nicht immer leicht.]

Düsseldorf, den 10. 3. 1971

Selten habe ich mich auf und über einen Besuch so gefreut wie über Deinen, aber damit sage ich Dir sicher nichts Neues, lieber Paul.

Meine Eltern werden mich am Montag noch mal besuchen kommen, und mir auch meinen schwarzen Anzug (besser «dunkelgrau») mitbringen.

Und am Dienstag und Mittwoch wird mein alter Freund Paul, wie Du sagst, «auf dem Flur» im Gericht sein, wie die anderen «Presseleute» es in solchem Fall auch immer machen, wenn man noch nicht zugelassen ist? Da werde ich dann an den beiden Tagen oft an Sie denken, (daß das schriftliche erste Du doch nie gleich 100%ig klappt), wenn ich weiß, das Du da bist.

Ach, es ist wirklich ein Jammer, daß Herr Möller nicht mehr dabei ist. Aber da ist nun wohl nichts mehr daran zu ändern. Ich schrieb Ihnen ja auch im letzten Brief schon davon.

Mit Sicherheit kann man so etwas gar nicht sagen, aber wenn ich jetzt rauskäme, hätte ich Angst, rückfällig zu werden. Einmal im Wuppertaler Gefängnis hatte ich eine zufällige Begegnung mit einem Jungen. Nach dem Mittagessen wurden die Kübel und die Wasserkanne rausgestellt. Ich machte die Türe auf, und da stand ein Junge, vielleicht zehn Jahre alt. Er hatte eine kurze Lederhose an, er war so schön lang und schlank, die schönen nackten Beine und alles konnte man sehen. Ein liebes, nettes Gesicht. Er gefiel mir sehr gut, genau mein Typ. Er wirbelte einen Kulturbeutel durch die Luft, er mußte irgendwas abholen.

Als ich den Jungen plötzlich sah, dachte ich, um Gottes willen, das ist doch einer, den müßtest du doch jetzt nehmen! Im selben Moment ist mir unwahrscheinlich elend geworden, ganz furchtbar schlecht. Ich konnte mich nicht mehr recht auf den Beinen halten, und der Schweiß ist ausgebrochen. Ich habe die Tür zugeschlagen und mich auf mein Bett geworfen. Ich konnte im Moment nicht mehr stehen. Und da wird man hinterher gefragt: «Warum haben Sie den Jungen nicht reingeholt?» Das war ein richtiggehendes Schockerlebnis. Wenn jetzt die Tür hier aufginge und ein hübscher zwölfjähriger Junge in kurzer Hose sich hinstellen würde, würde ich vielleicht anfangen zu kotzen. Auf jeden Fall würde ich irgendwie zusammenbrechen, weil es zu plötzlich käme.

In Zukunft würde ich nur einen Beruf annehmen, wo ich wüßte, daß es mit Kindern zu tun hätte. Daß der Trieb weg ist, das setzen wir voraus. Ich würde dann einen Beruf annehmen, wo ich Kinder pflegen, Kindern irgendwie helfen könnte. Es könnten kranke, körperlich oder seelisch behinderte Kinder oder vielleicht blinde Kinder sein. In dieser Arbeit, so wie ich mich kenne, würde ich regelrecht aufgehen. Ich hoffe ganz ehrlich, daß ich meine Wiedergutmachungsträume irgendwann mal wahrmachen kann. Wenn ich z. B. in solch eine Anstalt käme und sie mir wirklich helfen könnten, wenn sie mich hinterher entlassen würden, in solchen Anstalten sind ja auch immer Kinder. Vielleicht, habe ich mir schon gedacht, könnte ich in der Anstalt dann arbeiten, wenn ich mich mit den Leuten gut verstehe und sie mich wirklich gesund gemacht haben. An diesen Leuten hätte ich doch einen gewissen Halt. In solchen Anstalten ist immer eine Kinderabteilung, und ich habe mir schon gedacht, da würde ich doch sehr gerne mitarbeiten. Wenn die Leute mich doch als gesund befunden haben und ich darf dann nach Hause rausgehen, ich meine, dann brauchte man doch keine Angst mehr zu haben.

So, die Hausarbeiter haben das Abendessen schon im großen Topf, da muß ich, lieber old friend Paul, leider schon wieder Schluß machen. Sei mir also bis zum nächsten mal auf's herzlichste gegrüßt von Deinem ollen

Jürgen Bartsch[134]

*

12

Die Hölle

Wenn dieser Mann vor Schmerz über eine zerfetzte Hand aufschreien würde, jeder von uns hätte Mitleid mit ihm, denn wir sähen ja Blut und Sehnen. Weil aber sein Schmerz innerlich ist und weil er andere Menschen verletzt hat, kann er kaum auf Mitleid rechnen.

– Karl Menninger

Wir dürfen mit dem zunächst nicht bewiesenen Satz beginnen, daß jedes Urteil, das gemeinhin als gerecht empfunden wird, das psychologische Verständnis des Täters, d. h., die Kenntnis seiner Motive, voraussetzt. Die gleiche Tat kann, je nach ihren Motiven, von uns gebilligt oder verurteilt werden. Den Feind im Kriege zu ermorden wird gepriesen, den Angreifer in Notwehr zu töten, wird zugebilligt, in verständlichem Affekt ein Menschenleben zu vernichten, wird manchmal verziehen, der Raubmörder wird einstimmig verurteilt. Die bloße Tat ist überall die gleiche, unsere verschiedene Beurteilung gilt lediglich den verschiedenen bewußten Zielsetzungen und den verschiedenen affektiven Motiven des Täters. Ohne die Motive zu kennen, kann man zu einer Tat überhaupt nicht Stellung nehmen. Ja selbst die Hauptfrage, ob eine Tat überhaupt als kriminell zu werten ist, hängt von der psychologischen Diagnose ab.

– Franz Alexander, 1929

Bei der Höhle beginnt bereits das Merkwürdige. Alle Jungen, die Bartsch vor Beginn der Morde, damals noch zu einfacher oder erzwungener Unzucht, mit sich nahm, ängstigten sich in dem modrigen Stollen. Nur Bartsch scheint sich dort wohl gefühlt zu haben, fast möchte man sagen: geborgen, in seinem sonst reichlich ungeborgenen Leben ... Die Höhle war sein Reich, dorthin führte, trieb oder schleppte er seine Opfer, und erst in der unterirdischen Sicherheit, aus der kein Schrei nach draußen drang, entfaltete sich das entsetzliche Paradies des

Sadisten. Bartsch, der das Töten nicht fürchtete, fürchtete sich vor seiner Mutter und ihren Vorwürfen. Diese Angst diktierte ihm einen Fahrplan, den er noch in der höchsten Erregung einzuhalten vermochte, und wenn er sich gelegentlich verspätete, so mußte er immer neue Geschichten erfinden, die sein Ausbleiben erklärten. Sicher und frei vom Druck des Minutenzeigers der Mutter fühlte er sich nur nachts in der Höhle.

– Tilmann Moser

Natürlich hatte ich den Wunsch, die Vorstellung, von zu Hause fortzugehen, einfach weglaufen zu müssen. Was mich hauptsächlich davon abhielt, war, um es frei heraus zu sagen, mein sogenannter «Generalplan», den ich mir ohne den Stollen einfach nicht denken konnte. Er war einfach ein Teil, ein großer Teil meines Lebens geworden, wenn man es unbedingt Leben nennen will.

– Jürgen Bartsch, 25. Juni 1968

[Das Haus der Familie Bartsch in der Siedlung «Glaube und Tat» bei Langenberg steht hoch oben auf einem steilen Hügel – wie ein Kopf auf einem Leib. Unten in diesen Leib führt der alte Bergwerkstollen, in den der dreizehnjährige Jürgen hineinkroch und wo er Sicherheit und Geborgenheit fand. Dreizehn Jahre hatten genügt, um ihm zu zeigen, wie wenig lebenswert sein eigenes Leben war. Hier, im Schoße der Mutter Erde, hat er viermal symbolischen Selbstmord begangen, hat «sich Gewalt angetan» – nicht nur sich als Kind, sondern sogar sich als Ungeborenes, um seine eigene Geburt in eine so unsagbar abscheuliche Welt zu verhindern.]

Ich habe die Höhle entdeckt, kurz nachdem ich aus Marienhausen nach Langenberg zurückkam. Ich bin da unten in der Gegend mit anderen Kindern rumgestrolcht, und ich habe von ihnen erfahren, daß es da eine Höhle gab. Mit drei oder vier anderen Kindern bin ich bis zur ersten Abzweigung gegangen. Ich habe eine Zeitung oder so was angezündet und da reingeleuchtet.

Dann haben wir «Hilfe!» gerufen und sind alle schnell rausgelaufen.

Die Anderen sind weggegangen, aber ich bin noch ein bißchen dageblieben. Ich bin nach Hause gegangen und habe mir eine Kerze oder so was geholt. Kurz danach bin ich dann alleine bis ganz hinten durchgegangen und habe mir alles angeguckt und mich da richtig in dieses Ding verliebt, weil ich das dann so ein wenig als mein «Reich» angesehen habe, wie mein Zuhause, als etwas, was mir gehörte, wo nicht jemand mir da dazwischenzufurzen hatte.

Es war nicht üblich, daß andere Kinder da spielten. Das war so düster und einheimlich, daß noch nicht einmal ein Erwachsener reingegangen wäre. Ich bin aber sehr häufig da reingegangen, erst ohne jeden Hintergedanken. Ich hatte eine Kerze und habe das alles schön beleuchtet, bis die Flamme an den Wänden flackerte und plötzlich – zack! – Wassertropfen fielen da runter. Es war furchtbar.

Das waren alles Felswände. Es kam ein bißchen Farn raus. Das war ein wunderschöner Ort, jedenfalls für mich. Früher habe ich mich gerne unter dem Tisch verkrochen, mit einer Decke darüber. Als kleiner Junge bin ich auch gern in Röhren reingekrochen.

Mit der Zeit habe ich auch drei oder vier verschiedene Schreckschußpistolen versteckt. Das war 1962. Da ging es mir schon darum, mit der Waffe etwas zu machen, was aber nicht ausschließt, daß ich so eine Waffenleidenschaft trotzdem noch gehabt habe.

Ich habe auch an Zeitungsinserate gedacht, so :«Balljunge gesucht für Kegelklub» oder so was. Solche Anzeigen stehen wirklich in der Zeitung.

Ich habe meinen Führerschein Anfang 1965 gemacht, aber ich hatte ihn bloß ungefähr ein halbes Jahr. Ich hatte wieder gesoffen. Ich hatte Detlef Düren zum Schlachthof gebracht und bin dort in die Wirtschaft gegangen. Ich hatte mir eine Flasche Williamsbirne gekauft und habe etwa ein Drittel davon getrunken. Düren hat die Schweine eingeladen, und ich bin noch in die Kantine gegangen und habe da noch ein oder zwei Glas Wein dazu getrunken.

Ich bin dann Serpentinen gefahren, kreuz und quer, mit achtzig Sachen auf eine Überführung zu. Da hat mich die Polizei abgefangen. In der Zeit mußte ich immer etwas zu saufen haben. Rauchen durfte ich mit achtzehn Jahren in der Öffentlichkeit und auf meinem Zimmer zu Hause. In der guten Wohnung war es nicht gern gesehen. Trinken, etwa Alkohol, durfte ich etwa so um achtzehn oder neunzehn Jahre, ein Glas Bier mal zu Hause. Aber heimlich habe ich damals mich ja schon, um zu vergessen, ziemlich oft stockvoll gesoffen.

Ich brauchte eine Stelle nicht weit vom Hause weg, wo ich meine Kleider verstecken konnte. Das war eine alte, runde, große Betonröhre, die eigentlich für den Straßenbau hatte verwendet werden sollen und nun am Anfang des Feldweges lag, welcher zur Höhle führte. Die Röhre war etwa hundert Meter von unserem Haus entfernt, konnte aber von dort schon nicht mehr gesehen werden.

[Jürgen wartete, bis seine Eltern einschliefen, verließ das Haus im Schlafanzug durchs Kellerfenster, zog sich an der Betonröhre um und machte dann seine Exkursionen, mit und ohne seinen Freund Viktor.]

Dann konnte ich Jungs mit dem Wagen suchen. Ich bin mit dem Wagen rumgefahren und habe überall gesucht, in Essen, Velbert, Neviges, Castrop-Rauxel, Bochum, überall in der Gegend, fast in dieser ganzen engeren Ruhrgebietsgegend, auch im Bergischen Land. Ich wollte zur Kirmes fahren, die Jungs da ansprechen und so eine Geschichte erzählen, daß ich Detektiv sei und diesen Bunker kenne usw., und sie dann mitnehmen und reinlocken und dann . . .

Vor der ersten Tat habe ich schon einen anderen Jungen in die Höhle mitgebracht, aber es ist nichts passiert. Auf dem Porscheplatz in Essen habe ich ihn gefunden und mit meiner Pistole bedroht. Wir waren allein im Eingang vor einem Musikhaus. Ich habe ihm gesagt: «Hier, kommst du mit, sonst knallt's!» Er war so eingeschüchtert, daß er ohne weiteres mitkam. Er hat sich nie ernsthaft gewehrt.

Das war eine scharfe 9-mm-Pistole, aber ohne Munition. Ich habe Munition nie gehabt, nur für die Schreckschußpistole. Ich hatte diese Pistole für dreißig Mark von einem anderen Jungen aus der Siedlung gekauft.

Mit dem Jungen fuhr ich dann im Bus. Bei einem halbleeren Bus hätte es wohl nicht geklappt. Wir fuhren praktisch bis zur Höhle, ich immer hinter ihm mit der Pistole unter meiner Jacke. Am Eingang der Höhle habe ich ihn reingestoßen, bis zu der Mauer. Er hat dann an der Mauer gestanden, und ich habe gedacht: Was bist du so aufgeregt, jetzt kannst du nichts anderes machen! Wir standen an der Mauer, und da hat mich auf einmal der Mut verlassen. Ich habe mir beinah in die Hose gemacht. Es ist mir richtig schlecht geworden. Ich dachte bloß: Raus! Mach, daß du rauskommst!

Wir sind ausgestiegen, und auf der anderen Seite der Heegerstraße habe ich ihm gesagt: «›Hier, hast du eine Mark! Mach, daß du wegkommst!» Dann ist er abgehauen.

[Bis zum heutigen Tage weiß man nicht, wer dieser glückliche Junge war, den Jürgen Bartsch noch lebend aus der Höhle weglaufen ließ. Entweder traute sich das Kind nicht, seinen Eltern die Geschichte zu erzählen, oder seine Eltern hielten es für besser, nichts bei der Polizei zu unternehmen.]

Ich habe es mir überlegt, daß diese Methode an sich völliger Unsinn war. Ich habe gedacht: jetzt spreche ich einfach einen Jungen an, auf der Kirmes oder bei uns auf der Straße, dann erzähle ich ihm irgendeine Geschichte, was da alles verborgen und vergraben wäre, und dann kommt er sicherlich freiwillig mit. Ein paar Wochen habe ich versucht, einen Jungen anzusprechen, auf der Kirmes und auf dem Porscheplatz in Essen.

Und dann hat's geklappt, obwohl viele liefen weg und Andere wollten nichts davon wissen. Die Kinder sind im allgemeinen doch vernünftiger, als man annimmt. Ich kam mir ein bißchen albern und komisch vor, kleine Jungen anzusprechen, aber ich wußte ja, was ich vorhatte. Ich habe es eben versucht und an einem Tag hat es doch geklappt ...

Was ist denn daran so verwunderlich, daß meine Eltern von meinem nächtlichen Wegsein nichts gemerkt haben? Ich habe, nachdem ich mir in einer Betonröhre auf einem nahen Feldweg richtige Kleider zurechtgelegt hatte, doch noch nicht einmal mehr ins Schlafzimmer gemußt. Und weil ich aus einem Kellerfenster aus dem Haus gestiegen bin und das Kellerfenster immer nur ganz leicht geschlossen habe beim Weggehen, brauchte ich noch nicht mal einen Schlüssel! Und so leise, wie ich stets war, da konnte niemand was hören, machmal habe ich ½–¾ Stunde gebraucht, bis ich im Bademantel und Pantoffeln auf der Straße stand.

Zuerst, im Fall Jung, bin ich noch durch die Kellertür gegangen, aber mein Zimmerschlüssel paßte auf die äußere Kellertür, das wußte aber nur *ich*. Damals, im Fall Jung, und [ausgekreuzt: Grassmann] Kahlweiss und auch Fuchs, da hatte ich noch keine richtigen Kleider, da bin ich immer nur in Bademantel, Schlafanzug und Pantoffeln fortgegangen, und habe *die ganze Zeit*, auch im Stollen, dies Zeug anbehalten. Auf Schlafanzug und Bademantel habe ich sehr geachtet, aber die Pantoffeln, von Straße, Stollen, Graben und Rückweg durch Feldwege (in einer richtigen Stadt wäre eine Tour in einem solchen Aufzug natürlich nicht möglich gewesen) versaut. Die waren dann so schmutzig, daß ich sie morgens in der Badewanne heimlich saubergemacht habe. Einmal konnte ich nicht mehr gutmachen, so daß ich dann mal, nur einmal auffiel. Ich sagte, ich hätte meine Taschenlampe aus dem Fenster fallen lassen und sie, es regnete die Nacht stark, aus den Beeten wieder reingeholt. So einfach war das.

Daß mein Zimmer nachts kontrolliert wurde, das habe ich, soweit ich weiß, niemals erlebt. Am erstaunlichsten ist es für *mich* aber, daß ich ja oft im Bademantel u. Pantoffeln durch die Siedlung ein Stück gehen mußte (an einer Wirtschaft vorbei!), wo die Straßen erleuchtet waren, und der Stollen lag auch an einer Straße, die nachts erleuchtet war, direkt am Stolleneingang fuhren Autos vorbei, und eine Seite war Fußgänger-Weg, und Häuser standen auch 5–6 da. Aber es waren am Straßenrand viele dicke Bäume. Und wenn ein Auto kam, dann stellte ich mich dahinter, den Spaten an mich gepreßt, und drehte mich so, daß er mich nie sehen konnte. Aber trotzdem, daß mich da niemals jemand bemerkt hat, das ist für mich das am meisten Erstaunlichste.

Nach der ersten Tat kam eine lange Pause. Ich hatte einen echten Schock gekriegt und habe mich ehrlich bemüht, davon loszukommen, aber nach ein paar Monaten, verhältnismäßig kurz nach der Beichte, da kam es wieder, und ich habe wieder angefangen, zu suchen. Als ich wieder anfing, dachte ich, ich schaffe es nicht allein. Ich versuchte Axel und Viktor da mit reinzuziehen, aber das habe ich schnell wieder fallenlassen und habe alleine weitergemacht. Ich habe gesucht, aber es hat lange nicht wieder geklappt – warum, weiß ich nicht. Das ist nun mal so. Manchmal hat es schon in der nächsten Woche wieder geklappt, aber es hätten dann auch vielleicht Jahre vorbeigehen können, wo es nicht klappen würde. Es war nicht so, als ob ich nun jahrelang aufgehört hätte. Das ist Unsinn. Ich war an sich jede Woche auf Tour.

Im zweiten Fall, am 7. August 1965, habe ich den Jungen in Essen-Holsterhausen aufgenommen. Ich habe das immer als ganz besonders schlimm empfunden, weil der Junge nur durch Zufall da reingekommen ist. Ich habe das natürlich instinktiv sofort gemerkt, wie er mit einem Päckchen durch die Gegend lief. Er fragte diesen und jenen, und die Leute bemühten sich alle gar nicht sehr, ihm zu helfen. Einer zeigte bloß auf die Polizeiwache.

Ich hielt den Wagen an und stieg aus und dachte: Mal gucken, ob er zur Wache geht. Da setzte er einen Fuß rein, und ich denke: Na – ? Er setzt den Fuß wieder raus und geht weiter, und dann nach vielleicht hundert Metern habe ich ihn dann angesprochen.

Er humpelte. Er konnte nicht mehr richtig laufen. Ich habe den Jungen nicht direkt mit in die Höhle genommen. Ich habe irgendwo im Wald angehalten und habe den Jungen gezwungen, sich ganz nackt auszuziehen. Ich habe ihn dann gefesselt und vorne rechts im Wagen liegenbleiben lassen. Dann habe ich ihn in die Höhle reingetragen und da umgebracht. Das war Peter Fuchs.

Insofern war der Kirmesplatz sehr, sehr in Ordnung, weil die Jungs da doch meistens alleine waren. Trotzdem hatte ich dort nicht solche Auswahl, wie ich gern gehabt hätte, weil die Jungs doch manchmal in Trauben da rumlaufen. Um einen Jungen allein zu finden, muß man sogar auf dem Kirmesplatz schon ziemlich suchen. Es ist alles nicht so einfach – Gott sei Dank, wird man heute sagen.

Als ich mit neun oder zehn zu Hause war, war es üblich, jeden Tag die Wäsche zu wechseln, später, als ich aus Marienhausen zurück nach Hause kam, nur jeden zweiten oder dritten Tag. Im Fall Kahlweiß fiel mir das so frappierend auf, der Junge hatte so schöne weiße Unterwäsche an, die er gerade am Morgen, vielleicht erst am Mittag angezogen hatte. Das war irgendwie ein ganz komisches Gefühl für mich. Das sind so bestimmte Einzelheiten, an die man wieder denkt. Ich möchte nun nicht sagen, daß ich, weil er so nett und lieb und sauber war, daß ich nun deswegen ganz besonders – ach Gott, ich weiß es nicht! Ich kann nur soviel sagen, daß mir das ein ganz, ganz besonderer Genuß war, die nun mal runterzureißen. Ich hatte eine bestimmte Aggression gegen diese allzu frische Sache, das steht fest, aber ich kann es nicht genau definieren.

Eine Woche später bin ich nach Velbert gefahren. Ich habe ein Plakat gesehen, daß in Velbert Kirmes wäre, und Samstag nach Feierabend im Geschäft bin ich hingefahren. Ich hatte noch ein paar Bestellungen im Wagen, die ich eigentlich hätte austragen müssen, aber das war mir egal.

Es ist traurig, daß ich nach einer Woche schon wieder so weit war. Auf der Kirmes bin ich Auto-Scooter gefahren. Einen Jungen habe ich angesprochen, aber vom Mitfahren wollte er nichts wissen. Ich habe eine halbe Stunde gewartet. Und da stand der Junge, der Ulrich. Ich habe ihn gefragt, und er wollte mitfahren.

Bestimmt eine Stunde sind wir da auf dem Kirmesplatz rumgefahren, überall, Geisterbahn, auch «Allround» hieß ein Ding. Ich mag Kirmesplätze gern. Auch ohne alles war ich gern auf dem Kirmesplatz. Ich wäre jeden Tag hingegangen, ich würde auch heute jeden Tag hingehen, wenn ich es könnte. Es ist sehr nett.

Und dann habe ich das Kind gefragt, ob es mitfahren wollte. Ich habe ihm irgendwas erzählt, ich hätte noch irgendwo etwas abzugeben, und da könnte er Geld für kriegen. Der Junge war an sich ein ganz besonders lieber, netter Junge. Er wollte gar kein Geld haben. Er sagte: «Nein, Sie haben schon so viel für mich bezahlt, ich will kein Geld von Ihnen haben.» Er ist aber trotzdem mitgefahren. Unterwegs habe ich dann angehalten und ihm einen Fünfzigmarkschein in die Hand gedrückt. Ich habe ihn ihm in die Tasche geschoben. Er wollte ihn wirklich nicht haben.

Eine Sache ist eigentlich nicht zu fassen. Wenn der eine Junge eine Woche vorher in die Polizeiwache reingegangen wäre, wäre alles gut gewesen. Und wenn jetzt, beim dritten Fall, das Schloß an unserem Scheißauto nicht falsch herum eingesetzt gewesen wäre, wäre mir dieser Junge weggelaufen. Ich bin mit ihm auf einem Feldweg irgendwo angehalten. Als ich mich zu ihm rüberbeugte, wollte er zur Tür hin und den Hebel runterdrücken, aber das Türschloß saß verkehrt drin. Er hätte den Griff nach oben drehen müssen, aber das konnte er nicht wissen. Da war es natürlich aus, da hatte ich ihn in der Hand. Der andere Junge war nur ängstlich gewesen, aber dieser wußte irgendwie, was los war. Ich weiß nicht wie, aber er wußte genau, was ihm blühte. Er hat nämlich geschrien: «Ich hab's ja geahnt, ich hab's ja geahnt!»

Dann habe ich ihn ausgezogen und gefesselt. Er jammerte, er

müßte um sieben zu Hause sein. Ich wollte mit ihm zur Höhle fahren, aber vorher bin ich mit ihm auf einen Acker gefahren. Ich habe ihm gesagt: «Ganz still jetzt! Drehe dich nach vorne!» Und dann habe ich einen schweren Hammer genommen und ihm von hinten auf den Kopf geschlagen. Zuerst schrie er ganz furchtbar laut, dann war er ab. Das war eine furchtbare Angelegenheit. Ich habe seinen Namen nicht einmal gekannt. Ich habe das aus der Zeitung erfahren.

Ich nahm an, der Junge war schon gestorben. Ich bin mit ihm dann nach Langenberg gefahren, vor das Scheißding, vor die Höhle. An dem Tag liefen da nun dauernd Leute. Ich mußte an der Höhle vorbeifahren, dann weiter in Richtung Langenberger Sender, auf dem Berg, eine Serpentinenstraße, wo Bauernhöfe stehen. Der Junge lag immer noch daneben. Er hat bald kein Blut mehr gehabt. Der ganze Boden vom Wagen war alles voll Blut.

Auf einmal fing das Getriebe an, zu brüllen. Es muß irgendwas da reingelaufen sein. Die Kupplung war durchgedreht. Er konnte nicht den Berg hoch weiterfahren. Ich mußte umdrehen und zurück. Das hat mich natürlich ziemlich mitgenommen. Ich bin dann auf einen Parkplatz gefahren. Ich habe natürlich gedacht, daß der Junge tot war, nachdem er so viel Blut verloren hatte, aber auf einmal da am Parkplatz kam er wieder hoch. Da habe ich wieder drauflosgeschlagen, aber diesmal wirklich bloß aus Entsetzen. Er regte sich dann noch, aber dann war es natürlich aus.

Dann bin ich zum zweiten oder dritten Mal an der Höhle vorbeigefahren, und die Straße dort war endlich leer. Ich habe den Jungen da reingebracht. Ich war selber fix und fertig.

Das war Mitte August. Dann kam eine Pause bis zum nächsten Mal, einmal weil ich einige Wochen danach den Führerschein abgenommen bekam. Schließlich kam es darauf an, daß es irgendwann weitergehen müßte. Das war immer mein hauptsächlicher Gedanke. Und wenn es noch viele Jahre weitergehen kann, dann muß man natürlich mal ein paar Wochen Pause machen können. Diese Sache ist ja nicht so, als ob das eine Art unbedingter, unmittelbarer Zwang sei. Das ist natürlich völlig falsch. Aber es ist auch völlig falsch, zu sagen, daß es überhaupt kein Zwang sei. Das ist genau so falsch! Ein Zwang ist es trotzdem, nur verschieden stark kann er sein. Das ist etwas, womit man sich fast Tag für Tag beschäftigt und davon bedrängt fühlt. Ein Drang ist es wirklich. Es ist nicht, als wenn man sagt, also jetzt hast du gerade nichts zu tun, jetzt gehst du mal um die nächste Ecke und bringst mal einen Menschen um. So einfach ist das nicht. Das ist eben so ein Gefühl, das einen dahin treibt, und auf lange Sicht kannst du dieses Gefühl nicht sein lassen.

Ich spürte ein Art Gefühl des Überganges vom normalen Zustand in einen nicht normalen Zustand. Wenn ich in diese Situation kam, habe ich gemerkt, daß dieser Trieb sich eben meldete. Daß sich was tut, daß es wieder kommt, das merkt man doch. Das ist eine gewisse Übergangsphase, wo man sich wirklich echt bedrängt fühlt, weil man dann Minuten hat, wo man versucht, das abzuwehren. Das war, als wenn ich eine lauwarme Suppe über mich hätte kommen lassen. Emotional habe ich versucht, das abzuwehren, aber das war doch ziemlich aussichtslos.

In diesen Wochen, wahrscheinlich gerade weil ich so einen ziemlichen moralischen Kater hatte, fing ich an, regelrecht in größerer Form zu saufen. Ich habe zwei Schnapsflaschen gekauft, eine im Auto versteckt und eine in meinem Bücherschrank, so daß ich immer eine zu trinken hätte. Ich war immer ein klein wenig benebelt. Wenn noch ein klein wenig Gewissen dabei ist, ist das recht schwer zu ertragen.

Sechs oder acht Wochen später bin ich dann den Führerschein wegen dieser Sauferei losgewesen. Dann konnte ich nicht mehr rumfahren, und weil mir diese Möglichkeit genommen war, war ich plötzlich ganz besonders scharf. Das hat meinem Trieb eher Auftrieb gegeben. Ich konnte mich aber schlecht hinstellen und sagen: «Wie könnt ihr nur, ich wollte noch so gerne . . .»

Dann ist mir ein Plan eingefallen, eine hirnverbrannte Idee, die aus lauter Verzweiflung geboren ist. Heute muß ich aber sagen, daß sie mir doch damals, in dieser Verzweiflung, sehr real vorkam. Ich wollte mir einen großen Schrankkoffer kaufen, Äther besorgen, und dann mit einem Taxi hinter den Jungen herfahren. In einer stillen Gasse wollte ich sie betäuben, dann in den Koffer rein, den Koffer in ein Taxi rein, dann an der Höhle ausladen und hoffen und beten, daß der Junge da noch betäubt wäre, und dann eben rein damit. Äther ist schwer zu bekommen, aber ich hatte meine Apotheke, wo ich ab und zu für Zaubertricks Chemikalien geholt hatte, und deswegen haben sie sich dabei am Anfang nichts gedacht. Aber nach dem dritten oder vierten Mal, als ich hinkam, hieß es schon: «Wen wollen Sie denn damit betäuben?» Wenn ich einem Jungen hinterherlief, mußte ich mich mal in eine Ecke stellen und das Ding schon naß machen, und in der Zeit, wo ich hinter dem Jungen herlief, verdunstete schon die Hälfte. Es war an sich völlig blödsinnig, aber oft, sehr oft ist es bis zur unmittelbaren Vorbereitung gekommen. Ich habe die Fahrten immer direkt vom Geschäft aus gemacht. Die große Schwierigkeit war, daß ich den Koffer in der Höhle verstecken mußte.

Ich habe das Geschäft samstags gegen vier Uhr verlassen. Meine Eltern haben angenommen, ich fahre nach Hause. Sie dachten, ich führe mit Straßenbahn oder Bus. Sie haben nicht gewußt, ich fuhr mit einem Taxi, natürlich haben sie auch nicht gewußt, wieviel ich jede Woche aus der Kasse klaute, um die Taxifahrerei zu bezahlen. Mit dem Bus hätte die Fahrt etwa zweieinhalb Stunden gedauert, vielleicht drei. Mittlerweile hatte ich meine verschiedenen Taxifirmen. Vom Geschäft bis zur Höhle mit einem Taxi brauchte ich fünfunddreißig Minuten. Das kostete ungefähr zwanzig Mark.

In der Höhle war der Pappkoffer, ein Riesending. Zusammengelegt könnte man vielleicht sogar mich reinkriegen. Das Ding fiel überall auf. Ich habe aufgepaßt, daß keiner kam, und dann habe ich den Koffer rausgeholt. Dann in die Telefonzelle und ein anderes Taxi bestellt. Mit dem Koffer bin ich immer nur nach Hattingen gefahren, sonst wäre ich mit der Zeit nicht hingekommen. Hattingen lag ja nur etwa zehn Minuten von der Höhle weg, ich konnte also gegen 17 Uhr 10 da sein.

In Hattingen bin ich ausgestiegen und auf Suche gegangen. Bis sechs oder halb sieben habe ich gesucht, aber das war eigentlich schon zu spät. Die Jungs gingen alle nach Hause.

In einer Anoraktasche hatte ich die Ätherflasche und Wattebausch, in der anderen Tasche Fesseln und Kerzen. Ein Messer hatte ich in der Höhle. Ich habe geguckt, ob man ein Kind sah, und in den seltensten Fällen sah ich eins. Wenn ich eins sah, dann bin ich hinterhergetigert. Wenn ich meinte, daß ein Abschnitt kam, wo es besonders dunkel war, oder wo wir besonders allein waren, habe ich den Koffer in eine Ecke gestellt. Ich konnte mich ja nicht zu weit von dem Koffer entfernen. Heute finde ich das selber blödsinnig, aber ich habe es wenigstens versucht. Ich habe den Koffer hingestellt und bin dann ganz schnell hinterhergelaufen. Wenn der Junge zu weit ging, sagen wir mehr als hundert Meter, war natürlich alles aus. Da oben, wo ich ihn betäubt hätte, hätte ich ihn ja liegen lassen müssen. In der Praxis konnte das natürlich nie hinkommen, aber ich habe es zwischen zwanzig und dreißig Mal versucht, was wollen Sie machen ...

Einmal mit dem Koffer habe ich sogar wieder einen Jungen gesehen, der sich tatsächlich verlaufen hatte. Das wäre natürlich das Opfer gewesen. Da kam eine liebe alte Frau: «Ach, unser Kleiner, was hat er denn? Wo will er denn hin?» Da war natürlich auch das aus.

Sonntags alle drei Wochen, bestenfalls von etwa 15 Uhr bis 19 Uhr 30, haben meine Eltern darauf bestanden, daß ich immer mit ihnen entweder zu meiner Oma fuhr oder ins Hotel zum Kaffeetrinken. Eine Ausnahme war der Muttertag, die vierte Tat. Wenn wirklich mal eine Ausnahme war, dann ist wirklich etwas geschehen. Es ist komisch, aber so ist es meistens.

Bei meiner Oma haben wir da rumgesessen. Mein Vater hat sich die Brille aufgesetzt und die «Bild-Zeitung» von der ganzen Woche gelesen, weil er in der Woche nicht dazu kam. Meine

Mutter hat sich an den Tisch gesetzt und hat sich mit meiner Oma unterhalten. Ich habe seitlich vorn auf dem Bett gelegen und Löcher in die Wand oder in die Decke gestarrt. Ich hatte auch natürlich nichts zu sagen. Bei Verwandten war nur meine Mutter am Reden, sonst hatte sowieso niemand mehr etwas zu sagen.

Montags hatte ich von 17 bis etwa 19 Uhr 30 frei. Dienstags war gar keine Möglichkeit, da war ich bis abends im Geschäft. Mittwochs konnte ich zwischen 15 und 16 Uhr vom Geschäft weg. Ich sollte mich dann nach zweieinhalb Stunden «Busfahrt» zu Hause melden, dann durfte ich offiziell noch in der Siedlung ein bißchen raus. Mittwochs blieb meine Mutter zu Hause. Ich mußte ja essen, sonst hätte ich ja niemals raus gedurft, das war nicht drin. Freitags war Berufsschule bis 13 Uhr 30. Damals hatte ich noch kein Geld für ein Taxi und mußte noch wirklich mit dem Bus nach Hause fahren, so daß ich nur eine viertel oder halbe Stunde zum Suchen hatte. Samstags hatte ich den Nachmittag. Wenn es zufällig geklappt hätte, hätte ich mich an die Pünktlichkeit nicht so daran halten müssen, dann und nur dann konnte ich mit Ausreden die Zeit überziehen. Bevor diese ganzen Dinge geschahen, bin ich doch recht lieb gewesen und habe selten Gelegenheit gehabt, Ausreden zu brauchen. In den Jahren der Taten war das natürlich ein Thema bei uns zu Hause, «Der Jürgen schwindelt!» – aber vorher, als kleinerer Junge, nicht.

Es kam auch nicht oft vor, daß ich die Zeit überzog. Im allgemeinen war ich sehr brav, trotz allem. Aber ab und zu kam es natürlich mal vor, und dann habe ich großen Ärger gekriegt. Ich habe gesagt, ich sei im Kino gewesen oder der Bus sei kaputt gewesen oder so etwas. Sie haben es selten geglaubt, aber sie konnten es an sich auch selten widerlegen. Es gab eine Mißstimmung, das ist klar, aber die Mißstimmung konnte nicht viel schlimmer sein, als sie sowieso war. Ob sie nun neunundneunzigmal brüllen oder hundert, das berührt den Jungen dann weniger.

Wir haben keinerlei Verhältnis zueinander gehabt, alle drei

nicht. Da war ein Hauch von Eis zu Hause bei uns. Sonntag morgens saßen wir am Kaffeetisch wie drei kleine Generale mit einem Stock im Kreuz, und der kleine Achtzehn- oder Neunzehnjährige sollte selbstverständlich möglichst kein Wort mitreden. Die beiden unterhielten sich allenfalls mal, und dann: «Halt's Maul!» In die Wolle gekriegt haben sie sich dann jedesmal. Insbesondere mein Vater hat mich kaum innerhalb von zwanzig Jahren etwas gefragt, so wie zwischen Vater und Kind. Nein, wenn er zu mir sprach, war das irgend etwas, das ich falsch gemacht hatte. Er redete sowieso nur über Arbeit.

In der Zeit habe ich wirklich viel gesoffen, wenn ich aber richtig betrunken war, merkte das kein Mensch. Wenn ich aber mal ein Glas Bier trank, bevor ich zu Hause reinkam, ging das Theater schon wieder los. Von meiner Mutter aus durfte ich kein einziges Glas Bier trinken, da war eben das Geschrei da. Ich sagte, ich hätte nur ein Glas Bier getrunken, aber sie sagte: «Vollgesoffen hast du dich!» Bei diesen Gelegenheiten wollte sie mich züchtigen, egal ob ich siebzehn, achtzehn oder neunzehn war. Da ging sie auf mich mit den Fäusten los. Gerade weil ich ein lieber Junge war, hätte ich natürlich nie gewagt, auch niemals im Traum gedacht, mich gegen meine Mutter ernstlich zu wehren in dem Sinne, daß ich zurückgeschlagen hätte. Aber mit achtzehn oder neunzehn habe ich gewagt, ihre Hände festzuhalten. Dann geriet sie außer Rand und Band. Sie ging ins Schlafzimmer rein und warf sich aufs Bett, und dann ging das Gebrüll los, wofür man sein Lebenlang geopfert habe und so.

Aber wenn ich wirklich bedusselt war, ist es mir kein einziges Mal passiert, daß sie das tatsächlich merkte. Daß ich am nächsten Tag kotzte, das haben sie auf andere Dinge zurückgeführt.

Im letzten Jahr vor meiner Verhaftung gab es am ersten Mittwoch im Monat die Sitzung vom Magischen Zirkel. Die letzten Male bin ich gar nicht hingegangen. Stattdessen bin ich mit dem Auto auf Suche gefahren, obwohl es schon abends war. Da hatte ich so lange Zeit, von etwa 18 bis 24 Uhr. Das war natürlich irgendwie blödsinnig; spätestens um acht waren die Kinder meistens von der Straße weg, aber ich habe es wenigstens versucht. Es wird sich dumm anhören, aber ich hielt es für meine Pflicht.

In der Zeit kurz vor meiner Verhaftung, vielleicht drei Monate lang, habe ich ein Tagebuch gehabt, aber das war kein richtiges Tagebuch. Darin habe ich jeweils den Plan für die Zeiten gemacht, in denen ich das Verbrechen begehen wollte. Am Anfang habe ich drei Kreuze hingemacht, das sollten die drei schon geschehenen Fälle sein. Als Plan habe ich mir z. B. aufgeschrieben, so und so viel Uhr vom Geschäft wegfahren, so und so viel Uhr Taxi, so und so viel Uhr Koffer holen, so und so viel Uhr Ankunft in Hattingen, so und so viel Uhr den Jungen in die Höhle reinschaffen und so und so viel Uhr zu Hause sein. Das habe ich alles in Spiegelschrift eingetragen.

Nachdem ich die Koffermethode fallenließ, habe ich mich ganz auf Taxifahrten beschränkt. So wie ich vorher mit dem Auto fuhr, jetzt machte ich Taxifahrten nach einer bestimmten Stadt. Das war mal Bochum, mal Essen, mal Neviges, mal Velbert usw. Es war mir bewußt, daß die Fahrt zurück zur Höhle in einem anderen Taxi sehr gefährlich war, aber ich habe das in Kauf genommen.

Isgesamt habe ich vielleicht hundert Jungen angesprochen, und in vielen Fällen bin ich hinterher gewesen. Meistens wehrten sie ab, oder sie liefen weg.

Was in der Höhle geschah, daran kann ich mich heute teilweise nicht so genau erinnern. Es hat sich herausgestellt, daß ich im zweiten Fall den Ort in der Höhle verwechselte oder vergaß.

Mit dem Beriechen des Fleisches war das nicht so bedeutungsvoll in der extremen Form, wie es im ersten Urteil dargestellt wird, aber mit dem Befühlen ist es schon richtig, das in der Hand zu haben vor allen Dingen. So gerne habe ich den Gestank in der Metzgerei nicht gehabt. Ich würde das Riechen und das Befühlen als eine Art sexuelle Machtlust bezeichnen. Es hatte viel mit Sexualität und auch viel mit bösartiger Machtübung zu tun. Ich war irgendwie «der König», oder so ähnlich. Andere Einzelheiten in meinen Phantasien sind erst im Laufe der Zeit dazugekommen, aber der Gedanke, den Darm rauszureißen, war schon ziemlich früh da. Warum, weiß ich nicht. Das hatte mit Sadismus zu tun, mit Quälen, aber der Sinn war natürlich verloren, da das Kind ja schon tot war. Das war natürlich nicht so, wie ich es gewünscht hätte, aber es mußte eben noch sein, wahrscheinlich dieser sexuellen Machtlust wegen. Die möglichst vollständige Zerstörung des Körpers spielte auch eine große Rolle. Beim Ausziehen der Kinder habe ich die Kleider vom Körper runtergerissen. Auch die Kleidungsstücke sollten kaputtgehen. Es sollte alles kaputt sein. Am meisten in Ekstase geraten bin ich beim letzten Mal, wie das alles noch warm war und dampfte. Das war unwahrscheinlich.

Man hat mich immer wieder gefragt, ob ich das auch in dieser Form gemacht hätte, wenn ich kein Metzger gewesen wäre. Ich kann nur sagen, ich hätte es in dieser fachlichen Form nicht gemacht, aber es wäre genau so geworden. Man hat mich auch gefragt, ob ich Anatomie- oder Pathologiegehilfe hätte werden mögen. Ich bin mir da nicht sicher, es sind so wenige Kinder da und so. Weil meine Sache altersbezogen, so eng umgrenzt ist, glaube ich nicht, daß mir das besonders etwas gesagt hätte.

Beim dritten Fall habe ich im ersten Prozeß gesagt, es stimmte, daß ich neben dem toten Kind onaniert hätte, aber mit Vorbehalt habe ich das alles gesagt. Schon damals wußte ich das nicht mehr so richtig. Ich habe die Hose nur runtergelassen. Nur einmal, im Fall Frese, habe ich mich selbst ganz ausgezogen.

Ich weiß heute vieles nicht mehr, aber ich weiß doch, es ist mir niemals gelungen, einen Afterverkehr auszuführen.

Als ich die Leiche nach der zweiten Tat wieder sah, habe ich mich vor den Verwesungserscheinungen geekelt, vor den Maden, und was da alles krabbelte. Das war nur auf die Bauchhöhle beschränkt. Die Rückseite, das Gesäß und der Rücken, die Beine auch, waren alles völlig unversehrt. Ich habe die Leiche dann nach hinten überschlagen, und das hat mich doch trotz allem etwas erregt. Das Kind hatte einen ausgesprochen schönen Körper. Hinterher, als ich ihn in der Grube liegen hatte, habe ich mit der Schippe die Stellung ein bißchen verändert und mich daran gefreut, wie schön das eben aussah. Natürlich habe ich immer darauf geachtet, daß ich die kaputte Seite nicht zu sehen bekam. Ich habe mir dann vorgestellt, er wäre ganz.

Und dann habe ich die Schippe genommen und immer darauf geschlagen, viele, viele Male, auch einmal oben am Hals. Gerade das hat ungeheure Freude gemacht.

Wenn eine Leiche da lag und am Verwesen war und ich das sah, war das nicht angenehm, aber wenn ich nicht hinzusehen brauchte, dann war es ganz angenehm. Wenn es vergraben war und wenn ich mich an meine Taten erinnerte und auch daran dachte, daß neue Taten wieder kommen sollten, dann war mir das angenehm. Mein Rechtsanwalt hat mich gefragt, ob mir ein Parfum mit diesem Geruch angenehm wäre. Wenn ich wüßte, daß das von irgendwelchen erwachsenen Leuten wäre, dann wäre mir das weitaus weniger angenehm. Und eins müssen Sie verstehen: unter Parfum versteht man, daß man sich damit bespritzt. Daran habe ich überhaupt nicht gedacht.

Einen Orgasmus, wie Sie ihn verstehen und beschreiben, habe ich bei den Taten nie erlebt. Anders beim Phantasieren im Bett; da war jedesmal zum Abschluß ein Orgasmus dabei. (Beim Phantasieren etwa ein Abschluß, meist beim «Töten» oder «Zerschneiden» des fiktiven Opfers.) Was für mich folgendes bedeutet: der Orgasmus beim Phantasieren war gewissermaßen nur ein «Ersatz». Denn: weil bei der eigentlich Tat, der richtigen Tat, kein Orgasmus stattfand, war er mir da scheinbar nicht wichtig, weil ich ja die ganze Tat als eine Art ungeheuer in die Länge gezogenen Orgasmus betrachtete. Die Freude am Sadismus ist ja (schweres Atmen, starkes Lustgefühl) dem Orgasmus durchaus ähnlich. Ich halte beides sogar für «verwandt», den Empfindungen nach.

«Wann» genau ich onaniert habe, bei den Taten, das weiß ich nicht mehr. Auch habe ich Ihnen noch nicht gesagt: wenn ich bei den fünf Taten dreimal onaniert habe, dann ist das schon viel.

Ich habe meiner Erinnerung nach gar nicht bei jeder Tat onaniert. Bei welcher ja, und welcher nein? Auch das weiß ich heute nicht mehr. Nur eines kann ich genau sagen: wenn ich bei den ersten vier Taten onaniert habe, so war das zu einem Zeitpunkt, als das Opfer schon tot (und ganz oder teilweise zerteilt) war.

Anders als im Fall Frese: dort habe ich, als der Junge nackt neben mir stand, kurz angefangen zu onanieren, dann habe ich gedacht, es wäre sehr gut, es erst mal bei ihm zu machen. Ich habe ein bißchen an ihm herumgefummelt, aber es tat sich nichts. Da wurde ich ziemlich wild und habe ihn angeschrien: «Kriegst du keinen hoch?» Er sagte etwas von «Geht nicht». Scheinbar konnte ich da gar nicht klar, nicht mehr logisch denken, denn wer Todesangst hat, der ist natürlich zu einer Erektion gar nicht fähig.

Ich wurde damals nicht noch wilder, ich fummelte, glaube ich, noch ein wenig – Sekunden nur – an mir herum, aber dann schlug ich wie von Anfang an weiter auf den Jungen ein und so, nicht aus Wut wegen dessen Versagen, denn zwar wäre es schön gewesen mit Onanieren an ihm, aber viel wichtiger war das große Quälen, die anderen Sachen dagegen doch Nebensachen und Kleinigkeiten.

Am Tag, wo ich Manfred Graßmann fand, habe ich mit ihm absichtlich mein Lieblingsgetränk, Asbach mit Cola, nicht bestellt, damit das nicht vielleicht später auffallen würde. Als wir zur Höhle fuhren, habe ich den Taxifahrer genau erkannt, aber mittlerweile war ich so weit davon beherrscht, daß ich wirklich im Ernst gar nicht mehr hätte zurückgekonnt. Der Trieb war doch so stark, daß ich, wenn es hart auf hart kam, eben doch nicht aufhören konnte. Wenn ich wirklich mal einen richtigen hatte, dann war es schlecht, aufzuhören. Das eine, nämlich meine allgemeine Vorsicht, verträgt sich schlecht mit dem anderen, aber es ist beides vorhanden gewesen.

Im Fall Frese bin ich mit ihm von Wuppertal zur Höhle gefahren, und unterwegs ist uns der Wagen von unserem Nachbar Herrn Jorek entgegengekommen. Er saß selber am Steuer, und ich war überzeugt, er hatte mich erkannt. Ich hatte vorher meine Vorsichtsmaßregeln und alles mögliche beachtet, aber zu dem Zeitpunkt war es mir nicht mehr möglich, das zu lassen. Wenn ich schon mit dem Jungen im Auto war, dann war das eben vorbei. Ich kann nicht sagen, ich hatte den Wunsch, gefaßt zu werden. Man hat mich ausgelacht, aber es stimmt, wenn ich sage, unterschwellig habe ich immer gedacht, es wäre eigentlich doch das Beste. Mit einem bißchen Verstand erkennt man das als unterschwelligen Wunsch. Das war mir an sich klar, daß das das Beste gewesen wäre, aber aufgrund der eigenen Persönlichkeit hat man nicht so sehr den Mut dazu. Auch wenn alles, was ich machte, nicht strafrechtlich geahndet wäre, hätte ich auch diese unterschwellige Idee gehabt, daß das irgendwie mal enden mußte, allein von dem persönlichen Sinn, den man für Recht und Unrecht, für richtig und für falsch, für gut und böse hat.

Die ganzen konkreten, detaillierten Aussagen zum Fall Graßmann habe ich erst während des ersten Prozesses gemacht, aber das hat mehrere Gründe. Einmal haben mich diese Sachen bedrückt. Wenn man etwas verschwiegen hat, was besonders schlimm ist, dann will man doch alles sagen. Es drängt natürlich heraus. Auf der anderen Seite habe ich mich immer im Hintergrund ein klein wenig doch für krank gehalten, und ich will ehrlich sagen, das war ein Grund, warum ich auspackte, denn ich habe mir selber gedacht, das ist so schlimm, das kann einfach nicht «normal» sein. Ich habe gedacht, natürlich werden sie alle ganz furchtbar entsetzt sein, aber letzten Endes werden sie es vielleicht auch einsehen und werden vielleicht versuchen, dir zu helfen. Ich dachte, wenn du wirklich krank bist, dann hättest du vielleicht sogar ein kleines Anrecht dazu. Aber das war nicht der Grund, das lag wirklich auf dem Gewissen.

Schon vor dem ersten Prozeß, während der Untersuchung, war ich recht nah daran, der Polizei oder vielleicht den Gutachtern alles zu erzählen, aber diese Leute hatten nicht den geringsten Tiefgang. Sie haben alle sehr viel mit mir geredet und waren alle sehr nett, aber ernstliche Motive aufzuspüren, daran hatten sie nicht das geringste Interesse. Ich kann es nicht anders sagen, sie haben sich alle ein wenig staatsanwältisch verhalten. Und als Angeklagter ist man natürlich ein wenig zurückhaltend. Sie fanden es interessant, daß ich bei einem Fall den Wecker stellte, daß ich hinterher auf einen bestimmten Fünfzigmarkschein achtete, daß ich abrechnen konnte, wieviel Geld Viktor tatsächlich von mir bekam, und ob ich fünfzehnmal oder nun sechzehnmal mit dem Düren war. Das war für mich damals unglaublich oberflächlich.

Unter Tiefgang verstehe ich, daß man versucht, tiefere Gründe zu verstehen, zu begreifen, denn ich meine, es muß tiefere Gründe geben. Es geht doch gar nicht anders. Und darum haben sie sich nicht im geringsten bemüht! In der Höhle haben sie auch all diese Wattebäusche gefunden und haben mich gefragt: «Hast du sie vielleicht gebraucht, um die Jungen zu betäuben, damit sie nicht so viel Schmerzen hatten?» «Ja, natürlich», habe ich gesagt. Nach diesen Rettungsankern habe ich immer gegriffen, um es nicht so schlimm zu machen, wie es in Wirklichkeit war.

Dadurch kamen viele sogenannte Lügen darein. Das war aber nicht böse gemeint. Ich bin mit der Zeit immer ehrlicher geworden, bis ich zum Schluß ganz ehrlich war.

Da war einer von der Wuppertaler Staatsanwaltschaft gekommen. Er legte mir die Hand auf die Schulter und sagte: «Ja, mein Junge, man muß eben alles mal sagen! Nur so kann man dir helfen.» Das ist wörtlich wiedergegeben. So ein Angeklagter läßt sich natürlich davon immer ein wenig beeindrucken. Verdammt noch mal, sie sollten doch wenigstens ehrlich gewesen sein! So etwas dürfen sie nicht sagen, wenn sie wirklich im Hinterkopf doch genau wissen: «Wir wollen einen Scheißdreck tun, nur auf keinen Fall helfen»!

Peter Frese war fünfzehn Jahre alt. Als Blonder war er an sich nicht mein Typ. Es war sicher ein wenig der Not gehorchend. Ich mußte damit rechnen, daß er mir vielleicht ein paar knallen würde. Was ich aber vorher nicht wissen konnte, der Junge war derart ängstlich, zu keiner Sekunde hätte er Gegenwehr geleistet. Er hat sich nur derartig gut abgedeckt, daß ich dadurch allein schon in Raserei und Wut kam, so daß ich ihm hinterherrief: «So, du Arschloch, nun wehr dich doch endlich mal!» Aber er sagte: «Nein, nein!» In dem Moment wäre es mir sehr lieb gewesen, wenn der Junge sich gewehrt hätte, obwohl die Hilflosigkeit der Kinder im allgemeinen für mich ein Anreiz war. Aber ich war ehrlich überzeugt, daß der Junge keinerlei Chancen gegen mich gehabt hätte.

Frese habe ich versucht zu küssen, aber das gehörte zu keinerlei Plan. Das kam irgendwie aus der Situation heraus. Ich weiß nicht wie, von Sekunde zu Sekunde war der Wunsch da. Ich dachte, daß das zwischendurch mal ganz toll wäre. Das war für mich etwas Neues. Viktor und Detlef hatte ich niemals geküßt. Wenn ich heute sage, er wollte geküßt werden, würde mir jeder sagen: «Du Schwein, das kann dir sonst wer glauben!» – aber das ist tatsächlich wahr. Es ist meiner Ansicht nach bloß dadurch erklärbar, daß ich ihn vorher so furchtbar geschlagen hatte. Wenn ich mal versuchte, mich in seine Lage zu versetzen, kann ich mir nur vorstellen, daß es für ihn einzig und allein darauf ankam, was schlimmer war, was weher tat. Ich meine, geküßt zu werden von jemandem, der mir abscheulich ist, ist mir immer noch lieber, als wenn derjenige mir von hinten eins in die Hoden tritt. Aus dem Sinn ist das erklärlich. Aber damals war ich etwas verblüfft. Er sagte: «Weiter! Weiter!» Dann habe ich schließlich weitergemacht. Es wird richtig sein, daß es ihm allein darauf ankam, was nun leichter zu ertragen war.

Ich mußte ihn festgebunden da in der Höhle lassen, um pünktlich zu Hause zu sein. Als ich später in die Höhle zurückkam und sah, daß er weg war, war das ein ganz unglaublich enttäuschendes Gefühl. Minutenlang habe ich wie angewurzelt gestanden. Ich habe immer bloß gedacht, das kann doch nicht wahr sein. Ich habe ziemlich logisch nachdenken können. Minutenlang habe ich das Gefühl gehabt, da müßte doch nun eigentlich ein Wunder geschehen, daß er wieder zurückkäme. Später habe ich natürlich auch daran gedacht: Was ist nun, was wird er machen? Ist er vielleicht sofort zur Polizei gegangen? Aber als ich da in der Höhle stand, spürte ich vor allem eine riesige, ratlose Enttäuschung.

Dieser Vorfall war an einem Samstag. Montag bin ich schon nach Mülheim auf Suche gegangen. Da habe ich zwei Jungs zusammen angesprochen. Ich wollte nur einen mitnehmen, aber sie sagten: «Wenn wir schon mitgehen, dann gehen wir zu zweit mit.» Die waren beide etwa zehn Jahre alt. Ich habe ihnen gesagt: «Hier hat erst einmal jeder von euch zwei Mark. Überlegt es euch noch mal, und ich komme gleich wieder. Wenn dann einer von euch mitgeht, bekommt er zwanzig Mark. Die könnt ihr euch dann teilen.» Ich bin ein Stück weggegangen und wieder zurückgekommen, und sie sagten, sie wären mit zwei Mark schon zufrieden.

Am Dienstag haben sie mich festgenommen.

*

13
Der Revisionsprozeß

Der Häftling glaubt leicht, er sei ganz in der Gewalt des Richters; in Wirklichkeit ist es der Richter, der von Kräften abhängt, die er nur wenig kontrollieren kann: Tradition, Präzedenzfälle, vor allem aber Informationsmangel ... Ohne Zweifel hofft der Richter, daß der von ihm Verurteilte seine Persönlichkeit ändern wird. Aber durch welche Einflüsse? Kein Richter wird wünschen, daß dies durch Übernahme der Merkmale geschieht, die das Gefangenen-Leben bestimmen ... George Bernard Shaw nannte es eines der Hauptübel des Gefängnissystems, daß es Unmenschlichkeiten im geheimen ermöglicht; würde die Öffentlichkeit diese Behandlung sehen, sie würde sie keinesfalls dulden.

– Karl Menninger

Die Beurteilung der seelischen Verfassung eines Täters durch Gericht und Gutachter konzentriert sich auf die Frage: war der Betreffende in einer Verfassung, die als krank oder krankhaft oder krankheitswertig zu bezeichnen ist? Juristen und Mediziner haben hierüber unterschiedliche Auffassungen, aber auch die Mediziner untereinander sind sich keineswegs einig darüber, was als «krank» bewertet oder behandelt werden sollte. Diesseits aller ausgefeilten Definitionen läßt sich fragen: Beweist nicht jemand allein durch Taten, wie sie von Bartsch verübt wurden, daß er krank ist? Kann jemand, der Morde plant und mordet, der in immer neuen Variationen davon träumt, andere Menschen abzuschlachten, «normal» sein?

– Wilfried Rasch

Schon 1929 hatte der Psychoanalytiker Franz Alexander geschrieben: «Die Forderung Liszts, daß das Gericht nicht zur Tat, sondern zum Täter Stellung nehmen soll, mußte bis heute, so lange, als Freud nicht die Erforschung der Persönlichkeit zu einer exakten Wissenschaft entwickelt hatte, ein frommer Wunsch bleiben. Der Einlaß der Psychoanalyse in den Gerichtssaal wird den ersten Schritt zur Verwirklichung dieser Forderung bedeuten.» Nun, bloß zweiundvierzig Jahre später, erschien zum erstenmal in Deutschland ein Psychoanalytiker, Prof. Dr. med. Tobias Brocher, als Gutachter bei einem solchen Prozeß.

In den ersten Verhandlungstagen wurde die schon fast unbestrittene Glaubwürdigkeit des Angeklagten in ein paar wichtigen Punkten noch gefestigt. Das aber bedeutete zugleich die Vernichtung der Existenz eines damals siebenundfünfzigjährigen katholischen Priesters, der fast sein ganzes Leben als Erzieher der Jugend in einem Internat für Jugendliche gewirkt hatte. Die Kammer in Düsseldorf, im Gegensatz zu der Jugendkammer in Wuppertal, interessierte sich doch für die Behauptungen des Angeklagten, daß eine schockierende Grausamkeit die damaligen Erziehungsmethoden im Don-Bosco-Heim in Marienhausen geprägt habe. Die Behauptungen, die Jürgen Bartsch zum erstenmal in seinen Briefen an mich machte, gingen so weit, daß man mehrere Einzelheiten bezweifeln mußte. Die Düsseldorfer Kammer hat sich die Mühe gemacht, vier andere frühere Alumnen desselben Heimes als Zeugen vorzuladen. Das Ergebnis dieser Ermittlung glich fast einer rituellen Vernichtung des Priesters, den ich in diesem Buch Gerhard Pütlitz nenne, von seinen alles andere als liebenden Schülern «PaPü» genannt.

Die Düsseldorfer Kammer hat sich ungewöhnliche Mühe gegeben, die Wahrheit in diesem heiklen Komplex festzustellen; einen Zeugen hat sie sogar auf Gerichtskosten aus Südafrika geholt. Er hätte schon in Wuppertal aussagen können: Vor fünf langen Jahren, als er von der Festnahme des Marienhausener Schülers las (und während deren Jürgen Bartsch in Einzelhaft verkommen mußte), hat er sich freiwillig als Zeuge gemeldet, obwohl er Jürgen selber gar nicht gekannt hatte. Die Wuppertaler Jugendkammer zeigte kein Interesse an seiner Aussage.

In Düsseldorf haben die vier bestellten Marienhausener (einige zusätzliche haben sich noch während des Prozesses freiwillig gemeldet) im allgemeinen die Anschuldigungen von Jürgen bestätigt – und noch viel mehr; wie ein Anwesender im Gerichtssaal während ihrer Aussagen es schilderte: «Die Priester schienen nur zu unterrichten, wenn sie gerade nicht mit dem Verprügeln der Schüler beschäftigt waren.» Zu den Strafmaßnahmen gehörte es zum Beispiel, daß man auf die nackte Haut heißes Kerzenwachs tropfen ließ, manchmal auch brennenden Siegellack. Als PaPü selber in den Gerichtssaal kam, grüßte ihn ein Gemurmel von seinen früheren Schützlingen, z. B.: «Da kommt das Schwein!» Mehrmals während der wendigen Aussage des Priesters hörte man von den vier jungen Männern hinter ihm solche Zwischenrufe wie «Ist ja gelogen!»

Nicht nur der Verteidiger von Jürgen Bartsch, Rolf Bossi, sondern auch der Staatsanwalt versuchte vergeblich, ein klares Ja oder Nein von PaPü zu bekommen. Er lehnte zwar keine Frage ab, aber immer und immer wieder antwortete er: «Soweit ich mich erinnern kann, stimmt das nicht.» Der Landgerichtsdirektor fragte den Pfarrer: «Haben Sie jemals etwas mit dem Angeklagten gehabt? Haben Sie sich an den anderen Schülern vergangen?» Der Pfarrer antwortete: «Nein, nein, ich glaube, bestimmt nicht.»

Während der Aussage von Pater Pütlitz überfiel ihn eine bemerkenswerte sprachliche Fehlleistung. Er erklärte der Kammer, was für eine schwierige Aufgabe er mit «hundertsiebzig bis hundertachtzig Jungen» gehabt habe, und fügte dann hinzu: «Man muß doch für Ordnung sorgen mit hundertfünfundsiebzig!»

Am Ende seiner Aussage kam PaPü aus dem Gerichtssaal heraus mit einer apoplektischen Gesichtsfarbe fast wie rohe Leber. Kein einziger der vielen wartenden Reporter versuchte, ihn anzusprechen; uns allen war klar, daß er in dem Augenblick zu einem Gespräch kaum aufgelegt war. Er hat das Gerichtsgebäude in solcher Eile verlassen, daß er es unterließ, sein Spesengeld von der Kasse abzuholen.

Nachdem Jürgen Bartsch selber die Verhältnisse zu Hause geschildert hatte, in denen er aufwuchs, sagte sein Adoptivvater aus. Da wurde ein ganz anderer Ton angeschlagen, als man ihn während des Wuppertaler Prozesses gehört hatte. Der Wuppertaler Oberstaatsanwalt Fritz Klein hatte damals erklärt: «Das Elternhaus kann nicht besser gedacht werden. Welche nachteiligen Einflüsse sollten von einem solchen Vater ausgehen? Die Mutter hat ihn möglicherweise etwas verzogen, aber ihn mit Liebe und Güte großgezogen.» Der Wuppertaler Gerichtsvorsitzende Walter Wülfing hatte gesagt: «Den Eltern ist vorgeworfen worden, daß sie sich besser hätten um ihn kümmern müssen. Das sind reine Spekulationen.» Die Richter im zweiten Prozeß in Düsseldorf drückten mehrmals ihr Erstaunen darüber aus, daß das Wuppertaler Urteil eine «liebevolle Atmosphäre», ein «gepflegtes Elternhaus» festgestellt hatte.

Die Aussage von Gerhard Bartsch in Düsseldorf hat die damaligen Schilderungen der beiden jungen Herren von der Jugendgerichtshilfe im Wuppertaler Prozeß – allerdings mit neununddreißig Monaten Verspätung – bestätigt. Jürgens Vater hat in Düsseldorf zugegeben, daß Jürgen in einer «sehr gespannten Atmosphäre» existiert habe. «Ein direktes Eheleben hat es bei uns nicht gegeben.» Seine Frau habe das «Führerprinzip» in der Familie übernommen. «Sie wollte kein Kind haben, sondern eine Puppe.»

Die ganze Beweisaufnahme hat unter Ausschluß der Öffentlichkeit und der Presse stattgefunden. Während dieser Zeit, auf wiederholtes Ersuchen der Kammer, ist Frau Bartsch als Zeugin schließlich doch erschienen. Sie saß an einem Tisch mit einer Flasche Wasser und einem Glas und hörte mit erstaunter Miene zu, während Jürgen erzählte, wie sie ihn als Kind, als Jugendlichen und als jungen Mann behandelt hätte. Alles, aber auch alles hat Frau Bartsch restlos abgestritten: «Nein, so war das nicht ... Das ist einfach nicht wahr ... Jürgen! Wie kannst du so etwas sagen!» Die zweite der aufschlußreichsten Fehlleistungen des Prozesses kam, als Jürgen erzählte, seine Mutter habe einmal mit einer Bierflasche nach ihm geworfen. Als Frau Bartsch das abstritt, faßte sie nach der Wasserflasche auf dem Tisch und nahm sie in die Hand, als wenn sie sie werfen würde.

Einen bemerkenswerten Wortwechsel gab es, als der Vorsitzende Jürgen fragte, wie er zu seinem Beruf stehe: «Ich mochte ihn nicht. Das Schlachten war mir zuwider.» «Aber wieso konnten Sie es denn mit den Jungen machen?» «Ich hatte doch kein sexuelles Gefühl für Tiere.»

Es könnte niemand der Düsseldorfer Kammer vorwerfen, eine zu enge Skala von Expertenmeinungen angehört zu haben. Acht Hauptgutachter saßen da in einer Reihe, und von den Presseplätzen aus betrachtet, saßen sie von links nach rechts geordnet wie in einem Parlament, in mehr oder weniger passender Reihenfolge von fortschrittlich bis konservativ: Rasch, Lempp, Bosch, Müller-Luckmann, Mantell, Lauber und Panse. Von den drei Gutachtern im ersten Prozeß war nur Herr Lauber übriggeblieben.

Hans Ludwig Lauber, Professor für Psychiatrie und Neurologie an der Universität Düsseldorf, hatte sich schon vorher anderthalb Stunden lang gegen einen vernichtenden, exquisit dokumentierten Ablehnungsantrag des Verteidigers Rolf Bossi wegen Befangenheit wehren müssen. Nach Laubers mit nervöser Stimme vorgetragener Selbstverteidigung hat Herr Bossi seinen Ablehnungsantrag gutmütig zurückgezogen. Die Ablehnung von Herrn Lauber, der ganz rechts im Gerichtssaal saß, hätte der Kammer einen Grund weniger gelassen, ein aufgeklärtes Urteil zu fällen, nachdem sie auch die konservativste, um nicht zu sagen reaktionärste Schule der Psychiatrie angehört hatte. Herr Bossi hat das vielleicht die ganze Zeit gewußt und den Antrag nur als Taktik genutzt, gewisse vergangene Äußerungen von Herrn Lauber sorgfältig und gründlich für das Gericht zu zerpflücken; das ist ihm glänzend gelungen.

Zur Taktik, die Lauber selber in seinem Gutachten anwandte, gehörte das Zitieren aus den Arbeiten seiner wesentlich fortschrittlicheren Kollegen Wilfried Rasch, zur Zeit des Prozesses an der Universität Köln und bald danach Ordinarius für forensische Psychiatrie an der Freien Universität Berlin, und Tobias Brocher, Professor am Frankfurter Sigmund-Freud-Institut und Inhaber des ersten deutschen Lehrstuhls für Sexualforschung an der Universität Gießen, die beide wesentlich weiter links als Lauber in der Gutachterreihe saßen. Im Wuppertaler Prozeß, nur neununddreißig Monate früher, hatte Lauber eine Verbindung zwischen Sadismus und Sexualität restlos und energisch abgestritten und unter hartnäckigem Druck des Verteidigers Heinz Möller lediglich eingeräumt, diese Frage sei «offen». In Düsseldorf redete er ziemlich ausführlich über die für ihn nun anscheinend selbstverständlich gewordene Verbindung zwischen Sadismus und Sexualität, als ob niemand sie je in Frage gestellt hätte.

Dr. Ursula Mantell, einundsechzig Jahre alt, Fachpsychologin am Bochumer Institut für Gerichtspsychologie, hatte von allen acht Hauptgutachtern die längste Vortragszeit angemeldet, «mindestens anderthalb Stunden» – möglicherweise, weil Rolf Bossi sie unmittelbar nach Beginn des Prozesses als inkompetent äußerst scharf angegriffen hatte. Die Adoptiveltern, sagte Frau Mantell, hätten «das strahlende Baby» Jürgen «mit offenen Armen aufgenommen», obwohl sie diese lyrische Behauptung mit nichts dokumentierte. Von den pathologischen Umständen in Jürgens Kindheit ließ sie sich nicht sonderlich imponieren: «Es gibt weitaus schlimmere Milieus.» Sie bezeichnete die Adoptivmutter als «eine unkomplizierte Hausfrau» und die erschreckend kalten und gespannten Zustände zu Hause als «nicht entwicklungshemmend». Daß Jürgen ihr sagte, er habe sich mit ganzen sechs Jahren «in ein Mädchen verknallt», bedeutete für Frau Mantell «eine heterosexuelle oder wenigstens bisexuelle Neigung». Am merkwürdigsten von allem: «Bartsch hat sich einen Lebensplan als Erotomane zurechtgelegt. Er hat sich für sein Leben ausschließlich als Geschlechtswesen entschieden. Dazu war ihm jedes Mittel recht.» Frau Mantell ist aber der einzige Lacherfolg eines fatalen Prozesses gelungen, als sie Jürgen über Pater Pütlitz zitierte: «ein Franz Josef Strauß in Talar».

Der einzige Psychoanalytiker unter den Gutachtern, Tobias Brocher, hat ein überzeugendes mündliches Gutachten vorgetragen. Unter anderem sagte er: «Bei Jürgen Bartsch fielen Persönlichkeits- und Defektentwicklung zusammen. Kinder können nichts anderes tun als widerspiegeln, was mit ihnen geworden ist. Wir wissen ganz genau, daß eine sexuelle Frustration eine aggressive Haltung bewirkt. Bei einer normalen Entwicklung verschmelzen Aggression und Sexualtrieb. Diese Verschmelzung ist bei dem Angeklagten nicht eingetreten ... Mit Schulbeginn zeigt sich sehr deutlich seine soziale Hilflosigkeit, die ihn erstmalig auch zum masochistischen Opfer der Aggressionslust anderer Kinder werden läßt. Er sagt auch heute noch, daß er sich nicht habe wehren können. Seine Aggressions- und Vergeltungsimpulse haben sich als verborgene Wut so aufgestaut, daß er noch heute mit vollem Affekt in der Erinnerung sagt: ‹Ich hätte sie alle zerfleischen können.› Der aggressive Anteil dieser Rachewünsche bleibt erhalten und wird konstant mit heimlichen illusionären Allmachtsphantasien verbunden, während zugleich sein unbewußter Zweifel an seiner männlichen Identität verstärkt wird.

... Die gesuchten Triebobjekte müssen hilflos und wehrlos, möglichst qualvoll gefesselt, möglichst ihm ganz ausgeliefert sein ...»

Trotz aller erstaunlichen Enthüllungen des zweiten Prozesses haben drei der acht Gutachter behauptet, Jürgen Bartsch sei für seine Taten voll verantwortlich. In ihren Gutachten gab es Behauptungen, die zur Parodie geradezu herausforderten. Ein trokkener Kommentar kam von Wilfried Rasch: «Soll Jürgen Bartsch sich wirklich eines Tages gesagt haben, ‹Also, nun bin ich zwölf, dreizehn, vierzehn Jahre alt. Was mache ich aus meinem Leben? Ich glaube – ich werde Kindermörder.›» Herr Rasch machte eine kurze Pause und schüttelte ausdrucksvoll den Kopf. Jürgens Marienhausener Aufenthalt sei «zur Drehscheibe» in seinem Leben geworden. «Es ging Jürgen Bartsch darum, einen Menschen ganz zu besitzen ... Wir unterhalten uns über die Diagnose, während für Bartsch seit fünf Jahren nichts geschieht. Ohne geeignete ärztliche Behandlung ist er bis heute seinen weiterwuchernden Tötungsphantasien hilflos ausgeliefert.»

Ein anderer Kommentar kam von Elisabeth Müller-Luckmann, die Frau Mantells Behauptung nicht kommentarlos stehenließ, es habe «viel schlimmere Milieus» als das Elternhaus Bartsch gegeben. Frau Müller-Luckmann sagte lakonisch: «Das Erstaunliche an den KZ-Lagern war nicht die Todesquote, sondern die Zahl der Überlebenden.» Sie sagte auch: «Bartsch hat sich diese perverse Lebensform nicht gewählt, er ist in sie hineingeraten. Der Angeklagte wurde durch eine fatale Vorgeschichte geprägt.»

Die ganze Gutachterei in Düsseldorf hat den Staatsanwalt Heydenreich nicht weiter gebracht als seinen Kollegen Klein in Wuppertal: Auch Heydenreich hat «lebenslänglich» für Jürgen Bartsch verlangt. Er donnerte, sein Verlangen nach «lebenslänglich» sei nicht von Rache oder Sühne bestimmt: «Diese Taten können nicht gesühnt werden!» Die tatsächliche, zweifellos unbewußte Motivierung seiner sichtbaren und klar hörbaren Erregung hat er nicht zum Ausdruck gebracht.

Auch in diesem Prozeß merkte man mehrmals, wie langsam alte, ja sogar veraltete Ideen sterben. Man kann allenfalls darüber spekulieren, wieviel im Plädoyer des Verteidigers und auch im Urteil des Vorsitzenden für «die breite Masse» bestimmt war. Verteidiger Bossi sprach pathetisch von der «Prädestinierung, die Jürgen Bartsch in die Wiege gelegt wurde», Vorsitzende Fischer von einer «ererblichen Charakteranlage», obwohl die modernen Erkenntnisse der Psychologie solche Theorien ein für allemal diskreditiert haben. Glücklicherweise blieben solche Kommentare verhältnismäßig unwichtige Randerscheinungen.

Der Landgerichtsdirektor Kurt Fischer, ansonsten ein eminent fairer und unparteiischer Richter, ließ eine wohl unbewußte Befangenheit spüren. Sexuelle Beziehungen zwischen zwei Menschen desselben Geschlechts gelten bekanntlich als homosexuell, ohne daß man sie ausdrücklich als solche bezeichnen muß. Fischer sprach jedoch wiederholt von «den homosexuellen Wünschen» und «den homosexuellen Handlungen» des Jürgen Bartsch. Rechtsanwalt Bossi hat seinen Mandanten glänzend verteidigt. Wieviel er aber von dessen Problemen tatsächlich verstand, wie viele Recherchen er angestellt haben mag, ließ die bemerkenswerte Tatsache ahnen, daß ihm das siebzig Jahre früher erschienene, damals bahnbrechende Werk von Richard von Krafft-Ebing *Psychopathia sexualis* bis kurz vor Ende des Prozesses kein Begriff war. Allerdings eine psychologische Ausbildung der Juristen Fischer und Bossi wäre wohl zuviel verlangt. Ihre Fähigkeiten als Richter und Anwalt haben sie imponierend erwiesen. Fischer hat zusammenfassend gesagt: «Wir müssen die menschliche Seite dieses Falles sehen. Sie sollte uns näher liegen als manches kleinliche juristische Argument.»

Das Urteil über Jürgen Bartsch in Düsseldorf lautete:

«Der Angeklagte ist schuldig des vierfachen Mordes, tateinheitlich begangen mit Kindesraub und Unzucht mit Kindern, in drei Fällen auch in Tateinheit mit Gewaltunzucht zwischen Männern sowie des versuchten Mordes, tateinheitlich begangen mit Kindesraub und Gewaltunzucht mit Männern. Er wird zu einer Jugendstrafe von zehn Jahren verurteilt, auf die die Untersuchungshaft angerechnet wird. Die Unterbringung des Angeklagten in eine Heil- und Pflegeanstalt wird angeordnet.»

Im *Stern* hat Jürgen Serke, einer der verantwortungsvollsten und gewissenhaftesten Berichterstatter beim Düsseldorfer Prozeß, Rolf Bossi folgendermaßen zitiert: «Wenn alles klappt, wird Jürgen Bartsch in zehn Jahren resozialisiert sein und wieder in die Freiheit zurückkehren können.»

Über die Begründung des Urteils berichtete die *Frankfurter Allgemeine Zeitung* am 7. April 1971: «Der Vorsitzende stellte fest, dem Angeklagten, der seine abartige Triebhaftigkeit ungeachtet seiner Einsichtsfähigkeit nicht zu hemmen in der Lage sei, müsse eine erheblich verminderte Zurechnungsfähigkeit nach § 51 StGB zugebilligt werden. Ungeachtet der ‹Grenzen der menschlichen Erkenntnismöglichkeit› habe das Gericht die Grundfrage beantworten müssen: ob und in welchem Umfang Bartsch schuldig geworden sei. Die Anpassung des Menschen in der Gesellschaft, so legte der Vorsitzende dar, sei abhängig sowohl von den erblichen Anlagen als auch von den Umwelteinflüssen. Es sei zu berücksichtigen, daß Bartschs leibliche, [bald nach] seiner Geburt gestorbene Mutter hypersexuell veranlagt gewesen sei; auch Bartschs leiblicher Vater habe in seiner späteren Ehe immerhin elf Kinder gezeugt. Die Tatsache, daß Bartsch elf Monate nach seiner Geburt von dem Metzgerehepaar Bartsch adoptiert worden sei, habe man keineswegs als ‹Glücksfall› anzusehen; bestimmend für die weitere Entwicklung des Kindes sei vielmehr die ‹Bindungslosigkeit› zwischen ihm und der Adoptivmutter gewesen, die, wie ihre Vernehmung ergeben habe, ‹sehr hart mit ihm umgegangen› sei. Die Tötungsphantasien des Angeklagten hätten sich allmählich entfaltet. Zunächst sei der homosexuelle Trieb das Beherrschende, sei Gewaltanwendung nur Mittel zum Zweck gewesen. In den Abendstunden hätten diese Gewaltvorstellungen jedoch zu wuchern begonnen, so daß es bereits zur Zeit seines ersten Mordes, den er fünfzehnjährig beging, sein höchster Wunsch gewesen sei, Kinder bei lebendigem Leibe zu zerschneiden. Die Phantasien seien Wirklichkeit geworden bei Bartschs vierter Tat. Erst bei ihr habe Bartsch nach seinen eigenen Aussagen, das ‹ganz große, tolle Erlebnis› gehabt. Seit 1961/62 sei er ständig auf der Suche nach Opfern gewesen, der Trieb (den er selbst einmal als Raubtier bezeichnet hatte) habe schon damals vollen Besitz von ihm ergriffen. Nach seiner ersten Tat habe er zwar versucht, Abstand zu nehmen, indem er den Mord einem Priester gebeichtet und einem Freund gestanden habe, später jedoch habe es für ihn keine Tabuschranken mehr gegeben.»

Die VII. Strafkammer in Düsseldorf hat in der Tat ein fortschrittliches, mutiges Urteil gefällt, doch heute darf man auch auf dieses Urteil kritisch zurückblicken und den Kopf über jene Unlogik schütteln, mit der die Kammer zwangsläufig Gesetze hat anwenden müssen. Über den Revisionsprozeß schrieb Gerhard Mauz im *Spiegel*: «Rechtsanwalt Bossi . . . hat am ersten Tag des zweiten Bartsch-Prozesses erklärt, er hoffe auf zehn Jahre Jugendstrafe und anschließende Einweisung von Jürgen Bartsch in eine Heil- und Pflegeanstalt. Herr Bossi hat bei dieser Gelegenheit auch davon gesprochen, daß er halt realistisch sein müsse. Man darf also annehmen, daß ihm der Schwachsinn bewußt ist, der darin liegt, daß ein Verurteilter zunächst eine Strafe verbüßen und anschließend geheilt und gepflegt werden soll.»

Die Unlogik zeigte sich schon in diesem Paradox – und das in einem Fall, in dem Strafe absolut keinen Sinn hatte, es sei denn, sie könnte die Rachelust der frommen und völlig unschuldigen Mitbürger des Jürgen Bartsch befriedigen.

Der Prozeß gegen Jürgen Bartsch gab Anlaß genug, daran zu erinnern, daß man in aller Geschichte vergeblich nach einem Menschen suchen wird, der ein besserer Mensch wurde, weil man ihn demütigte, ihm weh tat, ihn hart behandelte. Schlauer, vorsichtiger, listiger, heimtückischer schon; aber besser? Niemals.

Wilfried Rasch hat in Düsseldorf seine eigene Gesellschaft angeklagt: «Bei Jürgen Bartsch liegt eine alles durchdringende Anomalie vor. In seinem kurzen Leben kam ein Schaden zum anderen. Er hatte keine Chance, sein Wesen zu entwickeln. Die Perversion ist sein Leben geworden . . . Fünf Jahre lang seit seiner Festnahme hat Jürgen Bartsch jede Nacht Kinder ermorden müssen, und wir haben nichts getan, als zugesehen.»

Noch Jahre später schrieb Rasch: «Nach den Ergebnissen einiger Untertests ergab sich der Verdacht auf eine erworbene Störung der Intelligenzfunktion, ein Befund, der im Verfahren die Diskussion unvermeidlich machte, ob nicht doch eine hirnorganische Schädigung für Bartschs Entwicklung entscheidend war. Seine auffällige Art, in seinen Schilderungen an einem Gedanken haften zu bleiben oder ein Wort mehrfach zu wiederholen und ein gelegentliches Stottern wiesen in die gleiche Richtung. Vielleicht wäre es beruhigend, könnte man das Phänomen Jürgen Bartsch von daher auflösen: Irgendwann in der Kindheit hat er eine Hirnschädigung erlitten und das ‹erklärt› seine Taten. Aber so einfach ist es nicht. Es bedurfte wohl des Zusammenwirkens aller Stationen, die er durchlief . . . , um Jürgen Bartsch zu dem zu machen, was er war. Das Mosaik schloß sich nur langsam zusammen. Eines Tages war dann die innere Bereitschaft vorhanden: der erste Mordimpuls schoß ein, eher zur eigenen Überraschung. Aber nun fing die Phantasie an zu arbeiten und drängte zur Wiederholung, drängte zu Mord.»

Nach Schluß des Prozesses fragte ich den Gerichtsvorsitzenden Dr. Fischer, ob ich Jürgen besuchen dürfe; er sagte, dem stünde nun nichts mehr im Wege. Als ich zu Jürgen geführt wurde und mit ausgestreckten Armen auf ihn zuging, warf er sich mir entgegen, klammerte er sich schweigend an mir fest, als wenn er nicht mehr loslassen wollte. Zum ersten, aber nicht zum letzten Mal habe ich auch ihn umarmt – so lange, wie er selber es wünschte.

Kurz vor dem Revisionsverfahren waren zum erstenmal Auszüge aus Jürgens Briefen an mich im *ZEITmagazin* erschienen. Darüber schrieb Gerhard Mauz im *Spiegel*: «Diese Korrespondenz . . . ist ein Dokument der Humanität, da sie Jürgen Bartsch den Beistand eines Zuhörers schenkte. Daß diese Korrespondenz auch ein wissenschaftliches Dokument ist, der Quellennachweis einer Entwicklung, die vier Kindern das Leben kostete und einen fünften Menschen, Jürgen Bartsch, zerstörte, scheint der neue Prozeß immer deutlicher zu bestätigen. Die endgültige Bestätigung würde unendlich wertvolle Lehren für die Verhütung von Verbrechen bringen.»

Man fragte sich damals, welchen Einfluß dieser wichtige Prozeß auf die Öffentlichkeit haben würde. Was würde sie aus ihm lernen?

Schon 1934 hatte Max Horkheimer geschrieben: «Wenn man das Entsetzen der heutigen Welt über Lustmorde, besonders über Angriffe auf Kinder erfährt, könnte man glauben, daß ihr das Menschenleben und die gesunde Entwicklung des Individuums heilig wäre. Doch abgesehen davon, daß der große Abscheu vor jenen Verbrechen meist seine besonderen psychischen Quellen hat, krepieren ja die Kinder an den Verhältnissen dieser heutigen Welt zu Hunderttausenden, und der Mehrzahl der Überlebenden macht man die Wirklichkeit zur Hölle, wobei sich gar kein Abscheu in den so leicht entflammten Herzen regt. Die Kinder der

Armen sind im Frieden zukünftiges Material der Ausbeutung und im Krieg das Ziel der Sprengstoffe und Giftgase. Die Herren dieser Welt entsetzen sich sehr zu Unrecht.»

Damals, nach dem Revisionsprozeß habe ich aus Düsseldorf für *Die Zeit* über die Gesellschaft und das Land berichtet, in denen ein Kind wie Jürgen Bartsch aufgewachsen ist:

«Unter den Kulturstaaten steht Deutschland mit einer langen, beschämenden Tradition an erster Stelle als der kinderfeindlichste. Da Kinder nicht strafmündig sind, darf es in der Bundesrepublik Deutschland keine Kinderkriminalität geben; man spricht statt dessen von ‹kriminellen Taten von Kindern›. Im Jahre 1970 gab es zirka siebzigtausend, und in den drei vorangegangenen Jahren war die Zahl um ein Viertel gestiegen. Am häufigsten kommen Eigentumsdelikte, Sachbeschädigung und Brandstiftung vor. Jedem Kind garantiert das Jugendwohlfahrtsgesetz das Recht auf Erziehung zur leiblichen, seelischen und gesellschaftlichen Tüchtigkeit, aber auf der anderen Seite räumt das Bürgerliche Gesetzbuch den Eltern fast uneingeschränkte Gewalt über das Kind bis zu seinem einundzwanzigsten Geburtstag ein.

Auch heute noch halten zwei Drittel aller westdeutschen Eltern Schlagen für die ‹wirksamste› Erziehungsmaßnahme. Das Recht, ihre Kinder zu züchtigen, billigt sogar das Gesetz den Eltern zu. Bekannt wird nur etwa ein Fall von Kindesmißhandlung unter zwanzig. Auf zweihunderttausend Einwohner der Bundesrepublik kommt nur eine Erziehungsberatungsstelle.

Für jede gewöhnliche Tätigkeit verlangt man Nachweise von Fähigkeiten, aber mit der wichtigsten Aufgabe von allen – der Erziehung von Kindern – läßt die Gesellschaft die Eltern im Grunde völlig allein.

Es sollte niemanden überraschen, daß die Rückfallquote bei straffälligen westdeutschen Jugendlichen bei achtzig Prozent liegt. Bonn bezahlt für die Subvention von Butter, Fetten und Zucker in der Europäischen Wirtschaftsgemeinschaft genausoviel – rund eine Milliarde Mark – wie für die gesamte Kinder- und Jugendhilfe.

Die Bundesrepublik hat nur für jedes dritte Kind einen Kindergartenplatz – und in den überfüllten Kindergärten werden die traditionellen Erziehungsmethoden oft noch rücksichtsloser gehandhabt als in den Familien. Mit einem Zehntel Quadratmeter – etwa 30 x 30 cm – stellt die Bundesrepublik den kleinsten Spielplatz pro Kind in Westeuropa.»

Siebzehn Jahre später, zwölf Jahre nach Jürgens Tod, wollte ich meinen damaligen Artikel aktualisieren und recherchierte nach neuen Statistiken. Aufgrund eines hilfreichen Briefes von Walter Wilken, dem Geschäftsführer des Deutschen Kinderschutzbundes, muß ich eine meiner obigen Angaben um drei Jahre korrigieren: Das Bürgerliche Gesetzbuch räumt heute den Eltern fast uneingeschränkte Gewalt über ihr Kind nicht mehr bis zu seinem einundzwanzigsten, sondern bloß bis zu seinem achtzehnten Geburtstag ein.

Zur Zeit des Düsseldorfer Prozesses – 1971 – wurde nur ein Fall von Kindesmißhandlung unter zwanzig bekannt. Am 16. August 1988 schrieb mir Wilken:

«Jedes Jahr wird in der polizeilichen Kriminalstatistik von zwischen 1400 und 1500 bekanntgewordenen Fällen berichtet. Wie hoch die Zahl der nicht bekanntgewordenen Fälle ist – es sind sehr viele –, entzieht sich unserer Kenntnis. Die Bundesrepublik glänzt dadurch, daß wir hierzulande über keinerlei entsprechende Forschungen verfügen und deshalb auch keine Aussage über die sogenannte Dunkelziffer gemacht werden kann. Man kann bestenfalls sagen, daß über die der Polizei bekanntgewordenen Fälle hinaus von Experten eine weitaus größere Zahl angenommen wird.

Mindestens ebenso bedeutsam wie die Kindesmißhandlung ist die sexuelle Ausbeutung von Kindern. Hier werden jährlich etwa zehntausend Fälle der Polizei bekannt; die Dunkelziffer ist darüber hinaus auch erheblich.

Die psychische Mißhandlung von Kindern ist – weil nicht strafbewehrt – natürlich auch polizeilich nicht erfaßt. Sie zu erwähnen ist aber außerordentlich bedeutsam, weil zunehmend Kinder und

Jugendliche mit schweren seelischen Problematiken bekannt werden. Einige Experten sprechen davon, daß 15% bis 20% psychische Probleme haben. Der Kinderschutzbund spricht davon, daß die körperliche und seelische Mißhandlung sowie die sexuelle Ausbeutung von Kindern zusammengenommen sowie die Vernachlässigung pro Jahr mehrere hunderttausend Kinder betreffen.»

Walter Wilken machte mich auf einen Artikel aufmerksam, «Geht's nicht ohne Klaps und Prügel?», der in der Zeitschrift *Eltern* (Nr. 8, 1988) erschien. Dort heißt es unter anderem:

«Auffällig ist auch etwas anderes: fast ein Drittel aller Kinder kriegt die harte Hand schon vor dem zweiten Geburtstag zu spüren. Bis zum fünften Lebensjahr ist schon jedes zweite Kind mit Prügeln und Klapsen vertraut. Das stimmt nachdenklich. Denn ein Kind kann gar nichts mit dieser Art Erziehung anfangen. Es empfindet sie im Extremfall als radikale Abwendung, körperlichen und seelischen Schmerz. Lerneffekte, die sich viele Eltern von Klapsen auf die Finger oder von Ohrfeigen erhoffen, sind dagegen nicht zu erwarten. Schlagen als Erziehungsmittel ist fragwürdig genug; es wird noch fragwürdiger, wenn es zur Dauereinrichtung wird.»

Am 25. April 1990 veröffentlichte der in Wien geborene amerikanische Psychoanalytiker und Psychiater Dr. med. Leopold Bellak in *The New York Times* einen kurzen Beitrag. Darin erzählt er von einer wissenschaftlichen Untersuchung, die er fast zwanzig Jahre früher unternahm, nachdem er beobachtet hatte, wie unterschiedlich dänische, deutsche und italienische Eltern mit ihren Kindern umgingen. Er betraute mit seiner Untersuchung jeweils zwei ihm empfohlene Psychologen in Kopenhagen, Frankfurt und Mailand, ohne sie aufzuklären, worum es wirklich ging. «Wir suchten Kinderspielplätze aus, die nach ihrem sozioökonomischen Status möglichst vergleichbar waren, dabei diente uns als Maßstab das Niveau der Wohnungsmieten in den jeweiligen Einzugsgebieten. Jeder Mitarbeitergruppe gab ich den Auftrag, halbstundenweise zu beobachten, was sich auf den Spielplätzen ereignete und ihre Beobachtungen an Ort und Stelle umgehend mit dem Tonbandgerät festzuhalten.»

Das Ergebnis: die dänischen und italienischen Eltern begingen keine aggressiven Handlungen gegen Kinder, während 73 Aggressionstaten von seiten der deutschen Eltern registriert wurden. Die deutschen Kinder begingen 258 aggressive Akte gegen andere Kinder, die italienischen 48 und die dänischen 20. «Die mit Vorbehalt formulierte [englisch: *tentative*] Moral der Geschichte ist», schrieb Bellak, «daß Deutsche ihre Kinder häufiger als dänische oder italienische Erwachsene mißhandeln, und daß die Kinder das an anderen Kindern abreagieren.» Diesen Bericht veröffentlichte Leopold Bellak zu einer Zeit, da alle Welt unruhig fragte, was die Wiedervereinigung Deutschlands mit sich bringen würde, unter dem Titel «Warum ich die Deutschen fürchte».

Im Frühjahr 1971, nach dem Revisionsprozeß in Düsseldorf, hatte ich geschrieben: «Die Bevölkerung der Bundesrepublik, der es so leicht gefallen ist, aus Jürgen Bartsch einen Sündenbock für eigene Taten zu machen, prügelt jahraus, jahrein etwa neunzig bis hundert Kinder zu Tode und verletzt mehrere tausend schwer. Wenn die Erkenntnisse aus diesem tragischen Prozeß diese Statistik ändern könnten, würden die vier Opfer von Jürgen Bartsch nicht ganz umsonst gestorben sein.»

Ich überlasse es den Leserinnen und Lesern, ob die Entwicklungen seit 1972 meinen zögernden, bedingten Optimismus gerechtfertigt haben.

*

14
Briefe VI

Es war diese spezielle Entwicklung, die seine ganze Persönlichkeit wie eine Sucht mit Beschlag belegte, ausfüllte und aufsog, der man aus psychiatrischer und sexualwissenschaftlicher Sicht die Qualität «krankhaft» zuzubilligen hatte. Die Gutachter, die sich hierfür aussprachen, waren sich mit dem Gericht einig, daß ein völliger Verlust der Steuerungsfähigkeit noch nicht eingetreten war. Das bedeutete, daß eine Strafe auszusprechen war. Bartsch wurde zu einer Jugendstrafe verurteilt, weil das Fehlen altersgemäßer Reifung angenommen wurde, erhielt jedoch die Höchststrafe von zehn Jahren. Die Anerkennung von Krankhaftigkeit in Verbindung mit der Rückfallgefahr machte es unvermeidlich, daß Jürgen Bartsch außerdem in ein psychiatrisches Krankenhaus eingewiesen wurde, zur «Besserung und Sicherung», wie es im Gesetz heißt.

– Wilfried Rasch

[ohne Datum]

... Nach dem ersten Prozeß, kurz nach Weihnachten 1967, habe ich keine meiner Beruhigungstabletten geschluckt, ich habe nur die Hüllen aufbewahrt. Ich habe mir dann die Hand ganz aufgeschnitten bis kurz vor der Pulsader. Die Pulsader lag offen, war aber nicht durchgeschnitten. Sie haben mich zusammengeflickt und den Magen ausgepumpt, und ich bin sofort wieder zurück ins Gefängnis gekommen. Mit der aus Seife gebastelten Pistole – ach Gott, ich habe gedacht, das hältst du ihnen so vor die Nase und transportierst ihn eben raus. Ich habe getan, als wenn ich bewußtlos wäre. Und der Arzt sagte: «Krankenhaus.» Dann habe ich den Mantel angezogen, wo ich die Pistole drin hatte. Sie haben da gar nicht reingeguckt. Der Arzt hat probiert, ob ich bewußtlos war, und ich meine Augen verstellt, aber ich bin überhaupt nicht bewußtlos gewesen.

Ich lag auf der Bahre. Ein Beamter saß neben mir. Sie haben mich mit einem Riemen festgeschnallt. Ich habe anscheinend ab und zu in die Seitentasche gefühlt, ob die Pistole noch da wäre. Mehr habe ich nicht gemacht, aber der Beamte hat die Bewegung in der Manteltasche bemerkt, und dann, als ich reingetragen wurde, hat er gesagt: «Komm, geben Sie mal schnell den Mantel her. Da ist irgend etwas los.»

Aber ein anderes Mal habe ich wirklich versucht, Selbstmord zu machen. Ich hatte mich verliebt, richtig verliebt, in einen Jungen, der damals zwölf war, den ich nicht persönlich kannte, aber ein Junge, dem ich auch im Gefängnis nicht aus dem Weg konnte. Das ist auch heute nicht weg. Ich spreche von Heintje. Heute ist er älter, so daß er mir, wenn ich draußen wäre, nicht mehr viel sagen könnte, denn diese Liebe, die geht bei mir bis höchstens zu vierzehn Jahren.

Das ist aber damals so schlimm gewesen und so unerreichbar, diese Sehnsucht war dermaßen groß, daß ich gedacht habe, ja, nun machst du Schluß, so geht das einfach nicht weiter.

Es war so eine Art Heldenverehrung. Das drängt das Sexuelle natürlich zurück, sogar bei mir. Ich sage das heute noch, daß dieser Junge ein Kind ist und daß er das nicht zu verantworten hat, was mit ihm gemacht wird. Er macht das ja nicht, sondern man macht es mit ihm, verstehen Sie?

Ich habe nie an ihn geschrieben. Ich persönlich bin der Ansicht, daß der Junge genug eigene Belastungen hat. Ich bin überhaupt gespannt, wie ein Mensch, der als Kind derlei Rummel mitgemacht hat, im späteren Leben überhaupt fertig wird. Das wäre doch sehr interessant für mich.

Die Sache war das Auslösende. Da war Weihnachten gerade vorbei, es war immer noch Weihnachtsstimmung, und dann in der WDR-Sendung «Guten Morgen» hörte ich ein Interview mit ihm. Das hat mich nahezu verrückt gemacht! Auch einmal später, im Mittagsmagazin. Zwei Tage später machte ich den Selbstmordversuch.

Ich kam ins Lazarett nach Duisburg-Hamborn. Da haben sie

versucht, mich wach zu bekommen, von morgens sechs bis nachmittags drei oder vier, aber da war gar nichts zu machen, und sie haben mich weiter nach Bochum gebracht, ins Gefängniskrankenhaus, und da haben sie mich abends ein wenig wach bekommen. Später haben sie erzählt: ja, och, die Tabletten, da hätten Sie hundert von nehmen können! Aber ich lag über eine Woche im Krankenhaus dort.

Nach dem ersten Urteil ist der ganze Trieb eine Zeitlang verschwunden – alles, nicht etwa nur der Sexualtrieb als solcher, nicht nur die Phantasien vom Quälen und Töten, alles insgesamt war lange Zeit völlig verschwunden, und das war eine Wohltat. Das fing an mit dem Abend der Urteilsverkündung, wo ich den ersten Erstickungsanfall hatte. Mit einem Schlag war da Schluß. Bis zum Urteil ist der Trieb, auch die schlimmen Phantasien, genauso schlimm wie stets gewesen, wahrscheinlich eher noch stärker, weil es sich noch immer weiter und länger hinzog, die Phantasien usw. Ein gutes Foto genügte schon, um mich ganz schwer aufzuregen.

Vor meiner Verhaftung, wenn dieser große Stau, dieser Trieb, rapide abgeklungen war, hatte ich natürlich, auch wenn keine Tat war, auch wenn es bloß Phantasie war, doch immer die große Ernüchterung usw.; das Gewissen und alles, das ist dann immer in derselben Sekunde zum Vorschein gekommen. Ich habe schon mal zweimal, auch dreimal in einer Nacht onaniert. Wenn das nicht abklingen wollte, dann machte ich einfach weiter.

Es kam immer die Katerstimmung auch danach. Ich habe es nicht verhindern können, daß das praktisch jeden Abend kam. Danach war ich immer ganz fertig, und das Gewissen meldete sich, aber erst danach, also wenn die sexuelle Erregung nicht mehr da war.

Danach phantasierte ich, diesmal aus freiem Willen, das genaue Gegenteil, aus einem Schuldgefühl (das sicherlich berechtigt war) heraus. Ich träumte dann davon, einen Beruf zu haben, wo ich Kinder pflegen und ihnen helfen würde. Ich rollte oft eine

Decke zusammen; die war dann das Kind, und ich drückte es an mich, jetzt allerdings ohne jegliches sexuelle Gefühl. Das war dann wie eine Erlösung und eine Wohltat. Das war dann eben irgendein Kind für mich, aber nicht im sexuellen Sinne, sondern eine Art Wiedergutmachung, eine lächerliche, aber ich habe so Scheingespräche mit diesem Kind geführt.

Es waren meistens Jungen, aber das kam wahrscheinlich vom Gewissen her. Ich habe richtige Gespräche mit dem Kind geführt, als ob ich nun eben nicht der wäre, der ich geworden bin, sondern eben jemand ganz Anderer gewesen wäre, der Kinder gern hat und mit ihnen spielt. Ich habe das Kind in den Arm genommen, wie man es eben tun würde, wenn man normal wäre. Das war immer ein richtiger Drang danach, ich meine das, und das mache ich heute auch noch.

Seit dem ersten Urteil bzw. seitdem ich nicht ganz gesund bin [Oktober 1969], ist der sexuelle Drang bis jetzt fort, auch die Phantasien. Nur das Nachspiel ist geblieben, und ich will auch, daß es so bleibt, denn dieser Traum ist das Eigentliche, wenn der verdammte Sex nicht gewesen wäre, und diesen guten Traum, oder Wunschtraum, lasse ich mir nicht nehmen.

Vielleicht einmal im Vierteljahr habe ich auch «Freundschafts»-Phantasien, aber das ist überhaupt kein Vergleich. Es hat ganze Monate gegeben, in denen die sadistischen Dinge überhaupt keine Rolle spielten. Das waren aber die Monate, wo ich nach dem ersten Urteil so schwer krank war. Monatelang blieb das Bedürfnis auf dem Nullpunkt. Das war die Zeit, wo ich praktisch keine Luft kriegte, wo ich mir einbildete, genug zu tun zu haben, mich selbst am Leben zu halten. Aber noch während der Verhandlung, mit der Anspannung im Termin zu sitzen, wirkte sich das böse, böse auf mich aus. Das war leider eher lebendiger als sonst. Dann wurde ich krank, aber ein paar Monate danach machte sich der Trieb wieder bemerkbar, und bald war er wieder ziemlich stark. Einmal war er so stark, daß ich mir selber eine Verletzung beibrachte.

Der ganze Trieb hat sich bei mir zwar auf die Sexualität gerichtet, aber das hat sich nie spezifisch auf die Geschlechtsteile bezogen. Das war eher allgemein pauschal auf Sadismus, auf Quälerei, und in dieser Hinsicht habe ich mich auch selber gequält und mir diese Verletzung im Hinterteil mit einem Streichholz beigebracht. Wenn ich diese Phantasien hatte, hatte ich immer das Gefühl, es fehlte etwas. Wenn Sie meinen, ich bin auch Masochist, da liegen Sie falsch.

Ich sagte mir, wenn du schon mal mit dem Verstand einsehen mußt, daß es einfach nicht möglich ist, daß du aktiv sein kannst, dann mußt du eben zumindest dich selbst quälen, damit du zumindest annähernd das Gefühl kennenlernst, das eben der Andere hätte, daß du da dran schon mal deine Lust hast. Das mag Ihnen ein wenig verquollen vorkommen, aber das waren genau meine Gedanken damals.

Ich habe mich unter der Decke geschlagen, habe mir Ohrfeigen gegeben, damit es niemand merkte. Dann bin ich in meiner Phantasie darauf gekommen, auch jemanden zu verbrennen, und ich sagte mir, ja, das mußt du dann genau so machen, du mußt genau wissen, wie das ist.

Ich habe den Kübel weggetan und habe mich auf das Ding mit den Löchern hingesetzt, und dann habe ich gedacht, ich gehe kaputt. Aber gleichzeitig, weil ich wußte, genau so ein Gefühl wäre das, was der Andere hätte, war es doch irgendwie himmlisch, eben vornehmlich vom Trieb her, wenn Sie das verstehen können. Ich habe es ein bißchen übertrieben; da ist eine Narbe auf der linken Backe geworden, die ich niemals wieder los werde.

Am nächsten Tag, als die sexuelle Erregung abgeklungen war, hatte ich nun eine Wunde. Ich konnte nicht zum Arzt gehen und sagen: «Ich habe mir den Hintern verbrannt.» Die Scheiße ging wochenlang überhaupt nicht zu, die ganze Haut war weg, und die richtige ursprüngliche Haut kam nicht mehr drauf. Viele, viele Tage war es noch naß.

Gestochen habe ich mich auch, mit einer Nadel. Das war etwa ein Jahr später. In dieser Form war es ja nicht jeden Tag und nicht jeden Monat auch so schlimm, aber so schlimm war es, daß ich gar nicht mehr weiter wußte und eben einfach mal wieder wissen mußte, was der für ein Gefühl hätte, wenn ich das nun machen würde.

Ich habe mich sehr oft vor die Eier geschlagen. An meinem eigenen Schmerz hatte ich beileibe kein Vergnügen, aber eben so, daß der Andere das eben so hätte. Das wollte ich unbedingt empfinden.

Dann habe ich mich geärgert, weil ich instinktiv immer zurücksprang. Da dachte ich, verflucht, das wird der Andere sicher auch machen. Dann habe ich mir gesagt, jetzt nimmst du eine Nadel und hältst sie am Hintern, und wenn er dann von vorne schlägt, d. h. zurück will, dann kriegt er eben die Nadel in den Hintern. Das hat mich furchtbar hochgebracht, das hat mich wirklich furchtbar scharf gemacht.

Ich habe die Nadel genommen und habe es probiert. Ich bin zurückgesprungen und von selber in die Nadel reingesprungen, fünf- oder sechsmal, es kann auch zehnmal gewesen sein. Ich bin selber derart erregt gewesen, aber trotzdem war ich an sich enttäuscht, weil ich von der Nadel überhaupt nichts spürte. Hinterher hatte ich alles voll Blut, aber wie das mit Nadelstichen ist, obwohl die Nadel ziemlich dick war, nach zehn Minuten war nichts mehr zu sehen.

Das Verlangen nach Onanie kommt so ziemlich plötzlich. Wenn ich erregt bin, habe ich automatisch den Wunsch, zumindest ein paar Stunden nun loszulegen. Wenn man erregt ist, denkt man ja nicht so, wie man sonst denkt.

. . . Wenn ich normal bin, bin ich kinderlieber als jede Mutter. Das wäre normalerweise nicht normal, aber mir gefällt es richtig. Ich will es gar nicht anders. Ich würde auch, wenn ich meinen Trieb irgendwie loswerden könnte, auf das Andere niemals verzichten. Ich würde auch nicht dazu bereit sein, zumal ich überzeugt bin, daß das ja niemandem schaden kann. Ich glaube, daß ich mich dadurch durchaus in der Hand haben würde.

Ich habe mir sogar oft gedacht: «Nehmen wir mal an, du hättest diesen Trieb nicht mehr und wärest draußen und würdest dich in dieser Beziehung nun ausleben können, da hättest du vielleicht einen Beruf» – und das ist auch einer meiner großen Wünsche immer gewesen – «einen Beruf, der mit Kindern zu tun hat, wo du Kindern irgendwie etwas Gutes tun kannst, so eine Art Pfleger oder was weiß ich.» Das ist auch einer meiner Träume.

In meiner Phantasie ist das ein Krankenhaus oder ganz einfach ein normales Heim, vielleicht mit Kindern, die niemanden Anderen haben, vielleicht mit Waisenkindern. Oft habe ich an Festtage oder so etwas gedacht, und die dann doch nun ein klein wenig schön zu machen.

Ich würde natürlich Wert darauf legen, manches besser zu machen, als wir selber jahrelang da drin gehangen sind. Ich denke immer, manches dürfe nicht so sein. Ich könnte natürlich nur so eine Art Hilfsperson nebenbei sein. Das ist mir klar, und darauf richte ich dann eben meine Phantasie aus. Ich sehe mich selbst als eine Art Pfleger, mehr nicht.

Wir würden sehr viele Ausflüge machen, draußen in der Sonne spazierengehen, mit dem Rheindampfer fahren usw., Burgen besuchen, durch den Wald laufen, Geländespiele machen, vorlesen und mit den Kindern zusammen essen. Mit den Kindern, da gibt es keine Grenze, so eine Grenze, wie bei meiner Triebsache, die gibt es nicht. Das sind Mädchen und Jungs durcheinander. Ich würde die Jungen, dessen bin ich mir bewußt, wahrscheinlich ein ganz klein wenig lieber haben, warum, das scheint mir ganz normal zu sein, wahrscheinlich aus einem gewissen Schuldgefühl heraus, aber ich glaube doch, daß ich in der Praxis keinerlei Unterschied machen würde, weil ich kleine Mädchen wirklich einfach süß finde. Ich spiele auch mit den Kindern, mache Brettspiele usw. im Zimmer. Manchmal sind es ziemlich kleine Kinder.

Gestern bei der Ausfahrt hier, im Auto nebenan, habe ich so einen kleinen Jungen gesehen. Er war vielleicht viereinhalb Jahre alt. Mein Gott, kleine Kinder sind ja manchmal überwältigend süß! Die wirken einfach schrecklich nett! Sie dürfen das nicht falsch verstehen. Da ist nicht im geringsten irgendwelches Gefühl der Sexualität dabei, sondern einfach eine ganz große Zärtlichkeit. Diese ziemlich kleinen Jungs und Mädchen nehme ich häufiger in den Arm usw. Ich glaube, daß bei diesen kleineren Kindern, fünf oder sechs Jahre, man sollte das in dem Alter eben noch machen. Man sollte sie noch ziemlich in den Arm nehmen, das ist meine Ansicht. Bei kleineren Kindern soll man das noch mehr machen.

Als meine ganze Triebsache anfing, habe ich immer ein wenig Angst gehabt, ganz schlicht und einfach überzuschnappen. Eben weil ich normalerweise doch so völlig anders auch vom Charakter her bin, habe ich im Hintergrund ein klein wenig Angst davor gehabt, daß ich diesen Trieb auf die Dauer nicht mehr mit klarem Verstand aushalten könnte. Ich habe das wirklich gedacht. Natürlich konnte ich es nicht immer vermeiden, daß ich grübelte, denn ich hatte noch so etwas wie ein Gewissen, aber eben wußte ich, wenn ich abends nur grübeln würde, daß ich dann meinen Verstand nicht aufrechterhalten könnte.

Meine jetzigen Phantasien bestehen zu etwa fünfundneunzig bis achtundneunzig Prozent aus ungeschehenen Taten und nur zu etwa zwei Prozent aus geschehenen Taten. Geschehene Taten spielten deswegen eine so untergeordnete Rolle, weil eine geschehene Tat für einen Sadisten niemals mehr recht befriedigend ist. Das andere hatte man noch nicht. Ich hätte nämlich gerne selber mal gewußt, aus welchem Grund ich dies oder jenes gemacht habe.

Zum Beispiel, bei einer Tat, als ich den Jungen zuerst so schlug, also bei der ersten Phase, habe ich die Beine ein bißchen auseinander gemacht und den Finger ihm hinten ganz reingeschoben. Dann habe ich ihn vorne an die Haare gefaßt und hinten mit dem Finger rein, habe ich ihn so praktisch allein mit dem Finger hoch durch die Luft geschleudert, einmal rund, so daß er dann auf die Erde gefallen ist. Bei einer anderen Tat ist so was Ähnliches gewesen. Mit dem Finger bin ich hinten reingegangen, habe da rumgewühlt, dann rausgezogen und habe ihm den Finger quer über die Backen abgewischt. Der Junge hat vor Schreck keinerlei Regung gezeigt, und das hat mich irgendwie geärgert. Ich habe ihn angeschrien und sofort wieder verprügelt, praktisch dauernd habe ich ihn verprügelt, ob er gerne seine Scheiße essen würde. Dann fing er an zu jammern, aber ich habe ihm nicht den Finger in den Mund gesteckt.

Ihm habe ich auch gesagt, er sollte sich mit dem Rücken zu mir stellen und dann die Beine ganz breit machen. Dann habe ich sechs oder sieben Meter Anlauf genommen und habe ihm die Hoden dagegengetreten, wie man einen Fußball tritt. Als Junge von acht oder neun Jahren, wo ich gar nicht darauf achtete, ist mir mal einer von hinten in Anlauf gekommen und hat mich gegen den Steißknochen getreten. Ich habe damals gedacht, ich würde verrückt werden. Das habe ich erlebt, wo ich mich noch genau erinnern kann.

... Seit einiger Zeit lese ich jeden Monat hier im Gefängnis die Zeitschrift *Eltern*. Warum? Ja, warum eigentlich nicht? Das kann ich Ihnen sagen: als Positiv-Negativ. Diese Zeitschrift ist für «so einen» auf beide[n] Seiten anregend, nämlich, wenn er von seinem Trieb befallen ist, aber auch, wenn er seine normale Zeit hat; dann liest er sie, im anderen Fall schaut er ja nur die Bilder an. Ich persönlich interessiere mich besonders in «normalen» Zeiten für diese Zeitschrift, weil ich sie für gut, fortschrittlich und wichtig für die Kindererziehung halte. Ich denke dann immer, ja, so würde ich es auch machen, wenn ich Kinder hätte. Und Du weißt ja, daß ich «eigentlich» Kinder sehr, sehr gern habe. Ich möchte im ganz «normalen» Sinne Tag für Tag mit ihnen spielen.

... Ich habe natürlich Tagträume, aber das ist meistens eine Wiedergutmachungsangelegenheit. Ich bin z. B. in einem Gefangenentransport unterwegs, und da ist eben ein Unfall oder irgendeine Katastrophe mit Kindern passiert, mit kleinen Jungen und Mädchen. Sie sind gefährdet, verletzt oder verschüttet, und da komme ich einfach aus diesem Gefängnis heraus und helfe eben.

Bei meinen Phantasien ist überhaupt viel Machtwunsch, Machtgedanke dabei. Ich bin überzeugt, daß Machtgedanke ein gut Teil des ganzen Sadismus ist. Ich würde z. B. als sexuelles

Machterlebnis eine Methode anwenden, die mir auch erst in der Haft von der Phantasie selbst aufgedrängt worden ist. Ich würde den Jungen nehmen und die Hände hinter dem Rücken fesseln. Dabei ist es mir egal, welcher Junge es ist, so eben einer meines Alters. Dann nehme ich einen Strumpf oder seine Unterhose oder ein Taschentuch und befehle ihm, den Mund aufzumachen. Ich würde ihm aber nicht einfach das Ding in den Mund stopfen, und das ist, was ich mit Macht meine. Er müßte den Hals aufmachen und dann würde ich den Strumpf oder die Unterhose mit einem Stöckchen reinschieben, daß er keine Luft mehr kriegen würde, daß er dann ein wenig rumtanzen und dann hinfallen und ein bißchen strampeln würde, aber ich würde das schon rechtzeitig rausnehmen.

Allein ihm das zu sagen, wäre schon ein gewisses Gefühl der Macht. Natürlich würde er dann schreien: «Nein! Bitte nicht!» Dann würde ich sagen: «Willst du lieber, daß ich dich umbringe?» Und dann würde es hinterher natürlich kommen, daß er sagen würde, dann lieber das, und dann würde ich das eben machen.

Eine andere Phantasie geht um die Schippe, mit der ich die Löcher grub. Ich habe mir ausgedacht, daß ich den Jungen nicht nur schlagen und quälen würde, sondern, um alles möglichst in die Länge zu ziehen, würde ich auch noch etwas anderes machen, was mir ein solches Gefühl der Macht verleihen würde. Diese Macht kann ich vom Sexuellen einfach nicht trennen. Das ist eben sexuelle Macht. Dieses Zeichen der sexuellen Macht wäre für mich ganz besonders groß, wenn ich dem Jungen die Schippe in die Hand drücken und ihm sagen würde: «Nun mußt du, so nackt wie du eben bist, mit den nackten Füßen darauf treten und ein ganz großes Loch hier graben.»

Vielleicht würde er fragen: «Du willst mich doch nicht umbringen?» Ich weiß nicht, vielleicht würde ich sagen: «Warten wir es ab», oder vielleicht würde ich auch sagen: «Das ist dein Grab, da kommst du rein, nur dann nicht, wenn du schön brav bist und alles machst, was ich von dir verlange!» Das ist ja auch wieder eine Richtung auf Macht hin.

Wenn ich normal und nicht davon beherrscht bin, kommt mir das so grauenhaft vor, das glauben Sie gar nicht! Ich bin an sich nicht kalt, nicht empfindungslos. Ich bin nur einmal – du lieber Gott, verstehen kann ich das selber nicht! Wenn der Trieb vorbei ist, auch diese Phantasien mal über Stunden für Stunden, dann denke ich, wie jeder Andere auch denken würde: Um Gottes willen! Was wollen Sie machen . . .

*

Düsseldorf, den 2. 7. 1971

. . . Jürgen Bartsch134 stellte am 25. 6. 1971 Strafantrag gegen PaPü wegen Meineides am 18. 3. 71 im Bartsch-Prozeß in 4000 Düsseldorf (durch Rechtsanwalt Bossi, München); dort (D.-dorf) sagte PaPü in einem entscheidenden Punkt völlig anders aus, als vor ein paar Jahren (1967) vor den Zeugen Werremeier und P. Mevissen. Die Düsseldorfer Pütlitz-Aussage darf ich Dir nicht zitieren, weil das eine nicht öffentliche Sitzung war, über deren Wortlaut auch ich nichts äußern darf.

Viele Grüße Dein oller

Jürgen Bartsch134

*

D.-dorf, 2. August 1971

. . . Verlaß Dich darauf, daß ich versuchen werde, mich über jede nur mögliche Quelle zu unterrichten, wie es «wirklich» ist. Schließlich können die «Berichte aus der Schlangengrube» ja nicht völlig aus der Luft gegriffen sein. Nur Psychiater werde ich nicht mehr danach fragen. Die volle Wahrheit bekommt man ja doch nicht gesagt.

*

Düsseldorf, August 1971

... Ja, warum erhalte ich die *Eltern*-Zeitschrift (warum eigentlich nicht?). Da kann ich Dir nur sagen, was ich auch Prof. Dr. Rasch schon dazu erklärt habe: als Negativ-Positiv. Diese Zeitschrift ist für «so einen» auf beide[n] Seiten anregend, nämlich, wenn er von seinem Trieb befallen ist, aber auch, wenn er seine normale Zeit hat; dann liest er sie, im anderen Fall schaut er ja nur die Bilder an. Ich persönlich interessiere mich besonders in «normalen» Zeiten für diese Zeitschrift, weil ich sie für sehr gut, fortschrittlich und wichtig für die Kindererziehung halte. Ich denke dann immer, ja, so würde ich es auch machen, wenn ich Kinder hätte. Und Du weißt ja, daß ich «eigentlich» Kinder sehr, sehr gerne habe; ich möchte im ganz «normalen» Sinne Tag für Tag mit ihnen spielen.

Ach ja, Yvonne. Nun, letztes Jahr, ungefähr um diese Zeit (August oder Juli) schrieb sie mir («Lieber Herr Bartsch!») und ich schrieb zurück, lehnte dankend («Hochachtungsvoll») ab. Aber sie ließ keine Ruhe, so daß es schließlich zum ausgesprochenen Briefwechsel kam. Sie sandte mir auch Fotos, ich ihr eins von mir. Dann: «Darf ich Sie nun endlich Jürgen nennen?» Sie durfte, und ich schrieb «Yvonne». Ihre Briefe (meine zwei oder drei Seiten) waren meist beängstigend lang, bis zu vierzehn oder sechzehn Seiten, und sie schrieb fast ausschließlich von sich selbst, ihrem Hund, ihrer Mutter, und ihrer ausgesprochenen leidvollen Kinderzeit. Nein, was sie da alles erduldet hat.

Die anderen Kinder mochten sie nicht. Was kein Wunder ist, wenn sie damals auch schon so mit den Gefühlen ihrer Mitmenschen umsprang. Ansonsten konnte sie eigentlich nichts dazu anführen. Sie «stellte» derart stark darauf ab, daß ich sofort dachte, daß dies doch wohl nicht ganz «echt» sei.

Und meist übte sie sich in einer seltsamen Art Humor, in dem sie sich einmal als «Schreckschraube» bezeichnete, eine Seite weiter als herbe Schönheit, die schon mancher angebetet habe, und «ich habe ein ausgesprochen starkes Geltungsbedürfnis!» Ein krankhaftes.

Und so reagierte sie dann auch ausgesprochen sauer, wenn ich sie einmal nicht genug über den vierblättrigen Klee lobte, denn «ich will jedesmal von Dir hören, wie lieb Du mich hast, und warum!» Das hätte auch der normalste Mann nicht ausgehalten, auf die Dauer.

Um Weihnachten, war noch alles in bester Liebesordnung («So krank bist Du, ich möchte nur still an Deinem Bett sitzen und Deine Hand halten ...»), und «natürlich bin ich Jungfrau» teilte sie mir mit, obwohl niemand das so genau hatte wissen wollen. Aber dann kam Herr F. W., ein Reporter einer Zeitschrift für das Leben im Bett, ein Mann, der eine seriösere Arbeitsstätte verdient hätte, und schrieb von der Jungfrau.

Darauf Yvonne zu mir, brieflich: «So ein Blödsinn! Ich habe mich furchtbar darüber aufgeregt!» Der dumme Jürgen, Intelligenzquotient 112, zog natürlich keine Schlußfolgerung. Dann marschierte sie, empört, wie sie war, von selber zu «QUICK», und zog die große «Show» ab, wie ich mir einmal zu sagen erlauben möchte, aber, obwohl im Detail sicher 100% korrekt, in einem Stil, der mich das Grausen lehrte.

Drei- oder viermal hatte sie mich besucht (ja), hatte mich dazu «gebracht», sie zu küssen (ja, ja), aber, ach, eigentlich war sie doch recht enttäuscht, denn Jürgen war blaß, «klein und mager» (ja, ja und nochmal ja), auch war er so fahrig, so nervös, und versuchte, durch «eine gewisse Überheblichkeit seine Unsicherheit zu verbergen.»

So weit, so schlecht. Hier im «Bau» fragte man mich nämlich, «Was muß das für ein Mädchen sein, die kann doch nicht normal sein.» Das weiß ich nicht. Aber ich frage mich natürlich, ob die züchtige Hausfrau, die einst über mich dozierte («Jetzt muß er jeden Tag in seiner Zelle onanieren, das gönne ich ihm»), ob sie wohl normal ist? Jedenfalls sollte man nicht so hartherzig sein, und ihr ihre Kerzen nehmen (die ich wohl mit Recht vermute, da über Onanieren sicher nur die Frau schreiben wird, die etwas davon versteht).

«Fünfzehn Jahre» (keinen Tag länger?), das wußte das neue

deutsche Rechtsblatt eher als ich, würde Yvonne zu mir halten, «auf ihn warten». Direkt nach dem Prozeß – das Rampenlicht war aus, die «Szene» war vorbei – schrieb sie mir nur noch von «Zweifeln», die sie «plötzlich» beschlichen hatten, nicht zuletzt weil «alle Leute» ihr «diese Sache» auszureden versuchten; sogar der gute alte Pförtner mit langem Bart, in ihrer Firma, schaute sie so verständnislos an. Daß sie die Sache mit all den Leuten selber zu verantworten hatte, begriff sie nicht oder wollte es nicht begreifen.

Als ich ihr vorhielt, daß ich ihre Zweifel nicht begreifen könne, da eher ich Hilfe brauche als sie, und daß ich diesen Briefstil für «lieblos» hielte, fauchte sie zurück: «Du wirst Dich sofort in aller Form entschuldigen!» Als sie merkte, daß ich begann, auf ihr pubertär überhitztes Katz-Maus-Spiel zunehmend ironisch zu reagieren, versuchte sie mich durch «schizophrene» Haltung zu verletzen (was blieb auch noch?). Da hieß es dann auf einer Seite: «Ich kann mir keinen anderen vorstellen als Dich» und: «Du bist ganz einfach mein Typ!» und zwei Seiten weiter: «Ich muß wohl meinen Beruf forcieren, wenn Du Dich nicht genug bemühst» und: «Ich glaube, Du bist nicht das, was ich mir unter Dir vorgestellt habe» und: «Stell Dir vor, ich träumte, ich läge nackt im Bett, Du kommst, siehst mich und läufst wie ein Hase fort.»

Worauf ich antwortete, daß ihr Traum genauso Schaum wie jeder andere sei, daß ich zwar nicht ganz so ängstlich sei, wie sie annähme, aber tatsächlich im Moment lieber Lincoln rauchen würde.

(Meine Eltern haben 1966 und 1967, ohne meine Einwilligung, an eine Illustrierte quasi meine persönlichen Briefe an sie verkauft. Ich habe das erst erfahren, als die Sache perfekt war. Sie haben damals einen Geldbetrag erhalten, dessen Umfang ich hier nicht nennen will, den sie für mich verwandt haben. Des weiteren (ebenfalls Geld) beim Constanze-Interview, und nochmals 1968 von der Illustrierten. All das Geld, das muß ich der Objektivität halber sagen, haben sie für mich ausgegeben. Auch Ende 1970 hat meine Mutter den Namen und die Adresse von Yvonne an Herrn Werremeier von der Illustrierten weitergegeben, ohne Yvonne oder mich zu fragen. Yvonne und auch ich wären dagegen gewesen. Yvonne hat von Herrn Werremeier DM 500,– bekommen. Wenn ich an die sonstigen Beträge denke, muß ich zu dem Schluß kommen, daß meine Mutter dabei wohl auch nicht leer ausgegangen ist. Diese ganzen Geldgeschichten gefallen mir überhaupt nicht, aber solange sie das Geld für mich verwenden, kann ich als folgsamer Sohn natürlich nicht aufmucken. Als es mal bei uns zu Hause Krach wegen der Mutter meines Vaters gab, hat mein Vater fast jeden Sonntag gefragt, ob meine Mutter nicht mit ihm zusammen nach Neuß fahren wolle. Dann fing sie an zu toben. Einmal, ich kann das nicht vergessen, hatte sie meinen Vater stundenlang derart bearbeitet, bis er sich aufs Bett setzte und hemmungslos zu weinen anfing. Mein Vater ist beileibe kein Schwächling. Manchmal fragte er mich, ob nicht ich wenigstens mit ihm nach Neuß zu meiner Tante fahren wolle, auch zu meinem Onkel Franz, aber ich habe immer gesagt: «Nein, ich stehe auf keiner Seite. Ich will damit nichts zu tun haben.» Wahrscheinlich war das falsch. Er muß immer damals sehr einsam gewesen sein, aber wir drei waren ja immer einsam, auch wenn wir beisammen waren. Zu meinem Geburtstag einmal hat mir meine Tante Marthea einige Tafeln «Novesia» nach Katernberg geschickt. Das war gut so, daß sie sie an die Geschäftsadresse schickte, denn ein Jahr vorher hatte mir die Mutter meines Vaters ein Päckchen zum Geburtstag geschickt, nach Langenberg, mit Süßigkeiten und einer Wollsache, die meine Oma selber gestrickt hatte. Meine Mutter sagte mir, daß sie «das Zeug sofort in den Ofen» geworfen hatte.)

Da Yvonne im bewußten Brief auch noch erwähnt hatte, daß ihr die ganze Affaire mittlerweile doch ziemlich «blöd und albern» vorkäme, stand ich natürlich nicht an, meinen Brief mit «von Deinem blöden und albernen Sex-Angsthasen» zu unterschreiben.

Darauf natürlich der «Abschiedsbrief»: Es wäre wohl besser

so. Überhaupt habe sie mich doch recht viel belogen. Sie sei gar keine Jungfrau, und das schon sei längerem – nein, nicht der, von dem sie mir erzählt habe, auch nicht der, der danach kam, sondern es war dazwischen noch ein Anderer, und «da passierte es dann». Überhaupt habe sie, auch in der Zeit, in welcher sie bei mir war, recht viele Freunde gehabt. Einen Lehrling J. in ihrer Firma («Ich merkte bald, daß er sich in mich verliebt hatte. Sein Humor war nur noch Galgenhumor») zum Beispiel. Als er sie nicht erringen konnte, griff er zum Rauschgift und landete in der Klinik. «Ich besuchte ihn dort und hielt seine Hand» (anscheinend eine Lieblingsbeschäftigung von ihr). Und jetzt kennt sie seit einem halben Jahr einen Ungarn (mit französischem Vornamen, wenn man ihr glauben soll), mit dem sie jeden Abend bis zwölf Uhr auf seinem Zimmer verbringt, zumindest am Wochenende.

Für sie sei all das unbedingt nötig: «Ich halte es für unbedingt wichtig, so viele Menschen wie möglich kennenzulernen.» Freunde, sagt sie, sollen wir bleiben, und ab und zu, meint sie, solle sie mich besuchen. Ich bin nicht ganz dieser Meinung. Neuerdings (ich habe das Gericht gebeten, jeden Besuch von ihr abzuweisen) bombardiert sie meine knorke Tante mit Telefonanrufen; anscheinend hat sie es sich wieder einmal anders überlegt.

Da kann sie auf mich lange warten, meint Dein oller, oft an dich denkender und auf Deinen baldigen langen Antwortbrief sich schon wahnsinnig freuender old Friend

Goochelaar [?] Jürgen Bartsch134

*

[Im Herbst 1971 begann die Düsseldorfer Ärztin Margret Suhr-Effing, Jürgen einmal in der Woche für zwei Stunden im Gefängnis psychotherapeutisch zu behandeln. Während eines Aufenthaltes in Düsseldorf hatte Prof. Rasch die Psychoanalytikerin Melitta Mitscherlich um passende Namen gebeten, und sie hatte Frau Dr. Suhr-Effing empfohlen. So zufällig kam eine höchst überraschende Kombination zustande: seit ihrer Kindheit war Frau Suhr-Effing mit Jürgens Tante Marthea gut befreundet; auf Bitten der Tante war sie es gewesen, die das Kinderheim in Rheinbach empfahl und das Aufklärungsbuch besorgte, das Jürgens Mutter ungeöffnet in den Ofen warf. Durch die Tante war Frau Suhr-Effing mit Jürgens Familienverhältnissen vertraut, aber glücklicherweise war sie vorher mit Jürgen nie in Berührung gekommen, denn das hätte die Wirkung ihrer psychotherapeutischen Behandlung behindert. Sie bezeichnete diese wöchentlichen Doppelstunden mit Jürgen als keine konventionelle Psychotherapie, sondern als «ichaufbauende Gespräche». Der folgende Brief erwähnt zum erstenmal die Arzthelferin Gisela, die im Laufe der Zeit eine einzigartige Rolle in Jürgens Leben übernehmen sollte.]

Düsseldorf, Oktober 1971

... Sehr froh bin ich, daß ich Frau Dr. Suhr-Effing als Ärztin habe. Sie kümmert sich wenigstens auch um meine Augen, die «zusehends» (schön zynisch passend in diesem Zusammenhang) schlimmer werden. Sie hat sie auch selber untersucht und festgestellt, daß sie völlig blutunterlaufen sind und nicht mehr richtig bewegbar sind, was, wie sie meint, verteufelt nach «Druck» aussähe. Vor allem auch in Verbindung mit dem Ohrenknacken, das wiedergekehrt ist. Die Möglichkeit, daß selbst diese langsam nun doch ernst werdenden Beschwerden «nervöse» Ursache haben, müssen wir dabei immer offenlassen. Nun werde ich wahrscheinlich in der nächsten Woche zu einer Augenärztin kommen können, welche Frau Dr. Suhr-Effing selber persönlich kennt. Man macht sich ja immer auf's neue Hoffnung, alter Freund. Aber im Grunde bin ich seit einem halben Jahr «neurotisch überzeugt», daß ich in einigen Monaten oder Jahren gar nichts mehr werde sehen können.

Und die eigentliche psychotherapeutische Behandlung? Frau Dr. Suhr-Effing meint, daß das eine Sache zwischen Arzt und Patient sei, daß man darüber, über die Themen, welche man gerade behandelt usw., eigentlich überhaupt nicht sprechen solle. Was meinst Du dazu? Das ist übrigens nicht speziell auf Dich gemünzt, alter Freund, sondern eher «allgemein» gemeint. Meine Mutter begreift das ja (natürlich) noch nicht. Sie versteht nicht, daß ihr kleiner Junge ihr nicht sofort alles weitergibt, «was Ihr Euch da so erzählt.» Selbst wenn man es täte, wäre es ja nicht sehr aufschlußreich. Wenn man einem «Außenstehenden» erzählt, daß man in solcher Sitzung im Grunde genommen oft über «Gott und die Welt» spricht, würde er wohl wenig damit anfangen können.

Du, lieber Paul, bist mein Haupt-Freund, und wirst es auch stets bleiben. Meine anderen, oft «unverbindlichen» Brieffreundschaften werde ich überprüfen müssen, und die meisten von ihnen ganz aufgeben. Es ist nur ganz wenigen wirklich die innere Kraft gegeben, wirklich für immer zu jemandem wie mir zu stehen. Da hat mir meine Yvonne sehr die Augen geöffnet.

Da gab es den Herrn Bewährungshelfer, im Hauptberuf bei der Staatsanwaltschaft tätig, der mir tränenbenetzte Briefe schrieb; aber als ich ihn mit meinen Sorgen belästigte, was später auch finanziell usw. aus mir werden möge, mir unterstellte, alles, wovor ich Angst habe, seien wohl «finanzielle Forderungen». Ein Schöngeist und typischer «guter Mensch», der weint, wenn er Bilder von pakistanischen Kindern sieht, was ihm aber den Appetit auf seine Sahnetorte nicht verdirbt. Natürlich wollte er mich unbedingt besuchen. Als ich ihn bat, damit doch noch ein Jahr oder so zu warten, hat er überhaupt nicht mehr geantwortet.

Da gibt es die Arzthelferin Gisela, die meinen Eltern schrieb, daß sie von mir «einfach nicht mehr los kommt». Na ja, wie lange wohl? Wenn nämlich das der Grund ist, ist es doch auch wieder nicht von Dauer. Wie lange hält sie denn an, die Biologie?

Und so weiter.

Das, alter Freund, ist doch anscheinend alles nicht das Wahre, oder bist Du anderer Ansicht?

*

15
Briefe VII

[Zur Untersuchung war Jürgen vorübergehend in die Heilanstalt Eickelborn, zwischen Soest und Lippstadt in Westfalen, verlegt worden. Prof. Rasch hatte Eickelborn für die beste vorhandene Lösung für Jürgen gehalten, aber mich beunruhigte es, daß die leitenden Ärzte dort wegen ihrer Behandlung von Sexualverbrechern einen weitverbreiteten Ruf als ziemlich kastrierfreudig hatten. Man merkt in diesem Brief, daß Jürgen hier nicht frei schreiben konnte. Die hier erwähnte «Chance» bezieht sich auf einen Psychoanalytiker, mit dem ich gesprochen und der sich unter gewissen Bedingungen bereit erklärt hatte, Jürgen zu behandeln. Die Abkürzung «OP.» bedeutet natürlich Operation – ob die stereotaktische oder die Kastration, ist hier nicht klar.]

4771 Eickelborn, 20/10/71

Lieber alter Freund Paule!
... Tante Maria kommt erst an meinem Geburtstag, dem 6. 11. Das wird wieder ein sehr schöner Nachmittag, mit Magie und GISELA. Über sie gibt es nichts Neues zu sagen, alles ist beim Alten, und das BESTENS. Auch gut, nicht wahr, alter Freund?

Ob Du mich bald mal wieder besuchen kommst? Ich warte schon darauf, und auf den nächsten Brief meines besten Freundes. Übrigens: Im Ernst. Ich bin fast GLÜCKLICH, daß es zukunftsmäßig (OP.) besser aussieht, viel besser. 1000 Grüße Dein

Jürgen

*

[Dreizehn Tage später wurde Jürgen, der sich hier als «nicht völlig erwachsen» bezeichnet, fünfundzwanzig Jahre alt. Nach dem Revisionsprozeß unterhielt er für kurze Zeit Kontakt zur Familie seiner leiblichen Mutter, auch zu dem Halbbruder, den er hier ebenfalls «leiblich» nennt. Bemerkenswert ist seine Erklärung, weswegen seine Eltern auf ihren Vorrang in der Frage von Besuchen bestehen würden.]

4 Düsseldorf, den 24. Okt. 1971

Nun ist es also erst einmal soweit, wie Du ja evtl. eher wußtest als ich. Ich habe es erst am letzten Dienstag beim Besuch von Tante Marthea offiziell gesagt bekommen, daß ich nun Strafgefangener bin. Frau Dr. Suhr hat mich am letzten Mittwoch noch einmal besucht. Wenn ich diesen Mittwoch auch noch hier bin, darf sie auch noch mal kommen. Ich bin sehr froh, daß sie mir versprochen hat, mich weiter zu behandeln und meine Ärztin zu bleiben, falls ich a.) in ein Gefängnis komme, welches nicht allzu weit von Düsseldorf entfernt ist, b.) die Behandlung erlaubt ist, und c.) kein anderer Therapeut in der Nähe greifbar oder willens ist.

Weiter: die Justiz will mich offenbar für meine Strafzeit (offizielles Ende: 21. Juni 1976) in den Jugendstrafvollzug geben. Ich halte das für sehr richtig, weil ich a.) zur Jugendstrafe verurteilt worden bin, und b.) mich für diesen Vollzug am geeignetsten halte. Denn Du weißt wie ich, alter Freund, daß es geradezu ein Witz wäre, mich für «völlig erwachsen» zu erklären. Ich bin es einfach noch nicht.

Weißt Du, ich bin schon umgekleidet worden in Häftlingskleidung, und alles Private ist mir natürlich abgenommen worden (Bücher, Trickgeräte, Zauberliteratur, usw.), so daß meine Zelle im Moment blitzblank leer ist von Persönlichem. Daran wird sich in den nächsten Jahren auch nichts ändern.

Ob Du als nicht Familienangehöriger mich überhaupt einmal besuchen darfst, ist mehr als fraglich, besonders weil meine Adoptiveltern gewiß niemals auf ihren Besuch (alle vier Wochen einer) verzichten werden. Wegen letzterem ist es nun auch leider so gekommen, daß die Verbindung zu meinen leiblichen Großeltern, und meinem leiblichen Bruder Fritz, alle in Essen, nun wohl wieder abreißen wird. Meine Adoptiveltern werden, da sie alles für mich tun und auch für alles Geldliche aufkommen, mit

Sicherheit darauf bestehen, daß jeder Besuch nur ihnen allein zusteht, und aus gewisser Sicht haben sie da sogar Recht.

*

[Während des Revisionsverfahrens war Jürgens leiblicher Vater zum erstenmal als Zeuge kurz erschienen.]

4 Düsseldorf, den 30. Okt. 1971

Lieber alter Freund Paul!

... Ja, meine leiblichen Großeltern habe ich erst nach dem Prozeß kennengelernt. Beim Prozeß hatte ich mich gewundert, daß eine Frau R. als Zeugin geladen war, von der ich nie etwas gehört hatte. In der Prozeßpause kam die alte Frau auf mich zu, im schwarzen Mantel, grauen Haaren und starker Brille. Sie war aufgeregt und zitterte. «Jürgen, kennst Du mich nicht mehr, ich bin Deine leibliche Oma.» Ich war verwirrt, und wußte nicht, was «diese Frau» von mir wollte.

Sie wurde natürlich sofort wegbegleitet. Kurz danach trat sie als Zeugin auf, und es wurde mir alles klar. Meine Mutter war ihre Tochter. Sofort danach trat mein leiblicher Vater auf, machte einen großen Rummel (Perücke, «Bild»-Zeitung usw.) und ließ bei mir nie wieder persönlich von sich hören. Nur beim Prozeß konnte ich kurz mit ihm sprechen, wobei wir uns allerdings hauptsächlich in Floskeln ergingen. Etwa drei Monate nach der Urteilsverkündung besuchte mich meine Oma, mein Opa und mein Halbbruder Fritz mit dessen Frau Elfriede. Erst stotterten wir mächtig herum, aber dann verstanden wir uns doch recht gut.

Du fragst nach meinen vielen Ausflügen, alter Freund. Alles nur Augenarzt, nur Augenarzt.

*

16
Entr'acte

Am 2. Dezember 1971 bin ich zu Wilfried Rasch in sein Institut für forensische Psychiatrie in Berlin-Lichterfelde gefahren, um den jüngsten Stand der Dinge um Jürgen Bartsch mit ihm zu besprechen. Bald nach dem Düsseldorfer Prozeß war das Ehepaar Rasch von Köln nach Berlin umgezogen, und wir waren Freunde geworden. Medizinisch hatte Prof. Rasch auf Wunsch der Eltern Bartsch Jürgens Belange in die Hand genommen, und als offizieller Berater beim Justizminister Neuberger konnte er seinen Einfluß auf Jürgens Zukunft geltend machen.

Zu Beginn dieses Gesprächs sagte ich: «Seit Monaten gibt es eine Art freundliches, unausgesprochenes Tauziehen zwischen uns. Sie meinen, daß Jürgen nach fünf Jahren Einzelhaft unbedingt wieder unter Menschen kommen muß, also in eine Heilanstalt. Es gibt aber nur sieben Landeskrankenhäuser in Nordrhein-Westfalen, und in nur einem von denen – in Düsseldorf-Grafenberg – gibt es die Möglichkeit einer psychoanalytischen Behandlung, und Sie und ich teilen die Meinung, daß das die geeignetste Behandlungsmethode für ihn ist. In Grafenberg können sie ihn aber nicht aufnehmen, weil sie keine sichere Abteilung haben, und außerdem hat Prof. Schumacher gesagt, einer seiner Ärzte könnte Jürgen frühestens Anfang 1973, also erst in dreizehn Monaten, als Patienten annehmen. Mittlerweile müßte er weiterhin im Gefängnis bleiben, und Düsseldorf hat nur ein Untersuchungsgefängnis, wo sie ihn nicht behalten können. Der Direktor des Landeskrankenhauses in Düren hat zwar eine psychoanalytische Ausbildung, aber man hält es nicht für gut, daß Jürgen dort ‹vom Chef selber› behandelt würde, und andere Analytiker hat er nicht. Die anderen fünf Landeskrankenhäuser liegen in abgelegenen Gegenden, wo keine Analytiker wohnen. Wenn ich die Lage richtig verstehe, heißt das, um wieder unter

Menschen zu kommen, müßte Jürgen in ein Landeskrankenhaus kommen ohne richtige Behandlung, und um analytische Therapie zu erhalten, müßte er irgendwo in einem Gefängnis in Einzelhaft bleiben, wo es einen bereitwilligen Therapeuten in der Gegend gibt.»

Rasch lächelte und sagte: «Seien Sie doch nicht so pessimistisch. Vorläufig bleibt er noch im Untersuchungsgefängnis in Düsseldorf, bis ich eine richtige Lösung finde, und Frau Suhr behandelt ihn vorübergehend weiter.»

«Klaus Hartmann», sagte ich, «hat sich prinzipiell bereit erklärt, Jürgen in Köln zu analysieren, wenn man ihn im Klingelpütz unterbringen könnte.»

«In Köln würden sie ihn nicht aufnehmen, da sind ja nur Häftlinge mit kürzeren Strafzeiten. Außerdem würden ihn die anderen Gefangenen höchstwahrscheinlich überfallen und umbringen. Herr Hartmann könnte vielleicht zu ihm nach Düren fahren», sagte Rasch.

«Aber das», sagte ich, «würde für Herrn Hartmann zwei Stunden Fahrt für jede Therapiestunde bedeuten – wenn er überhaupt soviel Zeit erübrigen könnte. Und können Sie sich wirklich vorstellen, daß Jürgens Adoptiveltern das dreifache Honorar pro Therapiestunde bezahlen könnten oder würden?»

«Moor, Sie sind viel zu pessimistisch. Es muß doch einen Analytiker in solchen Städten wie Dortmund zum Beispiel geben.»

«Nicht laut dem Verzeichnis der Deutschen Gesellschaft für Psychoanalyse und Psychotherapie, der Dachorganisation der drei führenden Gruppen – der Freudianer, der Schultz-Hencke-Neoanalytiker und der Jungianer.»

«Es gibt aber noch irgendeinen anderen solchen Verband», sagte Rasch. «Außerdem kann man nicht wissen, wen diese Leute in der nächsten Zeit ausbilden werden.»

«Aber wenn diese Krankheit organisch wäre, würden Sie den besten, erfahrensten Fachmann heranholen, den es überhaupt gäbe. So eine fast einmalig komplizierte, herausfordernde psychische Krankheit darf man einfach nicht irgendeinem unerfahrenen

Feld-Wald-und-Wiesen-Therapeuten überlassen – auch wenn es den in der Nähe eines nordrhein-westfälischen Landeskrankenhauses gäbe. Bei der zurückgebliebenen Situation der Psychoanalyse und der psychoanalytisch orientierten, dynamischen Psychiatrie in Deutschland können Sie nicht einfach einen passenden Therapeuten irgendwo in der Nähe eines Landeskrankenhauses aus dem Boden stampfen.»

«Ich sage Ihnen, Sie sind viel zu pessimistisch.»

«Und ich sage Ihnen die schlichte Realität.»

«Herr Moor», sagte Rasch, geduldig und mit Betonung, «dies ist nicht das erste Mal in meinem Leben, wo ich vor einer schwierigen Aufgabe gestanden habe, und bisher habe ich immer eine Lösung gefunden. Ich werde auch diesmal eine Lösung finden.» Er lächelte breit und sagte freundlich: «Also das war's. Der nächste Punkt?»

*

17
Briefe VIII

[Die psychische Spannung und Unentschiedenheit seiner Lage schlugen sich bei Jürgen somatisch nieder. Mittlerweile waren Frau Dr. Suhr-Effing, ihr Mann (auch Arzt) und ich Freunde geworden; ich war immer ihr Hausgast, wenn ich in Düsseldorf übernachtete. Jürgen hat Frau Suhr und mich von unserer beruflichen Schweigepflicht entbunden, damit wir wirkungsvoller miteinander zusammenarbeiten konnten. Seine psychische Übertragung auf mich, mit der ich am Anfang, in meiner Unerfahrenheit, nicht gerechnet hatte, erreichte in dieser Zeit ihren Gipfel: Er sagte Frau Suhr ausdrücklich, sie solle mir ausrichten, ich sei für ihn der wichtigste Mensch auf der Welt geworden, sie stehe an zweiter Stelle, seine Tante in Neuß an dritter.]

4 Düsseldorf, den 4. 2. 1972

Lieber guter alter Freund Paule!
. . . Hast Du gewußt, lieber Paule, daß am 21. 12. dieses Jahres Zweidrittel meiner Strafzeit herum sind? Tatsächlich. Wie die Zeit vergeht. Ob wir dann einen Antrag stellen? Herr Bossi besuchte mich Montag, und sagte, er wolle den Antrag «auf alle Fälle» stellen. Ich halte es auch für sinnvoll, aber nur, wenn wir bis dahin (Prof. Dr. Rasch) EINE ANSTALT GEFUNDEN HABEN, WELCHE MICH AUCH BEHANDELN oder BEHANDELN LASSEN WILL. Nur ist da leider noch gar kein Land zu sehen.

Ein Gutachter in Düsseldorf sagte etwas sehr Zynisches: «Sie müßen sich vorstellen, daß die Liste der Leute, denen man helfen sollte, ellenlang ist. Und Sie stehen am ganz, ganz unteren Ende dieser Liste. Bevor man sich mit Bartsch befaßt, befaßt man sich erst noch mit allen Anderen.» Dabei grinste er mich an. Anschließend malte er mir noch die Geschichte von der bösen, bösen

Heilanstalt aus, mit Schlägen, Beruhigungsspritze, Tobsüchtigen, Gummizelle usw., alles da. Wahrscheinlich wollte er mir Angst machen.

Ein äußerst unerfreulicher Besuch. Er war einer der «unterlegenen» Gutachter und besuchte mich, um mich mit all diesen greulichen Depressionen vollzustopfen. Dabei war ich extra noch gefragt worden (Herr Mies ist da sehr vernünftig): «WOLLEN Sie ihn überhaupt sehen?» Ich bin also selber schuld daran.

*

[Am 28. Februar 1972 hatte ich Jürgen im Düsseldorfer Gefängnis kurz besuchen können. Das war einer der wenigen Besuche, bei denen man uns allein ließ, ohne Anwesenheit eines Gefängnisbeamten. Nach achtzehn Jahren kann ich mich nicht mehr genau erinnern, wie das Gespräch verlief, aber an einem Punkt ergab es sich spontan, Jürgen von einem Abend während seines Düsseldorfer Prozesses zu erzählen, als mich Werremeier zu später Stunde, nach einem langen und alkoholreichen Abendessen, mit der direkten Frage überfallen hatte, ob ich homosexuell sei. Da ich 1972 schon etwas mehr als vier Jahre mit Jürgen korrespondierte, hielt ich es für angemessen, wenigstens ihm diese Tatsache offen und ausdrücklich zu bestätigen. Im Düsseldorfer Gefängnis gab es mittlerweile einen neuen, jungen, aufgeklärten Lehrer, Herrn Neumann, der erfolgreich versuchte, Jürgens strenge Isolierung von seinen Mitgefangenen endlich zu überwinden.]

4 Düsseldorf, den 5. 3. 1972

... Ein Jahr lang habe ich, oder länger, sozusagen NIE FREISTUNDE gemacht, habe keinen Fuß vor die Zelle gesetzt. Das mag, wenn auch nicht allein, zu allem beigetragen haben. Heute gehe ich jeden Tag. Und fühle mit Angst, daß es dafür schon spät, sehr spät ist.

Etwas verblüfft hat mich, was für Sachen unser Freund Werremeier Dich gefragt hat. Nun weiß ich ja, daß die inquisitorische

Frage mit JA zu beantworten ist. Im Ernst, darauf wäre ich nicht gekommen. Aber daß Du es mir sagst, beweist immerhin Vertrauen. Ob es mich stört? Aber nein. Wieso denn? Schließlich zähle ich mich A.) zu den aufgeklärten, B.) toleranten Menschen. Interessant wäre für mich allein, ob Du «glücklich» bist, ob Du es so willst, ob Du es bejahst. Darüber hört man nämlich die verschiedensten Meinungen! Aber laß, das ist wahrscheinlich kein Thema für hier und jetzt.

*

4 Düsseldorf, den 17. 3. 1972

. . . Du fragst, weil ich immer so dumm geschrieben habe, von Heirat und Kindern und so. Du fragst, wie ich das unter einen Hut bringen will mit meiner Homosexualität. Das will ich gar nicht unter einen Hut bringen. Ich dachte tatsächlich, daß ich meine Homosexualität völlig loswerden könnte. Und das will ich eigentlich auch. Aber das scheint nach dem «heutigen Stand der Wissenschaft» wohl noch sehr fraglich. Nun, die Hoffnung gebe ich nicht auf. Aber natürlich würde es schon ausreichen, wenn die Basis für die Aggressionstaten, der Sadismus, abgeschafft werden kann bei mir.

*

[Jürgen bezeichnete mich mehrmals als seinen besten Freund. Er hat mir keine Reaktion auf das Taschenbuch *Das Selbstporträt des Jürgen Bartsch* geschrieben. Anläßlich eines Besuchs habe ich ihm ein Exemplar dagelassen mit der Bitte um eine Widmung. Er schickte es mir mit der Post zurück; hineingeschrieben hatte er:

Echte Freundschaft, das ist Liebe,
die stets gibt, doch niemals nimmt;
über diese Erde nimmt man
in die ferne Welt sie mit.

Dieses Gedicht an diesem Datum für Paul aufgeschrieben. In Todesangst. Dabei denke ich an *Dich*, Paul.
Suche eine schönere Widmung, wenn Du sie findest.

Dein Jürgen.

Ins Buch legte er auch ein loses Blatt mit folgendem Gedicht:

Wahre Freundschaft soll nicht wanken
wenn sie gleich entfernet ist,
lebet nur noch in Gedanken,
und der Treue nicht vergißt.

Keine Ader soll mir schlagen,
wo ich nicht an Dich gedacht,
ich will Sorge für Dich tragen
bis zur späten Mitternacht.

Wenn der Mühlstein trägt die Reben,
und daraus fließt kühler Wein,
wenn der Tod mir nimmt das Leben,
hör ich auf, getreu zu sein.

(aus Franken)]

*

[Die Verlegung vom Untersuchungsgefängnis Düsseldorf in die Vollzugsanstalt Köln bedeutete das Ende der vergleichsweise günstigeren Lebensbedingungen in einem Untersuchungsgefängnis und auch natürlich das Ende für Jürgens Psychotherapiestunden mit Frau Suhr.]

4000 Düsseldorf, den 5. April 1972

Lieber oller Kumpel Paule!
Wie sehr ich Dir für Deinen letzen lieben Groß-Besuch danke, brauche ich ja nicht zu betonen. Es war einfach eine Wucht! Viele

ausgesprochene Neuigkeiten hatten wir ja nicht, aber dafür wurde prima gezaubert und hellgesehen. Nun sitze ich hier neben meinen gepackten Sachen und auch meinen Zaubersachen und warte. Morgen früh geht es nach Köln. Liegend. Ist auch besser so. Ich habe ohne Hilfe doch alles selber gepackt, das war in meinem Zustand viel zuviel für mich. Morgen früh werde ich eventuell noch erschöpfter sein. Aber baden will ich unbedingt noch hier, weil ich die warme Dusche einfach dufte finde. Davon kann ich nicht genug kriegen. Da ist es mal gut, alleine zu sein und eventuell länger duschen zu dürfen.

Ich überlege, ob ich weinen soll. In Köln wird man mir wohl alle Zaubersachen erst mal abnehmen. Da werde ich erst mal wieder lange bitte bitte machen müssen, ehe ich sie wiederkriege. Ich hänge ja so daran.

Mensch, ich muß schon wieder jammern: Seit vier Tagen hatte ich «Verstopfung» (eigentlich kein Thema für einen Brief). Nun habe ich heute zwei starke Tabletten dagegen erhalten und bin nun mehr als zufrieden. Ich komme von der Toilette gar nicht mehr runter.

Viele Grüße von Deinem alten MAN WITH THE MANY EYES («SEER»)

Jürgen Bartsch[134]

*

5000 Köln, den ? April 1972

Lieber alter Cowboy Paule!

... Heute nachmittag kam ein Neuer in den Raum, gab uns allen die Hand, auch mir, sagte «Tag, Jürgen.» Ich dachte, mich tritt ein Pferd. Noch nie hatte ich ihn gesehen. Wie gesagt, ich wundere mich, wie glatt es bei all dem geht. Ob es auch daran liegt, wie man sich gibt, wie man sich benimmt? Anscheinend doch. Ein einziges Mal nur nämlich hat es eine Art «allgemeine» Reaktion eines Kameraden gegeben, über «solche», die mit «kleinen Mädchen» usw. Na, Du kennst das ja, Rübe ab, usw. Was sich aber offensichtlich nicht gegen mich als Einzelperson richtete, da derselbe Kamerad mir sofort darauf Zigaretten anbot. Was sagst Du dazu? Ich meine, es bestärkt mich nur in meiner Ansicht, daß es auf den einzelnen ankommt. «So einer», in Gemeinschaft auf einem Gefängnishof angesprochen, sich sofort verkriechend, oder ausweichend, hat wohl tatsächlich keine Chance.

Erst dachte ich, ich dürfte hier bleiben, bis ich eventuell später in eine Anstalt komme, aber das geht wohl nicht. Leider.

*

Justizvollzugsanstalt
5000 Köln-Ossendorf
Ruchusstrasse 350/Psychiatrie
13. 4. 72

... Du wolltest mich am 24. hier besuchen. Leider geht das nicht. Der Doktor hat mit mir gesprochen und sagt, daß wir also Ruhe haben müssen, um in Ruhe alles besprechen zu können.

Hier liege ich in der Psychiatrie, und bin zum erstenmal in völliger Gemeinschaft (!). Wahrscheinlich wird der Arzt mir helfen, daß es später auch so bleibt, solange ich im Gefängnis bleiben muß. Andererseits wäre es ein verheerender Rückschlag. Ich lebe hier richtig etwas auf (schließlich habe ich ja auch Kostvermehrung ...) Morgens und nachmittags beschäftigen wir uns mit Tennis, oder Skat, oder anderen Spielen (oder Zaubern) oder Unterhalten, usw.

Na, wie findest Du das? Sag mal Deine Meinung Deinem alten, oft an Dich denkenden MINDREADER

Jürgen Bartsch[134]

*

5000 Köln, den 14. 4. 1972

... Übrigens, warum sollen wir (er zensiert ja sowieso die Post; na ja) nicht einfach über Dr. Götte sprechen? Wie ich Dich kenne, interessiert es Dich ja doch sehr. Zuerst fand ich ihn ja schrecklich «unnahbar», «kalt» und so. Da habe ich mich wohl etwas zu entschuldigen. Er wird nur nicht so rasch mit seinen Klienten warm, nicht in Minutenschnelle.

Ich hatte ihn (alter Hase) in Zeit von nichts «klassifiziert» als Superkonservativen, und war todtraurig. Auch war ich natürlich dann überzeugt, daß die Ansichten von Prof. Dr. Rasch und Dr. Götte in Praxis Welten voneinander entfernt seien. Das scheint aber (hat mich verblüfft) gar nicht der Fall zu sein.

Als dann noch Prof. Dr. Dr. Bresser anrief, und Dr. Götte mich vor die Tür schickte, war natürlich «alles klar.» Immerhin, mein Verhalten war nicht völlig kindisch. Dr. Bresser hatte mich, «unmotiviert» als alter Bekannter oder so, in Düsseldorf besucht, und mich gefragt, warum ich nicht das «lebenslänglich» angenommen habe. Anschließend malte er mir, wahr und wahrhaftig, das Bild der «Irrenanstalt» in grausigsten Bildern vor, und machte dann die Zellentür zu. Unser lieber Doktor mag's ruhig wissen: nicht zuletzt daraufhin bin ich in Düsseldorf sozusagen in Zeitlupe zusammengeklappt.

Nun, unser Arzt ist, nach einer Woche gesehen, doch recht nett und objektiv. Heute mittag war er kurz bei mir, um meine Fortschritte beim autogenen Training zu überprüfen, und behauptete, tatsächlich, daß ich manchmal doch ein «richtig frecher Lümmel» sei. Das hat mich froh gemacht, denn es bedeutet, daß ich gegenüber Düsseldorf ein ganz anderer Mensch bin. Vielleicht gelöster als je zuvor. Ich behauptete dagegen, daß ich auch manchmal sehr nett sein könne. Ja, sagte er, das stimme, aber wenn ich nur mal immer so und stets so wäre, letztlich wäre ich dann ja auch nicht hier ...

Wie geht es mir hier? Nun, durch Tante Marthea weißt Du es ja schon recht genau, lieber Paule. So genau wie über die Freunde in der Bücherei in Düsseldorf werde ich Dir über die Anderen unserer Gemeinschaft nicht berichten, da wir alle Patienten sind. Aber Gott sei Dank, daß unser Arzt sich einsetzen wird dafür, daß ich auch woanders in Gemeinschaft bleiben darf, solange (hoffentlich nicht allzulange) ich noch im Gefängnis sein muß. Ich wüßte sonst wirklich nicht, wie ich das durchhalten sollte. Ich könnte es auch nicht.

Hier gibt's genug zu tun, lesen, lernen (Englisch! Tag für Tag), Tennis, (extra Raum), Karten spielen, Brettspiele, unterhalten usw.

[Unter diesen Brief hatte der Kölner Gefängnispsychiater Dr. Goette folgendes hinzugetippt:]

Sehr geehrter Herr Moor!
Der Oberlehrer in D'dorf fragte mich gleich zu Anfang, ob Sie JB besuchen könnten. Da lehnte ich es ab, er wollte es Ihnen sagen. Inzwischen bin ich anderer Ansicht. Sie können Herrn B. gern hier besuchen, ehe sie [nach Amerika] abreisen. Am besten berufen Sie sich auf meine Zusage, wenn Sie hier sind. Offiziell ist nur Di., Do. und Sa. Besuchstag. Wenn Sie mich vorher unterrichten, läßt sich das auch arrangieren.

Ergebenst!
Dr. Goette

*

[Bei dem im folgenden Brief erwähnten Besuch in Eickelborn hatte man ein «Phallogramm» von Jürgen gemacht. Zur Phallographie werden Elektroden am Penis des Untersuchten appliziert, so kann man dessen Reaktion beim Anschauen verschiedener Arten von erotischen Bildern messen.]

5000 Köln, den 29. 4. 1972

... Am Donnerstag: Fahrt nach Eickelborn, Heilanstalt. Test mit diesem schrecklichen Sex-Apparat. Ich habe mich todkrank gefühlt. Ergebnis: ich reagiere a.) viel zu stark (darum ab Donnerstag Cyproteron), b.) zwar auf Homosexualität und Sadismus, jedoch c.) wenigstens genau so stark auf normale Sexualität, Frauen und Mädchen. Das war für uns alle ganz neu und schmeißt vieles über den Haufen. Alles in allem positive Ergebnisse, auch für Psychotherapie weit besser als bis jetzt gedacht. Es braucht ja nicht ein Homosexueller «umgedreht» zu werden, sondern die VORHANDENE normale Seite bestärkt zu werden. Dr. Goette: «Die Fahrt hat sich auf jeden Fall gelohnt.» Er meinte auch ehrlich, daß er «selber überrascht» war.

*

[Den nächsten Brief schickte mir Jürgen nach meiner Geburtsstadt El Paso an der texanisch-mexikanischen Grenze.]

5000 Köln, den 8. 5. 1972

. . . Du fragst nach meinen Erlebnissen in Eickelborn. Nun, drüber habe ich Dir im letzten Brief ja schon ausführlich berichtet, besonders über die Erlebnisse mit diesem scheußlichen Apparat. Nur: nicht gut, daß ich sozusagen auf «Gott und die Welt» reagiert habe, auf einfach alles. Viel zu stark. Aber sind es ja [erst] zehn Tage, daß ich das Cyproteron bekomme. Ich kann noch gar nichts sagen darüber, es ist noch zu früh. Laß erst noch mal wenigstens zehn Tage vergehen. Wir sind zur Zeit auf zwei Tabletten pro Tag. Dr. und ich sind einer Ansicht: wahrscheinlich werden wir etwas heraufgehen müssen mit der Dosierung.

*

[Folgenden Brief schickte Jürgen nach New York.]

Köln, den 25. 5. 1972

. . . Am Ufer des Rubikon stehe ich, und werfe die Würfel. Sie zeigen mir ***** keine Sechser. Aber ich werde bald nochmal würfeln.

Das Cyproteronacetat haben wir auf drei Tabletten heraufgesetzt. Es wirkte einfach nicht genug.

*

Köln, den 23. 6. 1972

Dieser Brief wird nach Pamplona gehen. Daraus ersiehst Du, daß ich Deinen letzten Brief mit Dank erhalten habe. Du meinst, alter Kumpel, daß ich noch Briefmarken aus Deiner Amerika-Zeit haben müsse. HABE ICH.

... In der Zeitung las ich, daß allein in Eickelborn (es ist mir bekannt, daß andere Anstalten nicht so viel tun) im Jahr ca. zwanzig bis dreißig «solche» Menschen entlassen werden. Und, abgesehen von einem größeren Fall vor etlichen Jahren, hat man von Rückfällen kaum etwas gehört.

Paul, alter Freund, WAS SOLL ICH TUN, WAS SOLL ICH NUR TUN?

Verstümmelung!! Ganz recht, alter Freund, wir sind beim Thema Kastration. Es ist kein Geheimnis, daß Dr. Goette sehr für diese Operation als endgültige und 100%ige Hilfe ist. Es ist auch unbezweifelbar belegt (weiß ich nicht von ihm), daß die Rückfallquote über drei oder vier von Hundert nicht mehr hinausgeht. Das alles anerkannt, bin ich nicht gewillt, diese Möglichkeit in Betracht zu ziehen, solange nicht völlig klar ist, daß es auf GAR KEINE ANDERE ART GEHT. (Ich lehne es also nicht absolut ab.) Und selbst im ärgsten Fall würde ich es mir noch überlegen, ob ich es machen lasse oder lieber krepiere (wäre ja die Konsequenz, wenn alles andere ohne Erfolg bliebe). Leider muß ich mir zutrauen, es selbst dann noch zu verweigern, weil mir diese Entscheidung UNENDLICH SCHWER fiele.

*

18
Briefe IX

[Ich führte Gespräche mit mehreren Fachleuten über eine mögliche Behandlung für Jürgen; ich weiß nicht mehr, welches Gespräch er im folgenden Brief meinte. Man muß für seinen wachsenden Ärger in der Frage einer psychoanalytischen Behandlung Verständnis haben. Die Fachleute, die Jürgen untersucht hatten und die ich am meisten schätzte, z. B. Brocher, Rasch und Suhr-Effing, hielten alle eine Psychoanalyse für die geeignetste Behandlung – das war auch meine Meinung. Auf der anderen Seite, aus Jürgens Perspektive wenigstens, wollte anscheinend kein Analytiker in Deutschland ihm helfen. Solange Jürgen Strafgefangener blieb, gab es wenigstens die Möglichkeit, auf eine Psychoanalyse für ihn hinzuwirken, aber sobald er als Patient in ein Landeskrankenhaus kam, geriet er unter die Kontrolle von Fachleuten, die mehr in Richtung Kastration tendierten. Hinzu kam bei ihm die immer rigider werdende Neigung, sich die Kompetenz anzumaßen, über Behandlungsmethoden selber zu urteilen. Aus ihrem holländischen Urlaubsort Biervliet/Zeeland schrieb mir am 24. August 1972 Jürgens Düsseldorfer Therapeutin Dr. Margret Suhr-Effing.]

Deinen Brief beantworte ich Dir gern und klar – aber etwas spät, weil ich mich verpflichtet fühle, eine lange, «überzeugende» Abhandlung zu schreiben, diese schicke ich Dir aber nicht, weil ich für eine gute Abhandlung über «Verbrechen, Strafe, gesundes Volksempfinden» und Psychoanalyse wochenlang brauchen würde. So beantworte ich Dir nur Deine Fragen.

Ich bin fest davon überzeugt, daß ein Triebtäter, und insbesondere Jürgen Bartsch, unbedingt eine Analyse braucht. In meinen Gesprächen mit Dr. Goette habe ich das auch immer betont. Ob es noch eine andere Methode gäbe, Jürgen B. wirkungsvoll zu behandeln, weiß ich nicht, da ich keine Methode kenne und mir auch keine vorstellen kann, außer der mit Medikamenten. Aber die Behandlung mit Cyproteronazetat würde ja nicht in Gegensatz zu einer Analyse stehen. Dr. Goette zieht die baldige Kastration vor (sicher in der guten Absicht, eine überzeugende Begründung für eine spätere Entlassung aus der Internierung geben zu können). Das wäre eine falsche Lösung in der jetzigen Situation. M. E. muß man die Kastration als ausgesprochene Notlösung betrachten, die man eventuell nach mehreren Jahren Psychoanalyse und medikamentöser Behandlung noch vornehmen kann, wenn man ohne sie eine Entlassung aus der Internierung nicht verantworten zu können glaubt.

Ich sagte Dir schon telefonisch, daß es zu den größten Überraschungen meines Lebens gehört, daß Analytiker und Heilanstalten sich nicht um einen Jürgen Bartsch reißen! Ich habe die – vielleicht etwas naive – Vorstellung, man sollte an alle Analytiker und Heilanstalten Dein Buch schicken. Aus ihm wird ohne Kommentar deutlich, welches ungeheurliche Kinderschicksal mit Frustrationen, Verdrängungen, Aggressionsbildungen, fehlender Hilfe zu Sublimierungen oder Überichbildungen . . . usw. geradezu nach Analyse ruft.

Wenn in dem Eickelborner Gutachten bestimmt wird, daß aufgrund der Tests der psychopathologische Anteil der Störungen größer ist als der neurotische, ist das im psychiatrischen Sinne sicherlich ein «richtiges» Gutachten. Ungeklärt bleibt bloß, wie der große Anteil der Psychopathie sich zusammensetzt. Darüber könnte man lange reden!

Meine persönliche Arbeit mit Jürgen über dreiviertel Jahr im Düsseldorfer Gefängnis unter widrigen Umständen (Einzelhaft, kahle Räume, nur einmal pro Woche usw.) hat in mir die Auffassung ständig wachsen lassen, daß Jürgen für eine Psychoanalyse besonders geeignet ist. Er ist intelligent und dankbar; er ist nicht nur ein netter, beinahe lieber und «braver» Junge, der lebhaft ins Gespräch kommt, sondern auch eifrig bemüht «ein guter Mensch» (wörtlich zitiert) zu werden. Sein Leidensdruck ist stark. Ich wollte mit ihm nur das machen, was man so «analytisch fundierte aufbauende Gespräche» nennt. Er hat mir von sich aus Träume geliefert, Assoziationen und Bekenntnisse, die nicht bekannt sind. Zum Schluß hat er sich bei mir bedankt und mir gesagt, daß er kaum noch Mordphantasien, sondern nur noch homosexuelle Phantasien hat, daß er sich keinen Kindermord, nur noch Selbstmord vorstellen kann. Ich habe die Erlaubnis von Jürgen, Dir dieses alles mitzuteilen. Ich muß Dich nur bitten, diese Einzelheiten nicht für Veröffentlichungen zu benutzen.

Ich schreibe dies alles, um Dir klar zu machen, wie schwer mir der Gedanke fällt, daß die Analyse nicht erst richtig anfangen sollte bei dieser Vorarbeit. Wenn er heute anders über die Psychoanalyse denkt, ist das vielleicht aus der fehlenden Kontinuität der Arbeit und aus einer verständlichen ambivalenten Haltung der Analyse gegenüber zu verstehen, die vielleicht jeder Patient hat. Überflüssig, zu sagen, daß die Analyse nicht nur Spaß macht!

Ich freue mich sehr über Deine Bemühungen und Dein Engagement.

*

[Als Jürgen den folgenden Brief schrieb, stand er kurz vor seinem letzten Umzug.]

5 Köln 30, den 31. 10. 1972

... Nichts mit Weihnachten noch hier sein. Die Entscheidung für Eickelborn ist GEFALLEN. Meine Tage hier sind nun gezählt. (A propos Eickelborn. Du wirst jetzt doch hoffentlich nicht Trauer tragen ...?) Ein riesiger Fortschritt, und kaum jemand kann ermessen, wie sehr ich mich freue über den Abschied von der Justiz-Zeit.

*

[Am 6. November war Jürgen sechsundzwanzig geworden.]

5 KÖLN, 13. 11. 72

Bester Freund Paule.
Heute morgen ließ unser Doktor mich holen. Er behauptete, Post von mir (an jemanden) fehle. Ich kam nicht darauf, was er meinte. Post an DICH fehlte, sagte er, nämlich mein Dank dafür, daß Du wieder beim Besuch einen Umweg über Köln gemacht hast für mich, und für die Geschenke zum Geburtstag (das Feuerzeug aus Spanien und den Zauberkuli, mit dem Ich Dir diesen Brief schreibe!). Es sah so aus, als glaubte er, daß ich nicht im Sinn hatte, Dir zu schreiben, Dir zu danken. Ich antwortete, sinngemäß, daß er das doch wohl nicht im Ernst glauben könne. Ich bedanke mich immer, bei jedermann, die Frage ist nur wann. Gerade teilte mir Dr. Goette mit, daß der schriftliche Marschbefehl hier *angekommen ist* [rot unterstrichen], ausgestellt am 6. NOVEMBER (!). Ein erstklassiges Geburtstagsgeschenk! Eine große Freude, aber nicht nur eine Freude. Sonst dürfte ich gar kein Herz haben. Weil ich nicht nur überzeugt bin, daß es mir gut ging hier, sondern [daß ich hier] einen echten, ehrlichen Freund [gemeint ist Dr. Goette] gefunden habe. Es gilt nicht den Ort, es gilt ihn zu verlassen. Ob diese Verbindung über lange Jahre anhält, liegt nicht an mir. Sondern daran, ob er mir antwortet, wenn ich schreibe. Es liegt auch daran, ob er mir erlaubt, ihn später zu besuchen, habe ich mehr Freiheit. Das ist ein großer Wunsch von mir.

*

5 KÖLN, 15. 11. 72

Adresse ab heute:
Landesheilanstalt Rottland
in
4771 Eickelborn
Hauptstraße

[Diese Postkarte meldete Jürgens letzte Anschrift. Wie die meisten Länder der Welt baut die Bundesrepublik ihre Heilanstalten, wo Boden billig ist; die Anstalt Rottland liegt in dem Dorf

Eickelborn (heute Lippstadt-Eickelborn) mit nur 2400 Einwohnern (einschließlich der Patienten der Landesheilanstalt) zwischen Soest und Lippstadt – isoliert in der «tiefsten Provinz», die natürlich qualifiziertes Personal wenig anzieht. In dieser Heilanstalt hat Jürgen Bartsch noch drei Jahre, sechs Monate und dreizehn Tage gelebt.]

*

19
Briefe X

[Mit «Film-Fest» meint er hier die Herstellungsprozedur des Phallogramms.]

4771 Eickelborn, 21. 11. 72

... Du möchtest wissen, alter Freund, wie es uns hier geht. Wir sind im wohl festesten Haus, «Männer 11a». Die Verhältnisse der Sicherung sind etwa wie in Köln, eher etwas strenger noch. Mir persönlich sind am meisten aufgefallen die Vorkehrungen gegen Suizid. Plastikbestecke, keine Wasserhähne zum Drehen, keine Stoffhandtücher, kein eigenes Feuerzeug usw. Materiell dagegen geht es uns ausgezeichnet. Jede Woche darf man unbeschränkt einkaufen, jeden Tag darf man besucht werden. Das Essen gefällt mir sehr gut, es ist sehr abwechslungsreich. Fernsehen dürfen wir jeden Tag (Klasse) bis 21.15. Der beste Film bis jetzt war ein Western über die letzte Büffeljagd mit Stewart Granger, eher ein Problemfilm. Morgens sind wir (wie in Köln) im Tagesraum, nachmittags auch. (Meine alte Medizin kann ich hier weiterbekommen, auch das Cyproteron.) Über Mittag geht es in die Freistunde. Unser Haus ist von einem hohen Zaun umgeben, auch von Mauern.

Abends gehe ich mit fünf Kameraden in einen Schlafsaal. Das erste Mal Schlafsaal seit Marienhausen. Aber es macht mir richtig Spaß. Irgendwelche Schwierigkeiten mit den Anderen (meine Abteilung ist etwa sechzehn Leute) habe ich nie gehabt, von Anfang an nicht. Mit den meisten verstehe ich mich prima, und einen ausgesprochenen Gegner habe ich überhaupt nicht. In dieser Beziehung habe ich ja im letzten Jahr nur gute Erfahrungen gemacht. Vielleicht liegt es wirklich auch an einem selbst. Aber ich will nichts berufen.

Unser Doktor, er heißt Teuber, hat sehr viel zu tun. Er hat

außer unserem noch ein Haus, und Chirurg ist er außerdem. Als ich ankam, letzten Mittwoch, hatte ich ein kurzes Gespräch mit ihm. Seine ruhige Art imponierte mir. Gestern, am Montag, ließ er mich kommen. Er machte mir die erfreuliche Mitteilung, daß man sogar in dieser Abteilung schon anfangen wird mit Gesprächs-Therapie. Dr. Teuber selber und ein Psychologe werden es übernehmen. Etwa zweimal in der Woche wird die Behandlung stattfinden.

Für mich war es, wie gesagt, eine GROSSE FREUDE. Weißt Du, Paul, die ersten fünf Tage hörte ich ja nichts, und habe natürlich nachgedacht. Ich hatte etwas Angst, daß man mich eventuell nur «verwahren» wolle, und mich ansonsten aufgeben würde. Wäre es so gewesen, hätte ich mich auch selber aufgeben können (oder müssen). In den fünf Tagen habe ich natürlich viel gegrübelt. Aber ich habe wie stets gewartet, bis sich jemand meldete. Von mir aus hätte ich es nicht getan, weil ich es nur sehr schwer kann. Du kennst das ja, lieber Paul.

Aber wie es auch ist, was Dr. Teuber sagte, war sehr ermutigend. Ich weiß nicht, ob er es überhaupt weiß, wie gut es ist, daß man weiß, man ist nicht allein. Und ich bin fest überzeugt, daß ich positive Fortschritte machen werde. Wenn das wirklich so kommt, werde ich nicht in diesem Hause für ewig bleiben müssen. Aber vorher heißt es natürlich, klein anfangen und abwarten. Und arbeiten.

So, lieber alter Freund Paule, Du siehst, daß Dein Freund hat wieder neue Hoffnung geschöpft; drücke mir alle Daumen. Viele liebe Grüße von Deinem alten MINDREADER

Jürgen

*

Eickelborn, 27. 11. 1972

Lieber alter Kumpel Paule!
Du fragst, ob meine Briefe hier auch zensiert werden. Aber ja. Von wem? Genau wie in Köln, vom zuständigen Haus-Arzt. Auch die eingehende Post natürlich. In meinem Fall ist es Dr. Teuber.

Auch die Frage nach der Medizin will ich Dir beantworten. Außer dem Cyproteron bekam ich in Köln morgens und abends eine Kreislauftablette (Novadral) und abends Tropfen zum Schlafen (Megaphen-Artosil). Damit komme ich sehr gut zurecht, jedenfalls normalerweise. Darum bekomme ich es auch hier. Nur, als ich in Köln zusammengeklappt bin, gab es Mittel, die ich nicht kannte. Während der Schlafkur waren es nur Spritzen, wohl schon eher Narkotika.

*

4771 Eickelborn, 14/12/72

... Es wäre wirklich sehr schön gewesen, wenn Du mich in dieser Woche (falls Du zum Internationalen Frühschoppen gegangen wärest) besucht hättest. Möglich wäre es bestimmt gewesen (Du fragst danach), unser Arzt Dr. Teuber hätte wohl nichts dagegen gehabt. Schließlich hast Du mich ja sogar im «Knast» besuchen dürfen. Einen Zeitpunkt möchtest Du wissen; da gibt es eigentlich keinen. Komme einfach, wann Du es kannst, und lasse Dir bei Deinem Schnappsbrenner-Freund in Lippstadt ein Bett im Keller aufstellen ... und trink dort nicht soviel, eventuell kriegst Du es da ja umsonst.

*

4771 Eickelborn, 22/12/72

... Zur Wiedergutmachungsphantasie. Das ist ein etwas schwieriges Kapitel, lieber Paul. Meine Gedanken in dieser Hinsicht richten sich nicht unbedingterweise nur auf Kinder (das wäre wohl auch falsch). Aber im Gefängnis und einer Abteilung wie hier ist das nicht so, wie Du es Dir eventuell vorstellst. In unserer Abteilung (derjenige, den ich Peter nannte, ist nicht auf unserer Abteilung) sind fast ausschließlich Leute, die aus dem Vollzug kommen. Geistig behindert sind sie eigentlich nicht, und körperlich auch nicht. Bis auf eine Ausnahme. Auch die Atmosphäre ist nicht danach, sie ist eher latent aggressiv, gegenüber allem und jedem. Natürlich, viele sind innerlich trotzdem hilflos, aber um da helfen zu können, müßte man Fachmann sein und nicht lediglich wohlmeinend, wie ich.

Ein Problem, lieber Freund, mit dem ich zur Zeit viel zu tun habe, und mit dem ich relativ schlecht fertig werde, ist das Schuldgefühl. Das ist im Moment wohl stärker, als es je war. Wenn ich sachlich überlege, ist mir durchaus klar, daß es zu solchen grauenhaften Dingen fast mit Sicherheit nicht gekommen wäre, wenn manches anders gewesen wäre in meinem Leben, Dinge anders gewesen wären, auf die ich keinen Einfluß hatte. Jeden, der sachlich denken kann, müßte das zur Einsicht bringen, daß ich nicht das Ungeheuer aus bösem Willen war, zu dem mancher mich machen wollte. Aber wer denkt schon stets sachlich? Auch ich selber nicht, und so geht es mir selber oft so, daß ich die Worte des «Volkes» eingängig finde und versucht bin, selber zu glauben, daß ich nichts als ein Untier sei. Und solche Momente bringen dann natürlich die Frage mit, ob man das Recht habe, noch weiterzumachen, weiterzuleben. Sicher, man darf letzten Endes wohl nicht ständig mit solchen Schuldgefühlen leben. Man darf sie nicht vergessen, aber man muß versuchen, sie zu verarbeiten. Ich verstehe das, gefühlsmäßig, aber trotzdem bin ich ziemlich hilflos, solange ich nicht weiß, wie ich das in der Praxis, im Einzelnen, anzufangen habe.

Viele liebe Grüße bis zu Deinem Antwortbrief von Deinem alten GEHIRNAMPUTIERTEN Freund

Jürgen

*

[Mein persönliches Verhältnis zu den verschiedenen Psychiatern, die im Laufe der Jahre für Jürgen verantwortlich waren, war meist gut bis ausgezeichnet, aber in Eickelborn hatte ich zum erstenmal das Gefühl, daß Dr. Teuber sich mit mir irgendwie nicht wohl fühlte und mir nie wirklich vertraute. Teuber war z. B. der erste seit langem, der es uns nicht erlaubte, unter vier Augen zu sprechen. Andererseits wurde ich von der Leitung der Eickelborner Anstalt genauso wie ein Familienangehöriger behandelt und durfte Jürgen besuchen, sooft mich meine Arbeit in diese abgelegene Gegend brachte. Ich hatte das Glück, Freunde in Lippstadt zu haben, Toni und Barbara Vonnegut, deren Gastfreundschaft ich bei solchen Gelegenheiten genießen durfte. Jedesmal, wenn ich mit dem Wagen von Berlin in die Bundesrepublik fuhr, versuchte ich, früh genug in Lippstadt anzukommen, um den Nachmittag mit Jürgen zu verbringen und ihn auch am nächsten Morgen zu treffen, ehe ich weiterreiste – das waren in mehr als einer Hinsicht die anstrengendsten Besuche, die man sich vorstellen kann. Im folgenden Brief – nicht zum erstenmal – schrieb Jürgen Einzelheiten, die mehr für die Augen des zensierenden Psychiaters als für meine gedacht waren. Auf den Briefumschlag hatte Jürgen geschrieben: «Lieber Herr Dr. Teuber! Ich habe nichts gegen eine Unterredung mit Paul Moor, der mein bester Freund ist.» Verständlicherweise habe ich Jürgen nichts davon gesagt, aber von einem zuverlässigen Psychiater hatte ich gehört, der Direktor von Eickelborn und seine Ärzte hätten den Ruf, wie er sagte, «kastrierfreudig» zu sein.]

4771 Eickelborn 2/2/73

Du schreibst, alter Freund Paul, daß Bossi (laut FAZ) gesagt habe, ich sei zur Kastration bereit. Was Herr Bossi da sagt, ist nicht richtig. Ich bin nicht zu einer Operation bereit, ob heute oder in Zukunft. [Rot unterstrichen:] *Meiner Ansicht nach könnte mir am wirksamsten geholfen werden durch ausgesprochene Psychotherapie mit eventuell noch einem Psychologen.* Ich bin auch nicht bereit, die neun Monate Behandlung durch Frau Dr. Suhr unter den Tisch fallen zu lassen, samt der positiven Prognose. Ich weiß, daß ich heute nicht derjenige mehr bin, der ich 1966 war. Bereits heute wäre es mir quasi unmöglich, auch physisch, eine Gewalttat zu begehen. Eigentlich geht es im Moment um meine Charakterstärkung. Der Druck der Vergangenheit hat mich sehr depressiv gemacht; außerdem muß mein Wille noch gestärkt werden. So etwas geht doch gar nicht ohne die Hilfe eines Arztes.

Daß Du, alter Kumpel, in einer «schlagenden» Verbindung warst, wußte ich allerdings noch nicht. Man sieht ja, wie tapfer Du Dich geschlagen hast, ich habe noch keinen einzigen Kratzer entdecken können.

So, lieber alter Freund, muß ich leider für heute Schluß machen. Sei gegrüßt von Deinem alten FREUND, besten Freund

Jürgen

*

[Jürgen schrieb mir wenig und selten von der Arzthelferin Gisela, erwähnte sie aber manchmal, ganz beiläufig, wenn ich ihn besuchte. Anfang 1973 überraschte er mich mit einem Brief von Pfarrer H. in Essen, der plötzlich zeigte, was für eine Rolle in seinem Leben Gisela im Laufe der Zeit schon übernommen hatte. Bis zu diesem Zeitpunkt hatte er Gisela in seinen Briefen an mich überhaupt nur dreimal erwähnt, zum erstenmal am 5. Oktober 1971 und seit April 1972 gar nicht mehr.]

... Würdest Du mir eine kurze Skizze machen, ob der Herr Pfarrer mit seinen knallharten Formulierungen und Schlüssen recht hat? Ich befürchte, in vielen hat er recht. Das heißt nicht, daß ich je mein Lebensziel (ich enthielt es Dir vor – zu meinem eigenen Bedauern. Kannst Du mir verzeihen? Vielleicht wollte ich Dein Urteil nicht hören?) jemals aufgeben könnte. Meine Bitte ist nur, versuche mir die ganze Wahrheit zu sagen. Bin ich ein Irrer, daß ich mir solches Lebensziel setzte? Ist es tatsächlich unverantwortlich? Ja? Worauf gilt es dann zu verzichten? Aufs Lebensziel? 1000 Grüße Dein bester Freund

Jürgen

[Der beigelegte Brief des Pfarrers:]

Dr. K. J. H. 43 Essen I
23. Februar 1973

Lieber Jürgen!
Ich will die Zeit nutzen. Ich bin froh, daß wir im Gespräch sind. Auch meinetwegen. Hier ist wenigstens eine Stelle, an der ich mich stelle: Hier bin ich. Wieviel Präsenz, wo wir hätten zur Stelle sein sollen, haben wir schon versäumt. Auch ich werde beschenkt, indem ich auf so viel Not hinhorche.

Aber ich werde immer nur realistisch denken müssen. Sie müssen mitdenken. Alles andere hilft nicht.

Ich denke, ich bleibe dabei, der Reihe nach Ihrem Brief nachzugehen . . .

Die Kirche verteufeln einzelner Menschen willen? Das wäre, wie wenn man die Natur verteufeln wollte, weil ihr Einiges nicht gerät. Und nun heute das Schwerste. Verliebt und verlobt. Wie sollte Ihnen dieses nicht geschehen können. Aber ob es eine realistische Sache ist, lassen Sie mich doch fragen dürfen. Noch einmal –, ist Gisela ganz sicher vorwiegend ein mütterlicher Mensch. Sie ist betroffen von Ihrem Schicksal und sie möchte helfen. Sie ist sicher liebesfähig. Sie brauchen nichts mehr als Liebe. Wo sie Ihnen erst erzeigt wird, werden Sie danach greifen. Es gibt aber – Sie wissen es – im Bereich der Liebe viel Verwirrung. Auch Gisela brauchte einen Psychotherapeuten, um sich selber zu verstehen . . .

Wie Ihre Heilungsaussichten auch immer sind, Sie wären ja sicher auf ein anderes Land und einen anderen Namen angewiesen. Wie das auch immer verwirklicht werden könnte, es wäre viel Verschwiegenheit und Vertrauen notwendig. Die tapfere Verschwiegenheit müßte zuerst bei Ihnen anfangen . . .

Es ist nicht absehbar, wie Ihr Leben verlaufen wird. Aber es wird auf seiner Vorgeschichte so verlaufen können, daß mit Ihrem Leben ein großes Beispiel gegeben ist, für die Bewältigung eines tragisch gescheiterten Lebens. Sie haben die Möglichkeit in sich –, und ich wollte Ihnen darum ringen helfen, soviel auch mir Kräfte dazu gegeben werden. Ihr Leben kann noch *ein großes Leben* werden, ein beispielhaftes, ein helfendes, das in Tapferkeit, Erleiden und Vertrauen, selbst vor den Augen der Menschen Respekt abfordert. Dieses Leben wünsche ich Ihnen, wie auch immer die äußeren Möglichkeiten ablaufen. Sie müssen innen beginnen.

Lieber Jürgen, ich bin für Sie, lassen Sie sich nicht unterkriegen, leben Sie ein Trotzdem, mit GOTTES HILFE . . .

*

[Jürgens Psychologe in Eickelborn hatte einen übervollen Arbeitsplan: Er hatte, wie Jürgen ihn zitierte, «pro Patient alle drei Wochen eine Stunde Zeit». Bei einer Psychoanalyse verbringt der Patient vier Stunden pro Woche in Einzeltherapie. Mehr als je zuvor zeigte mir dieser Brief, wie unrealistisch Jürgen seine allgemeine menschliche Lage betrachtete.]

4771 EICKELBORN, 1/3/73

. . . Denk einmal an den letzten Besuch. (Den Durchfall können wir weglassen). Da richtete ich die etwas bange Frage an Dich, ob unser Vertrauen zueinander stets gleich bleiben würde. Du sagtest ja, es galt damals, es gilt auch für die Zukunft. Ich hatte meinen guten Grund zu dieser Frage. Ich war gerade in der Bedenkzeit (meine Freundin), die Gisela erbeten hatte, vier Wochen, und konnte noch nichts Sicheres sagen. Vielleicht war es der eigentliche Grund, daß ich Dir nichts davon sagte.

Du sagtest einmal, Du wärest glücklich, mich auch heterosexuell glücklich zu sehen. Davon aber, meine ich, bin ich noch weit entfernt, was für beide gilt, für Gisela und mich. Es ließ sich so gut an. Der unterbrochene Briefwechsel, dessen Wiederauferstehung sie erzwang, mit lieben, lieben Karten, die Brieffreundschaft kam wieder in Gang, es dürften jetzt zwei Jahre sein. Das persönliche Kennenlernen kam erst hier, mit Erlaubnis von Dr.

Teuber. Fünf- oder sechsmal, wenn meine Erinnerung nicht trügt, trafen wir uns hier persönlich, stellte ich ihr (weil ich sie ob ihrer Gefühle gern habe, mir selber geht es genauso) die Frage nach der Verlobung. Worauf sie sich vier Wochen Bedenkzeit erbat, und ich in Tränen ausbrach, weil sie nicht gleich . . .

Nun, bei Liebe kommt so was vor. Nun haben wir uns am 15/2/73 hier in Eickelborn verlobt. Als Verlobungsgeschenk bekommt sie den Ring, ein Kettchen, wie ich es trage, und außerdem noch etwas Schönes aus Gold. Ich bekomme alles zugesteckt, und beim nächsten Besuch werden wir die Ringe tauschen. (Wundern darfst Du Dich ja eigentlich nicht mehr darüber, ich sagte Dir ja, wie unter der Therapie und der Medikation zuerst das Ärgste wich (Sadismus), dann die Grenze bei den Kindern hochschnellte bis zu Jünglingen, und wie der «normale» heterosexuelle Anteil in der Phantasie immer mehr Raum einnahm.)

Und Gisela? Sie ist Krankenschwester in Hannover, die, obwohl fast kein Geld vorhanden war, mich fast jede Woche besuchte. Jetzt ist aber das Geld zu Ende. Trotz der Besuche halten wir unseren Briefverkehr aufrecht.

Sie ist ein lieber Kerl, Schwester, kinderlieb, fleißig, treu vor allem auch. Was heute ja besonders wichtig ist. Sie wollte nach einer in der Nähe liegenden Stadt ziehen. Ich bat sie sogar darum. Nun aber, nach Rücksprache mit meinen Eltern will sie, wie sie sagt, aus ihrem Beruf gehen, und in unserem Geschäft als Angestellte arbeiten, mit freier Wohnung, usw. Daß ist eine große Sorge für mich; ich sehe sie nicht gern unter den Fittichen meiner Eltern. Mein Vater hat immer noch seine «Nachfolger»-Theorie im Kopf, wirklich dumm, allein schon weil Essen und Langenberg Orte sind, die ich meiden sollte wie die Pest.

Glaubst Du, alter Freund, ich mag Deine Meinung nicht hören? Sag sie mir nur, direkt ins Gesicht. Du sagst, Du hast, alter Kumpel, also mit Herrn Eibel, Dr. Teuber und sogar [mit dem Krankenhausdirektor] Dr. Schneller gesprochen.

Die Psychotherapie durch unseren Dr. Teuber, die Behandlung, die mir den meisten Halt gibt, ist seit einer Woche oder länger unterbrochen. Vielleicht ist Dr. Teuber krank, oder es kam etwas dazwischen, ich weiß es ja nicht. Daß er mich nicht mehr möge oder so, kann ich mich nicht vorstellen, aber vielleicht bin ich einer von jenen Idioten, die glauben, jeder müsse sie gernhaben, möglichst gleich am ersten Tag.

*

[Es beunruhigte mich, daß Jürgen, aus welchem Grund auch immer, mir eine so bedeutende Entwicklung in seinem Leben wie sein Verhältnis zu Gisela verheimlicht hatte, und das zwei Jahre lang. Ich habe mir Mühe gegeben, ihn davon zu überzeugen, daß ich jede menschliche Zuwendung für ihn begrüßte, fragte aber, ob sein Vertrauen zu mir geschmälert worden sei. Dieser Brief enthält eine bemerkenswerte Fehlleistung. Ein Satz endet so: «. . . hatten wir uns . . . hoffnungslos und rettungslos.» – Punkt. Nachträglich, mit einem Pfeil auf die Stelle, hat er das Wort «verliebt» hinzugefügt.]

4771 EICKELBORN, 7/3/73

. . . Um gleich am Anfang etwas zu sagen: vor Dir als Person würde ich niemals ein Geheimnis irgendeiner Art haben. Ich habe es auch noch nie getan. Unser Buch wäre sonst nie zustandegekommen. Ist Dir das klar? In der Sache mit der Krankenschwester Gisela und unserer Verliebungs- und Verlobungsgeschichte war ich zurückhaltend aus Gründen, die mir selber nicht ganz klar sind, nicht ganz bewußt. Das mußt Du mir glauben, alter Kumpel.

Hier muß etwas eingeschoben werden, das Dir letztlich verständlich sein sollte. Auch, wenn es eine unangenehme Sache sein sollte. Meine Briefe aus dem Landeskrankenhaus können niemals die Briefe aus der Justizvollzugsanstalt sein. Ich schreibe Dir sozusagen aus der «Beobachtungsanstalt». Der Zensor im Knast hatte nicht die geringste Verbindung zu mir als Person.

Bei Dr. Goette war es manchmal schon schwer, aber hier ist es nun noch ganz, ganz anders. Man wird Tag für Tag beobachtet;

die Post wird (auf ihre eigene Art) sehr viel strenger auf Gehalte untersucht, und schließlich kommt meine Empfindlichkeit noch dazu. Unter solchen Umständen (wer will es einem Arzt verwehren, irgendwelche «Bosheiten» aus Patienten-Briefen per Zitat ins jährliche Gutachten zu übernehmen?), ich wiederhole es, und anderen [Umständen], können meine Briefe niemals, so lange ich hier bin, so wie diejenigen aus der JVA sein! Die Redaktion, mein bester Freund, bittet den besten Freund um Verständnis. Logisch, daß man bei einem Besuch etwas freier sein könnte.

Alle diese Dinge haben damit, mit der kleinen Resignation, zu tun, die Du mit Recht aus meinem letzten Brief mit Feingefühl herausgelesen hast. Diese Resignation ist nicht ganz unbegründet, nimmt man alle Umstände zusammen. Verstehst Du nicht, DASS ICH ES NUR SO NOCH SAGEN KANN? Ich weiß genau, daß ich Deine Freundschaft, Dich als Mensch, besitzen werde, solange, bis «einer von uns nicht mehr lebt». Ich zitiere DICH, und Du glaubst nicht, kannst nicht wissen, wie oft mir dieser Satz in den letzten Jahren, in den letzten Monaten, durch den Kopf gegangen ist . . .

Ja, Gisela. Ich verstehe nicht ganz Deine große Überraschung. Ich erzählte Dir doch in Briefen und beim Besuch von der fast vollkommenen Heilung meiner PHANTASIE. Die Gefahr [sic] einer normalen Reaktion wurde doch immer wahrscheinlicher. Den Briefverkehr mit Gisela, der Krankenschwester, habe ich auf Zureden von Dr. Goette damals eine Zeitlang unterbrochen. Ich konnte damals nicht glauben, daß es ein Mädchen gäbe, das mich liebt, und das all die Zeit auf mich warten könnte. Aber mit vielen lieben Grüßen und Karten brachte sie mich dazu, den Briefverkehr wieder aufzunehmen. Ich bin schließlich nicht aus Holz.

1000 Grüße, lieber Paul, von Deinem alten, besten Freund

Jürgen

*

[Jürgen schickte mir den folgenden zweiten Brief von seinem Essener Pfarrer; ich wußte noch nicht, daß Jürgen das hier erwähnte Geld spendiert hatte. Der Gottesdienst ging um Klaus Jung, Jürgens erstes, zehn Jahre altes Opfer; Jürgen hatte ihn elf Jahre vorher getötet. Ulrich war der zwölf Jahre alte Ulrich Kahlweiss, den Jürgen acht Jahre vorher getötet hatte.]

Dr. K. J. H. 43 Essen 1, den 30. März 1973
Pfarrer an Pax Christi
43 Essen-Billebrinkhöhe

Lieber Jürgen!
Morgen halten wir (im Sonnabend und Sonntags-Gottesdienst) zum erstenmal das Gedächtnis: für Klaus. Ich lege die Fürbitten, in denen sein Name genannt ist, bei. Tun Sie mit ...

Als erste Antwort auf meine Mitteilung, daß die Kinder an der Pax Christi Opferstätte eingeschrieben sind, kam ein Brief der Familie von Ulrich. Der Vater schreibt:

«Es ist mir ein Herzensbedürfnis, Ihnen im Namen meiner Familie für Ihr Schreiben zu danken. Erstmalig haben wir hierdurch vom Bestehen der Pax Christi Opferstätte erfahren. Die Erfahrung hat uns gelehrt, daß die Opfer schnell vergessen sind.» [Anmerkung des Pfarrers:] (Lieber Jürgen, nicht durch Sie.)

«Sie werden verstehen, daß es deshalb eine Überraschung für uns ist, in Ihnen eine Persönlichkeit kennen zu lernen, die es sich zur Aufgabe gemacht hat, den Opfern ein Gedächtnis zu setzen. Haben Sie herzlichen Dank dafür.

Wir nehmen Ihr freundliches Angebot, uns die Stätte zu zeigen, gerne an. Ich werde mir gestatten, Sie einige Tage vor unserem Besuch bei Ihnen anzurufen, um einen passenden Termin zu vereinbaren. Bis dahin verbleibe ich mit freundlichen Grüßen Ihr Otto Kahlweiß und Familie.»

Lieber Jürgen, haben Sie Geduld. Ich bin gewiß, daß irgendwann ein Wort der Vergebung fällt. Ich möchte ja Kontakt halten.

Daß die anderen Familien noch nicht schrieben! Soviel ich

weiß, sind es einfache Leute. Es mag ihnen auch schwer fallen, sich zu äußern.

Aber sie werden von uns immer wieder Nachricht erhalten. D. h., die Familien. Eines Tages führt es sie doch hierhin.

Haben Sie einen Wunsch für Ostern? Schon wünsche ich Ihnen über den Weg nach Karfreitag einen glaubenden Hinaufstieg nach Ostern.

*

4771 EICKELBORN, 1/4/73

Laß mich heute Deinen letzten lieben Brief beantworten. Natürlich hat er mich wie jedes Mal sehr gefreut. Du sagst, um wie immer in medias res zu gehen, daß meine Tränen Dich nicht ungerührt gelassen haben. Dafür danke ich Dir, alter Kumpel, aber auch nur Dir kann ich dafür danken. Kaum jemand sonst interessiert sich für Tränen der Verzweiflung. Ich habe Dir erzählt von unserem Psychologen, der mit mir alle psychologischen Tests machen wollte, sich eventuell voll für mich «engagieren» wollte, was immer er darunter verstand. «In den nächsten Tagen» wollte er sich entscheiden. Er machte weder die Tests, noch entschied er sich; er ließ mich einfach hängen.

Über die psychologische Behandlung von Dr. Teuber brauchst Du keine Fragen mehr zu stellen. Es ist jetzt fast Wochen her seit dem letzten Mal; ich als Patient empfinde das Vertrauensverhältnis nicht mehr und betrachte logischerweise die Behandlung als beendet. Mit solchen Pausen kann keine Therapie geführt werden. Ich bin mir keiner Schuld bewußt und habe keine Ahnung, was so Schreckliches ich falsch gemacht haben könnte. Es ist mir auch nicht gesagt worden.

Ich möchte Dich aber dringend bitten, alter Freund, Dich mit unserem Gutachter Prof. Dr. RASCH in Verbindung zu setzen, und ihm die Not, die Probleme, zu schildern. Frage ihn doch bitte, ob er sich gegebenenfalls für mich einsetzen würde. ZEIGE IHM BITTE AUCH DIESEN BRIEF . . .

So, lieber Freund, nun muß ich für heute aber langsam schließen.

Viele Grüße für heute von Deinem poor pig

Jürgen

*

4771 Eickelborn, den 11. 4. 1973

Sehr geehrter Freund Paule.

Diese Anrede konnte ich mir nicht verkneifen, weil Dein letzter Brief mich doch betroffen gemacht hat. Zuerst laß mich einige Deiner Fragen beantworten. Zum Interview: Du sagst, ich solle Dr. Norda nicht Unrecht tun. Ich denke nicht daran, ihm Unrecht zu tun. Er hat damals ein Interview gegeben, einer westfälischen Zeitung, und dpa hat es später übernommen. Sein gutes Recht war das nicht. Schließlich hatte er mich bis dahin weder gesehen noch gesprochen. Ich fand und finde das nicht richtig, in einer Anstalt, in der man vor der Presse so zurückschreckt.

Sei gegrüßt bis demnächst, alter Paule, von deinem PRISONER

Jürgen

*

Eickelborn, 3. 5. 1973

Vielen Dank für die Ankündigung Deines Besuches. Da wir uns brieflich nichts mehr zu sagen haben, da ich mich nicht für die Analyse entscheide, kann ich Dir nicht mehr schreiben, was auch? Das Hauptthema fehlt, ergo bleibt nichts zu schreiben. Was soll ich schreiben? Das Wetter ist gut, die Sonne scheint, eine Mauer ist gezogen worden, nächste Woche werden alle Triebtäter wegen Mangel an Menschenähnlichkeit hingerichtet, heute habe ich mir den Kopf gewaschen, gestern war Kirchgang, heute Abend sind um 20.00 Nachrichten, zum Frisör müßte ich, meine Eltern kommen Sonntag, gerade habe ich meinen Bleistift gespitzt, usw., usw. Es ist wirklich so, für echten Briefverkehr reichen unsere Themen nicht mehr. Darum unterlassen wir es. Okay? Auf Deinen Besuch freue ich mich sowieso sehr, und trotzdem sehr. Gut, wenn Du mit Dr. Teuber sprichst. Die Behandlung ist von mir unterbrochen worden, da ich zu lange auf der Aufnahmestation bin. Diese Zeitspanne entspricht meinem eigenen Urteilsvermögen. Es gibt hier andere, FÖRDERNDE Häuser, wo ich genauso gut verwahrt bin.

So, lieber Freund, zum Abschluß die Hoffnung, das Du trotzdem stets mein bester Freund sein willst.

*

[Von dem hier erwähnten Besuch bei Jürgen habe ich noch in Erinnerung lediglich ein allgemeines, wenig ergiebiges Gespräch mit Dr. Teuber.]

4771 EICKELBORN, den 31/5/73

... Hoffentlich, alter Freund, hast Du beim letzten Besuch gemerkt, daß ich nicht solcher Anti-Analytiker bin, wie Du glaubst. Aber ein weiterer Grund hat sich ergeben, der die [Psychoanalyse] praktisch unmöglich macht: dergleichen muß privat bezahlt werden, und meine Eltern sind nach 40 000 für Möller, 50 000 für Bossi, 25 000, die ich damals selber stahl, vollkommen am Ende. Was ich auch Rasch schrieb: das bedeutet wohl das Ende dieser Möglichkeit. Anderer Ansicht?

Vielleicht hätte ich es als erstes schreiben sollen: ich habe meinen Entschluß, mich nicht psychiatrisch behandeln zu lassen (Gesprächs-Therapie) brieflich zurückgenommen. Erstens habe ich eingesehen, daß mein Verhalten völlig falsch war. Weiter habe ich das Ungewitter, das von allen Seiten (Dir, Tante Maria, meine Eltern usw.) auf mich einstürmte, einfach nicht ausgehalten. Zur Zeit warte ich darauf, daß unser Arzt meine Entscheidung annimmt und mich wieder aus dem Schrank holt. Ich nehme an, lieber Paul, es freut Dich, das zu hören. Herr Eibl [sic] ist seit dem 18. aus seinem Urlaub zurück. Ich hatte noch keinen Kontakt mit ihm.

So, alter Kumpel, für heute wäre ich damit am Ende, und warte auf einen netten Brief von Dir. Nächste Woche kommen mich evtl. Maria und Gisela besuchen. Sei also bis zum nächsten Mal auf's Herzlichste gegrüßt von Deinem alten Findelkind

Jürgen

P. S. Meine Hungerkur halte ich weiter durch. Ich habe sie selbst erweitert. 79 Kilo hatte ich. Ich hoffe, daß ich bald auf 70 bin. Du darfst mir getrost den Titel «Hungerkünstler» verleihen.

*

4771 Eickelborn, den 20. 6. 1973

Mein bester Freund Paule!
Ein Vertretungsarzt für Dr. Teuber ist bis Mitte Juli hier. Er hat kein einziges Wort mit mir gesprochen. Bei der ersten Visite im Tagesraum sah er mich nicht einmal an. Für manchen Seelenarzt (ich habe nicht nur Freunde hier) scheint mein Anblick eine Qual zu sein. Ich kann solchem Menschen ja entgegenkommen. Das nächstemal schließe ich mich solange in der Toilette ein.

Dr. Teuber hat Psychologe Eibl gebeten, mich etwas zu betreuen, solange er, Teuber, im Urlaub ist. Eigentlich riesig nett. Er dachte dabei wohl (mit Recht) an mein Seelenheil. Zuerst machte Eibl also einen Intelligenz-Test. Von 116 auf 93 zurückgegangen. Ich war entsetzt. Er sagte, «Das kommt alles, weil Sie noch auf dieser Station sind. Die Persönlichkeit, die Intelligenz, der Verstand, alles wird eingeengt. Aber wir können Sie nicht verlegen in ein besseres Haus, obwohl es nötig und ich selber dafür wäre.» (Eibl ist übrigens als Einzelperson strikt gegen die Kastration, aus redlichem Prinzip.)

Ja, warum kann man nicht verlegen? Ich war zum zweiten Mal entsetzt. (Das dritte Mal brachte er mich zum Entsetzen, ER VERSTEHT SICH DARAUF, als er mir sagte, daß die Antiandrogenbehandlung einen Schwund des Penisvolumens mit sich bringt. Oh Paul, mein Gott nochmal!!)

Eibl ist nicht sentimental, und so hatte die Unterredung, die kaum einen Funken Hoffnung für mich übrig ließ, den Charakter eines äußerst brutalen Belastungs-Interviews. Stell Dir lieber nicht vor, wie es bei mir jetzt in dem aussieht, was man allgemein als Seele bezeichnet. Chaos und Verzweiflung. Ich fühle mich mies, weil ich fast nur von mir geschrieben habe. Darum werde ich Dir auch erst im nächsten Brief schreiben, daß Gisela und ich im Laufe des nächsten Jahres heiraten werden. Teubers, Eibls, auch meiner Eltern Erlaubnis, alles ist vorhanden. Dies schreibt Dir also erst im nächsten Brief Dein bester Freund

Jürgen

*

[Das «sichere» Haus in Eickelborn, wo er wohnte, das sicherste der ganzen Anstalt, hatte vieles von einem Gefängnis an sich. Auf der folgenden Postkarte schreibt Jürgen zum erstenmal ernsthaft von Selbstmord als möglicher Lösung seiner Probleme. Die Fehlleistung der geschriebenen Datierung versetzt ihn um zehn Jahre zurück – in eine Zeit, als er siebzehn Jahre alt und noch frei war. Mittlerweile hatte sich der Hamburger Psychoanalytiker Dr. Ulrich Ehebald bereit erklärt, Jürgen zu behandeln, wenn man das Problem der Verlegung und Unterbringung lösen könnte.]

P.S. Vielen Dank für Deinen lieben Besuch.

Eickelborn, 13/7/1963

Lieber alter Freund Paule!
Du wirst (ich bin anders nicht in der Lage) diese Karte für längere Zeit als «langen, ausführlichen Brief» betrachten müssen. Ich fühle mich stark deprimiert, seelisch völlig außer der Reihe, und halte mich (da der vegetativ sonst übliche Zusammenbruch ausblieb) in ziemlichem Maße für S.– [Suizid?] verdächtig. Meine Gefühle bestehen fast nur aus Depressionen, Angst, Verzweiflung und Hoffnungslosigkeit. Du selber wirst vielleicht in Deiner superanalytischen Art einwenden, ich reagiere spiegelverkehrt. Wieder mal.

Es interessiert mich nicht, ob es so ist, ich weiß nur eines: daß ich sechs Jahre lang alle paar Monate von Knast zu Knast verschoben worden bin, oft lediglich deshalb, weil es Gutachter X oder Y so bequemer war, daß ich in Wuppertal und Duisburg-Hamborn tätlich angegriffen wurde (Bombardierung aus den Fenstern), daß es mehrere Analytiker gab, die erst «ja», dann «nein» sagten, jedesmal eine Enttäuschung für mich, daß mir in Köln gesagt wurde (wo ich auch ein nervenzerstörendes halbes Jahr durchmachte). Jede Verlegung ist also für mich mit Angst und Sorge verbunden.

Außerdem, den Worten Dr. Schnellers nach, MUSSTE ich entnehmen, daß hier keine Fachleute für «solche» Patienten seien. Das enttäuscht mich tief, und das wirst Du verstehen, lieber Paule. Es ging aus Dr. Schnellers Worten aber auch hervor, daß ich, solange ich überhaupt in Eickelborn bin, aus diesem Hause nicht, niemals weitergefördert würde. Welcher Schock das für mich war, kannst Du Dir als Freund sicher vorstellen. Würde ich hier bleiben, ohne Hoffnung, ohne Hilfe, weißt Du genau, was ich tun würde. Ich würde mich töten. Sollte sich in Zukunft nichts zum Besseren wenden, steht diese Konsequenz immer noch zur Debatte. Ich beziehe mich, auch wenn es Dir nicht gefällt, ausdrücklich auf DEIN Buch.

Den schlichten Vorwurf, den ich machte, bleibt bestehen. Ob nach fünf oder zehn Jahren, ich würde stets sagen müssen: ich habe in Eickelborn mit 100%iger Hilfe gerechnet, und ich bin enttäuscht aus Eickelborn fortgegangen.

1000 Grüße von Deinem besten Freund.

Jürgen

*

4771 Eickelborn, den 30/7/73

Vielen, vielen Dank für Deinen langen lieben Brief, über den ich mich wohl weit mehr gefreut habe als über manchen anderen. Ein großer Trost, eine große Hilfe (es berührte mich ganz besonders) war der Satz, daß es doch recht viele Menschen gibt (Eltern, Du, Tante, Gisela usw.), die mir von ganzem Herzen helfen wollen, dabei sogar einige, die mich gernhaben, ja lieben. Nicht, daß ich es nicht schon gewußt hätte. Aber ab und zu muß man es einmal hören, es ist emotional einfach notwendig, lebensnotwendig.

Wieder einmal (Du weißt, daß mich das jedesmal total fertig macht) hat eine Zeit begonnen, von der ich hoffte, sie gäbe es nie mehr. Ich sitze lediglich meine Zeit ab, mehr ist es hier nicht mehr. So war es in Köln, in Düsseldorf, in Bochum, in Anrath, usw., usw. Ohne zu wissen, was dann wirklich kam. Das ist das Ärgste an allem. Es trifft ja jetzt wieder zu.

Ich danke Dir, old friend, für Deine präzisen Auskünfte über meine präzisen Fragen. Du hast etliches nicht genau beantwortet, weil meine Fragen einfach zu früh gestellt wurden. A propos freudige Nachrichten: Gisela würde mir auch nach Hamburg nachziehen. Mein Freund Paule würde relativ leicht mich besuchen können, und meine Eltern würden einen Weg finden, mich doch besuchen zu können, und Gisela könnte recht oft kommen. Nur mit Maria, meiner Lieblingstante, würde es schwer, sehr schwer ...

Ich werde Gisela, Deinem Wunsch entsprechend, verständigen, wie sie Dich kennenlernen kann, alter Freund.

So, alter Freund, nun muß ich für heute langsam wieder schließen. Übrigens: bald wird meine Verlobte mich besuchen.

Bis zum nächsten Mal also 1000 liebe Grüße von Deinem alten NOBODY CHILD

Jürgen

*

20
Briefe XI

Love has no position,
Love's a way of living,
One kind of relation
  Possible between
Any things or persons
Given one condition,
The one sine qua non
  Being mutual need.
– W. H. Auden

[Eine Postkarte.]

4771 Eickelborn, 3/8/73

Gestern hat Prof. Dr. Rasch mich besucht. Er war der Ansicht, nach Ablauf des Gespräches, daß mein Persönlichkeitsbild sich, von 71 an gedacht, verändert, ich selber, von damals aus, wie gesagt, «einen großen Schritt nach vorwärts» getan habe. Ich weiß nicht, ob es Deine oder Teubers Ansicht ist, aber ich weiß, daß ein Mann wie Rasch (er hatte mich ja kaum noch gesehen), das beurteilen kann. Darüber habe ich mich am meisten gefreut. Wichtigstes: Rasch versucht schon einige Zeit vergeblich, Dich zu erreichen. Akut wird die Sache mit der NAMENSRÜCKFÜHRUNG, wirklich akut. Ob Dr. Schneller oder Dr. Teuber mitmachen? Rasch will sich «energisch bemühen», wie er sagt.

*

[Dieser Brief, der drei Schriftstücke enthielt, erreichte mich als Hausgast bei dem prominenten amerikanischen Psychoanalytiker Ralph Greenson in Santa Monica bei Los Angeles, mit dem ich Jürgens Situation natürlich besprach. Eine unglückliche Beziehung in Berlin hatte mich zu dieser Zeit sehr mitgenommen. Die Aussichten verbesserten sich, daß es mit einer psychoanalytischen Behandlung für Jürgen in Hamburg endlich klappen würde.]

Eickelborn, den 4. 9. 1973

... Ich habe kein richtiges Papier, nur zwei Luftpostumschläge, kaum Briefmarken, usw. Aber einen langen Brief will ich trotzdem daraus machen. Setz mal Deine Lupe auf.

Der irre Hochzeitstermin kommt daher, daß Gisela und ich eine EIN- bis Anderthalb-jährige Verlobungszeit ausgemacht haben!

Ich bin etwas traurig, lieber Paule, daß Du solche Schmerzen ob der Verliebtheit hast. Ich weiß, wie weh das tut. Schließlich bin ich von meiner Gisela fast täglich entfernt. Das macht arge Schmerzen. Ich kann mir sehr gut Deine Pein vorstellen, und es ist nur gut, daß Du Dir sagst: unerwidert – also Schluß, auch wenn das Herz nicht dran glauben kann. Das Gefühl mußt Du überwinden. UND DU WIRST ES. Dank der Analyse, nicht zuletzt. Dort hast Du es gelernt.

A propos Analyse. Eigentlich stimmen Eure Gedanken. Ich würde bei einer neuerlichen Enttäuschung zusammenklappen, im Bett oder in die Box. Es wäre nach all dem Streß unvermeidlich.

*

DAS GLEICHE AN DIREKTOR SCHNELLER

4771 Eickelborn, 10/9/1973

Lieber Paule!

Zwar werde ich eventuell im April (Hochzeitstermin) nicht mehr hier sein. Das ZWINGT meine Braut und mich aber, GERADE weil die freundliche Stellung der Anstalt zur Genehmigung der Heirat uns die Heirat möglich macht, den Hochzeitstermin vorzuziehen. Weshalb? Weil die Stellungnahme + Genehmigung im anderen Bundesland ja automatisch nicht mehr gilt. Darum müssen wir einfach vorziehen. Gisela und meine Eltern habe ich unterrichtet. Ich dachte an Weihnachten, das Fest der Liebe. Ich bitte Dich also förmlich, lieber Freund förmlich und korrekt, mein, unser

TRAUZEUGE

zu sein. ‹JA?› ‹NEIN?› (Keine Ausflüchte, Du MUSST kommen!) Ich bitte um baldige Nachricht und, wenn bekannt, die Ausrichtung des Kalenders.

*

4771 Eickelborn, 18/9/73

DANK FÜR DEINE KARTE!

... Vor kurzem wurde ich zum Dr. Schneller gerufen. Die Anstalt hat keinerlei Einwände gegen Giselas und meine Heirat. Da ich verlegt werden soll, ist eine Art Zwangs-Situation eingetreten. Die Heiratserlaubnis gilt nur hier, und woanders, besonders unter so schlechten Bedingungen wie in Hamburg, würde der dortige Landschaftsverband die Heirat eventuell ABLEHNEN. Wir denken nicht daran, solche verfahrene Situation eintreten zu lassen. Wir MUSSTEN also die Heirat vorziehen. Alle sind einverstanden, Dr. Suhr, Dr. Teuber, Dr. Schneller, meine Eltern, Direktor Norda, meine Großeltern, mein Bruder, der Pfarrer, und hoffentlich auch Du. Vor kurzem kam Gisela sogar zweimal hintereinander. Der Herr Direktor versprach mir, auf meine Sorgen hin, in die Hand, uns 100%ig die Heirat NOCH HIER IN EICKELBORN stattfinden zu lassen. Er hat es also sozusagen bei seiner Ehre versprochen. Laß uns schauen, ob man Wort hält. Aber kein Wort kommt über Deine Lippen, alter Paule, klar? Das Datum behält die Anstalt sich selber vor und auch die Ausrichtung. Welche Kirche, ob eine kleine Feier, ob und wieviele Gäste, z. B. Du, alter Rochen, wo die standesamtliche Trauung stattfindet, usw. Meine Eltern können sicher viel beitragen als Hilfe. Alles aber muß natürlich noch im einzelnen durchgesprochen werden.

Falls es mit Hamburg nichts werden sollte, wird die Anstalt sich noch in Göttingen bemühen, versprach Dr. Teuber mir. Und im äußersten Notfall, so sagt sie, hat Frau Dr. SUHR noch zwei Fachleute «in petto». Wenn alles schiefgehen sollte, würde ich nicht wissen, wie es überhaupt weitergehen sollte. Soviel für heute vom von Dir verlassenen (Besuch)

Jürgen

*

[In Hamburg war Prof. Ulrich Ehebald, nach Diskussion mit einem holländischen Kollegen, der mit solchen Gefangenensituationen viel Erfahrung hatte, voller Bedauern zu dem Entschluß gekommen, daß die einzigen Unterbringungsmöglichkeiten für Jürgen in Hamburg eine Psychoanalyse, auch beim besten Willen, unmöglich machen würden.]

Eickelborn, 11/10/1973

... Eigentlich, lieber Paul, habe ich das Gefühl, daß wir die derzeitigen Probleme (verdammt genug) ausführlich besprochen haben. Mit Hamburg ist es, aus den uns (auch Dr. Schneller) bekannten Gründen, vollständig aus. Die richtige, einzig richtige Entscheidung in diesem Fall. Rückfall in Schlimmeres als im Gefängis-Milieu – NEIN! Da ist es die einzige Möglichkeit, sich auf Göttingen zu konzentrieren.

Ohne Hilfe von Frau Dr. Suhr wären wir da ziemlich aufgeschmissen. Gut, daß es zwei Analytiker sind, die sich interessieren. Ich bin fast sicher, daß Frau Dr. Suhr mit ihrem natürlichen, angeborenen Charme und mütterlicher Wärme es schafft, die oder den Analytiker zu 100%igen zu machen. (Zur Zeit, als wir zusammen waren, war es ein Mutter-Sohn-Verhältnis, und es ging von ihr aus, und es war nicht falsch. Ihre Behandlung hätte ohne dies nicht den starken Erfolg haben können. Sie versuchte, mir im nachhinein etwas der mütterlichen Zuwendung zu geben, welche mir in der Kindheit verwehrt wurde, und es gelang auch sehr gut.) Was ja bei Analytikern fast ein Wunder ist. Und was natürlich im Moment nur Hoffnung ist.

Alles, was es hier Neues gibt, habe ich Dir ja ausführlich geschildert. Auch die Schwierigkeit der steigenden Aggression auf beiden Seiten.

Daß Du mir einen Besuch für das Ende des Monats versprochen hast, reißt mich etwas aus meiner Lethargie. Ich freue mich schon sehr darauf. Klasse!

Ja, lieber Paule, ich meine, UNTER DEN GEGEBENEN UMSTÄNDEN BITTE ich Dich, und auch Anti-Freund Werremeier, zu schreiben. So wie die Lage ist, muß ein Gegengewicht her, der Meinung ist auch Dr. Teuber.

1000 liebe Grüße Dein BLACK SHEEP

Jürgen

*

[Bei diesem Besuch lernte ich zum erstenmal Jürgens Verlobte Gisela kennen. Auf seine Weise hatte er schon längst versucht, mich auf diese Begegnung vorzubereiten. Bei unserem ersten Gespräch, nachdem er mir von der Verlobung geschrieben hatte, bat ich ihn, sie mir zu beschreiben. Seine ersten Worte: «Na, eine Schönheitskönigin ist sie nicht.» Er erzählte mir, sie sei während der Geburt von ihrem bald danach verstorbenen Zwilling «fast zu Tode zertrampelt» worden, was drei kosmetische Gesichtsoperationen nötig gemacht hatte. Als ich Gisela kennenlernte, ließ mich ihre sofort spürbare gespannte Haltung denken: Wie muß es für ein solches Mädchen sein, sich bei jeder neuen Bekanntschaft fragen zu müssen: Wie reagiert dieser Mensch auf mein Aussehen? Ich habe mir die größte Mühe gegeben, ihre offensichtliche Gespanntheit zu mildern, aber zum Schluß des ersten Treffens und auch danach immer hatte ich den Eindruck, daß sie sich mit mir nicht wohl fühlte. Gleich tags darauf hat mir Jürgen geschrieben. Er hatte damals Schwierigkeiten mit einem Mitpatienten, den er «den Großen» nannte. Nach meiner Erinnerung war dies mein letzter Besuch in Eickelborn, wo kein Beamter ununterbrochen zugegen war. Bei späteren Besuchen war nicht nur immer einer anwesend, sondern er genierte sich auch nicht, sich in das Gespräch einzuschalten, wenn er es für richtig hielt.]

Eickelborn, 29/10/1973

. . . Meine Gisela hatte ich Dir ja schon beschrieben. Meine Frage: warst Du enttäuscht? (Sie hat das letzte der Papiere, Heiratsurkunde der Eltern, mitgebracht. Alles liegt jetzt wohlverwahrt auf der Abteilung Verwaltung.) Schreib mal was darüber. Hat sie einen positiven oder negativen Eindruck auf Dich gemacht? Mit dem Händchenhalten usw. sind wir erst angefangen, nachdem Du fort warst, lieber Paule. Die Atmosphäre war noch etwas fremd, da Ihr Euch ja noch nicht kanntet. Insofern wäre noch näheres Kennenlernen nötig, aber das wird ja kommen! Insofern (trotz meines ehrlichen Angebotes, dazubleiben) war es vielleicht richtig und sehr taktvoll von Dir, das Liebespaar alleine zu lassen . . . Den Begrüßungs- und Abschiedskuß hast Du ja nicht mitbekommen. Da hast Du eben doch was verpaßt . . .

Was sagt sie über Dich? «Die Zeit war viel zu kurz, aber er ist mir sehr sympathisch.» Auch dachte sie, daß alle Amerikaner klein und dick seien. Ich weiß, daß Du jetzt lachst. Hast auch allen Grund dazu. Dann lobte ich Dich anschließend über den grünen Klee und über alles, was Du tatest und tust. Junge, Du wärst vielleicht rot angelaufen vor Verlegenheit.

Giselas Familie hat sich endgültig von ihr abgewandt. Giselas Reaktion: sie tat dasselbe, zumindest vorerst. ES BLIEB NACH VIELEN VERSUCHEN NICHTS ANDERES ÜBRIG. So wird keiner von ihrer Seite kommen. Es werden etwa zehn oder elf Personen sein, also ganz intim.

Jedenfalls, wenn nichts klappen würde, sähe es sehr, sehr böse aus. Alle vorhergegangene Hilfe wäre Bärendienst gewesen. Das festzustellen, würde ungeheuer weh tun, und eventuell über meine Kräfte gehen. Du weißt, was es bedeuten würde, bester Freund.

Ich spare streng für Giselas Hochzeitsgeschenk. Auch einkaufen werde ich nur sehr wenig. Ihr Hochzeitsgeschenk wird ja zum Teil von mir bezahlt. Eine wunderbare Halskette. Sie wird mir wahrscheinlich Kleidung (Hemd – Pullover – Kombination) schenken. Kein Gedanke an Aussteuer, bei uns beiden. Da müßte sich schon viel, viel ändern.

So, lieber Paule (Ich habe für den Hochzeitstag eine kleine Hellsehvorstellung eingeplant. Richtig? Falsch?) für heute also viele Grüße von Deinem besten Freund

Jürgen

*

[Nicht nur mir war schon längst klargeworden, daß Jürgen offensichtlich zum Schreiben begabt war; ich hatte ihn auch ermutigt, diese Begabung zu entwickeln.]

4771 Eickelborn, 16/11/73

Schön, alter Freund, daß Du mich im Februar besuchen möchtest. Hoffentlich klappt es auch. Keiner würde sich mehr darüber freuen als ich. Aber Du weißt ja, der Weg hier ins Ländliche ist doch ziemlich beschwerlich.

Du meinst, lieber Freund, ob ich nicht «solo» schreiben soll. Ich werde es nicht tun. Zu meinen Briefen habe ich im Moment noch mehr Zutrauen. Es ist doch eine ganz andere Stil-Form, welche ich scheue («Tagebuch», «Autobiographie», usw.). Bist Du im Grunde nicht dieser Ansicht? Die Brieferzählform von Freund zu Freund hat sich doch als beste erwiesen, meine ich. Oder denkst Du nun anders? Gedichte, Kurzgeschichten, oder Ähnliches? Es mag Talent zu diesen Dingen da sein, aber dazu müßte ich doch viel, viel ruhiger sein, innerlich, und das wiederum hängt mit der Therapie zusammen.

Die Psychotherapie durch Dr. Teuber hatte schon begonnen, wie Du weißt, und wir verstanden uns. Er ist sensibel, was bei solcher Behandlungsart Voraussetzung ist. Er fühlt auch Nuancen heraus, die einen bedrücken.

*

[Als ich Jürgen zu dieser Zeit in Eickelborn besuchte, war er so verlegen wie noch nie zuvor. Er entschuldigte sich tausendmal, ehe er über die Lippen bringen konnte, worum es ging: Seine Eltern hatten ihm apodiktisch mitgeteilt, wenn ich zu seiner Hochzeit käme, würden *sie* fernbleiben. – Nachdem die Möglichkeit zu einer psychoanalytischen Behandlung nun fast völlig zunichte geworden war, kam die fragwürdige, umstrittene stereotaktische Gehirnoperation für die Eickelborner Ärzte wieder auf die Tagesordnung.]

4771 Eickelborn, 7/12/73

Nach Deinen zwei letzten Briefen sehe ich ein, daß ich eine Mitschuld, allerdings eine ungewollte, an dem Rummel habe. Ich habe mehr als genug gelitten darunter. Dr. Teuber sieht Dich lediglich als Pressemann an. Er hat alle Presseleute ausgeschlossen, dazu gehörst nun auch Du, lieber Paule. Von mir aus kann ich Dir auch das neue Datum nicht nennen. Es ist mir untersagt.

Was ist mit uns beiden? Besuche wie bis jetzt wird Dr. Teuber wohl untersagen. Aus seiner Sicht wird er sagen: «Er hat schon geschrieben, wer sagt mir, daß er diesmal nicht schreibt?» So sieht es im Moment durch Mißverständnisse recht böse aus, alter Freund.

Für heute, alter Freund, alles erdenklich Gute sendet Dir Dein

Jürgen

*

21
Briefe XII

Eickelborn, 5/1/74

Lieber alter Freund Paule!
Gisela hat sich geändert. Sie hat selber gemerkt, daß meine Eltern Dich einfach hassen, und wir halten nun beide zu Dir, alter Paule. Ist das eine gute Nachricht für Dich? Ich hoffe es doch sehr.

Nun zur Hochzeit: es war sehr schön. Obwohl Herr Mätzler und Pfleger Block und Frau Dr. Suhr aus terminlichen Gründen absagen mußten. So war es engster Familienkreis. Ich hatte Angst vor gedrückter Stimmung. I wo. Die Stimmung war prächtig, wir waren echt fröhlich. Gisela, Pfleger Garten (von mir eingeladen, schenkte mir schöne Steckblumen), Pfleger Schindler (früher Oberkellner, machte es prima), in schwarz. Gisela und ich dunkelblau als Paar.

Die standesamtliche Trauung war schön, aber die kirchliche (mit unserem alten Pastor Kaiser) noch weit schöner. Ringetausch, der Pastor schenkte uns eine Familienkerze für Taufe, Geburtstag, usw. Er gab uns auch das Familienstammbuch mit Heiratsurkunde, Taufscheinen, Geburtsurkunden (!), usw.

Mein Vater war sehr zugänglich, und ab Mittag, beim Zusammensein, stieg die Stimmung sehr. Gitter, Haft, Beschwernisse usw., an diesem einen Tag alles vergessen. Wir haben Gott sei Dank mal wieder viel gelacht. Meine liebe Maria war da, Cousine Ruth war da, Herr RA Ufer war da (ICH HABE IHM DIESELBE BITTE ZUGETRAGEN WIE DIR, ALTER FREUND).

Mittagessen Gulasch und Gemüse. Prächtig. Auf dem Altar zwei Vasen Tulpen, von den Pflegern gestiftet, Porzellan aus dem Casino, später Bohnenkaffee mit Gebäck. Ein Fotograf der Anstalt lief herum und machte gute Bilder. Dann aß er mit. Auch Pastor Kaiser blieb, und gab seine Erinnerungen zum Besten. Eine dicke Flasche Sekt wurde genehmigt. Gisela und ich saßen zusammen und liebten uns mit Blicken. Alle waren froh, glücklich, und es war, als seien alle enttäuscht, als es vorbei war. Was dann kam (Presse-Geier, Verfolgungsjagd) weißt Du, lieber Paule. Frau Dr. Suhr: GUTSCHEIN, 150 DM; Gisela (mir), ein Armband, Manschettenknöpfe, Gisela (bekam) zweimal Besteck, eine Schallplatte, Blumen, Halskette, dicken Armreif. Ja, ja ... [So endet der Brief.]

*

[Nach einer Lungenentzündung erholte ich mich bei Freunden im Tessin in deren «Villa Silvia». Dort kam folgende Postkarte an, gerichtet an die «Lungenheilstätte Villa Silvia».]

4771 Eickelborn, 1/2/74

Sehr geehrte Herren!
Ich erlaube mir, da Herr Paul Moor, Patient bei Ihnen, mein, ich darf sagen, bester Freund ist, seit 1967, Ihnen zu schreiben. Seitdem hat er sehr viel Zeit und Geld aufgewandt, sich um mich zu kümmern, schriftstellerisch und auch persönlich. Er besuchte mich oft und sprach mir Mut zu. Er ist der wichtigste Mensch für mich nach meiner Frau. Teilen Sie mir bitte mit, ob seine Lungenentzündung wirklich eine ist, wie es ihm geht und wie es um ihn steht. Ich muß es wissen. Sollte es zu ernst sein, werde ich es ihm nicht mitteilen. Mit vielen Dank im voraus bin ich Ihr

Jürgen Bartsch

*

Die Geschichte von Jürgen Bartsch nach seiner Eheschließung ist leicht auf einen Nenner zu bringen – «ICH HABE DOCH KEINEN ANDEREN WUNSCH, ALS ZU MEINER FRAU ZU KOMMEN» – um seine Entlassung zu erringen, war er zu allem bereit, aber jeder Weg, egal, wie vielversprechend er zunächst aussah, führte ihn in eine Sackgasse. Die Spannung zwischen ihm und den Eickelborner Ärzten wurde immer schlimmer. Im Laufe der Zeit, als seine Lage immer hoffnungsloser wurde, wußte ich kaum mehr, was ich schreiben sollte; mehrmals in den Briefen der letzten Jahre finde ich Vorwürfe («Reicht es nicht mehr zu Briefen?»).

Mittlerweile versuchte Rolf Bossi weiterhin, einen bereitwilligen Chirurgen für die stereotaktische Operation zu finden («Zur Veranschaulichung der *völlig hoffnungslosen, ja, sinnlosen Situation* füge ich Ablichtung eines Schreibens des Westfälischen Krankenhauses Eickelborn an Herrn Jürgen Bartsch vom 4. 6. 74 sowie eine Eingabe des Herrn Bartsch vom 17. 5. 74 bei ... in der Angelegenheit bringe ich Ihnen zwei Schreiben in Fotokopie zur Kenntnisnahme, damit Sie die völlig aussichtslose, ja, sinnlose Situation, wie sie augenblicklich besteht, besser beurteilen können»).

Am 14. Juli 1974 schrieb Jürgen über einen Mitpatienten an Bossi:] «... Er scheint schizophren zu sein. Kein Wort des Streites war vorausgegangen. Wir sangen alte Volkslieder («Ich bete an die Macht der Liebe», «Es löscht das Meer die Sonne aus», «Jenseits des Tales», usw.), als mir der Faden riß. Was ich später (war sofort bewußtlos) von drei oder vier Leuten erfuhr: aus heiterem Himmel setzte er mir einen Schlag ins Gesicht, der mich sofort bewußtlos machte. Als ich umkippte, fing er schon an, zu treten, vor die Beine, vor den Leib und vor die rechte Hand (Uhr kaputt, sprang ab). Dann lag ich auf der Erde, hilflos. Er fing an, meinen Kopf zu treten, ein-, zwei-, drei- viermal. Ich wurde zwischendurch etwas wach, wollte schreien, aber da kam schon der nächste Tritt. Mein Leben habe ich im Grunde den Pflegern STEPPUHN und ALBERTI zu verdanken, die dazwischengingen und den Mann abführten ... Nun muß ich erst in einer Einzelzelle bleiben, bis die Anstalt weiß, WAS SIE WILL. Ende.»

*

[Schließlich mußte auch ich die bittere Realität anerkennen: Nachdem die stereotaktische Operation nun endgültig ausgeschlossen schien, blieb als allerletztes die Kastration, und ich teilte Jürgen mit, daß ich seinen Antrag darauf – unter den gegebenen Umständen – auch unterstützen würde. Eickelborn hatte sich endgültig durchgesetzt.]

4771 Eickelborn, 29/9/74

Lieber Paule!

Habe recht vielen Dank für Deinen letzten lieben langen Brief. Ich habe mich wieder sehr gefreut. Du bist mein bester Freund, und ich hätte bei Dir nicht die geringsten Bedenken, Dir zu erzählen (OPERATION), ob was läuft, ob es gut aussieht, ob es schlecht aussieht, usw. Ich weiß, daß Du, alter Freund, keinen Artikel daraus machen würdest (was jeden echten Arzt abschreckt). Aber hier scheint keiner das zu wissen. Man mißtraut Dir. Du bist nun mal «PRESSE».

Auch der von Dir so geschätzte Dr. Teuber mißtraut Dir zutiefst, wie ich hören mußte. «Gut, er ist Ihr bester Freund. Ist er gut für Sie, wo er von der Presse ist? Bricht nicht sein journalistischer Riecher durch, vergißt er Ihre Lage dann nicht? Was versteht er unter helfen? Rummel machen?»

Du siehst, alter Paule, man ist Dir von vorne her gut, aber nur, um sich gut zu stellen. Ich habe ein Abkommen mit Dr. Teuber getroffen, daß von mir her (der Bericht im «Bild am Sonntag» war ohne jede Hilfe Giselas entstanden, wir gingen gar gerichtlich dagegen vor) weder BOSSI, noch meine Eltern, noch Du, noch Maria, überhaupt etwas erfahren. DARAN HALTE ICH MICH, damit man mir nie einen Vorwurf machen kann.

Ich muß es, damit überhaupt etwas für mich getan wird. Auf BOSSI, auf meine Eltern, auf [den Journalisten] MEVISSEN habe ich keinerlei Einfluß. Da bin ich vollkommen hilflos. So, wie Teuber, Schneller, sich geben, sehe ich schweren Zeiten entgegen. Ich WILL völlig aus der Presse raus, aber ich kann nicht verhindern, daß BOSSI und meine Eltern mir in den Rücken fallen. Ich finde keine Gnade, weder bei Teuber, noch bei Schneller. Das ist es, was ich meinte: «ER HÄLT MIR NUR NOCH DIE PRESSE VOR.»

Das sehr gute, fast vertrauensmäßige Verhältnis zu Teuber ist fort, zerstört. Ich hatte brieflich meine berechtigten Vorwürfe dargelegt, und auch, daß wohl ER den ersten Schritt auf das ehemalige, gute Verhältnis, tun müsse. Keine Reaktion. Kein Wort. Nicht die Einsicht, daß auch ER Fehler machen, Vertrauen zerstören kann. Er ist für mich OUT. Als Arzt muß er mir helfen, das ist sein EID, aber der Patient hat sich nicht zu bedanken, wenn jemand lediglich seine Pflicht tut. Er wird nie ein Wort des Dankes hören. Er will es nicht anders.

Er regte ein Gespräch mit meinen Eltern an. Ist überstanden. Meine Eltern fanden ihn wieder mal wunderbar. «Er ist eigentlich traurig, daß man so gar keinen Kontakt mehr hat.» «Es tut weh, mit dem Schlüssel in der Tasche herumzulaufen, und nicht aufschließen zu können.» GROSSE KROKODILSTRÄNEN AUS MARZIPAN.

Die Einzeltherapie hat er seit Monaten ausfallen lassen. Zeitmangel. Ich sehe es anders: ICH BIN LÄSTIG. Wir hatten uns auch nichts mehr zu sagen außer PRESSE, PRESSE, PRESSE. Das ist nicht meine Schuld. Es ist eine Wahnvorstellung der Anstalt. A propos Presse: die ANSTALT ist schuld daran, daß Dr. NORDA 1972 mich in übelster Form in die Presse brachte, und Dr. Schneller selber hat mich in einen riesigen Artikel der «BILDPOST» gebracht. Also etwas leiser treten, würde ich sagen.

Also, alter Paule, ich darf Dir nichts sagen. Nicht, ob Zusage oder Absage, ob es heute oder erst in einem Jahr abläuft, nichts. Das einzige, das ich sagen darf, ist, daß nach dreiviertel Jahr eine kleine Hoffnung besteht. Es macht mich ruhiger, fast glücklich. Datum? NO. Wo? NO. Was? NO.

Freue Dich mit mir über einen kleinen Hoffnungsstrahl. Übrigens, alter Freund, daß Du z. Zt., wegen keines anderen echten Ausweges FÜR die OP. bist, macht mich glücklich. Und, entschuldige, daß Du wirklich gesucht hast, macht mich GLÜCKLICH!

Wann Frau Meffke nun mit der Gesprächstherapie anfängt, weiß ich nicht. Ich rechne mit NÄCHSTER Woche. Mal sehen, wie es läuft. Sie wird es leicht mit mir haben. Ich will nichts wissen, ich glaube an den Erfolg dieser Methode, wenn man sich über GOTT UND DIE WELT unterhält. Nur so kann sie meinen echten Charakter erkennen. Und noch etwas: ich mag sie. Das ist nicht schlecht. Sicher, NEUTRALITÄT. Ich kenne das Problem. Aber ich denke an Frau Dr. Suhr in Düsseldorf. SIE war es, die mir durch ihre Sympathie, ihr Ringen, alles so klar machte, daß eine «TAT» unmöglichte [sic]. Das ist nur durch SELBSTERKENNTNIS möglich und eher durch Sympathie zu erreichen, als durch die ach so wichtige NEUTRALITÄT. Frau Dr. Suhrs «DENKEN SIE, DAS TÄTE IHNEN JEMAND AN», war hart, aber sehr hilfreich. Wenn Du, alter Paule, Frau Meffke kennenlernen möchtest, rufe sie doch einfach mal an. BESUCHE SIE, WENN DU MICH BESUCHST. (Hoffentlich bald . . .)

Ich habe volles Verständnis, lieber Paul, daß Du in der letzten Zeit nicht schreiben konntest. Es war auch für mich erschreckend viel auf einmal. Wie kann ich Dir da helfen? Du bist nicht allein, ich bin da, könnte ich sagen. Aber ich bin ja so weit weg. Es wird Dir nicht helfen. Ich verstehe Dein Leid. Einsamkeit. Ich kenne es von mir. Bist Du einsam oder MACHST Du Dich einsam? Keine näheren Verwandten – gut, ich verstehe es. Aber warum liegt es für Dich außerhalb des Möglichen, einen Lebensgefährten zu finden? Willst Du keinen? GIBT es keinen? Du siehst, ich mache mir Gedanken. Ich halte Deinen momentanen seelischen Zustand für gefährlich, alter Paule. Verkenne Dich nicht ins «Keiner will mich». Dann hättest Du MEINE Krankheit . . .

Schön, was Du über Gisela schreibst. Heute kommt sie. Da gibt es Liebe, Trost, Hoffnung. Ein wunderbarer Nachmittag. Ich würde sterben ohne sie und ihre alle Probleme negierende, selbstlose Liebe. Welche Opfer sie bringt, kannst Du nicht einmal ahnen. Nur ein Beispiel. ALLES, was ich zur Zeit trage, stammt von ihr. Sie macht auch die Wäsche. Sie macht alles, alles, alles. Meine Mutter ist natürlich eifersüchtig. Aber damit war zu rechnen . . .

Finanziell – ja, aber Du bist nicht der einzige, mit meinen Eltern geht es rapide bergab. Die letzten zehn Rechnungen sind unbezahlt, Papi erwartet diese Woche eine Pfändung. Wie soll das weitergehen? Eine sehr, sehr große Sorge. Aber alles muß überstanden werden.

*

[Ehe Jürgen ins Landeskrankenhaus Eickelborn gekommen war, hatte ich immer, ohne Ausnahme, ein ausgezeichnetes Verhältnis zu seinen Ärzten, aber in Eickelborn hatte ich von Anfang an den Eindruck, mein Einfluß auf Jürgen sei unwillkommen. Folgenden Brief habe ich aus dieser Zeit aufgehoben; er bezeugt die äußerst verzwickte Lage:]

WESTFÄLISCHES LANDESKRANKENHAUS EICKELBORN
Fachkrankenhaus für Psychiatrie
Hauptstraße 19
4771 Eickelborn (über Soest)
25. Oktober 1974

Aktenzeichen/im Antwortschreiben bitte angeben
Dr. Tr./Pr.

Sehr geehrter Herr Moor!
Ihr Schreiben vom 22. Oktober 1974 ist zwar an Herrn Dr. Schneller adressiert, inhaltlich aber doch wohl ganz wesentlich an mich gerichtet, so daß ich im Einvernehmen mit Herrn Dr. Schneller die Beantwortung Ihres Briefes übernehmen möchte, soweit er mich betrifft und das, was ich gesagt haben soll.

Herr Bartsch hat mich des öfteren in Briefen nicht nur an Sie falsch zitiert. Tatsächlich habe ich gerade den an Sie geschriebenen Brief vom 29. 9. in einem Gespräch mit Herrn Bartsch ein paar Tage später zum Anlaß genommen, um ihm unmißverständlich zu erklären, daß ich ihm in Zukunft Briefe zurückgeben würde, in denen er mich falsch zitiert und mir Worte in den Mund legt, die ich nie gesagt habe.

Leider erlaubt mir meine ärztliche Schweigepflicht sowie die Wahrung des Briefgeheimnisses nicht, Ihnen ein Detail zu berichten, aus welchem Sie ganz eindeutig entnehmen könnten, in welcher Weise er meine Äußerungen manipuliert und entstellt.

In einem Gespräch, in welchem ich ihn bat, in der jetzt laufenden Angelegenheit nicht zu drängeln und im Alleingang oder in Zusammenhang mit Ihnen oder anderen zu versuchen, die Sache zu beschleunigen, gab er sich sehr verständig und versprach auch, sich in jeder Richtung zurückzuhalten. Natürlich haben wir dabei auch über Sie gesprochen, jedoch nicht in der Weise in der er versucht, es darzustellen.

In dem *Selbstporträt des Jürgen Bartsch* schreiben Sie auf Seite 276: «Und die eigentliche psychotherapeutische Behandlung? Frau Dr. S. meint, daß das eine Sache zwischen Arzt und Patienten sei, daß man darüber, über die Themen, welche man gerade behandelt usw., eigentlich überhaupt nicht sprechen solle.» Wenn nun hier, wie Herr Bartsch Ihnen bereits geschrieben hat, die Gesprächstherapie in andere Hände übergegangen ist, so bin ich der Auffassung, daß wir diese gleichen Bedingungen akzeptieren sollten. Dies bedeutet jedoch nicht, daß Barrieren zwischen ihm und Ihnen aufgerichtet würden. Herr Bartsch kann nach wie vor seine Sorgen – mit den oben erwähnten Einschränkungen – mit Ihnen besprechen. Ich werde aber in Zukunft ganz besonders darauf achten, daß er in seinen Briefen die Dinge nicht entstellt wiedergibt.

Mit freundlichen Grüßen!
Ihr
/s/ M. Teuber
(Dr. Teuber)
Landesobermedizinalrat

[Von anderer Hand hinzugefügt:]

In der Hoffnung, daß Ihre Sorgen jetzt ausgeräumt sind grüße ich Sie freundlichst

Ihr D. Schneller

*

22
Das Ende

[Die Universitätsärzte stellten schließlich fest, Jürgen sei für die stereotaktische Operation doch nicht geeignet. Nun blieb, absolut endgültig, nur die Entmannung übrig. Zum allerersten Mal bat er mich, ihn nicht zu besuchen: «. . . im MOMENT wäre es eventuell nicht ratsam. Du könntest nicht viel mit mir anfangen.» Die ganz ungewöhnliche Verwirrung und die vielen Schreibfehler seiner Briefe vom Beginn des Jahres 1975 deuten entweder auf außerordentliche innerliche Unruhe oder auf medikamentöse Betäubung, möglicherweise auf beides.

Im Herbst 1975, nachdem ich ein Jahr beim Institut für Psychotherapie in Berlin hospitiert hatte, hat mich das Präsidium des Berliner Psychoanalytischen Instituts auch zur «informatorischen» Ausbildung aufgenommen; bald danach, in Hamburg, wohnte ich zum erstenmal einer Tagung der Deutschen Psychoanalytischen Vereinigung bei. Mehr als ein Analytiker in Deutschland vertrat die Meinung, daß Jürgen, wenn er durch eine gründliche therapeutische Psychoanalyse zur völligen Klarheit über sich und seine Taten käme, mit seiner schrecklichen Vergangenheit und gegenwärtigen Realität einfach nicht mehr leben könnte.

Am Heiligabend 1975 schrieb er mir eine sachliche, nüchterne Darstellung der körperlichen und psychischen Entwicklungen, mit denen er nach seiner Kastration rechnen müßte.

In meiner Antwort auf Jürgens Brief vom 30. März 1976 schrieb ich, daß ich am 25. April Berlin für vier Wochen verlassen würde, um nach New York, Mississippi und Kalifornien zu fliegen. Sein letzter Brief an mich, an meine Berliner Adresse geschickt, trägt das Datum 21. April. Er hat den Umschlag voller Marken geklebt und darauf PER EILBOTEN – SOFORT AUSZUTRAGEN! geschrieben, aber erst am 26. April – einen Tag nach meinem Abflug aus Berlin, zwei Tage vor seinem Tod – kam der Brief durch die Anstaltszensur und ins Eickelborner Postamt. In New York erfuhr ich – durch einen Anruf einer dortigen deutschen Korrespondentin, die mich aufgespürt hatte – von Jürgens Tod einige Stunden früher. – Seinen letzten Brief bekam ich erst Tage später in Mississippi, wo ich meine Mutter besuchte].

den 21. 4. 76

Lieber Paule, alter Freund!
Entschuldige die vielen Marken. Es ging nicht kleiner. Ich will, daß Du diesen Brief noch in Germany erhältst, darum wären es ja so oder so viele Marken geworden.

Schön, wieder von Dir zu hören, alter Kumpel. Also hatte ich Deinen Zustand richtig gedeutet. Nun weiß ich auch, warum. «Charlie» als alleiniger Grund war mir sowieso suspekt. Bei aller Hundeliebe. Ich hoffe auch für Dich, lieber Paule, daß auch eine zweite Augenoperation Deiner Mutter gut geht. Ferner, alle guten Wünsche für Arbeits-Erfolg in Deiner Heimat! Du hattest in der letzten Zeit mehrmals ein wenig geklagt. Was fehlte? Die Arbeits-Lust? (In Germany würde man als kleiner Mann auf der Straße sagen: «Rübe ab!» oder: «Bei Adolf hätt's das nicht gegeben!») Schluß der Scherze. Warum war Dir so gar nicht nach Scherzen zumute? Keine (Arbeits-)Ideen mehr? Kein Verdienst mehr? (In Mark umgerechnet ...) Oder alles zusammen? Öffne mal mir Deine Seelenlandschaft, alter Paule ...

Heute war ein recht interessanter Tag. Einer, der mich (ein Patient eines anderen Hauses) gar nicht kennt, erbat eine Schreiberlaubnis (über mich und persönliche Briefe an einen anderen Patienten, welche ich, völlig nichtssagende Dinger, ich bin ja vorsichtig, an diesen anderen Patienten geschrieben hatte) von mir. Ich habe sofort Bossi eingeschaltet. Persönlichkeitsrechte. Dieser Patient hat wahrscheinlich vor («Kommunistischer Verlag», BOCHUM), ein Buch zu schreiben. Das wird kaum dazu kommen, aber Vorsicht ist immer geboten. Okay?

Ein Fragebogen, sechs Seiten, in meiner «Fachzeitschrift für

Täuschungskünstler», von der UNI FREIBURG, Lehrstuhl für Parapsychologie, Prof. Bender. Entgegen aller Verteufelei eine wissenschaftlich fundierte Sache. Trick-Experten und Parapsychologen arbeiten heute zusammen. Ziel: betrügerische Machenschaften aufdecken. Echte «PSI»-Phänomene suchen. Fazit: Die Zeit des SUCHENS ist noch lange nicht vorbei ... In zwei Stunden hatte ich den Bogen ausgefüllt.

Herr Mätzler, der (heute Kriminalrat) Mann, der mich vor zehn Jahren fing [Hier eine Fußnote: «21. Juni 76 Strafzeit vorbei, verbüßt ...»], wird mich in der Heilanstalt wieder besuchen. So schrieb er mir heute. Wir sind ja gute Freunde geworden, er hat mich auch schon besucht. «Fachlich» kann er nicht viel sagen, er «betet» (als Laie, verständlich) die Ärzteschaft und deren Ansichten an, aber er ist psychologisch mit gutem Willen, Menschen zu helfen, durch Worte, ausgestattet, und das ist in meiner Lage schon sehr viel. Du bist da der Beste, alter Freund, aber jeder Bezugs-Mensch ist für mich wichtig, Du weißt es.

Wenn Herr Mätzler kommt (Maria war letzte Woche da, Gisela sogar zweimal), wird auch immer «gezaubert».

[Die unvollendeten Sätze, die ungewöhnlich hektische Betonung von so vielen Worten im folgenden Text bezeugen Jürgens seelischen Zustand in der letzten Woche vor der Kastration.]

Zur Kastration: letztes Jahr großes Theater, Konferenz mit zwölf Leuten, Oberarzt Dr. Norda, Dr. Teuber, Direktor Schneller, usw., alle möglichen Fragen. («Was erwarten Sie sich?» «Was sind Ihre Fragen?» «Haben Sie Probleme damit?» usw.) Meine Frage: «Aber Sie werden doch wenigstens den (zeitlichen) Durchschnitt sagen können, den die kastrierten Patienten hier noch verbringen müssen?» Stimme aus dem Hintergrund: «Etwa ein Jahr ...» (Direktor Schneller.) Eine Antwort, über die ich mich damals und heute «verarscht» (meine Wortbildung) fühle! Dieses Jahr: ALLES ganz anders. Antragsstellung: 17. 11. 1975. Besuch der Kastrationskommission: Mitte Februar etwa. POSITIVE Entscheidung am 9. April. Am gleichen Tag (aus gesetzlichen Gründen muß der Patient das selbst tun). Bitte um «rasche Erledigung» bei Dr. Norda, brieflich. Ergebnis: bis heute, weder von Norda, noch von Dr. Teuber, noch von Psychologen Eibl oder Garben auch nur EIN EINZIGES WORT ...

[Es versteht sich, daß ein psychisch so kranker Mensch wie Jürgen Bartsch sich kaum als Selbstdiagnostiker empfiehlt; trotzdem, ich finde seine Selbstdiagnose – nach zehn Jahren Gefängnis und Heilanstalt – lesenswert:]

Auch: zwar ist das Gutachten der Ärzte aus Münster im Letzten eine Erlaubnis, aber, obwohl STETS UND STÄNDIG die Formel auftaucht, die Operation soll dem «Angeklagten, hier Antragsteller» «BEI SEINER KÜNFTIGEN LEBENSFÜHRUNG HELFEN», ist bei Beurteilung meiner Persönlichkeit VERNICHTEND! Beispiele, was Fachleute sagen, die MICH FÜNFZEHN MINUTEN KENNEN, KANNTEN: ich bin, versteht sich, einer, der es «genoß, im Blickpunkt der Öffentlichkeit zu stehen», sich als «etwas Besonderes» zu fühlen, darum auch die alleinseeligmachende Kastration ablehnte, keinen überzeugenden Argumenten zugänglich war, in höchster Weise egozentrisch und egoistisch, und aus Lust am Sadismus, aus Lust an den Lustgefühlen auf sie gar nicht verzichten wollte (sinngemäß). Was mir DURCHAUS NEU IST. Im letzten Jahr jedoch (erst dann, ja schau mal an!) «dachte» ich «um», »quälte» es mich plötzlich, heute «leide» ich (erst ab 75/76?) «echt» darunter. Ich habe also lange unecht gelitten. Von 1962 [dem Jahr des ersten Mordes] an. Ein recht langes, unechtes Leiden ...

Als echtem Ungeheuer, Teufel, Satan, Bestie (meine Worte) war bei mir «lange Zeit kein echter Leidensdruck erkennbar». Tja, so ist das nun bei Monsters daheim ... Gegenbeweis: 1968 Selbstmordversuch I (Seife gegessen), 1970 Selbstmordversuch II (dreißig Tabletten «Limbatril», Zustand kritisch), 1972 Selbstmordversuch III in Düsseldorf (mit zwei Kugelschreiberminen gleichzeitig in Steckdose). WIE VEREINBART SICH DAS MIT DEM «NICHT ERKENNBAREN» LEIDENSDRUCK?

Weiter: warum mag mancher keine Katzen? Weil sie in kein Schema passen, weil sie IHREN EIGENEN KOPF HABEN! Warum fühlt man sich hier immer wieder bemüßigt, mich in ein SCHEMA (keine Presse, verdummende Papierarbeit, nicht unbedingt einen Rechtsanwalt usw., usw.) zu pressen? (Fußnote: ein Rechtsanwalts-Verbot gibt es, um sachlich zu bleiben, nicht . . .) Weil ich einen eigenen Kopf habe. Meinen eigenen Kopf habe ich auch beim Briefeschreiben. Ich schreibe nicht übers Wetter. Ich schreibe, was ich subjektiv fühle. Es mag falsch sein, aber wenn ich es subjektiv als richtig empfinde, MUSS ICH ES SCHREIBEN DÜRFEN!

Ich darf es auch, habe aber ÜBER UND ÜBER Ärger damit. EMINENTEN Ärger. Eventuell auch darum von Dr. Norda bis heute keine Antwort. Weil Psychologe Eibl mir gegenüber von RESOZIALISIERUNG sprach, glaubte ich ihm (daß latente Bereitschaft vorhanden sei), und schrieb an Dr. Norda im bewußten Brief: »Die Resozialisierungsbereitschaft (der Anstalt) werde ich an der Zeit messen, die zwischen diesem Brief und dem Eingriff vergeht . . .» (ZITAT). ICH, LIEBER PAUL, MESSE (darf ich, subjektiv) DIE RESOZIALISIERUNGSBEREITSCHAFT TATSÄCHLICH DARAN.

Ist auch logisch: bin ich ARZT und KANN helfen, helfe ich, so RASCH ich kann. Oder? Wenn also auf meinem Brief keine Antwort kommt, kein einziges Gespräch über drei Wochen, GIBT ES DANN ECHTE RESOZIALISIERUNGSBEREITSCHAFT? Gebe Dir, alter Freund, die Antwort selbst . . .

[Eine Woche vor Kastration und Tod schrieb mir Jürgen:]

Ich bin zur Zeit restlos untherapiert. Gruppentherapie gibt es momentan nicht, die Einzeltherapie ist von unserer Psychologin selbst abgebrochen. Der Sachlichkeit wegen die Gründe: ich stellte, zugegebenerweise nur REIN GEFÜHLSMÄSSIG, des öfteren eine reine VERMUTUNG als TATSACHE in den Raum: DASS MAN MIR GAR NICHT HELFEN WOLLE. Reine Vermutung zum jetzigen Zeitpunkt, zugegeben. Aber auch Vermutungen sind ja nicht aus der Luft gegriffen. Anhaltspunkte müssen da sein. Anhaltspunkte waren die Therapie selber, wo man mir sagte, sie sei nicht, ausdrücklich nicht heilungsgerichtet.

Das ewige «Aus der Presse raus», so oft wiederholt, ist verdächtig. (Wer total aus der Presse raus ist, kann auch bis zum Tode aufs Abstellgleis geschoben werden. Das ist von FACHLEUTEN GESAGT worden. (Gutachten der Kastrationskommission: «. . . und der Patient wegen seiner . . . Gefährlichkeit bis zum Tod verwahrt werden müßte . . .») Noch mehr ist die Aufregung, die mein oft (nicht grundlos, siehe Zitat) geäußerter Verdacht auslöste, verdächtig. Warum regt man sich auf, wenn es tatsächlich Äußerungen gibt, die sich auf bei NICHT-Kastration lebenslange Verwahrung beziehen?

Auf Grund der Äußerungen habe ich RECHT zum Verdacht. Trotzdem: unsere Psychologin regte sich über meinen Verdacht auf, für den echte Gründe vorlagen, den ich aber nicht beweisen konnte, noch kann (ich werde es logischerweise BALD können), so sehr, daß sie die Therapie abrupt abbrach. Die seelischen Folgen für MICH sind offensichtlich nicht bedacht worden. Regt man sich aber derart auf, ist daraus nicht UNSICHERHEIT zu folgern? Das hieße, daß ich (leider) recht haben könnte . . . Mein Vorwurf, daß es keinen echten Hilfswillen gebe, wird wahrer, JE LÄNGER NICHTS GESCHIEHT!! Oder ist das auch wieder falsch? . . .

Denkst Du, alter Kumpel, nicht ungefähr so wie ich? Bossi schrieb mir heute einen Brief. Die Situation scheine «ohne einen Schimmer auf Hoffnung». Was er noch nie tat . . . Er ist nun auch soweit, mir die Kastration zu empfehlen . . . ALEA JACTA EST.

Mein Trost, dear Paule, ist Gisela vor allem. Unsere Liebe läßt uns leben. Unsere Zuneigung wird stärker, anstatt schwächer. Jede Woche kommt sie. Manchmal zweimal. Sie nimmt viel mehr

Entbehrungen auf sich als ich. Wie groß muß ihre Liebe sein ... Sie liest mir Bedürfnisse oder Wünsche von den Augen ab. Sie beschämt mich ... Wie sehr sie darunter leidet, beim Kastrationsverfahren als Faktum total UNTERSCHLAGEN worden zu sein (beim Gutachten der Kommission z. B.), weiß nur sie allein ... Sie paßt nicht ins SCHEMA. Sie wird infolgedessen «DEMATERIALISIERT» ...

Und ich kann nur hoffen, bald «wallachisiert» ZU WERDEN. (Ruhiger werden nach Kastration. Ärztlicher Fach-Terminus.) VAE VICTIS!

Schreiben. Ich bin noch nicht fertig, ganz, alter Kumpel. Ich beabsichtige, Dir, wenn es soweit ist, das Manuskript zu geben, zum Lesen und für eine «Meinungsäußerung». Dies Manuskript hat mit Schreiben in der Form des anderen Patienten (Anfang des heutigen Riesen-Briefes) nichts zu tun. Obwohl man mir, wie so oft, auch da wieder Unrecht tun wird. (Du hast Recht, ich tue mir da «ganz schrecklich leid».) EINE Seite über Heilanstalt. Nur EINE Gefängnis-Story. Alles andere ist gewürfelt wie Gulasch. Wirtschaftskrise, Kriminalerzählung, zwei Gedichte, zwei Seiten behindertes Kind, Kindesmißhandlung, Jugendamt, Dirne, usw., usw. Ein gewolltes Durcheinander. Es könnte sogar gut sein.

[Jürgen hatte wohl wenige Gründe, um weiterzuleben, doch viele, um sterben zu wollen. Ein prominenter Psychoanalytiker, Martin Grotjahn, hat mir einmal gesagt, der Mensch sterbe, wenn sein Unbewußtes zu sterben bereit sei. Jürgen war schon eine Woche tot, als ich in Mississippi seinen letzten, gespenstischen Gruß an mich las, den Abschiedsgruß der Gladiatoren an den römischen Kaiser.]

Nun aber Schluß für heute, alter Freund. Hoffentlich wird Dein nächster Brief auch so lang.

MORITURI TE SALUTANT!

Und, nichts für ungut (Trinkspruch der Mediziner):

«PROSTATA, MEINE HERNIEN! ES WAR EIN PHIMOSES FEST!»

(Nichts für UNGUT – ein echt germanisches Unsinnswort . . . Für UNGUT bekommt man ergo nichts. Aber was bekommt man für GUT? Na, egal, jedenfalls NICHTS FÜR GUT.)

DEIN alter
Jürgen

23
Nachspiel

Als Jürgen Bartsch merkte, daß die Besserung auf sich warten ließ, d. h., daß ihm eine Psychotherapie nicht zuteil wurde, bat er um die Durchführung der Kastration, also um Entfernung beider Hoden. Bei diesem Eingriff ist er im April 1976 gestorben. Er ließ die Operation bei sich durchführen, weil er hoffte, auf diese Weise die Freiheit wieder zu erlangen; er wollte sich vom Makel der Gefährlichkeit befreien. Ob der Eingriff überhaupt sinnvoll gewesen wäre, läßt sich nachträglich schwer beantworten. Im Hinblick auf die Schwere der Taten hätte man vermutlich auch nach einer gelungenen Operation nicht so bald gewagt, Jürgen Bartsch die Freiheit zu geben.

Es mag sein, daß dieses Zögern sogar dann nicht berechtigt gewesen wäre, hätte Bartsch den Eingriff nicht durchführen lassen. Die Taten sind, wie schon gesagt wurde, wenigstens teilweise als Versuche zu werten, zum anderen Menschen durchzudringen. Gewalt ist das Mittel, zu dem gegriffen wird, wenn es keine anderen Kommunikationsmöglichkeiten mehr gibt. Die Brutalität, mit der Jürgen Bartsch vorging, war zugleich Ausdruck der Rache des Prügelknaben, der plötzlich stark genug geworden war, um in den Opfern seine früheren Peiniger zu quälen. Jürgen Bartsch hatte eine gute Chance, aus diesem Stadium herauszuwachsen. Als gereifter, als «erwachsener» Mann hätte er diese Rache-Rituale nicht mehr nötig gehabt.

– Wilfried Rasch

Jürgens Tod erinnerte mich an eine Geschichte über die Dichterin Dorothy Parker, die ich als Dreiundzwanzigjähriger in New York gekannt hatte, eine Geschichte, die in die literarische Folklore eingegangen ist. Dorothy war mit ihrem weltberühmten, alkoholsüchtigen, von Familiensorgen gepeinigten Kollegen F. Scott Fitzgerald eng befreundet. Als sie die aufgebahrte Leiche ihres neununddreißig Jahre alten Freundes in Hollywood tief bewegt betrachtete, faßte sie ihre komplizierten Emotionen knapp zusammen: «The poor son of a bitch.» Als ich damals in New York die Nachricht von Jürgens Tod bekam, dachte ich unwillkürlich: Das arme Schwein ...

Ein paar Tage später, am 6. Mai 1976, las ich in der nordamerikanischen Ausgabe der *Zeit*:

Am Mittwoch letzter Woche starb der vierfache Kindesmörder Jürgen Bartsch im Alter von 29 Jahren nach einem operativen Eingriff zur Entfernung der Keimdrüsen im Westfälischen Landeskrankenhaus Eickelborn bei Soest. Bartsch war aus der Narkose, die ein Krankenpfleger vorgenommen hatte, nicht mehr erwacht. Als Todesursache wurde Herzversagen angegeben ...

Jürgen war schon mehr als zehn Monate tot, als die Deutsche Presse-Agentur am 17. März 1977 meldete:

Paderborn (dpa). Gegen den 58jährigen Chirurgen Dr. Josef Hollenbeck, der den vierfachen Kindesmörder Jürgen Bartsch operiert hatte, hat die Staatsanwaltschaft Paderborn jetzt Anklage wegen fahrlässiger Tötung in zwei Fällen erhoben. Der leitende Staatsanwalt Rüdiger Feldmann teilte am Mittwoch zur Begründung mit, Dr. Hollenbeck seien bei der Operation an der damals 32 Jahre alten Brigitte Wesselink und dem damals 29jährigen Bartsch am 22. und 28. April 1976 im Landeskrankenhaus Eickelborn «gravierende Operationsfehler» unterlaufen, an deren Folgen beide Patienten starben.

Brigitte Wesselink starb nach einer Sterilisation, Bartsch nach einem Kastrationseingriff auf dem Operationstisch. Die Staatsanwaltschaft wirft Hollenbeck vor, den Tod der Patienten deshalb verschuldet zu haben, weil in beiden Fällen ein falscher Verdampfer am Narkosegerät verwendet worden war. Dadurch sei den Patienten eine tödliche Konzentration des Narkosemittels zugeführt worden.

Einen Ausschnitt aus dem Berliner *Tagesspiegel* habe ich aufgehoben, der drei Tage danach erschien:

Mehr öffentliche Aufklärungsarbeit über Ursachen und Folgen der körperlichen und seelischen Kindesmißhandlung forderten in Bonn der Präsident des Deutschen Kinderschutzbundes, Prof. Dr. Kurt Nitsch, und die Medienbeauftragten der katholischen und evangelischen Kirche, Pfarrer Wilhelm Schätzler und Oberkirchenrat Hermann Kalinna. Notwendig sei ein Bewußtseinswandel der Bevölkerung und eine grundlegende Änderung der Einstellung zur Gewaltanwendung in der Erziehung. Prof. Nitsch warnte davor, Kindesmißhandlung als ein Problem sozialer Randgruppen zu betrachten. Der in Psychoterror ausartende Leistungszwang in bürgerlichen Kreisen sei nicht minder gefährlich. Nach jüngsten Veröffentlichungen der Aktion «Das sichere Haus» werden jährlich in der BRD etwa 600 Kinder von Eltern oder Verwandten zu Tode gequält und zwischen 20 000 und 30 000 Kinder krankenhausreif geprügelt. Fachleute bezeichnen diese Zahlen als «Spitze eines Eisberges». (fib)

Die Rolle des Unbewußten beim Tod von Jürgen interessierte mich. Seine eigene Bereitschaft zum Sterben war mir längst allzu klar; aber wie war das bei dem Chirurgen? *Die Zeit* hatte mich 1971 beauftragt, über den Revisionsprozeß in Düsseldorf zu berichten, das *ZEITmagazin* hatte kurz davor die ersten Auszüge aus Jürgens Briefen an mich veröffentlicht, und meine zwei letzten Briefe von Jürgen hatte ich auch der *Zeit* zur Veröffentlichung überlassen. Um dieses ganze tragische Kapitel abzurunden, fuhr ich Ende April 1978 – fast genau zwei Jahre nach Jürgens Tod – nach Paderborn, um für *Die Zeit* über den Prozeß gegen den Chirurgen Dr. Josef Hollenbeck zu berichten:

«Auch ein Gang über die Straße ist immer gefährlich», sagte Dr. Josef Hollenbeck im Gerichtssaal zum Thema Chirurgie und Narkose. Die Staatsanwaltschaft Paderborn hatte den Chirurgen Dr. Hollenbeck angeklagt, «zu Lippstadt im April 1976 durch zwei selbständige Handlungen durch Fahrlässigkeit den Tod je eines Menschen verursacht zu haben».

Der an sich relativ unbedeutende Prozeß um medizinische Kunstfehler zog jeden Tag eine erstaunliche Anzahl von Zuschauern an. Die Leute füllten jeden Stehplatz und standen willig manchmal vier Stunden lang ohne Pause. Einer der beiden verstorbenen Patienten des Dr. Hollenbeck war Jürgen Bartsch gewesen, und dieser Name allein brachte dem Prozeß eine Aufmerksamkeit, die er an sich kaum verdiente. Jürgen Bartsch ist auch nach seinem Tod ein Reizthema geblieben.

Zu Beginn des Prozesses gegen Josef Hollenbeck erklärte Oberstaatsanwalt Manfred Kniß, worum es ging: «Dem Angeschuldigten wird zur Last gelegt, erstens, am 22. April 1976 die nicht lebensnotwendige Operation, nämlich die Sterilisierung der, wie ihm bekannt war, durch enorme Fettleibigkeit und angeborene Herzanomalie mit einem erhöhten Narkose-Risiko belasteten 32 Jahre alten Brigitte Wesselink ohne Beistand eines Anästhesisten übernommen und diese Operation unter Zuführung einer für diese Patientin zu hohen Dosis des Inhalationsnarkosemittels Fluothane (Halothan) infolge pflichtwidrig unterlassener Unterrichtung über die Wirkungsweise dieses Narkosemittels und bewußt falscher Verwendung des für dieses Narkosemittel nicht bestimmten Verdampfers am Narkosegerät durchgeführt und dadurch den noch vor Beendigung der Operation eingetretenen Tod nach akutem Herz- und Kreislaufversagen schuldhaft verursacht zu haben und, zweitens, am 28. April 1976 eine Operation, nämlich eine Kastration, an dem 29 Jahre alten Jürgen Bartsch durchgeführt und diesem Patienten ebenfalls infolge pflichtwidriger Unkenntnis der Wirkungsweise des Narkosemittels Fluothane (Halothan) und durch vermeidbare Verdampferverwechslung eine tödliche Narkosemittelkonzentration zugeführt zu haben.»

Jürgen Bartsch war am 15. November 1972 nach Eickelborn gekommen. Es gab in dieser Gegend weit und breit keinen psychoanalytisch ausgebildeten Psychotherapeuten. Der für ihn zuständige Psychiater schätzt, daß er während der einundvierzig Monate, die Bartsch dort verbrachte, etwa achtzig Gespräche mit ihm führte; im übrigen wurde der Patient medikamentös und mit einer Art Gruppentherapie behandelt. Da eine psychoanalytische Behandlung ausgeschlossen war, beantragte Bartsch eine stereotaktische Gehirnoperation – einen Eingriff, den viele psychiatrische Kapazitäten verdammen und verbieten lassen möchten. Eine ärztliche Kommission untersuchte ihn und lehnte seinen Antrag ab. Bartsch entschied sich daraufhin für die allerletzte Lösung und beantragte seine Kastration.

Am 9. April 1976 traf in Eickelborn die Genehmigung der Landesärztekammer Westfalen-Lippe ein. Noch am gleichen Tag schrieb Bartsch an den Leitenden Landesmedizinaldirektor Dr. Norda: «Ich werde den Willen der Anstalt zur Resozialisierungsarbeit an dem Bearbeitungstempo messen, das zwischen meinem Schreiben und dem Eingriff vergeht. Das heißt: besser heute nacht als morgen früh.» Siebzehn Tage später, am 26. April, bekam er die Mitteilung, daß die Kastration zwei Tage später stattfinden würde. Unmittelbar nach der psychologisch katastrophalen, aber chirurgisch ganz einfachen Operation versagte sein Herz, und zwei Stunden später, trotz aller medizinischen Maßnahmen, lag er tot auf dem Operationstisch.

Im Münsterland kam das Gerücht auf, die Medizin habe sich des Falles

Bartsch, der mit dem Strafgesetzbuch nicht mehr zu lösen gewesen sei, auf eine eigene Weise angenommen. Es blieb ungeklärt, welche Rolle das Unbewußte bei Bartschs Tod gespielt hatte. War ihm sein eigener Tod letzten Endes lieber als sein Leben geworden? Die weitaus meisten Menschen in der Bundesrepublik, auch andere Schwerverbrecher, fühlten sich gerechtfertigt darin, Jürgen Bartsch zu verabscheuen. Welche Rolle hatte solche Feindseligkeit – auch unbewußt – im Operationssaal gespielt?

Der Prozeß gegen Dr. Hollenbeck hat nun bewiesen, daß Jürgen Bartsch und auch Brigitte Wesselink an nichts Dramatischerem als ganz gewöhnlicher, aber in diesen Fällen besonders gravierender Schlamperei starben.

Seit der Urteilsverkündung haben Tageszeitungen, Rundfunk und Fernsehen die grundsätzlichen Tatsachen bekanntgemacht. Obwohl der Narkose-Spiromat im Eickelborner Operationssaal zwei Verdampfer für zwei durchaus verschiedene Narkosemittel hatte, mit einem ins Auge springenden, etwa fünf mal sieben Zentimeter großen, gelben, dreisprachigen Warnschild auf jedem Verdampfer, hat Dr. Hollenbeck der Operationsschwester und dem Operationspfleger gesagt, es mache nichts aus, welches Mittel in welchen Verdampfer komme.

Eickelborn hatte keinen ausgebildeten Anästhesisten. Das hört sich skandalös an, bis man weiß, daß etwa viertausend Anästhesieärzte in der Bundesrepublik fehlen, und daß es an etwa zweitausenddreihundert bundesdeutschen Krankenhäusern überhaupt keinen Anästhesiearzt gibt. Dr. Hollenbeck operierte in Eickelborn mit einem Pfleger, dem er selber den Umgang mit Narkosemitteln beibrachte. Voneinander unabhängige Untersuchungen des Herstellers des Narkose-Spiromats und der Bundesanstalt für Materialprüfung mit dem von Dr. Hollenbeck benutzten Verdampfer haben ergeben, daß bei vorschriftswidriger Füllung mit Halothan die Narkosemittelkonzentration bei Betrieb im unteren Einstellbereich etwa dem dreizehnfachen Wert der Vol-%-Einstellmarke entsprach.

Ein Gutachter – Professor, Facharzt für Anästhesie, Chefarzt des Zentralinstituts für Anästhesie und Intensivbehandlung der Katholischen Krankenhäuser der Stadt Hagen –, hat der Kammer weniger ein Gutachten vorgetragen als selber Anklage gegen Dr. Hollenbeck erhoben, den er auch direkt ansah und ansprach. Ein anderer Gutachter – Professor, Leiter des Zentrums der Anästhesiologie und Wiederbelebung der Universität Frankfurt – hat kategorisch behauptet, die Obduktionsuntersuchungen der Wirbelsäuleflüssigkeiten hätten eine Überdosis an Halothan als Todesursache gänzlich ausgeschlossen.

Der erste fragte den zweiten indigniert, was denn seines Erachtens die Ursache des Herzstillstandes gewesen sei. Der zweite saß mit verschränkten

Armen da, schaute seinem älteren Kollegen direkt ins Auge und gab die redlichste, erfrischendste Antwort, die ich bisher von einem Professor vor einem deutschen Gericht gehört habe: «Ich weiß es nicht.» Die Kammer teilte aber die Meinung des ersten Gutachters und verurteilte Dr. Hollenbeck wegen fahrlässiger Körperverletzung in zwei Fällen zu neun Monaten Freiheitsstrafe, zur Bewährung ausgesetzt, und einer Geldstrafe von viertausend Mark.

Wie so häufig nach einem Urteil, fragte man sich, was oder wem es nütze. Die Eickelborner Anstalt hatte Dr. Hollenbeck fünf Monate nach den beiden Todesfällen entlassen, und vor dem Paderborner Gericht sprach er, jetzt sechzig Jahre alt, von einem heutigen «negativen» Einkommen aus seiner Praxis. Gisela Bartsch, Jürgen Bartschs Witwe, hatte Nebenklage erhoben, um, wie sie sagte, «Klarheit zu schaffen».

Dr. Josef Hollenbeck machte in Paderborn einen eher sympathischen als unsympathischen Eindruck. Man kann sich ihn als freundlichen, vertrauenerweckenden Hausarzt sehr leicht vorstellen. In einem Zeugnis seines damaligen Chefarztes hatte es am 15. März 1956 geheißen: «Darüber hinaus hat er sich eifrig in das Gebiet der modernen Intubationsnarkose eingearbeitet und sich hierbei eine Fertigkeit erworben, die ihn in die Lage versetzt, Intubationen und Lachnarkosen modernster Art selbständig und verantwortungsbewußt vorzunehmen.»

Gott schütze uns alle – nicht nur bei jedem Gang über die Straße.

Ebenfalls für *Die Zeit* (vom 27. Juli 1979) schrieb ich in einer Buchrezension über einen nicht unverwandten Fall in England, den Fall Mary Bell:

Zwei kleine Jungen, drei und vier Jahre alt, sind ermordet worden. Der Vorsitzende der Kammer in Newcastle fordert die Angeklagte auf, aufzustehen. Die Kleine erwidert, sie stehe schon. Mary Bell, wegen Kindesmordes in zwei Fällen angeklagt, ist ganze elf Jahre alt.

Am 26. Mai 1957 gebar die siebzehnjährige Betty McC. im Dilston Hall Hospital, Corbridge, Gateshead, das Kind Mary. «Nehmt das Vieh von mir weg», rief Betty angeblich, und sie zuckte zurück, als ihr das Baby ein paar Minuten nach der Geburt in den Arm gelegt wurde. Als Mary drei Jahre alt war, ging ihre Mutter Betty mit ihr eines Tages spazieren – von Bettys stutziger Schwester heimlich verfolgt. Betty brachte Mary zu einer Adoptionsagentur. Aus dem Zimmer, wo die Unterredungen stattfanden, kam eine weinende Frau heraus und sagte, daß man ihr kein Baby geben wollte, weil sie zu jung sei und nach Australien auswanderte. Betty sagte ihr: «Ich habe die da zur Adoption hergebracht. Nehmen Sie sie.» Damit schob Betty die kleine Mary der Fremden hin und ging . . .

In der Schule fiel Mary auf: jahrelang schlug, stieß und kratzte sie andere Kinder. Sie erwürgte Tauben, ihren kleinen Cousin stieß sie von einem Luftschutzbunker zweieinhalb Meter tief auf einen Betonboden hinunter. Am Tage darauf drückte sie auf einem Spielplatz die Hälse von drei kleinen Mädchen zusammen. Mit neun Jahren kam sie in eine neue Schule, wo zwei Lehrer, die Mary unterrichteten, später erklärten: «Es ist besser, wenn man nicht zu genau in ihrem Leben und ihren Verhältnissen stöbert.»

Später erzählte eine Polizeibeamtin, die Mary während der Untersuchungshaft kennenlernte: «Sie langweilte sich. Sie stand am Fenster, beobachtete eine Katze, die die Regenrinne heraufkletterte, und fragte, ob sie sie hereinnehmen dürfte . . . Wir öffneten das Fenster, und sie hob die Katze herein und begann, mit ihr mit einem Wollfaden auf dem Fußboden zu spielen . . . Dann blickte ich auf und sah zuerst, daß sie die Katze an der Haut im Nacken hielt. Aber dann wurde mir klar, daß sie die Katze so fest hielt, daß das Tier nicht atmen konnte und seine Zunge heraushing. Ich sprang hin und riß ihr die Hände weg. Ich sagte: ‹Du darfst das nicht tun, du tust ihr weh.› Sie antwortete: ‹Ach, sie spürt das nicht, und jedenfalls mag ich kleinen Dingern weh tun, die sich nicht wehren können.›»

Einer anderen Beamtin erzählte Mary, sie würde gerne Krankenschwester werden – «weil ich dann Nadeln in die Menschen stechen könnte. Ich tue den Menschen gern weh.» Marys Mutter Betty heiratete im Laufe der Zeit Billy Bell, kultivierte aber nebenbei einen ziemlich speziellen Kundschaftskreis. Nach Marys Prozeß klärte Betty einen Polizeibeamten über ihre «Spezialität» auf: «Ich peitsche sie», sagte sie in einem Ton, aus dem die Verwunderung darüber herauszuhören war, daß er es nicht wußte. »Aber ich habe die Peitschen immer vor den Kindern versteckt.»

Offensichtlich hat die Bundesrepublik Deutschland kein Patent auf Kindermörder. Aber zwischen dem Fall Jürgen Bartsch und dem Fall Mary Bell gibt es einen lehrreichen Unterschied. Bei Jürgen Bartsch stand die Justiz vor einem Rätsel: Wohin mit ihm, was tun mit einem schwerkranken Menschen, für den keine Behandlungsmöglichkeit existiert? Mehr als acht Jahre lang, bis zu seinem Sterbetag, blieb diese Frage unbeantwortet. Im Fall Mary Bell existierte genausowenig eine Behandlungsmöglichkeit. Deswegen wurde, und zwar ziemlich bald, eine Behandlungsmöglichkeit extra für diese elfjährige Mörderin in einer englischen Heilanstalt eingerichtet.

Am 28. Juni 1990, kurz vor Abschluß dieses Buchmanuskripts, warnte ein von der amerikanischen Regierung zusammengestellter Ausschuß von Fachleuten, daß sich die USA «mitten in einem Kinderschutz-Notstand» befänden. Wie das National Public Radio aus Washington meldete: «In ihrem ersten Report stellen Mitglieder des United States Advisory Board on Child Abuse and Neglect fest, daß die Zahl der bekanntgewordenen Fälle von Kindesmißhandlung in den Vereinigten Staaten von 600 000 im Jahre 1979 angewachsen ist auf fast 2 500 000 im Jahre 1989.»

Acht Jahre nach dem Tod von Jürgen Bartsch sagte Günter Zick, einer der drei Berufsrichter im ersten Prozeß, in einer Stellungnahme fürs Zweite Deutsche Fernsehen: «Ich bin fünfzehn Jahre älter [dreiundfünfzig] geworden. Ich habe viele Erfahrungen in den letzten Jahren als Familienrichter und Vormundschaftsrichter gemacht, und ich bin heute nicht mehr so sicher, daß ich dieses Urteil, das ich damals aus der damaligen Sicht, aus meiner eigenen Einordnung in die damalige Gesellschaft mitverantwortet habe, heute noch in dem Maße mittragen könnte. Auch der Richter ist dem gesellschaftlichen Wandel unterworfen, und je mehr Lebenserfahrungen Sie erfahren, um so kritischer und bedenklicher und zweifelnder und demütiger werden Sie gegenüber dem Anspruch, daß man hier auf dieser Erde eine auch nur angenäherte Gerechtigkeit entfalten könnte.»

«Die Bilanz dieses Lebens sollte uns einiges vermitteln», meinte Wilfried Rasch sechs Jahre nach Jürgens Tod. «Immer wieder ist von Erziehung die Rede, die den Charakter Jürgen Bartschs formte. Während sonst für alle möglichen Tätigkeiten Ausbildungs- und Qualifikationsnachweise verlangt werden, versuchen sich täglich viele Menschen aufs Neue an der Kindererziehung, ohne auf diese Aufgabe vorbereitet zu sein. Trotz guter Vorsätze, die einst gefaßt wurden, enden die Versuche in der Regel damit, daß die Hilflosigkeit der eigenen Eltern kopiert wird ...

Aber vielleicht beginnen doch einige nachzudenken, auch darüber, daß gerade eben ein neuer Jürgen Bartsch heranwächst. Möglicherweise ist es der nette Junge von nebenan, oder das eigene Kind. Und das Opfer: das ist möglicherweise auch der nette Junge von nebenan, oder das eigene Kind.»

Bleibt die unendlich verzwickte Frage der Schuld denn immer noch unbeantwortet? Weiß man alle Einzelheiten aus dem Leben Jürgen Bartschs – und es gibt weitere, auch wichtige, die ich in diesem Buch aus Platzmangel habe streichen müssen –, kann man dann überhaupt noch von «Schuld», gar von «Sühne» sprechen? Es ist allzu leicht, mit einem anklagenden Finger auf Jürgens Adoptiveltern zu zeigen, die mit Sicherheit für ihn nur das Beste wollten – aber wer denn wiederum hat sie erzogen und geformt? Und was war denn mit den Eltern der vorangegangenen Generationen? Bleibt so eine Kette der «schwarzen Pädagogik» ununterbrochen, gibt es unvermeidlich – früher oder später, irgendwo – wieder einen Jürgen Bartsch.

Mit Absicht habe ich einen Abschnitt aus einem Brief von Jürgen an mich aus der chronologischen Reihenfolge herausgenommen, um ihn für den Schluß aufzuheben. Unter anderem zeigt er, wie wenige andere Briefe, wieviel Mühe er sich beim Schreiben gab und wie schriftstellerisch begabt er war. Chronologisch gehört der Passus auf Seite 142 dieses Buches, wo die Strophen des Liedes «Rauhe Gesellen, vom Sturmwind durchweht» zitiert werden. Am 20. Juni 1968 schrieb er:

Vielleicht gibt es sogar Gründe oder Beweise für das, was ich Ihnen sagte. Vielleicht gibt es gar keine Exhibitionisten, keine Homosexuellen, keine Pädophilisten «von Natur aus»? Vielleicht bleibt mancher einfach stehen auf einer Altersstufe, perplex, ernüchtert, enttäuscht, da er sieht, erkennt, als Kind schon, was er alles falsch machte, wie sehr ihm alles danebenging, und wie leicht und gut es doch die Anderen konnten. Er lachte nie fröhlich mit ihnen, spielte nicht Schlagball mit ihnen, oder sie lachten ihn aus, er konnte nicht laufen, nicht so weit springen, er war nicht in der Lage, einen Ringkampf durchzustehen, und auf den langen Spaziergängen fand sich niemand, der mit ihm sprach.

Und wenn er kein Verbrecher wird, dieser Mensch, dann wird doch unvermeidbar sein, daß in ihm ein Wunsch heranreift, ohne daß er es vielleicht selbst bemerkt, und der eines Tages vielleicht sein Leben beherrschen wird, ja, zerstören wird. Der irrsinnige, aber unbändige Wunsch, es zu wiederholen, es neu, es besser zu machen. Keinen Tag älter will er werden, innerlich, will ein Kind, ein Junge bleiben, denn er sieht es doch Tag für Tag, er sieht es so klar, daß es weh tut, wie schön es ist, ein Junge zu sein, Freunde, Kameraden zu haben, mit ihnen schwimmen zu gehen, zu raufen, und er merkt nicht, wie gefährlich es für ihn wird, wie lebensgefährlich, wenn es erst so weit ist, daß er trotz seines «Lebenswunsches» nie mehr wird ein Junge sein können, und wenn er beginnt, sich mit den «rauhen Gesellen, vom Sturmwind durchweht», zu identifizieren . . .

Denn auch das ist mir mit zum Verhängnis geworden, daß ich um keinen Preis erwachsen sein wollte, denn für mich wird es, so scheint es, nichts Schöneres im Leben geben, als noch mal Junge zu sein, aber diesmal alles besser zu machen. Daß das immer ein Traum bleiben muß, weiß ich, aber irgendein Teufel in mir flüstert mir zu, das sei nicht allein meine Schuld . . .

Postskriptum

> Diejenigen, die sich des Vergangenen nicht erinnern können, sind dazu verurteilt, es zu wiederholen.
>
> – George Santayana

Am Anfang dieses Buchs erwähnte ich einen jungen Berliner, den ich Jürgen II. bzw. Jörg nannte und dessen unglückselige Geschichte vierzehn Seiten des *Selbstporträts des Jürgen Bartsch* füllte.

Im Berliner *Tagesspiegel* war ich zufällig auf ihn und seinen Fall gestoßen; ganz offensichtlich war er damals drauf und dran, ein zweiter Jürgen Bartsch zu werden. Er hatte möglichst viele Presseberichte über Jürgen Bartsch und seine sadistischen Morde gesammelt und fast auswendig gelernt. Verhaftet wurde er, nachdem er mit einem kleinen Jungen in den Grunewald gegangen war mit der Absicht, ihn zu überwältigen und mit einem mitgebrachten Messer zu ermorden. Jörgs Fall interessierte mich ganz besonders: Er hatte seine Mitmenschen klar und deutlich gewarnt, wie gestört er psychisch war; nun mußten seine Mitmenschen – «die Gesellschaft» – darauf reagieren.

Es kostete Mühe, Zeit und Geduld, aber ich nahm direkten Kontakt auf mit – der Reihe nach – seinem Verteidiger, seinen Eltern, den Justizbehörden und schließlich mit dem jungen Mann selber, der damals in Untersuchungshaft in Moabit saß; später verbüßte er zwei Drittel seiner Strafe im Gefängnis Plötzensee. Auf Jörgs Wunsch, und im Einverständnis mit allen Beteiligten, auch mit den behandelnden Psychiatern, begann ein Briefwechsel zwischen Jörg und Jürgen unter meiner Aufsicht, nach dem gruppenpsychotherapeutischen Prinzip, daß kranke Menschen in einer kontrollierten Situation einander selber helfen können. Nach Jörgs Entlassung aus der «Plötze» verbrachte er eine längere Zeit in zwei Berliner Heilanstalten, aber therapeutisch schien es aus verschiedenen Gründen nicht richtig zu klappen; die Prognose mußte ausgesprochen «infaust» erscheinen.

Als ich im Dezember 1989 Berlin besuchte, rief ich Jörgs Eltern zum erstenmal nach etlichen Jahren an. Er hatte jeden Kontakt zu ihnen abgebrochen – weil, so meinten sie, die junge Frau, mit der er zusammenlebte, darauf bestanden hatte. Als ich Jörg selber erreichte, reagierte er mit spontaner Freude und Begeisterung, aber sein Versprechen, mich in einigen Tagen anzurufen, um ein Treffen zu verabreden, hat er nicht eingehalten. Als ich mich dann wieder meldete, antwortete nicht er, sondern seine Freundin. Jörg lasse sagen, hörte ich, daß «das alles» *so* weit zurück in der Vergangenheit liege; es wäre doch wirklich besser, wenn ich ihn nicht wieder anrufen würde. In meiner Überraschung und Enttäuschung ließ ich die Frage ungestellt, ob das Jörgs eigener Wunsch sei. Im Mai 1990, wieder in Berlin, erreichte ich Jörg selber. Zögernd, sehr zögernd, bestätigte er, auch er halte das für besser.

Auf jeden Fall freue ich mich, daß ich dieses Buch über eine so tragische Geschichte mit wenigstens einem Fünkchen Hoffnung und Optimismus abschließen kann. Aus Jörg ist, trotz allem, kein zweiter Jürgen Bartsch geworden: Er hat heute eine verantwortungsvolle Stellung, die ihm als erwachsenem Mann eine selbständige Existenz ermöglicht, und er scheint in seiner Freundin einen annehmbaren Ersatz für das gefunden zu haben, was er in früheren Jahren bei präpubertären Jungen vergeblich suchte.

Im Gegensatz zu Jürgen hat Jörg Glück gehabt, sehr viel Glück. Von ganzem Herzen wünsche ich ihm und seiner Freundin für die Zukunft alles Gute.

P. M.*
San Francisco,
im Juli 1990

* Zuschriften an den Autor über den Rowohlt Verlag in D-2057 Reinbek bei Hamburg oder über Russell & Volkening, 50 West 29th Street, New York NY 10001.

Literaturverzeichnis

Alexander, Franz, und Staub, Hugo: *Der Verbrecher und seine Richter* (in *Psychoanalyse und Justiz*); Suhrkamp, Frankfurt 1971.

Anonym: «Geht's nicht ohne Klaps und Prügel?»; *Eltern*, Nr. 8, 1988.

Balis, George U.; Wurmser, Leon; McDaniel, Ellen; Grenell, Robert G.: *Clinical Psychopathology: The Psychiatric Foundations of Medicine*; Butterworth, Boston 1978.

Bataille, Georges: *Gilles de Rais*; Merlin, Hamburg 1968.

Bellak, Leopold und Antell, Maxine: «An Intercultural Study of Aggressive Behavior on Children's Playgrounds»; in *American Journal of Orthopsychiatry*, 44(4), Juli 1974.

Biermann, Gerd: *Kinder und Jugendliche*; Fischer, Frankfurt 1985.

Bitter, Wilhelm (Hg.): *Heilen statt Strafen*; Verlag für medizinische Psychologie, Göttingen 1956.

Bitter, Wilhelm (Hg.): *Verbrechen – Schuld oder Schicksal?*; Klett, Stuttgart 1968.

Bossi, Rolf; Kirn, Richard; Listl, Joseph: Symposium über den Fall Jürgen Bartsch. *Recht und Gesellschaft*, Nr. 1, Oktober 1971.

Brauneck, Anne-Eva: *Allgemeine Kriminologie*; Rowohlt Verlag, Reinbek 1974.

Braunmühl, Ekkehard von: *Zeit für Kinder – Zur Beseitigung der Unsicherheit im Umgang mit Kindern*; Fischer Taschenbuch Verlag, Frankfurt 1976.

Bresser, Paul: «Zum Fall Jürgen Bartsch». Jahrbuch der Universität Köln, 1968.

Brocher, Tobias: Einleitung zu Moor, Paul: *Das Selbstporträt des Jürgen Bartsch*; Fischer Taschenbuch Verlag, Frankfurt 1972.

Bromberg, Walter: *Crime and the Mind*; Macmillan, New York 1965.

Busch, Katie A., und Cavanaugh, James L. jr.: «The Study of Multiple Murder: Preliminary Examination of the Interface Between Epistemology and Methodology»; *Journal of Interpersonal Violence*, vol. 1, no. 1, März 1986.

Cahill, Tim: *Buried Dreams: Inside the Mind of a Serial Killer*; Bantam Books, New York 1986.

Clinard, Marshall B.: *Sociology of Deviant Behavior*, revised edition; Holt, Rinehart, & Winston, New York 1963.

Dalens, Serge: *Der goldene Armreif*; Verlag Alsatia, Colmar, o. J.
Dicks, Henry V.: *Licensed Mass Murder: a Socio-Psychological Study of Some SS Killers*; Basic Books, New York 1972.
Dietz, Park Elliott: «Mass, Serial, and Sensational Homicides»; *Bulletin of the New York Academy of Medicine*, Juni 1986.
Ehrenwald, Jan: *Neurosis in the Family*; Hoeber, New York 1963.
Erikson, Erik H.: *Childhood and Society* (zweite Ausgabe); Norton, New York 1963.
Fenichel, Otto: *The Psychoanalytic Theory of Neurosis*; Norton, New York 1945.
Freud, Sigmund: *Die Traumdeutung*; *Drei Abhandlungen zur Sexualtheorie*; *Der Witz und seine Beziehung zum Unbewußten*; *Über Psychoanalyse*; *Eine Kindheitserinnerung des Leonardo da Vinci*; *Die zukünftigen Chancen der psychoanalytischen Therapie*; *Über die allgemeine Erniedrigung des Liebeslebens*; *Das Tabu der Virginität*; *Totem und Tabu*; *Jenseits des Lustprinzips*; *Das Ich und das Es*; *Das ökonomische Problem des Masochismus*; *Das Unbehagen in der Kultur*; *Über die weibliche Sexualität*; *Vorlesungen (und Neue Vorlesungen) zur Einführung in die Psychoanalyse*; alle in den *Gesammelten Werken*; S. Fischer, Frankfurt, seit 1960.
Fromm, Erich: *Anatomie der menschlichen Destruktivität*; Deutsche Verlags-Anstalt, Stuttgart 1974.
Fromm, Erich: *Die Furcht vor der Freiheit*; Europäische Verlagsanstalt, Frankfurt.
Gardiner, Muriel: *Mörder ohne Schuld: Wenn Kinder töten – Gründe und Hintergründe*; S. Fischer, Frankfurt 1979.
Gillin, John L.: *Taming the Criminal*; Macmillan, New York 1931.
Gollmar, Robert H.: *Edward Gein: America's Most Bizarre Murderer*; Chas. Hallberg & Co., Delavan, Wisconsin 1981.
Gooß, Ulrich, und Gschwind, Herbert: *Homosexualität und Gesundheit*; Verlag rosa Winkel, Berlin 1989.
Grotjahn, Martin: *Psychoanalysis and the Family Neurosis*; Norton, New York 1960.
Guinness Book of World Records (Ausgabe von 1984); Sterling Publishing Co., New York.
Guttmacher, Manfred: *The Mind of the Murderer*; Farrar, Straus, & Cudahy, New York 1960.
Hacker, Friedrich: *Versagt der Mensch oder die Gesellschaft?*; Europa

Verlag, Wien 1964.
Halleck, Seymour L.: *Psychiatry and the Dilemmas of Crime*; Hoeber, New York 1967.
Helfer, Ray E., und Kempe, C. Henry (Hg.): *Das geschlagene Kind*; Suhrkamp, Frankfurt 1979.
Hocquenghem, Guy: *Das homosexuelle Verlangen*; Carl Hanser Verlag, München 1974.
Isay, Richard: *Schwul sein*; Piper, München 1989.
Karpman, Benjamin: *The Sexual Offender and His Offences*; Julian Press, New York 1954.
Laing, R. D.: *Conversations with Children*; Penguin, London 1978.
Levin, Jack, and Fox, James Alan: *Mass Murder*; Plenum Press, New York und London 1985.
Lewes, Kenneth: *The Psychoanalytic Theory of Male Homosexuality*; Simon & Schuster, New York 1988.
Linedecker, Clifford L.: *The Man Who Killed Boys*; St. Martin's Press, New York 1980.
Lunde, Donald T.: *Murder and Madness*; San Francisco Book Co., San Francisco 1976.
Mahler, Margaret: *On Human Symbiosis and the Vicissitudes of Individuation*; International Universities Press, New York 1968.
Marmor, Judd (Hg.): *Homosexual Behavior*; Basic Books, New York 1980.
Marshall, Donald S., und Suggs, Robert C. (Hg.): *Human Sexual Behavior*; Basic Books, New York 1971.
Mauz, Gerhard: Vorwort zu Moor, Paul: *Das Selbstporträt des Jürgen Bartsch*; Fischer Taschenbuch Verlag, Frankfurt 1972.
Menninger, Karl: *Strafe – ein Verbrechen?*; Fischer, Frankfurt 1982.
Miller, Alice: *Du sollst nicht merken*; Suhrkamp, Frankfurt 1981.
Mitscherlich, Alexander und Margarete: *Die Unfähigkeit zu trauern*; Piper, München 1967.
Mitscherlich, Margarete: *Müssen wir hassen?*; Piper, München 1972.
Moor, Paul: *Das Selbstporträt des Jürgen Bartsch*; Fischer Taschenbuch Verlag, Frankfurt 1972.
Morgenthaler, Fritz: *Homosexualität Heterosexualität Perversion*; Qumran, Frankfurt und Paris 1984.
Moser, Tilmann: *Jugendkriminalität und Gesellschaftsstruktur. Zum Verhältnis von soziologischen, psychologischen und psychoanalytischen Theorien des Verbrechens*; Suhrkamp, Frankfurt 1970.

Neill, A. S.: *Theorie und Praxis der antiautoritären Erziehung: das Beispiel Summerhill*; Rowohlt Taschenbuch Verlag, Reinbek 1969.

Olsen, Jack: *The Man with the Candy: the Story of the Houston Mass Murders*; Simon & Schuster, New York 1974.

Petri, Horst: *Erziehungsgewalt: Zum Verhältnis von persönlicher und gesellschaftlicher Gewaltausübung in der Erziehung*; Fischer Taschenbuch Verlag, Frankfurt 1989.

Rank, Otto: *Das Trauma der Geburt und seine Bedeutung für die Psychoanalyse*; Fischer Taschenbuch Verlag, Frankfurt 1988.

Rasch, Wilfried: Vorwort zu Föster, Michael (Hg.): *Nachruf auf eine «Bestie»*; Torso, Essen 1984.

Redl, Fritz und Wineman, David: *Children Who Hate*; Free Press, New York 1951.

Reich, Wilhelm: *The Mass Psychology of Fascism*; Farrar, Straus, & Giroux, New York 1970.

Reik, Theodor: *Geständniszwang und Strafbedürfnis* (in Moser, Tilmann [Hg.]: *Psychoanalyse und Justiz*); Suhrkamp, Frankfurt 1971.

Reik, Theodor: *The Unknown Murderer*; International Universities Press, New York 1945.

Ressler, Robert K., Burgess, Ann Wolbert, und Douglas, John E.: «Rape and Rape-Murder: One Offender and Twelve Victims»; *American Journal of Psychiatry*, 140:1, Januar 1983.

Rossman, Parker: *Sexual Experience Between Men and Boys*; Association Press, New York 1976.

Rutschky, Katharina (Hg.): *Schwarze Pädagogik*; Ullstein, Berlin 1977.

Satten, J., Menninger, K., Rosen, I., und Mayman, M.: «Murder Without Apparent Motive», in *The American Journal of Psychiatry*, Nr. 117.

Schaffner, Bertram: *Father Land*; Columbia University Press, New York 1948.

Schatzmann, Morton: *Die Angst vor dem Vater*; Rowohlt Verlag, Reinbek 1978.

Schellenbaum, Peter: *Homosexualität des Mannes – eine tiefenpsychologische Studie*; Kindler Verlag, München 1980.

Schorsch, Eberhard, und Becker, Nikolaus: *Angst, Lust, Zerstörung*; Rowohlt Verlag, Reinbek 1977.

Schorsch, Eberhard; Galedary, Gerlinde; Haag, Antje; Hauch, Margret,

und Lohse, Hartwig: *Perversion als Straftat*; Springer-Verlag, Berlin und Heidelberg 1985.
Spitz, René: *The First Year of Life*; International Universities Press, New York 1965.
Stierlin, Helm: *Adolf Hitler*, mit einem Vorwort von Alexander Mitscherlich; Suhrkamp, Frankfurt 1975.
Stoller, Robert J.: *Perversion. Die erotische Form von Haß*; Rowohlt, Reinbek 1979.
Vanggaard, Thorkil: *Phallós: Symbol und Kult in Europa*; List, München 1971.
Williams, A. Hyatt: «The Psychopathology and Treatment of Sexual Murderers» (in Rosen, Ismond [Hg.]: *The Pathology and Treatment of Sexual Deviation*; Oxford University Press, London 1964.
Wiseman, Frederick: «Psychiatry and Law: Use and Abuse of Psychiatry in a Murder Case»; *American Journal of Psychiatry*, Oktober 1961.
Wolman, Benjamin B.: *Children Without Childhood*; Grune & Stratton, New York 1970.
Zenz, Gisela: *Kindesmißhandlung und Kindesrechte*; Suhrkamp, Frankfurt 1979.
Zimmer, Katharina: *Das einsame Kind*; Kösel, München 1979.

Personenregister

Erstellt von Harald R. Fabian

Denn auch das ist mir mit zum Verhängnis

wachsen sein wollte, denn für mich würde es. z

ben, als noch mal Junge zu sein, aber diesmal

Traum bleiben muß, weiß ich, aber irgendw

nicht allein meine Schuld . . . . .

4.) Wenn ich Ihren Brief lese, so habe ich z

treffender, besser ist. Denn auch das Mitl

nen, ist ja nichts anderes als eine Form

ohne Zuneigung kein Mitleid. Viel meh

nicht sagen.

5.) Natürlich, (schrieb ich nicht schon davon?)

von zu Hause fort zu gehen, einfach wegl

davon abhielt, war, um es frei heraus zu

den ich mir ohne den Stoller einfach n

ein Teil, ein großer Teil meines Lebens

ben nennen will.